I0759585

Que alguien los mate

Que alguien los mate

Crónica de la violencia en mi país

Patricia Evangelista

Traducción de

Antonio Lozano y Francesc Pedrosa

RESERVOIR BOOKS

Este libro está dedicado a los supervivientes de la guerra contra las drogas,
los citados y los anónimos, que han decidido prestar su testimonio.
Sin su coraje no existiría este registro

Mi deseo es infundir miedo.

Rodrigo Roa Duterte,
presidente

ÍNDICE

TERCERA PARTE

RÉQUIEM

PRÓLOGO

Cada día, a partir del año 2016 y durante poco más de siete meses, el *Philippine Daily Inquirer* publicó lo que llamó «Lista de asesinatos». Era un registro público de muertos, alimentado con los informes de los corresponsales desperdigados por todo el país. Las circunstancias de las muertes eran sucintas. Las entradas estaban numeradas y seguían un orden cronológico. Las ubicaciones se limitaban a pueblos, ciudades y provincias, sin especificar los números de las calles. Se facilitaban nombres cuando se disponía ellos; en caso contrario, se recurría a números.

El primer «sospechoso de traficar con drogas no identificado», por ejemplo, fue asesinado el 1 de julio, el primer día de la administración de Rodrigo Duterte, y la misma mañana en que Jimmy Reformado, el quinto narcotraficante más buscado de la ciudad de Tiaong, fue abatido por un «sicario desconocido». Al día siguiente, el 2 de julio, Victorio Abutal, el traficante más buscado del pueblo de Lucban, fue «asesinado por un sicario desconocido en presencia de su esposa», una hora y diez minutos antes de la muerte de Marvin Cuadra, el segundo más buscado, y menos de catorce antes de que el séptimo más buscado, Constancio Forbes, fuera «asesinado a bocajarro en el exterior de una administración de lotería». Al día siguiente, el 3 de julio, Arnel Gapacaspán, el narcotraficante más buscado de San Antonio, era asesinado por «un sicario desconocido que irrumpió en su casa» a la misma hora exacta en que Orlan Untalan, el décimo más buscado de Dolores, fuera «encontrado muerto en un vertedero con el cuerpo cosido a balazos».

«Sicario desconocido» era un término recurrente, pero la naturaleza de las víctimas –supuesto narcotraficante, supuesto camello, fugitivo de la justicia con cargos por tráfico de drogas, registrado en la lista de traficantes locales, más buscado– demostraba que lo que estaba en marcha no tenía nada de azaroso. Aquellos eran asesinatos planificados, siguiendo las promesas del presidente Duterte, y dirigidos contra «individuos que amenazan con destruir mi país».

Los métodos no tenían más límite que la imaginación de los asesinos. Hubo el hombre «encontrado muerto tras ser secuestrado en su casa». Hubo los tres «encontrados muertos en un canal, con los ojos vendados y las manos y los pies atados». Hubo el hombre «asesinado de un tiro en la cabeza en su dormitorio» y el hombre asesinado a las siete de la mañana «en la entrada de la escuela de primaria de su hija». En ocasiones, el recuento diario de muertos alcanzaba los dos dígitos, como fue el caso del 9 de julio, que arrancó ya a medianoche cuando Danilo Enopia, sospechoso de trabajar para un narcotraficante, recibió un disparo mientras dormía junto a su novia. Las doce muertes restantes de la jornada variaron en método y disposición. Una de las víctimas, que había trabajado en el pasado en el extranjero, murió a balazos mientras conducía por la autopista. Otras dos fueron halladas estranguladas bajo unos letreros en los que se habían escrito mensajes acusándolos de criminales. Tres fueron encontrados muertos «con heridas de bala en la cabeza y las bocas tapadas con cinta aislante». El resto eran sospechosos de traficar con drogas «asesinados por sicarios desconocidos».

Ninguna de estas muertes se atribuyó oficialmente a la policía. Según el Gobierno, estos asesinatos los habían cometido civiles y miembros de los cárteles de la droga, algunos de los cuales utilizaban la guerra como tapadera con la que silenciar a posibles confidentes.

La constancia y velocidad demandaban su propia nomenclatura. Eran muertes relacionadas con las drogas. Eran asesinatos ilegales. Eran asesinatos premeditados, secuestros que acababan en ejecución, cadáveres arrojados a la cuneta, tiroteos desde vehículos. Eran «bajas en la guerra contra el crimen emprendida por la administración Duterte», o, tal y como lo formulaba la cadena de noticias ABS-CNN, «aquellos que perecían». Ni siquiera los políticos filipinos se ponían de acuerdo en la terminología. Un senador los tildó de «asesinatos sumarios». El ministro del Interior los llamó «supuestos asesinatos de personalidades de la droga al estilo justiciero».

Existe una forma de referirse al fenómeno. El término es «asesinatos extrajudiciales». Fue el que más caló en la calle y en la televisión, de uso tan extendido que una resolución del Senado llamó a celebrar unas sesiones que investigaran «la reciente oleada desenfrenada de asesinatos extrajudiciales y ejecuciones sumarias de criminales». Su repetición invitó a una abreviatura, AEJ. La prensa la utilizó como calificativo. Los familiares de las víctimas la usaron como verbo. Los críticos la emplearon como acusación.

Desde los inicios de la era Duterte, mi labor consistió en registrar estas muertes. En mi calidad de corresponsal de la empresa periodística Rappler en Manila, era una de las reporteras que cubrían los efectos de la promesa realizada por el presidente de destruir a cualquiera –sin cargos ni juicio– que él mismo, la policía o un número indeterminado de justicieros sospecharan que consumía o vendía drogas. La cantidad de muertos de Duterte resultaba a veces abrumadora, igual que informar sobre los poderosos en un país en el que los poderosos se negaban a responder por sus actos.

Puse tierra de por medio en mitad de la guerra.

Por aquel entonces, me encontraba investigando una serie de asesinatos cometidos en la capital. Era un proceso lento. Iba en busca de testigos. Contrastaba los informes oficiales. Me citaba con hombres que me explicaban con todo lujo de detalles cómo habían matado a sus propios vecinos siguiendo órdenes de arriba, tras lo cual solicitaba entrevistas con los agentes de policía a los que habían señalado. Rappler concluyó que mi presencia en Manila ponía en riesgo mi vida. Estuve de acuerdo. Lo mejor era admitir que no había ningún motivo que impidiera a los justicieros dispararme a la primera oportunidad. Mi director aplazó la publicación del artículo hasta que mi avión hubo despegado.

Todo esto explica que me encontrara cruzando el Pacífico a principios de octubre de 2018. Si la buena gente del programa de becas Logan para proyectos de no ficción confiaba en mis habilidades literarias, yo estaba feliz de seguirles la corriente. La estancia incluía tres meses en una finca rodeada de árboles en el norte del estado de Nueva York. Debería haber supuesto un alivio, pero años cubriendo masacres sancionadas por el Estado le juegan malas pasadas a la mente. Había aprendido a poner en duda cualquier declaración y a quemar transcripciones en mi balcón. Había pasado noches en vela, convencida de que una coma mal colocada podía dar pie a una querella por difamación. Para una persona con el tipo de imaginación obsesiva que me caracteriza, las preocupaciones de orden práctico que se esperan de una reportera que cubre la lucha contra las drogas casi se transformaron en una paranoia paralizante. No existía certeza alguna. Todos mentían. El individuo que agarraba un palo de selfi era un espía de la policía, o un asesino, o un fanático simpatizante del presidente que probablemente iba a subir a Twitter una foto de mí mientras estaba reunida con una fuente.

El hecho de que de tanto en cuanto acertara espoleaba mi demencia. Multitud de cosas resultaban sospechosas: furgonetas blancas, luces intermitentes, e-mails de spam, motociclistas, transacciones automáticas con tarjetas de crédito, el camarero de la cafetería, un teléfono que empezaba a sonar, una llamada telefónica que se cortaba, el timbre de una puerta. Leía y releía mis artículos a la caza de lagunas, angustiada por la construcción de las frases, convencida de no haber detectado el error que provocaría la muerte de un testigo. Una vez en la cola de llegadas del aeropuerto JFK, con el formulario de entrada para la aduana por rellenar en la mano, me vi incapaz de confiar en mi memoria de cara a anotar mi propio nombre. Eché mano del pasaporte para verificar cómo se deletreaba. Recuerdo de forma muy nítida la compulsión por dar con una segunda fuente y acabar encontrándola en mi certificado de nacimiento.

La campiña de Albany era un lugar hermoso, pese a que una cajetilla de tabaco costara trece dólares. Hacía frío. La gente era calurosa. Había mousse de chocolate de postre, en ocasiones bayas. Dediqué la mayor parte de las primeras semanas a desparecer tras una neblina compuesta de *Star Trek* y *Agatha Christie*, pero la residencia exigía que hiciera un esfuerzo por presentar una propuesta de libro. Cumplí. Escribí sobre quién era, de dónde venía y cómo se siente uno al mirar un cadáver tirado en el suelo a las dos de la madrugada.

Al final de mi estancia en la residencia creativa firmé un contrato con un editor por el que me comprometía a escribir una crónica en primera persona sobre la guerra contra las drogas librada en Filipinas. Ocurrió muy deprisa. No pretendía faltar a mi palabra. La promesa de un relato tan íntimo era algo lejano, debatido una mañana de invierno en una sala de juntas con paredes de cristal, a miles de kilómetros de distancia del calor sofocante de esa Manila que era una olla a presión.

Regresé a casa. Empecé a escribir. El primer borrador tenía 73.000 palabras en las que describía con todo lujo de detalles las circunstancias de cada muerte, con escenas del crimen tan seguidas y abundantes que era imposible distinguir un cadáver del siguiente. Un reportaje frío y meticuloso. En ningún sitio decía quién era yo ni de dónde venía, tampoco lo que sentía uno al mirar un cadáver tirado en el suelo a las dos de la madrugada.

A los periodistas se les enseña que ellos nunca son los protagonistas de la historia. De hecho, cuantos más años llevaba ejerciendo el periodismo, más cómoda me sentía desapareciendo detrás de la profesionalidad de una voz omnisciente en tercera persona, que forma parte de todo y de nada, que formula preguntas y jamás responde ninguna. Cada conclusión que acababa publicando había sido contrastada por varias fuentes, verificada y enlazada. Quizá mi nombre constara bajo el titular, pero las historias que escribía pertenecían a otra gente, de otros lugares, familias cuyo dolor y pesar eran tan enormes que los míos resultaban irrelevantes.

Todo esto es cierto, pero no lo es menos que tenía miedo. Mi incapacidad a la hora de responder por mis actos y decisiones no se debió únicamente a un compromiso con la objetividad que salió desviado. Fue falta de coraje.

Este es un libro sobre los muertos y la gente que queda atrás. También es una historia personal, escrita con mi voz como ciudadana de un país que no puedo reconocer como propio. Los miles que murieron fueron asesinados con el permiso de mi gente. Escribo este libro porque me niego a dar el mío.

Manila, junio de 2023

PRIMERA PARTE

MEMORIA

1

AFIRMATIVO

Me llamo Lady Love, dice la niña.

Tiene once años. Es baja para su edad; piernas morenas y flacuchas, ojazos oscuros. Lady Love es el nombre que pone en el encabezamiento de sus ejercicios escolares, pero en ningún sitio más. Así la llamaba su abuela. Los demás la llaman Love-Love. Su madre, por ejemplo, cuando la enviaba al mercado. Diles a los niños que se vistan, Love-Love. No me molestes cuando estoy jugando a las cartas, Love-Love. No me sermonees, Love-Love.

Nadie la llama Lady y solo Dee la llamó Love. Love a secas.

Love, le decía él, dale un abrazo a tu Dee.

Dee es la abreviatura de Daddy «Papi». A veces Love-Love se siente avergonzada, no por los abrazos, pues Dee da buenos abrazos, sino por tener que llamarle Dee. Solo las niñas ricas llaman Daddy a su padre. Papá debería bastar para una niña que vive en los suburbios de Manila. Pero ahí están ellos, Dee y Love, Love y Dee, paseando por la calle a primera hora de la tarde, con la niña bajita forzada a estirar el brazo flacucho para agarrarse a la cintura del hombre alto.

Love-Love debería haber sido el tercero de ocho hijos, pero el mayor murió de hidrofobia y al segundo raramente se le veía el pelo. Recayó, pues, sobre sus hombros tener que decirle a mamá que dejara de beber y a Dee que dejara de fumar. Vuelves a estar borracha, le decía a mamá, y mamá le contestaba que la dejara en paz.

A Love-Love le preocupaba que enfermaran. Le preocupaba que fueran ciertos los rumores de que su padre consumía drogas. Le preocupaba que todos vivieran donde lo hacían, un lugar en el que cualquiera podía esconder a un confidente de la policía.

Mamá y Dee le decían que todo estaba en orden. Dee iba a conseguir que le devolvieran el permiso de circulación. Mamá se sacaba un dinero haciendo manicuras. Ya se habían sometido al nuevo Gobierno y jurado no volver a tocar las drogas.

Marchémonos, le había pedido Love-Love a Dee, pero Dee se había echado a reír.

Marchémonos, le había pedido a mamá, pero mamá le había respondido que los pequeños debían ir a la escuela. Podemos ir a cualquier otra escuela, le había dicho Love-Love.

Mamá negó con la cabeza. Primero debían ahorrar. No te preocupes, le dijo mamá.

Love-Love se preocupaba, y tenía razón en hacerlo.

Love, le dijo su padre, una noche de agosto.

Love, le dijo, un instante antes de que una bala le atravesara la cabeza.

Nos citamos en casa de su tía. Está sentada en un sillón destartalado. Me inclino y le tiendo la mano para estrechar la suya. Una entrevista es, antes que nada, un intercambio. Dime tu nombre y yo te diré el mío.

Mi nombre es Pat, le digo a Love-Love. Soy reportera.

Nací en 1985, cinco meses después de que una revuelta callejera devolviera la democracia a Filipinas. Aquel año parecía que todas las madres de clase media les habían puesto a sus hijas Patricia. Evangelista, mi apellido, muy extendido en mi país, deriva del término griego *euangelos*, «portador de buenas noticias». Es una ironía que me señalan con frecuencia.

Mi trabajo consiste en ir a lugares donde la gente muere. Hago la maleta, hablo con los supervivientes, escribo sus historias y luego vuelvo a casa y espero la próxima catástrofe. Nunca tengo que esperar demasiado.

Puedo hablaros de estos sitios. Ha habido muchos en la última década. Pueblos costeros tras el paso de un tifón, donde los bebés eran embutidos en mochilas después de que se acabaran las bolsas para cadáveres. Laderas en zonas del sur, donde algunos periodistas acabaron enterrados vivos bajo capas de un pastel compuesto de vehículos y cadáveres. Maizales en un país rebelde y campos de refugiados a las afueras de pueblos carbonizados y cuartuchos en los que algunas madres hablaban en susurros acerca de abortos producto de la desesperación.

En mi trabajo se agradece tener a mano un vocabulario mínimo. Primero van los nombres, luego el recuento de las víctimas. Los colores son útiles para fijar las descripciones. La colina es verde. El cielo es oscuro. La mochila es morada, igual que los cardenales en la mejilla izquierda de la mujer.

Las palabras sencillas son precisas. Significan exactamente lo que significan y se teclean con más rapidez cuando la batería se está agotando.

Yo prefiero los verbos. Reducen las historias a movimientos lógicos, el dedo en el gatillo, el cuchillo en la garganta: «agacharse», «correr», «golpear», «ahogarse», «disparar», «desgarrar», «estallar», «bombardear».

Desde la llegada al poder de Su Excelencia, el presidente Rodrigo Roa Duterte, he ido coleccionado una nueva serie de palabras. Van rotando, intercambiándose, se repiten en un *staccato.*

«Matar», por ejemplo. Es una palabra que mi presidente utiliza con frecuencia. La pronunció al menos 1.254 veces durante los primeros seis meses de su mandato, en muy diversos contextos y contra un amplio abanico de enemigos. Se la dirigió a boy scouts de cuatro años, con la promesa de matar a personas que iban a interferir en su futuro. Se la dirigió a trabajadores en el extranjero, contándoles que en casa les esperaban trabajos matando a drogadictos. A alcaldes señalados por tráfico de drogas les dijo que se arrepintieran, que dimitieran o que murieran. Amenazó con matar a activistas en pro de los derechos humanos si el problema con las drogas empeoraba. A los policías les prometió medallas por matar. A los periodistas les avisó de que podían convertirse en objetivos legítimos.

«No bromeo –dijo en un mitin de campaña en el año 2016–. Cuando sea presidente, les daré a los militares y los policías la siguiente orden: encontrad a esa gente y matadla, y punto».

Solo conozco el nombre de unas pocas docenas de muertos. Al presidente no le importa. Le sobran nombres con los que referirse a ellos. Son adictos, camellos, consumidores, traficantes, monstruos, locos.

Love-Love puede nombrarte a dos. Son Dee y mamá.

Todo empezó con un golpe fuerte, en la puerta equivocada, al final del pasillo. Se produjo una conmoción, puños sobre la madera, inquilinos protestando, un portazo tras otro, todo ello jalonado por una voz masculina.

Negativo, dijo el hombre. Negativo, negativo, negativo.

El hombre no tardó mucho en llegar frente a la puerta de Love-Love. Abre, gritó el hombre.

En el interior, Love-Love permanecía acuclillada junto a su madre. Eran las tres de la madrugada. Dee dormía profundamente boca arriba, con uno de los pequeños sobre el pecho. Los otros niños dormían desparramados por la habitación. El hombre pateó la puerta.

Así será como morirán mis padres, pensó Love-Love.

Su madre abrió la puerta, temerosa de que los hombres de fuera rompieran una ventana y los acribillaran a todos. Dos hombres irrumpieron con fuerza en la habitación. Ambos llevaban pasamontañas, con unos agujeros para ojos, nariz y boca.

«Afirmativo», dijo uno de ellos, inclinado sobre Dee. Levanta, le dijo.

Dee se despertó sobresaltado. Intentó incorporarse, pero tenía a un bebé acurrucado en el pecho. Volvió a caer de espaldas.

Love, dijo, antes de que uno de los hombres le disparara en la cabeza. La bala salió por la sien derecha de Dee. La sangre se derramó sobre el bebé.

«¡Dee!», gritó Love.

El bebé gimió. Mamá lloró. Le arrojó un trozo de papel al hombre que acababa de matar a su marido. He ahí la prueba, sollozó, de que se habían enmendado.

Mamá cayó de rodillas. Love-Love tiró de ella hasta que volvió a ponerse de pie. Fue Love-Love la que se interpuso entre el pistolero y su madre. Fue Love-Love la que tuvo el cañón de la pistola a pocos centímetros de la frente. Fue Love-Love, toda ojazos y piernas morenas y flacuchas, quien maldijo al pistolero y exigió que le disparara a ella.

Mátame a mí, le dijo, no a mi mamá.

El segundo pistolero contuvo al primero. No dispares, le dijo. Solo es una cría.

Se marcharon. No por mucho tiempo. Al regresar, el primer pistolero se giró hacia la madre de Love-Love y alzó la pistola.

«Somos Duterte», dijo, y vació el cargador.

Mamá murió de rodillas.

Love-Love maldijo a los asesinos. Malnacidos, dijo. Ya habíais matado a mi Dee. Ahora le disparáis a mi madre.

El pistolero balanceó la boca del cañón frente al rostro de Love-Love.

Cállate, le dijo, o a ti también te matamos de un tiro.

Cuando se marcharon, Love-Love encontró el orificio en la cabeza de mamá. La sangre chorreaba entre los dedos de Love-Love. Dee yacía donde se había desplomado. Tenía los ojos en blanco. Love-Love quería abrazarlo, pero tenía miedo. Aquel no se parecía a Dee.

«Dee –preguntó la chica llamada Love–, ¿me estás abandonando, Dee?».

En 1945, el reportero Wilfred Burchett fue el primero en informar de la explosión de una bomba atómica sobre la ciudad de Hiroshima para el diario londinense *Daily Express*. Cubrió lo que calificó como «la desolación más espantosa y aterradora en cuatro años de guerra». Burchett entró en Hiroshima portando una pistola, una máquina de escribir y un manual de conversación en japonés. «Escribo sobre estos hechos del modo más neutral posible –escribió Burchett–, con la esperanza de que sirvan de advertencia al mundo».

Igual que Burchett, soy reportera. Al contrario que él, no soy una corresponsal extranjera. Me he pasado la última década volando a ciudades bombardeadas, contando bolsas de cadáveres y escribiendo sobre desastres, tanto naturales como obra del hombre, que continúan asolando a mi propio país. Luego llegaron los seis años documentando los asesinatos cometidos bajo la administración del presidente Rodrigo Duterte.

El hecho de que sea una filipina viviendo en Filipinas significa que para mí no hay un regreso a casa desde el teatro de operaciones. No hablamos de un calendario de rodaje de siete días con los vuelos reservados y la opción de ampliar la estancia; solo más cadáveres, día tras día. No necesito a un intérprete que me aclare que el hombre que grita *putang ina*, inclinado sobre el cadáver de su hermano, está diciendo «malnacidos» en vez de «hijos de puta». Sé por qué hay ataúdes que permanecen semanas en las salas de estar y estoy lista para rechazar, con todo tipo de excusas, el ofrecimiento de un sándwich en un velatorio por parte de una viuda tan miserablemente pobre que no puede permitirse los veinte dólares que cuesta la inyección de formaldehído necesaria para evitar la putrefacción de un cadáver.

Durante el apogeo de los asesinatos había cadáveres todas las noches. Siete, doce, veintiséis, la brutalidad reducida a un párrafo, en ocasiones a una sola línea por cabeza. A medida que aumentaba el recuento de cadáveres, el lenguaje comenzaba a escasear. No existen sinónimos para «sangre» o «sangrar». La sangre no brota cuando llego a la escena de un crimen. No borbotea ni chorrea. Forma charcos bajo las puertas o, como ocurrió en el caso del conductor del yipni (popular medio de transporte público en Filipinas) al que dispararon frente a un 7-Eleven, sale de la boca en forma de riachuelo.

«Muerto» es una buena palabra para un periodista en la era de Duterte. Un muerto no negocia, apenas requiere verificación. Un muerto es algo evidente, se compone de huesos, piel y carne, puede ser tocado, visto, fotografiado y difuminado durante una transmisión. Los muertos, tanto si son cuarenta y cuatro, cincuenta y ocho, veintisiete mil o uno, son muertos.

Registro estos hechos con toda la veracidad de la que soy capaz, pero no soy insensible a la hora de ponerlos por escrito. Ser filipina también significa que entiendo la culpa, de ese modo tan complejo que solo está al alcance de una católica criada en la Filipinas colonizada. Sé por qué un padre se arrodilla para limpiarle la sangre a su hijo mientras susurra «perdón» con la vista clavada en el linóleo. Sé que se cree responsable de no haber podido impedir que cuatro balas atravesaran el cuerpo de su hijo de treinta años; frente, pecho y hombros estrechos, formando lo que interpreta como una señal de la cruz –en el nombre del Padre, del Hijo y del Espíritu Santo, amén–. Sé todo esto porque soy hija de mi padre y entiendo que él también rece mientras mi supervivencia suponga un privilegio.

El presidente Duterte dijo matad a los drogadictos y los drogadictos murieron. Dijo matad a los alcaldes y los alcaldes murieron. Dijo matad a los abogados y los abogados murieron. A veces los muertos no eran narcotraficantes, ni alcaldes corruptos, ni abogados pro derechos humanos. A veces eran niños, pero igualmente los mataban, y el presidente los calificaba de daños colaterales.

Vi a muchas chicas durante los primeros meses de la guerra y no todas sobrevivieron para contar su historia. La misma semana en que asesinaron a los padres de Love-Love, una niña de cinco años llamada Danica Mae recibió un disparo que iba dirigido a su abuelo.

Hablé con él en una habitación estrecha de hormigón armado donde el rostro de Jesucristo nos miraba bondadoso desde un calendario de pared. Se llamaba Maximo y no asistió al funeral de su nieta. Su familia le pidió que se mantuviera alejado. Sus hijas le prometieron que lo grabarían con sus móviles. Espera a verlo en Facebook, le dijeron. Espera al vídeo del funeral, nos aseguraremos de que te llegue. Entendió por qué no debía asistir y por qué su familia lo había llevado directamente del hospital a una casa bien lejos de donde llevaba viviendo la mayor parte de su vida de casado. Los hombres enmascarados podían regresar a la casa a terminar el trabajo. Nadie le haría una visita a su Danica Mae. Quería a Danica rodeada de sus dolientes. Se lo merecía, eso y mucho más.

Maximo había respaldado la candidatura de Duterte. Aún lucía el brazalete rojo y azul con el nombre del presidente estampado en blanco. Maximo había votado a Duterte porque lo consideraba un tipo duro. No importaba que el propio Maximo hubiese consumido drogas. Quizá Danica habría muerto igual sin Duterte en el palacio presidencial, o quizá no. Solo era consciente de que muchos habían fallecido; algunos de esos hombres constaban en la misma lista en que aparecía su nombre. La lista lo tildaba de traficante de drogas.

«Que vengan a matarme si pueden –dijo–. Eso se lo dejo a Dios. Dios conoce a los pecadores y a los que dicen la verdad».

De modo que aguardó en soledad, un hombretón con la barriga hinchada y los ojos enrojecidos. Lloró un poco, rezó un poco, limpió las heridas de bala que pudo alcanzar. Llamó a los padres de Danica para pedirles que se inclinaran sobre su ataúd y le susurraran que su abuelo la quería.

Les pidió que contaran que si no asistía era por ella.

Hasta el año de la elección del presidente Duterte, me consideraba a mí misma la clase de cínica más práctica que existe. Entendía que a la buena gente le ocurrían cosas terribles. Encontraba un placer morboso en el hecho de pertenecer a esa raza especial de corresponsales que eran capaces de estar de pie junto a un cadáver y apreciar que el cuerpo en el agua era probablemente femenino, que se entreveían restos de senos bajo la desvaída camiseta amarilla, pese a la falta de piel y carne en el rostro que quedaba por encima de esa misma camiseta.

De existir una jerarquía moral en mi modo de abordar el periodismo, la pérdida de una vida estaba en lo más alto de la lista, algo que evitar a toda costa. No era un concepto precisamente revolucionario. Crecí como ciudadana de la democracia más longeva del Sudeste Asiático por lo que creía, imagino que igual que la mayor parte de mi generación, en la libertad de expresión, los derechos humanos y el deber de que mi Gobierno respondiera ante la ley. Creía en la democracia en el año 2009, cuando informé del asesinato de treinta y dos periodistas. Creí en ella en 2013, cuando cubrí los bombardeos de la ciudad de Zamboanga. Creí en ella en 2015, después de que la arrogancia del Gobierno enviara a cuarenta y cuatro policías incautos a un maizal en el que encontrarían la muerte a manos de los rebeldes. Creía en la democracia de la misma manera en que lo hacía en las frases cortas y las palabras sencillas.

«Democracia», igual que «asesinato», es una palabra sencilla. La veía como un bien común en oposición a un mal común. Por «democracia» no entendía al Gobierno electo. Este, cualquier Gobierno, con frecuencia fallaba y era cómplice, en líneas generales se mostraba incompetente, hipócrita y desconectado de la realidad. La democracia en la que creía era la nación, una comunidad formada por millones de personas para quienes la brutalidad suponía una aberración digna de condenarse con tanta contundencia y frecuencia como dictara la necesidad.

Seguía creyendo en la democracia cuando empecé a contabilizar los muertos del presidente Duterte. No entendía que la democracia en la que se basaba el periodismo que practicaba solo nos concernía a mí y a una minoría de personas. A lo largo y ancho del país, la gente moría, pasaba hambre, enviudaba, se quedaba huérfana o era ignorada. En el mundo imaginado por Rodrigo Duterte, aquella nación era un hatajo de idiotas e ingenuos, bajo el yugo de maleantes y matones. Su nación era un yermo donde la paz estaba hecha trizas, ningún ciudadano estaba seguro y todo adicto portaba un arma con la intención de matar.

Duterte te cubría las espaldas y te decía que tus padecimientos terminaban aquí, hoy mismo. A la mierda los paños calientes. A tomar por saco la burocracia. No habría perdón ni segundas oportunidades, se trazaría una línea, a un lado de la cual se erguiría él con una pistola cargada. La ley quizá fuera una opción, los matones quizá llevaran el timón, pero Duterte era un hombre que decía lo que pensaba y que pensaba lo que decía, alguien que quizá te diera un aviso y luego empezara a contar uno, dos, tres.

Esta era la República de Filipinas que Rodrigo Duterte prometía salvar. Concededle seis meses y acabará con el crimen y la corrupción. Concededle seis meses y acabará con las drogas.

Fue aplaudido, vitoreado y finalmente investido.

«Hitler masacró a tres millones de judíos –dijo–. Ahora hay tres millones de drogadictos. Me encantaría masacrarlos».

En diciembre, transcurridos cinco meses desde el inicio de la guerra, otra niña vio morir a su padre. Se llamaba Christine y tenía catorce años.

Un día, contó, unos policías fueron a buscar a su papá. Sin embargo, a quien encontraron fue a su madre. Los policías dijeron que la madre de Christine era una drogadicta. Se la llevaron en una furgoneta blanca. Cuando papá regresó a casa, todo el mundo le dijo que huyera. La policía, le dijeron los vecinos, lo mataría si lo encontraban.

De todos modos, una noche, al cabo de varios meses, papá regresó a casa. Dijo que echaba de menos a los niños. Cocinó unos espaguetis. Cantó canciones. Les dio de comer a los pequeños con la mano. Le ofreció a Christine la mitad de su taza de café. A todos les dijo lo mucho que los quería y que tardaría un tiempo en regresar.

Oyeron gritos en el exterior de la casa. Tres pistolas asomaron por la ventana; sus cañones relucían al reflejarse en ellos la luz del sol. La puerta se abrió de un fuerte golpe. Cinco policías irrumpieron en la casa. Hicieron que papá se arrodillara frente al sofá y le estamparon la cara contra un cojín. Agarró su carnet de identidad. Les dijo que estaba limpio.

Por favor, les dijo, no lo hagáis, arrestadme. Tengo varios hijos.

La policía les dijo a los niños que salieran de la casa. Christine rodeó a papá con los brazos. Uno de los policías la arrojó contra la pared.

Sal de aquí, le dijo.

Pero Christine no salió de ahí, al menos no lo suficientemente rápido. Permaneció ahí cuando el policía disparó a su padre detrás de la cabeza y en el pecho, tan a bocajarro que al día siguiente su hermano pequeño hurgó con el dedo en el agujero del sofá hasta sacar la bala.

La policía dijo que papá había opuesto resistencia. Dijo que era un narcotraficante. Dijo que lo habían matado en defensa propia.

Tras la muerte de su padre, Christine tardó un tiempo en volver a hablar. Su primera palabra fue «perdón». Pidió perdón a su abuela y pidió perdón a sus hermanos. Pidió perdón por haber soltado a su papá la mañana en que fue asesinado. De haberlo agarrado con más fuerza, de haberlo abrazado con más ímpetu, papá seguiría con vida.

Mi agencia de noticias, Rappler, tiene un nombre bien curioso. Mis jefes se lo inventaron uniendo las palabras «rap» («discutir») y «ripple» («propagar»). Me lo explicaron el día que me reclutaron en la tercera planta de un edificio ubicado en una calle tendente a las riadas durante los meses de verano. Por poco no se llama Ripple, me dijeron, y así habría sido si alguien no les llega a advertir de que sonaba como «nipple» («pezón»). Me eché a reír. Durante los primeros meses, cada solicitud de entrevista requería de la repetición del nombre de la agencia a unas fuentes desconcertadas al estar acostumbradas a las siglas de las cadenas de televisión. «¿Raffler, dice usted? ¿Rapper? ¿Rapeler?». Rappler, les respondía yo. Rappler. Sí, puede encontrarnos en YouTube. No, yo no trabajo para YouTube. Al final me resigné a soltar el nombre rápido y ofrecerles a continuación la posibilidad de etiquetar a sus sobrinos adolescentes en Facebook.

Me uní a Rappler a finales del verano de 2011. Tenía veintiséis años, y si bien no compartía la opinión del medio de que las redes sociales harían del mundo un lugar mejor, sí creía en la capacidad del periodismo para conseguir avances gracias al esfuerzo continuado. Rappler se veía capaz de alumbrar el nuevo tipo de corresponsal que demandaba la era digital, un equipo de noticias formado por una sola mujer, capaz de hacer fotos, grabar vídeos, lanzar preguntas, tuitear la última hora, publicar *stories* y avanzarse a la competencia, todo esto sin dejar de ir informando a cámara con la única ayuda de un adaptador USB para tener acceso a internet y un iPhone sujeto a un trípode. El experimento estaba destinado al fracaso, al menos para alguien como yo, una periodista que se perdía de camino a la oficina y necesitaba media hora para completar una sola frase. Dado que esto es un ejercicio memorístico, podría escribir acerca de discusiones en torno al número de palabras, programas de edición de software y el color naranja que escogieron para el logo. Podría escribir acerca de la tarde en que los directores compraron al fin un sofá tras descubrir el alto número de reporteros que dormían bajo sus mesas. Podría escribir acerca del día en que conseguí que una futura premio Nobel de la Paz se echara a llorar de la frustración. Fue culpa mía, pero continúo sosteniendo que ella empezó.

Todas estas historias son ciertas, pero no lo es menos que Rappler me enviaba a muchos sitios en los que la normalidad era un cadáver tirado en el suelo. Pedidme una historia sobre Rappler y os contaré que cada historia sobre Rappler era también una historia sobre la gente que nos contaba las suyas. Soy una reportera del trauma. La gente como yo trabaja en ese intersticio incómodo entre lo que es y lo que debería ser. Mis historias no ofrecían soluciones, no proponían formas de salvación. No traficaba con la esperanza. En ocasiones, si teníamos suerte, un lector costeaba un ataúd o un sillón de barbero nuevo para un individuo de Guiuan al que una tormenta había arrasado su barbería.

Cada historia arrancaba con lo cotidiano porque subrayaba lo que venía a continuación. El cielo azul antes de la riada de cadáveres. El beso de despedida antes de la lluvia de balas. Una vez, después de que el supertifón Haiyan redujera a escombros Tacloban, me encontré sentada detrás de una cámara, a petición de un hombre que me había rogado poder enviarle un mensaje a su hijo. Enfoqué el objetivo y apreté el botón de grabar. Vuelve a casa, dijo Edgardo, que papá está preparando espaguetis para la cena de Navidad. Su hijo estaba muerto, probablemente ahogado, pero eso no impedía que Edgardo intentara contactar con él porque quizá lo cotidiano fuera capaz de traer a su hijo de regreso a casa.

Escribí sobre cosas horribles que habían ocurrido porque esas cosas jamás deberían haber ocurrido y jamás deberían volver a ocurrir. Entonces llegó el día en que el hombre llamado a ser presidente prometió matar a sus propios ciudadanos. Lo horrible devino cotidiano bajo un estruendo de aplausos.

Noche tras noche, el eco de los disparos resonaba por los suburbios. Esas historias también arrancaban con lo cotidiano. Me desperté, contaba el amante de alguien, y no se encontraba a mi lado. Me estaba dando un baño, contaba la madre de alguien, cuando oí los gritos. Estaba en casa, contaba la hija de alguien, cuando el policía derribó la puerta y disparó a mi padre. Yo escribía lo que podía, y, si bien había muchos dolientes, no abundaban menos los que leían acerca de los muertos y afirmaban que eran pocos.

Rappler apenas tenía cuatro años de vida cuando Duterte fue elegido presidente. Éramos muy pocos, pero hacíamos lo que podíamos para informar sobre corrupción y abuso de poder, junto con el asunto de la guerra contra las drogas. El presidente Duterte le puso otro nombre a Rappler. Nos llamó *fake news*. Dijo que éramos gacetilleros a sueldo. Fuimos denunciados por evasión de impuestos, difamación en línea y violación de la propiedad. La licencia de actividad de Rapple fue revocada. El recurso sigue en marcha. A nuestros reporteros se les prohibió cubrir al presidente. A diario recibíamos amenazas en las redes sociales. Al ser mujeres, estas amenazas incluían la violación.

Publiqué numerosas historias, cada una en torno a un cadáver que antaño tuvo un nombre, por mucho que al empezar solo dispusiera del «Cadáver Sin Identificar n.º 4». Escribí que Danica, de cinco años, murió de un disparo antes de poder estrenar su nuevo chubasquero de color rosa. Escribí que Jhaylord era el ojito derecho de su madre, y que Angel llevaba consigo una muñeca Barbie la noche en que fue asesinada. Expuse detalle tras detalle, sin dejarme ninguno, el color del zapato, el timbre del grito, el hecho de que el muerto vestía un slip rojiblanco cuando lo desnudaron en plena calle.

–Querría ser franco con usted –dijo el presidente–. ¿Son humanos? ¿Cuál es su definición de un ser humano?

Aquí figura Danica Mae Garcia, la nieta de Maximo.

Aquí figura Constantino de Juan, el papá de Christine.

Aquí figuran Dee y la mamá de Love-Love.

Aquí figuran los hombres que los mataron.

«Somos Duterte», dijo el pistolero enmascarado.

Nací el año en que la democracia regresó a Filipinas. Estoy aquí para levantar acta de su defunción.

2

LA MAYORÍA SUPERVIVIENTE

En la historia que contaba mi abuelo, los primeros hombres blancos arribaron en una flota de cinco buques de guerra encabezados por el Trinidad.

Era el año 1521. La flotilla había sobrevivido a más de un año de adversidades y motines. El capitán del Trinidad, un aventurero barbudo llamado Fernando de Magallanes, vio una isla boscosa que se extendía en el horizonte. Los hombres del Trinidad cayeron de rodillas, alabaron al Señor y, habiéndose quedado sin reservas de ron, procedieron a pillarse una buena cogorza a base de refresco de naranja Bireley y vino de arroz Siu Hoc Tong.

Magallanes lanzó el ancla. Detuvo un bote repleto de nativos que se aproximaba.

«Para demostrar su buena voluntad –decía mi abuelo–, ordenó a su sobrecargo que le trajera algunas gorras rojas, espejos, peines, campanillas y el equivalente del siglo XVI a lo que hoy nos referimos con el nombre de "zoot suit". Todo esto Magallanes se lo entregó al jefe de los nativos con las siguientes palabras: "Nada de esto hallaréis en los catálogos de Sears o Roebuck. Son el último grito para el cazador de tendencias en el vestir, recibidlos con los mejores deseos del rey y de mi persona, ¿y por casualidad no tendrá por ahí algunos lingotes de oro que le sobren?"».

Cuando digo que mi abuelo contaba la historia de Magallanes, no quiero decir que me la contara a mí, sino a los potenciales compradores de un libro distribuido por la Empresa Filipina de Libros y escrito por Mario P. Chanco en 1951. *Las estupideces de Fernando de Magallanes* era uno de los relatos tradicionales que había publicado mientras se ganaba la vida como periodista. Mi abuelo, según dejó escrito con cariño uno de sus amigos, «se entregaba con excesiva frecuencia a disertaciones frívolas y comentarios irreverentes, sobre todo en lo concerniente a la Escritura Seria».

De modo que se imaginó a Magallanes adentrándose en el archipiélago que con el tiempo se convertiría en las islas Filipinas. Se cruzó con otros nativos e intercambió su cargamento por oro y especias, hasta que se topó con Lapulapu, el temible jefe de la isla de Mactán. Lapulapu se negó a rendir pleitesía a Magallanes y a jurar lealtad al rey de España.

«Naturalmente –señalaba mi abuelo–, esto consternó a Magallanes, ¿pues acaso no se dedicaba a propagar la beneficencia y las bendiciones de su monarca con el objetivo de iluminar y ayudar a los infieles de todo el mundo? ¿Qué importaba si esta beneficencia se ofrecía a punta de mosquete? ¿El objetivo no era el mismo?».

Los conquistadores se retiraron a la orilla después de una «brutal refriega en las playas». Ahí se encontraron con los hombres de Mactán, quienes, dotados de lanzas, «se abalanzaron sobre ellos como demonios sedientos de venganza». Magallanes cayó muerto al ser atravesado con una estaca de bambú muy afilada. Sus hombres huyeron navegando, una banda masacrada cuya majestuosa flotilla quedó reducida a dos embarcaciones.

«Respecto a Magallanes –concluía mi padre–, se quedó ahí donde las islas Mactán se apoderaron de él. Y la moraleja de esta historia es: la próxima vez que pidas algo, no te olvides de decir "por favor"».

Ningún lector confundiría a mi abuelo con un historiador, pero su versión de los tiempos en que los conquistadores españoles arribaron por mar a Filipinas no encierra un ápice de verdad.

Lapulapu de Mactán, cuyos guerreros lanzaron flechas envenenadas a Fernando de Magallanes, retrasó casi medio siglo la invasión española de Filipinas. Otro intento de agenciarse territorio, emprendido por Ruy López de Villalobos, acabó en fiasco en 1544. El único éxito de Villalobos consistió en bautizar las islas de las que fue expulsado: Filipinas, en honor del futuro rey, Felipe II de España.

No fue hasta 1565, con la llegada de Miguel López de Legazpi, cuando las islas finalmente sucumbieron al Imperio español. Durante las décadas siguientes, de los galeones españoles fueron desembarcando soldados, gobernadores y frailes con tonsura. A mi gente se le enseñó a postrarse frente al dios católico y a sufrir bajo el yugo de sus enviados terrenales, pero los españoles no tardarían en descubrir que su nueva colonia en el sudeste no estaba por la labor de padecer años de violaciones y de pasar el rosario. Afloraron sociedades secretas y revueltas armadas, insurgencias modestas y ejecuciones públicas. Hacia el final, los españoles aplicaron una política de fuerza y conciliación, ejecutando a un escritor por aquí, exiliando a un líder revolucionario por allá.

En las postrimerías del siglo XIX, no era solo Filipinas la que se había rebelado contra la madre patria. México, Puerto Rico y Cuba se habían levantado en armas, justo en el momento en que Theodore Roosevelt, secretario adjunto de las fuerzas navales de Estados Unidos, exaltaba los ánimos para expandir las fronteras norteamericanas. En 1898 Estados Unidos declaró la guerra a España para proteger sus intereses en Cuba. Las hostilidades se extendieron a los límites del menguante Imperio español.

El concepto estadounidense de «destino manifiesto» mostraba sus cartas. Un ejército de ciento veinticinco mil soldados voluntarios se desplegó por Santiago de Cuba. Los Rough Riders –el Primer Regimiento Voluntario de Caballería– de Roosevelt marcharon a sangre y fuego por Las Guásimas y Las Lomas de San Juan. La flota que transportaba al Escuadrón Asiático de Estados Unidos fue enviada al centro neurálgico de España en Asia: Manila.

No ganamos la guerra contra España porque Estados Unidos reclamó la victoria para sí.

La batalla de Cavite supuso una derrota aplastante. Los buques españoles fueron hundidos. El resto acabaron capturados. Las bajas americanas fueron nimias.

De modo que fue el capitán George Dewey quien venció por mar, pero fueron los filipinos quienes se batieron por tierra, liberando ciudad tras ciudad a costa de miles de vidas. Aquellos fueron los últimos años de las revueltas armadas comandadas por los nativos. De regreso de su exilio en Hong Kong, el general Emilio Aguinaldo pidió a sus hombres que formaran allá donde vieran ondear una bandera norteamericana. Los estadounidenses, afirmó, «por el bien de la humanidad y en respuesta a la llamada de tanta gente oprimida», habían extendido «su manto protector por nuestro amado país».

Las milicias armadas de Filipinas sellaron una alianza con Estados Unidos. El general Aguinaldo declaró la independencia. España se negó a admitir su derrota y los norteamericanos no se opusieron. Estados Unidos y España llegaron a un acuerdo secreto para mantener a raya a los filipinos y fingieron enfrentarse en una batalla. Se arrió la bandera española. Se izó la bandera de las barras y estrellas. Las tropas filipinas cercaron Manila, cuyo acceso les impidieron sus propios aliados.

Cuatro meses después, el presidente McKinley exigió a los filipinos «reconocer la ocupación militar y la autoridad de Estados Unidos». El tratado, firmado en París, entre los Estados Unidos de América y el reino de España, sancionó la venta de una colonia entera por el módico precio de veinte millones de dólares.

En el otro extremo del mundo, en Inglaterra, Rudyard Kipling escribió unos versos a los caballeros del nuevo imperio norteamericano, animándolos a «sobrellevar la carga del hombre blanco».

Go, bind your sons to exile
To serve your captain's need;
To wait, in heavy harness,
On fluttered folk and wild–
Your new-caught sullen peoples,
*Half devil and half child.**

Esos «medio demonios y medio niños» de la fugaz República de Filipinas exigieron la libertad que les había sido prometida por los hijos de la libertad. Estados Unidos respondió con mano de hierro. Los insurgentes fueron masacrados. Pueblos enteros fueron arrasados. Puede que William Howard Taft hubiera tildado a los filipinos de «hermanitos marrones» de América, pero los soldados desplegados sobre el terreno cantaban una canción bien diferente mientras marchaban. Ocasionalmente se producían deserciones para unirse a la causa filipina, pero los soldados afroamericanos que cambiaban de bando eran ejecutados por sus principios.

Así empezó el reinado del nuevo Imperio norteamericano, comprado por el presidente blanco del Nuevo Mundo al rey blanco del Viejo Mundo.

Fuimos de España y, durante los siguientes cuarenta y ocho años, fuimos de América.

Mi abuelo nació en 1922, veinticuatro años después de la ocupación estadounidense. Era el tataranieto de un comerciante chino llamado San Chang Co, que a mediados del siglo XIX navegó hasta Manila, donde echó raíces junto a una esposa filipina. Cuando mi abuelo nació de la unión de un funcionario universitario y la heredera de un centro comercial, el apellido había

* «Adelante, atad a vuestros hijos al exilio / para servir a las necesidades de vuestro capitán, / para atender, con pesados arneses, / a naciones agitadas y salvajes; / vuestra recién conquistada y hosca gente, / medio demonios y medio niños».

evolucionado a Chanco. Los descendientes de San Chang Co nacieron como súbditos angloparlantes de los Estados Unidos de América.

Mario Chanco era el sexto de siete hermanos. Vivían en la calle San Antonio, en una casa espaciosa con muebles enormes y paredes forradas de estanterías con libros. Buena parte de la riqueza familiar se destinaba a la educación de las generaciones más jóvenes. Aprendían español en casa, inglés en la escuela y filipino por todas partes.

Cuando mi abuelo cumplió los doce años, el 73.º Congreso de Estados Unidos aprobó la Tydings-McDuffie Act, una ley federal llamada a regular la transición de Filipinas hacia su independencia. Filipinas pasó de colonia a estado libre asociado con la promesa de obtener la soberanía en un plazo de diez años.

La Segunda Guerra Mundial interrumpió tanto la educación de mi abuelo como los últimos años de la condición de Filipinas como estado libre asociado. Mi bisabuelo perdió su empleo en la universidad después de que los japoneses descubrieran que el hermano mayor de mi abuelo, un coronel del ejército formado en la academia de West Point, se dedicaba a volar puentes para ralentizar su avance. Parte de la familia se instaló en la capital tras vender las pocas tierras que les quedaban y pluriemplearse como vendedores de entradas a combates de boxeo clandestinos. Otros se dispersaron.

La familia sobrevivió. Muchos otros no; más de cien mil personas fueron asesinadas. Un «informe de atrocidades», registrado el 15 de febrero de 1945 en Manila por un comandante del ejército estadounidense, ilustraba la barbarie de los últimos meses de la ocupación. El comandante y sus hombres habían descubierto ocho cadáveres en avanzado estado de descomposición, que habían sido abandonados en el interior de una casa en los suburbios de Manila. Cinco de los adultos, incluidas dos mujeres, habían sido ejecutados con las manos atadas a la espalda. El cuerpo de un bebé había sido atravesado con una bayoneta. Investigaciones ulteriores por las inmediaciones del vecindario «condujeron a entrevistar a un filipino, un tal Mario Chanco, vecino de los fallecidos», que el informe describía como periodista.

«Vimos cómo [los japoneses] entraban en la casa –les contó mi abuelo a los norteamericanos–. Poco después oímos cinco disparos. No sé lo que ocurrió a continuación porque hui del vecindario junto a otros testigos».

Por entonces los japoneses ya estaban de retirada. El hermano de mi abuelo sobrevivió a la Marcha de la Muerte de Bataán y regresó para luchar con las guerrillas, llegando a ser comandante del 91.º Batallón de Ingenieros del ejército estadounidense en el Lejano Oriente.

Tras la rendición de Japón, los Estados Unidos de América pusieron fin de inmediato a su «misión prioritaria» en lo que calificaron de «asimilación benévola». Después de casi cuatro siglos de dominación colonial, la República de Filipinas fue declarada una nación libre, con una Carta Magna descrita como «una copia fiel de la Constitución de Estados Unidos», «un manual ejemplar de una democracia liberal». A esas alturas, el país norteamericano había descubierto que la hegemonía mundial no requería el oneroso gasto que suponía mantener a todo un archipiélago de semiciudadanos molestos, sobre todo si la nación en particular estaba dispuesta a ofrecer tratados comerciales preferentes y bases militares.

Mi abuelo tenía veinticuatro años cuando Estados Unidos renunció a sus posesiones coloniales. Descartó regresar a la universidad para consagrarse al periodismo. Escribió sobre las relaciones económicas entre Filipinas y América, y sobre espacios musicales radiofónicos esponsorizados por Studebaker, tomando nota de la llegada de «automóviles nunca vistos, lo último en moda masculina y femenina, una docena de tonos de pintalabios y coloridos tejidos de todas las variedades». Presentó un programa radiofónico en el que se ganó el apelativo de Mao después de cuestionar de forma burlona a unos políticos, adoptando un acento chino de lo más rudimentario. Empezó a dirigir un periódico local desde la primera planta de una casa en la calle San

Antonio y a escribir ficción en sus ratos libres. Como reportero de asuntos municipales, se agenció una red de contactos en diferentes oficinas gubernamentales, entre ellos una «esbelta señorita con una sonrisa enigmática». Su estilo periodístico –que me veo obligada a admitir que incluía un empleo temerario de los adverbios– fue descrito como «engañosamente ligero» y «lamentablemente humorístico». Fue uno de los miembros fundadores del Club Nacional de Prensa y el primer invitado a *Meet the Press*, donde «su ingenio y sus jocosas observaciones al margen mantenían a raya la pomposidad de los políticos». Su firma fue saltando de periódico en periódico, de revista en revista, y pasó por *The Philippines Herald*, *This Week*, *Sunday Times*, *Literary Song-Movie* y *Women's Magazine*, hasta que fue ascendido a reportero en el *Manila Daily Bulletin*.

Según el testimonio de todos los que le conocieron, era un hombre por lo general afable. «Siempre fue una persona jovial y entregada, para nada dramática ni quisquillosa o irritable, como se supone que deben ser los humoristas –escribió la historiadora Carmen Guerrero Nakpil–. Era amable con los gatos callejeros que pululaban por los callejones traseros de la avenida en la que se concentraban los periódicos de Manila, caballeroso con las jóvenes bonitas y respetuoso con los directores. Asistía de forma regular a la iglesia de Paco, para cuya parroquia editaba una publicación ligeramente religiosa y semirrotaria titulada *Paco Town Crier*. Vestía a la moda ostentosa que se le había impuesto al hombre filipino tras la liberación. También era un joven emprendedor, ansioso por abrirse camino, siempre tramando algún proyecto editorial modesto».

En 1955 fue escogido el Periodista Joven Más Destacado del país. Aceptó una beca Fulbright en Estados Unidos. Publicó un compendio titulado *The Orient*. La «esbelta señorita» a la que conoció cubriendo noticias municipales se convirtió en la madre de sus cuatro hijos, ganándose de por vida el apelativo de Esposa Preciosa, mayúsculas incluidas.

«Más que cualquier otro periodista de por aquí, Chanco se

acerca a la imagen pública, servida por Hollywood, de lo que es un periodista –escribió Felix Bautista en el *Sunday Times Magazine*–. Es burbujeante, efervescente, incurablemente extrovertido. Siempre tiene la réplica veloz, la conversación estimulante y el don típico del periodista para la ocurrencia y el juego de palabras lapidario. Cuando no teclean frenéticas en la máquina de escribir, sus manos estrechan otras en un gesto caluroso o bien señalan con dedo acusador a algo, por lo general a rufianes en el gobierno».

Durante las décadas siguientes y a razón de cuatro horas cada mañana, tecleó en su máquina de escribir IBM Selectric lo que calificó risueño como «mi prosa inmortal». Montó una imprenta de grandes dimensiones con el objetivo de surtirse de los blocs de notas del tamaño preciso para que cupieran en el bolsillo trasero de sus desgastados pantalones. Fumaba cigarrillos Rothmans después de las comidas y Dunhill cuando se le acababan, pero solía tener un paquete abierto de Marlboro Reds a su vera mientras escribía, esparciendo ceniza por aquí y por allá cuando el cenicero quedaba fuera de su alcance. Crio a sus hijos sin privaciones, según recordaba mi madre, la mayor de todos ellos. Esto fue posible, me cuentan, gracias al concurso de la Esposa Preciosa, una enfermera diplomada que fue el eje del mundo en rápida evolución de mi abuelo. La Esposa Preciosa invirtió en tierras, se ocupó de una serie de negocios y atendió el desfile de amigos que mi abuelo fue trayendo a casa. Eran una mezcla de periodistas, políticos y ecologistas, entre los cuales estaba un antiguo corresponsal de guerra llamado Benigno Aquino, Jr.

En 1965, un senador que afirmaba ser «el más condecorado héroe de guerra de las Filipinas» fue elegido su décimo presidente. Su nombre era Ferdinand Edralin Marcos. No había sido condecorado ni era un héroe de guerra, pero la verdad tardaría años en salir a la luz. En 1972, al término de su segundo mandato, el último que le autorizaba la Constitución, Marcos declaró la ley marcial amparándose en la violencia indiscriminada y la amenaza comunista. Promulgó una nueva Constitución y se nombró presidente vitalicio, al tiempo que silenciaba a los críticos de forma sistemática y abolía la libertad de prensa.

La dictadura conyugal de Ferdinand e Imelda Marcos duró catorce años, con el apoyo entusiasta de Estados Unidos. Imelda bailó con el presidente Ronald Reagan y adquirió varios miles de pares de zapatos de tacón de la talla treinta y nueve, así como todos los artículos ofertados en una subasta de Sotheby's, incluida la casa de estilo brownstone que albergaba la colección. El periodo de ley marcial, tal y como lo llamamos nosotros, fue fecundo en corrupción, clientelismo y represión política. Daría lugar, a tenor de las estimaciones, a entre cinco mil y diez mil millones de dólares robados a las arcas públicas, el encarcelamiento de setenta mil personas, la tortura de treinta y cuatro mil, y el asesinato extrajudicial de tres mil doscientos cuarenta activistas. Las cifras probablemente se quedaran cortas.

De acuerdo con la leyenda familiar, en aquella época mi abuelo acabó en prisión junto con docenas de presos políticos. Un primo de mi madre, mi tío Boo, que por entonces contaba veintidós años, vio como arrestaban a todos sus amigos y se apresuró a abandonar el periodismo. «¿Me libré de ser arrestado y ahora voy a servirles mi cabeza en una bandeja? Ni hablar».

La ley marcial terminó en 1981, al menos sobre el papel, después de las presiones de la comunidad internacional sobre el régimen del matrimonio Marcos. Casi nada cambió. Al poco tiempo, el vicepresidente George H.W. Bush brindó por Marcos: «Adoramos su lealtad a los principios democráticos».

Dos años después, esta lealtad volvió a hacer aguas con el regreso de una de las voces opositoras más relevantes del país. Benigno Aquino, Jr., popularmente conocido como Ninoy, había sido corresponsal de guerra antes de ser escogido gobernador y luego el senador más joven de Filipinas. Formó parte de la primera oleada de arrestos tras declararse la ley marcial y pasó siete años en prisión. En 1980 se le autorizó a viajar a Estados Unidos para someterse a una operación de corazón bajo la promesa de que pondría fin a su cruzada contra la administración de Marcos.

No la cumplió. Después de dedicar tres años a impartir conferencias en Harvard y buscar apoyos entre la comunidad internacional para las fuerzas opositoras, decidió regresar a casa. «Merece la pena sacrificar la vida por los filipinos», aseguró en uno de sus últimos discursos.

Bien temprano en la mañana del 21 de agosto de 1983, se vistió con el mismo traje blanco con el que había puesto rumbo al exilio y embarcó en el vuelo 811 de China Airlines con un pasaporte falso. Una nube de periodistas lo rodeaba mientras el avión se dirigía a Manila. «Debéis tener vuestras cámaras preparadas –les había advertido el día anterior–, porque los acontecimientos pueden desarrollarse a toda velocidad. Quizá todo haya acabado en cuestión de tres o cuatro minutos y no vuelva a tener la oportunidad de hablar con vosotros».

Miles de personas lo esperaban en el Aeropuerto Internacional de Manila. Lazos amarillos decoraban los árboles en un guiño a una canción de Tony Orlando que hablaba de un prisionero camino del hogar. «Un centenar de lazos amarillos rodean el viejo roble; vuelvo a casa. Ata un lazo amarillo en el viejo roble».

Una comitiva de bienvenida formada por militares lo esperaba a la salida del avión. Aquino fue escoltado por la pista en dirección a la terminal. Al resto de los pasajeros se les pidió que permaneciera en sus asientos. Los soldados desoyeron las peticiones de los periodistas para que dejaran de cerrarles el paso. Sonaron unos disparos. Una joven que seguía los hechos por la ventanilla del avión comenzó a gritar. Muchos años después testificaría delante de la Sandiganbaya filipina –tribunal de justicia para casos especiales– y el Congreso de Estados Unidos: «Su señoría, aunque yo fuera la peor persona del mundo, nada cambiaría el hecho de que fue un soldado el que disparó contra Ninoy».

Ninoy Aquino, una figura renqueante vestida de blanco, la mayor esperanza de la oposición filipina, se desangró sobre la pista antes de poder ofrecer el discurso que con tanto esmero había preparado en Boston. «Regreso del exilio a un futuro incierto, provisto solo de determinación y fe».

Al menos cuatro millones de personas desafiaron a las lluvias monzónicas para acompañar el féretro que contenía su cuerpo acribillado. Enarbolaron letreros y carteles. NO ESTÁS SOLO. La procesión se alargó durante once horas. Aquel asesinato supuso para muchos el insulto final tras años de cruentas violaciones de los derechos humanos.

El año en que yo nací, dos después del asesinato, la presión de la comunidad internacional obligó a Ferdinand Marcos a anunciar la celebración de elecciones presidenciales. Su contrincante era la viuda de Ninoy Aquino, un ama de casa de voz suave y a la que le gustaba lucir gafas grandes y vestidos amarillos.

Su nombre, Corazón. El pueblo la llamaba Cory.

La campaña presidencial duró cuarenta y cinco días. El 7 de febrero de 1986, ochenta y cinco mil colegios electorales abrieron a las siete de la mañana. El fraude fue clamoroso, perpetrado delante de observadores internacionales, los medios de comunicación filipinos y más de un millar de corresponsales extranjeros. Al menos ochenta personas fueron asesinadas a lo largo y ancho del país. Algunos voluntarios fueron apaleados. Hombres armados irrumpieron en colegios electorales con pistolas y granadas. En la provincia de Antique, un asesino descerrajó veinticuatro tiros en el cuerpo del jefe de campaña de Aquino, Evelio Javier, frente a las escaleras del capitolio. En Manila, un francotirador atravesó de un disparo el cartel que portaba un manifestante de veintitrés años. En el cartel rezaba MARCOS, ADMITE TU DERROTA. El manifestante murió con una bala en el pecho.

Un recuento independiente concedió la victoria a Cory Aquino, pero la Asamblea Nacional sancionó el cuarto mandato presidencial de Marcos. Por lo menos treinta jóvenes informáticos dedicados al recuento de votos abandonaron arguyendo que el Gobierno estaba manipulando los resultados.

En una iniciativa inaudita, la Iglesia católica emitió un comunicado de prensa denunciando el carácter fraudulento de las elecciones. Algunos jefes de Estado extranjeros dejaron en suspenso sus felicitaciones. Tras haber declarado que se habían producido irregularidades por ambos bandos, el presidente Reagan cedió a las presiones de su propio partido y de los medios de comunicación norteamericanos y denunció «un fraude generalizado y actos de violencia perpetrados en su mayoría por el partido en el poder». Corrieron rumores de un posible golpe de Estado.

Durante la tercera semana de febrero de 1986, el ministro de Defensa, Juan Ponce Enrile, y el jefe adjunto del Estado Mayor de las fuerzas armadas, Fidel Ramos, desertaron junto con un pequeño contingente de soldados rebeldes. Se atrincheraron en el interior de los cuarteles oficiales de la policía y el ejército. La emisora radiofónica clandestina, Radio Veritas, dirigida por una mujer y sus dos hijos adolescentes, lanzó una llamada al arzobispo de Manila: Proteja a los insurgentes.

«La luna llena se alzó anoche en una Filipinas que había saltado por los aires tras un acto de sublevación –escribió Phil Bronstein en el *San Francisco Chronicle*–. En el exterior de dos bases militares de Manila, el pueblo se solidarizaba con los soldados».

Cada país cuenta con su ración de fábulas. Para muchos miembros de mi generación, el mito de la Filipinas moderna arranca en la carretera de circunvalación n.º 4. La autopista fue una de las seis planeadas por el Cuerpo de Ingenieros del ejército estadounidense en los años treinta del siglo pasado, cuyo diseño respondía al objetivo de unir seis ciudades antes de desembocar en la avenida Taft de la bahía de Manila. Los norteamericanos la bautizaron autopista 54. Se completó un año antes de que cuarenta y tres mil soldados del ejército imperial japonés arribaran a las costas del nuevo estado libre asociado de Filipinas.

A finales de la década de los cincuenta, después de la guerra, un comité mixto propuso un cambio de nombre para lo que había devenido la principal arteria de la capital. La bautizaron avenida Epifanio de los Santos en honor a un periodista y académico que había luchado por la independencia de Filipinas del dominio español. Cuando Ferdinand Marcos convocó inesperadamente elecciones a finales de 1985, la autopista había experimentado una contracción: Edsa.

Cursaba segundo de primaria cuando oí el relato por primera vez, durante una clase de Historia. Lucía mi arrugado uniforme blanquiazul y miraba como la profesora trazaba dos líneas paralelas en la pizarra.

Edsa, nos dijo la señora Chua, esta es la Edsa.

Dibujó dos pequeñas cajas sobre cada línea. Aquí, nos dijo, estaban el campamento Crame y el campamento Aguinaldo, uno frente al otro y separados por la Edsa. El resto lo coloreó con tiza.

Todo esto son personas, nos dijo.

A los ocho años no tenía la menor idea de lo que era la Edsa, por lo que entenderéis que asociara la avenida Epifanio de los Santos con un campo de batalla y no con una carretera.

Imaginad una autopista, cinco carriles por sentido, sobre la que la impacta la luz del amanecer un domingo por la mañana. Imaginadla abarrotada, kilómetro a kilómetro, con una masa de hombres y mujeres avanzando. Transpiraban con sus camisetas blancas remetidas en los tejanos. Acarreaban crucifijos, radiocasetes, bocadillos y paraguas. Lucían gorras de béisbol, canotiers de Christian Dior, coletas sudadas y sombreros de paja mugrientos. Los dibujos a tiza cobraron vida frente a mis ojos. Aquí estaban fortificaciones improvisadas: el pino, las alcantarillas, las farolas rotas, los sacos de arena donados por una cercana fábrica de cemento, el poste de teléfono llevado a hombros por hombres en pantalones de vestir con cinturón. Aquí estaba la falange humana que se extendía como un cordón alrededor del campamento Crame: monjas de expresión mustia, abuelos inclinados sobre transistores portátiles, matronas de mediana edad y chicas de cutis radiante con ramos de flores. Aquí estaba el ejército de Dios, liderado por un cura con tejanos y botas que encabezaba la marcha, el puño cerrado sobre el dobladillo de su sotana blanca mientras gritaba desafiante a los soldados leales al régimen: «¿Vais a disparar contra vuestros hermanos filipinos?».

Ferdinand Marcos envió al ejército. Tropas a bordo de seis tanques, ocho jeeps y trece camiones, provistos de lanzagranadas y ametralladoras, avanzaban a toda velocidad por la Edsa con destino a la verja de entrada al campamento Crame.

Mi gente vio los tanques. No salió corriendo.

Permanecieron de pie con los brazos extendidos, las palmas de las manos contra el metal caliente, los nudillos tensos, empujando mientras los motores rugían y los tubos de escape escupían humo negro. Algunos lloraban. Algunos maldecían. Unos pocos se pusieron a rezar de rodillas. No cedieron terreno.

El mediodía del 25 de febrero de 1986, Ferdinand Marcos salió al balcón del Palacio de Malacañán a prestar juramento como presidente. Su mujer lucía un vestido blanco y cantó una canción de amor frente a una multitud de partidarios. Aquella misma noche la familia Marcos se subió a un helicóptero con rumbo al aeródromo Clark.

Todos los noticiarios mostraron idéntico titular: MARCOS HUYE.

La revolución acabó con la investidura de Corazón Aquino. La familia Marcos voló a Hawái, donde el presidente Reagan les concedió asilo.

El mundo tomó nota. «Es una historia que no hemos de dejar de repetirnos –escribió *Asiaweek*–, y no importa cuál haya sido el desenlace en esta ocasión, pues se trata de una lección sobre las dinámicas y el poder del liderazgo político democrático». La escritora francesa Nesta Comber lo llamó «momento digno de la antigua Grecia». Associated Press comparó a Corazón Aquino con Juana de Arco. La CBS apuntó que era lo más cerca que el siglo XX había estado de la toma de la Bastilla. «A los estadounidenses nos gusta pensar que les dimos una lección de democracia a los filipinos –dijo el presentador Bob Simon desde su plató en Nueva York–. Bueno, esta noche son ellos los que están dándole una lección al mundo entero».

El Centro Harvard para Asuntos Internacionales apuntó la posibilidad de un efecto llamada a otros levantamientos no violentos. «¿Cuál será el próximo país en seguir su ejemplo?».

Poco después de la Revolución Edsa, manifestantes tailandeses tomaron las calles de Bangkok. Un hombre se plantó frente a un tanque en la plaza de Tiananmén. Cayó el Muro de Berlín, con los alemanes agradeciendo a los filipinos que les hubieran señalado el camino.

Hubo un tiempo en que fuimos héroes.

Si cuento esta historia no es para dejar constancia de un episodio histórico, sino para explicar el papel que la Revolución Edsa desempeñó a la hora de entender quién era yo. Edsa no fue mi revolución, pero me proporcionó una historia más grande que la de los matadragones de mis fábulas. Contenía una ración de mitología y dos de magia, poblada por gigantes, con truenos, poderes y esperanza de un amarillo cegador por doquier. Fue aquella mujer –Corazón Aquino, sonriente y de mirada bondadosa– lo que se me quedó grabado en la cabeza cuando sonó el timbre de la mañana y el himno nacional empezó a sonar, entrecortado, por los altavoces de la escuela. En mi imaginación los valientes vestían de amarillo. Aquí estaba nuestro destino manifiesto: la tierra de los amaneceres, la perla del Este, la cuna de los osados, repleta de personas capaces de detener el avance de las armas de un dictador con la sola ayuda de una plegaria y una canción.

Y, como ocurre con la mayoría de las historias, el final depende de quién lo cuente.

En 1986, durante los tensos días que precedieron a la convocatoria precipitada de elecciones, caravanas de vehículos de simpatizantes de Marcos tomaron las calles con toda la parafernalia financiada por el partido en el poder. Aquino viajó de ciudad en ciudad. Sus seguidores reunían monedas en tarros de conserva. Ancianos agitaban hojas de plátano amarillas desde los márgenes de la carretera. El 28 de enero, apareció un anuncio a toda página en el *Bulletin Today*. Era un manifiesto en apoyo a la candidatura de Marcos, firmado por el Comité de Escritores y Artistas en Defensa de la Libertad y la Democracia.

El manifiesto constaba de nueve párrafos y arrancaba diciendo que «una nación fundada por escritores y artistas no puede permanecer insensible a lo que tienen que decir los hombres consagrados al pensamiento y la imaginación que moran en ella». Los hombres consagrados al pensamiento y la imaginación justificaron su apoyo al dictador aludiendo a un programa cultural de nueve puntos que la administración Marcos se comprometía a financiar. Incluía la creación de un Ministerio de Cultura, un fondo para la publicación de libros, la inauguración de una sociedad honorífica «para los intelectuales del país», ayudas para «el desarrollo de los genios locales en materia artística y literaria», donaciones con vistas «a la adquisición de obras de arte meritorias», viviendas destinadas «a escritores y artistas sin hogar, pero dignos de ellas», y un rosario de otras iniciativas para estimular el talento artístico.

Los ciento treinta firmantes incluían periodistas, cineastas, poetas y actores. Fue una iniciativa electoralista fallida de la cabeza a los pies, que se vio barrida por el confeti de la Revolución Edsa que llegaría un mes después. En las pocas ocasiones en que se mencionó, fue rebautizado como Manifiesto COWARD («cobarde»), término acuñado por un poeta a partir del acrónimo de la organización. Los firmantes merecieron calificativos como «traidores», «cobardes» o «colaboradores».

Tenía treinta y pocos años, y ya acumulaba bastante experiencia como periodista, cuando me crucé con el manifiesto. Alguien lo había colgado en las redes sociales. Leí los nombres de los primeros veintiún firmantes y me detuve en el del vigesimosegundo.

Ponía Mario Chanco.

Según algunos testimonios, el manifiesto solo circuló entre aquellos que eran simpatizantes declarados de la administración o que tenían vínculos financieros con figuras de poder. Firmarlo, me contaron, fue estrictamente voluntario.

La publicación del manifiesto causó no poca «rabia, consternación e inquietud». Reuel Molina Aguila dejó escrito que algunos miembros del grupo de escritores Galian sa Arte at Tula emitieron un comunicado urgente llamando «a nuestros compañeros escritores a vincular con más determinación sus escritos con las luchas de la nación filipina». El *Philippine Daily Inquirer* reprodujo una advertencia del poeta Ramon Villegas: «En los estados autocráticos y en las presuntas sociedades democráticas se ha demostrado con frecuencia que el patrocinio de las artes por el Estado sirve para satisfacer los intereses de este último y no los de las personas». Otra columna censuraba a los firmantes por «difundir propaganda difamatoria contra la oposición y cantar aleluyas al régimen de Marcos».

Aquello no encajaba con la historia que yo conocía.

Mi abuelo tenía sesenta y tres años cuando se publicó el manifiesto. Había trabado amistad con Ninoy Aquino antes de declararse la ley marcial. Corrían rumores de que había ejercido de negro literario de Ninoy y un coetáneo lo describió como su relaciones públicas. El viejo Mercedes-Benz que permaneció durante años aparcado en la entrada del domicilio familiar había pertenecido en su día al senador asesinado, aunque nadie sabía si mi abuelo había convencido a Ninoy para que se lo vendiera o si este, al corriente de su pasión por los coches, se lo había regalado.

He aquí otro hecho que me parecía incontrovertible: mi abuelo fue uno de los muchos novelistas que fueron detenidos y enviados a la prisión militar.

–Eso es lo que pensaba de niño –me dijo mi tío Louie, el hermano de mi madre.

–Eso es lo que a mí me contaron –le dije yo.

La verdad, me explicó, era más prosaica. Mi abuelo acabó encarcelado de resultas de haber contraído una deuda enorme con el Gobierno, después de que una operación ligada a la exportación de arroz saliera mal. No cabía duda de que había compartido prisión militar con prisioneros políticos relevantes, pero su encierro no había tenido nada que ver con el periodismo. Aunque muchos años después el Tribunal Supremo falló en favor de Mario Chanco, mi tío sostenía que la experiencia quizá hubiera influido en la opinión que a mi abuelo le merecía la dictadura de Marcos.

Un día me senté junto a mi madre en el jardín de su casa, bajo una buganvilla rosa en plena floración.

–¿Por qué iba a constar su nombre en el manifiesto? –le pregunté.

–No lo sé –me dijo–. Lo que sí sé es que estaba muy a favor de Imelda y Ferdy.

Me contó que mi abuela, la Esposa Preciosa, estaba fascinada con Imelda Marcos, la reina de la belleza surgida de provincias, a quien los historiadores luego apodarían la Mariposa de Hierro. Mi abuela, una chica de provincias que se abrió camino hasta llegar a Manila, veía en Imelda a la mujer ideal.

–Su libro favorito era *Lo que el viento se llevó* –me dijo mi madre–. Se lo leyó de cabo a rabo tres veces, cuatro, cinco, porque se sentía hechizada por Scarlett. ¿Y la novela *Hawái*? Tres cuartos de lo mismo. En su cabeza las inmortalizó a ambas, a Nyuk Tsin, de *Hawái*, y a Scarlett. Las idealizó a más no poder y gracias a ello consiguió sacar adelante a mi padre y a toda la familia. Trabajó mucho.

–¿Y el abuelo?

–Su apoyo a Marcos estaba lleno de cinismo –me contó mi madre–, pero era cínico con todo el mundo.

Había permanecido en la ignorancia sobre todo esto durante casi treinta años. Mi abuelo se consideraba amigo de los políticos y no veía dilema ético alguno en ejercer ocasionalmente como su agente de relaciones públicas. Compartía una máquina de escribir con Ninoy y enviaba sacos de tomates frescos a Marcos, obsequio que se traducía en una llamada telefónica de agradecimiento por parte del presidente en persona. «Ni por asomo podrías considerar a tu abuelo un periodista comprometido», me dijo mi tío Boo. Él también era periodista y se había formado bajo la supervisión de mi abuelo. Me contó que era probable que Mario firmara el manifiesto. En una ocasión, mi tío publicó una columna especialmente crítica que le mereció una llamada de mi abuelo para darle un consejo. «Uno debe tener muchos amigos –le dijo a Boo–, pero no debe ir sobrado de enemigos».

Un testigo presencial de la Revolución Edsa escribió acerca de un repartidor del pan que se había dedicado a entregar panecillos para el desayuno en el exterior del campamento Crame. El hombre se negó a que le pagaran por ellos por ser «la única ayuda que puedo ofrecerle a mi país». Mi abuelo se hizo eco del mismo fenómeno. En una columna para *The Evening Post* escribió que, la mañana de las protestas de la Edsa, el reparto del pan llegó con retraso a la puerta de su casa.

Los panaderos, decía mi abuelo, se habían dirigido a las calles, «uniéndose a las hordas de tenderos, estudiantes, curas, trabajadores, seminaristas y diría que incluso banqueros de medio rango, contables y comerciantes descalzos». Los amigos de mi abuelo que pusieron rumbo a la Edsa lo llamaron para que se sumara a sus filas. Se negó.

«Y cuando rechacé acompañarlos en su aventura, aduciendo vértigo, anorexia y lumbago agudo, se mostraron conmocionados, no podían creer lo que oían –escribió–. "Es un momento histórico", me dijeron, y añadieron: "¿Y tú te lo vas a perder?". Objeté que yo pertenecía a la mayoría comprometida: la mayoría comprometida con la supervivencia. Les dije que me había pasado toda la vida –la Segunda Guerra Mundial, Luzón Central, las campañas bélicas del Huk y una pizca de Vietnam como aderezo– intentando evitar la bala que llevaba escrito mi nombre [...]. ¿Qué derecho tenían ellos, les exigí saber con vehemencia, a convertirme en algo que yo sabía que no era?».

No poseo la menor certeza acerca de lo que mi abuelo pensaba de la dictadura que mató a miles de sus compatriotas. Sus columnas y sus blocs de notas desaparecieron hace mucho tiempo. Puede que lo forzaran a firmar el manifiesto. Quizá nunca llegara a saber que habían incluido su firma. Es probable que pensara que su apoyo complacería a los amigos, a los que me han contado que apreciaba mucho, y no es descartable que creyera sinceramente en la contribución de la familia Marcos a la literatura y las artes.

También es posible que tuviera miedo.

No viví la dictadura, pero la supervivencia de mi abuelo, y la crianza y la educación privilegiadas de las que yo disfruté, son el resultado de las elecciones que él tomó.

Esto es lo que sé: hubo un tiempo en que fuimos héroes.

3

MASCOTA DE LA ESPERANZA

Mi madre aseguraba que mis hermanas eran guapas. Jamás las conocí. Algo problemático relacionado con los genes de mis padres dificultaba sobremanera la supervivencia de los bebés de género femenino. Nacían pálidas, dulces y silenciosas, y vivían unos pocos meses antes de que sus pulmones arrojaran la toalla. Yo llegué años después. Mi padre me contó que la razón de que yo sobreviviera a la infancia fue que la familia inundó el cielo con plegarias. Así fue como lo expresó. Todo el mundo pidió que fuera un niño, lo pidió con todas sus fuerzas, hasta el mismo día en que mi madre rompió aguas.

Me siento rara, dijo mi madre en el coche. Mi padre solo pudo apretar el acelerador. La historia que se cuenta es que, una vez en el hospital, el médico miró entre las piernas de mi madre y se echó a reír. El bebé tiene prisa, dijo, guardándose la pipa en el bolsillo. Que el médico llegara a estrechar mi manita en señal de bienvenida puede que pertenezca más al reino de la mitología familiar que al de los hechos incontestables, pero no fue hasta después, al sacarme con el rostro enrojecido y pataleando, cuando mi padre pensó que quizá el bebé viviría.

«Rezamos por ti –me contó mi abuela, mientras pegaba sobres con donativos para la iglesia, sentada a la mesa de la cocina. Era la madre de mi madre, medio española y ultracatólica–. Rezamos y rezamos y entonces apareciste».

Fui un regalo, me dijeron, la respuesta a una plegaria que llegó en forma de cesárea. Respondí a la naturaleza transaccional de la religión en la que me crie. Las reglas eran muy sencillas. Uno se arrodillaba y ocurría la magia. Uno creía y se producían los milagros. Y si el hecho de sufrir por medio del ritual de las siete iglesias y las catorce estaciones de la cruz no daba resultado, algún día seguro que lo haría, a menos que fueras un pecador, algo que, por descontado, lo éramos todos.

No nos faltaban motivos para rezar durante mi infancia. Vivíamos en un suburbio de Quezon, la mayor ciudad de la extensa región metropolitana de la Gran Manila. Durante la mitad del año era un lugar bien bonito, con su parque con capilla y buganvilla rosa enroscándose en los cables eléctricos. En junio, temporada de tormentas, el agua subía por la calle empinada hasta alcanzar el lugar donde mi padre hacía guardia bajo un paraguas chorreante. Gracias a un cálculo mental la mar de complejo, sabía el momento preciso en que era necesario evacuarnos a todos a la casa de mi abuelo, ubicada en un punto más elevado. Al día siguiente, regresábamos a casa para encontrarnos al perro tiritando encima del piano y a mi padre cubierto de barro y con una expresión de triunfo en el rostro.

Podría haber sido peor, solía decirnos.

No lo ha sido gracias a mis rezos, le respondía mi madre.

Crecí como el miembro más joven de una familia de tres que se encaminaba poco a poco hacia una pobreza distinguida. Mi padre era un agente de seguros que había renunciado a su empleo para ayudar a mi madre a gestionar su negocio de ropa manufacturada. La economía atravesó un bache a principios de la década de los noventa. La fábrica sufrió apagones recurrentes. Se acumularon las deudas. Vivíamos con la tranquilidad suficiente para no tener que preocuparnos por la siguiente comida, pero nunca tan sobrados de tranquilidad como para tener garantizada la matrícula escolar del siguiente cuatrimestre.

A muchas de las niñas de clase media de Manila nos alimentaban con la culpa católica y nos criaban bajo el sol deslumbrante del sueño americano. Íbamos a la iglesia. Íbamos al colegio. Todas las noches recitábamos el rosario y los viernes nos absteníamos de comer carne. Colgábamos guirnaldas de nuestros árboles navideños de plástico, estudiábamos a John Steinbeck, nos aprendíamos de memoria las bienaventuranzas y nos asegurábamos de que nuestras faldas colgaran unos decorosos tres centímetros por debajo de las rodillas. El dinero escaseaba, pero teníamos libros. Cuando terminé con la colección de lecturas juveniles de mi madre, esta me envió a casa de mi abuelo a revolver entre sus estanterías numeradas. Pasé la mayor parte de mi adolescencia en balsas que flotaban por el Mississippi, en el interior de casas de la pradera y a la vera de hogueras en la Nueva Inglaterra, el Chicago y el Londres de mi imaginación. Yo era Meg Murry. Yo era Jo March. Yo era Scout, Mowgli, Anne Shirley y Lyra Silvertongue, y durante un verano glorioso Sherlock Holmes, con mi padre en la piel del complaciente Watson. Quizá mi patria se había librado de los grilletes del imperialismo, pero yo era una gustosa colonia de una sola persona.

Puede que mi infancia girara alrededor de los libros, pero no sentí la necesidad de escribir mis propias historias. No quería convertirme en escritora. Quería que otros escribieran sobre mí. El objetivo prioritario de mi infancia era llegar a ser una heroína. Los medios para conseguirlo eran irrelevantes, convencida como estaba de que el destino se encargaría. La mayoría de los niños creen ser especiales. No todos nacen milagrosos.

La Revolución Edsa, que también acabaría siendo conocida como Revolución del Poder del Pueblo, experimentó una secuela en el año 2001, cuando yo tenía dieciséis años. El presidente, un bigotudo exhéroe de acción en la pantalla grande, era Joseph Estrada. Su administración era conocida por reuniones del gabinete a altas horas de la noche, partidas de póquer regadas con alcohol y un desprecio por la vieja guardia que a la postre sería su perdición. Llevaba poco más de dos años en el poder cuando protagonizó un escándalo relacionado con sobornos en el ámbito de las apuestas ilegales. La élite política ligada a la Iglesia y los negocios, incluida la antigua presidenta Corazón Aquino, exigió su dimisión. Fue a juicio por expolio y por violar la Constitución en el marco de un proceso de destitución que fue televisado. En una de las sesiones, los fiscales presentaron un sobre que contenía pruebas que presuntamente demostraban su culpabilidad. Tuvo lugar una votación. Aunque por un escaso margen, una mayoría de senadores decidió no revelar su contenido. Los fiscales del Estado presentaron su dimisión. La capital salió a la calle a protestar. El mismo arzobispo que había liderado la revolución de 1986 –su nombre era cardenal Sin («pecado»)– declaró que el presidente «ha perdido la autoridad moral para seguir gobernando». Los simpatizantes de Estrada, el grueso de ellos pertenecientes a las clases desfavorecidas, fueron dispersados por la policía. Las fuerzas armadas se unieron a la oposición.

Tres días después de producirse la interrupción de las sesiones del proceso de destitución, la vicepresidenta Gloria Macapagal-Arroyo fue investida como decimocuarto presidente del país. Era miembro del *establishment* político y había conseguido la vicepresidencia tras empapelar las calles con carteles que la mostraban luciendo un traje azul marino y mirando embelesada una rosa roja. Su padre era un expresidente que en 1965 había perdido la reelección frente a Ferdinand Marcos. No sin antes expresar «fuertes y muy serias dudas acerca de la legalidad y constitucionalidad de su proclamación como presidenta», Estrada abandonó en barco el Palacio de Malacañán. Luego presentó su dimisión.

Las protestas recibieron el nombre de Edsa Dos. Yo no me sumé a ellas. Mis padres pensaron que con dieciséis años era demasiado joven. A diferencia de la revolución de 1986, este golpe sin derramamiento de sangre no fue celebrado de forma masiva por la comunidad internacional. Con posterioridad, los hechos se vieron aún más minimizados de resultas de lo que se recuerda como Edsa Tres, una serie de manifestaciones contra la detención de Estrada. Estados Unidos fue uno de los primeros países en reconocer la legitimidad de la presidenta Arroyo, pero no faltaron voces críticas, tanto dentro como fuera de Filipinas, que no dudaron en calificar los hechos de golpe mafioso. Después de todo, fue una revolución instigada por las élites de Manila.

Asistí a la Universidad de Filipinas con la vaga idea de cursar Derecho. El campus principal, en Diliman, ahí donde algunos estudiantes habían arrojado cócteles molotov a los soldados durante la ley marcial, era el mismo en el que mi abuelo y mi madre se habían formado. Más relevante aún, dada mi situación, era que el Estado subvencionaba las matrículas. Me uní al grupo de debate. Los debates poseían estructura, lógica y dramatismo, y al carecer de causas propias me permitía defender con pasión cuestiones de las que apenas sabía nada.

Durante mi segundo año de carrera, acogimos un campeonato nacional. Por primera vez incluiría una competición de oratoria. El ganador representaría al país en el Campeonato Internacional de Oratoria, que se celebraba anualmente y cuya siguiente edición tendría lugar en Reino Unido. No tenía intención de participar, al dar por hecho que la oratoria era una empresa juvenil, a la par con los recitales de declamación. Sin duda carecía del forcejeo acalorado que se daba en las competiciones de debate universitarias. En cualquier caso, mi nombre apareció en la lista de inscritos por cortesía de la maliciosa presidenta de mi grupo de debate, de resultas de mi incapacidad para aportar nada a la organización del torneo. Hazlo, me dijo, y lo hice.

Los discursos eran improvisados. Los temas, inocuos. Habla, durante cinco minutos, sobre «Un mundo sin fronteras». El asunto me interpelaba. Había sido testigo del éxodo de amigos y familiares a ese lugar misterioso al que todos nos referíamos con el nombre de «the States», y era capaz de interpretar sin esfuerzo el papel de joven nostálgica a la que habían dejado atrás. «Cuando era pequeña –dije– deseaba lo mismo que tantas otras niñas filipinas de todo el país. Quería ser rubia, tener ojos azules y la piel blanca. Pensaba que, si lo deseaba con suficiente fuerza y me portaba bien, una mañana de Navidad me despertaría para ver nieve tras la ventana y pecas alrededor de la nariz».

Durante las semanas siguientes a mi victoria, estuve retocando mi discurso sin descanso, siguiendo los consejos de amables profesores de literatura que pulieron mis argumentos a favor de la hermandad global, sin dejar de soltar aquí y allá citas de Shakespeare. Volé a Reino Unido como única delegada de Filipinas. No podíamos permitirnos una segunda.

Aquel año se citaron cincuenta y nueve concursantes en Londres. Representábamos a los treinta y siete países que conformaban la Unión de Habla Inglesa. Uno podría creer que fueron mi brillantez y mi encanto los que me granjearon el triunfo, pero no sería del todo verdad. Pesó mucho dónde me encontraba y a quién me dirigí.

Una tarde de mayo, me subí a un escenario y me enfrenté a un público reunido por la Corona británica para hablar sobre la diáspora filipina y la promesa de una cooperación multicultural. «Somos las cuarenta mil enfermeras muy preparadas que dan apoyo al sistema sanitario público de Reino Unido –dije con una sonrisa ensayada–. Somos el cuarto de millón de marineros al frente de la mayor parte de los buques comerciales del planeta. Somos vuestros desarrolladores de software en Irlanda, vuestros obreros de la construcción en Oriente Medio, vuestros médicos y cuidadores en Norteamérica, y vuestros artistas del musical en el West End de Londres». El que muchos de esos trabajadores se hubieran visto forzados a aceptar contratos fuera de su país para enviar dinero a casa a unas familias hundidas en la miseria fue un hecho que omití. El mundo que deshojé era abierto y estaba desprovisto de fronteras, uno al que cualquiera podía hincarle el diente si así lo deseaba. Durante aquellos cinco minutos en Trafalgar Square, fui la filipina orgullosa que habló la lengua de Occidente, ofreciendo una resolución feliz al despiadado pasado colonial que mis amos imperialistas habían olvidado con gusto.

Los periódicos que cubrieron la competición apuntaron que la señorita Evangelista, de dieciocho años, coronada campeona mundial, «recibió una bandeja, un certificado, un diccionario y una enciclopedia».

Ocurrieron muchas cosas a posteriori. El duque de Edimburgo me estrechó la mano en el Palacio de Buckingham. La expresidenta Corazón Aquino me invitó a comer pastel y tomar té helado. Me subí a una carroza el día de la Independencia con el boxeador Manny Pacquiao. Ofrecí entrevistas de televisión que mi madre luego reproducía a incautos invitados a cenar. Abuelitos a los que no conocía me daban la mano. Un hombre me detuvo en un centro comercial para decirme que era un tesoro nacional. Esta oleada de atención me granjeó trabajos en televisión, entre ellos un programa matinal, un diario de viaje y un espacio dedicado a los debates, así como otro, muy desafortunado, en el que hablaba de buenas costumbres junto a un pastor evangélico. Mi foto apareció en anuncios publicitarios de internet de alta velocidad y de té amarillo. Lucí trajes chaqueta, salidos de tiendas de segunda mano, en media docena de ceremonias de graduación y no dejé de hablar acerca del glorioso potencial inexplotado de la juventud filipina. Programas fotocopiados me definían por sistema como la gran figura inspiradora, y aunque no era consciente de que mi búsqueda del heroísmo incluiría recitar mi discurso en una sala de juntas llena de ejecutivos de comida rápida, entendía el personaje que se me había adjudicado: la mascota de la esperanza en un país ávido de buenas noticias.

De haber poseído el menor encanto natural, quizá podía haber transformado mis quince minutos de fama en una carrera delante de las cámaras, pero cuanto poseía era una bravuconería adolescente tirando a rarita. El problema de ganar una competición de oratoria fue que el público quería oírme hablar, y asumía, de forma incorrecta, que tenía algo importante que decir. De hecho, era una estudiante indiferente. No era una buena chica católica. Gritaba mucho o estaba muy callada, soltaba demasiados tacos, discutía con excesiva frecuencia, no era fotogénica y, por mucho que me esforzara en fingir lo contrario, no era para nada interesante.

Lo intenté. A fin de cuentas, era una estudiante que trabajaba, con un alquiler que pagar y unas apariencias que mantener. Compraba blusas chillonas y con los hombros al aire en las rebajas, de las que me había convencido de que parecían caras bajo los focos. Di una conferencia en una escuela católica conservadora sobre la importancia del pensamiento crítico y le sugerí a un público de adolescentes risueños y a sus aterrorizados profesores que existían argumentos a favor de la legalización del aborto. En un intento por hacerme la culta, le dije a un entrevistador que Shakespeare era mi autor favorito, en vez de Nora Roberts, y a la semana siguiente suspendía un examen sorpresa sobre *Hamlet* en clase de inglés. Mi carrera televisiva llevaba un año en marcha cuando mis sufridos productores me enviaron los resultados de una encuesta realizada entre la audiencia. Entre los aspectos a mejorar estaba el hecho de que la nariz de la señorita Evangelista se dilataba de un modo nada atractivo cuando hablaba. Mi representante sugirió que me sometiera a una rinoplastia. «He encontrado un dos por uno; podemos hacerlo juntas».

La presidenta Arroyo prometió una administración de cariz reformista. Mientras que todos los presidentes después de Marcos se vieron limitados a un solo mandato, el peculiar camino hacia el poder de la presidenta Arroyo le permitió aspirar a la reelección en 2004. Se alzó con la presidencia en unas elecciones marcadas por persistentes rumores de amaño y violencia. No tardó en salir a la luz que mantenerse en el poder requirió que primero apaciguara los ánimos de los militares y de Estados Unidos. «Estoy decidida a construir una república fuerte», bramó. Su guerra devino la guerra contra el terror.

A aquellas alturas, las leyes antisubversivas de la Guerra Fría habían sido revocadas. Años de purgas internas habían reducido el brazo armado del Partido Comunista de Filipinas, el Nuevo

Ejército del Pueblo (NEP), a una fracción de sus miembros originarios. La presidenta Arroyo respaldaba la designación del NEP como organización terrorista internacional por parte de Estados Unidos. Sus alabanzas al estamento militar inauguraron una barra libre contra los sospechosos de comunismo, fueran armados o no.

Nada de esto importaba desde mi rincón de la capital. Yo creía en Edsa. Creía en el imperio de la ley. No pensaba, si es que lo había hecho alguna vez, que mi Gobierno estuviera en el negocio de la tortura y el asesinato.

Permanecí delante de las cámaras el tiempo suficiente para pagarme los estudios y luego conseguí un empleo como asistenta de producción en la ANC, el canal de noticias en inglés del gigante mediático ABS-CBN. Entre ir a por cafés y editar guiones, escribía una columna para la sección de opinión de un periódico respetable, el *Philippine Daily Inquirer.* Se me dejó bien claro que el único motivo por el que me la habían ofrecido era porque el resto de los columnistas me sacaban más de un decenio. El periódico necesitaba firmas jóvenes y yo estaba disponible. «Tu gramática es buena», me dijo mi director para consolarme con tacto. Cada semana facturaba mil palabras sobre playas soleadas, tacones altos y concursos musicales con un entusiasmo contagioso y un exceso de adverbios. Sabía cuál era mi lugar. Carecía de experiencia, causas y sin duda de un cojín académico con el que acolchar mi sillón metafórico.

Por esa época, en el año 2006, y con veintiún años, aprendí una lección sobre las palabras.

El inglés es uno de los dos idiomas oficiales de Filipinas. El otro es el filipino, también conocido como tagalo, que se habla en la capital y alrededores. El inglés era el idioma académico cuando crecí y sigue siendo el propio del derecho, la administración y la medicina. Aunque Filipinas consta como una de las naciones donde el uso del inglés está más extendido, los niveles de fluidez personales dependen de la educación y la cuna. En un país en el que se hablan más de cien lenguas, dominar el inglés, al igual que poseer una piel clara, es un indicador de privilegio.

Este privilegio significaba que podía aprobar cualquier examen de lengua inglesa sin aprenderme los intríngulis técnicos de la gramática. Si bien era incapaz de distinguir, a menos que lo consultara, una oración apositiva de una cláusula subordinada, puedo afirmar con suficiencia que captaba la diferencia entre una buena frase y una mala. Cuando digo que a los veintiuno aprendí sobre palabras, me refiero a un tipo particular de palabra.

Consideremos esta frase: «Ella habla inglés». Aquí la palabra «habla» es un verbo transitivo. El acto que marca la transición hacia un objeto. No es «ella» la que es hablada. Lo es el «inglés». Cada verbo transitivo va seguido del objeto al que afecta.

Ahora consideremos otra frase: «Ella habla alto». Aquí el verbo «habla» es intransitivo. La idea se completa sin un objeto. El hecho de que hable es suficiente. El lenguaje no se especifica, el contexto no se explica y es irrelevante si ella dice la verdad o habla klingon. Lo relevante es que ella habla, un acto que se basta a sí mismo. «Estoy escribiendo esta frase» emplea un verbo transitivo. «Estoy escribiendo» no.

De cara a juzgar la transitividad de un verbo es necesario fijarse en su entorno. Aunque la mayoría de los verbos pueden pasar de transitivos a intransitivos de una frase a otra, los hay que no. Ella llegó, él estornudó, se cayó, nos sentamos, ellos rieron, te desmayaste. Cada frase termina con un punto, intransitiva. El sujeto es el objeto. Te desmayaste. No te desmayaron.

«Morir», por ejemplo, es un verbo intransitivo. También lo es «desaparecer».

Hubo un tiempo en que la palabra «desaparecer» no era más que un verbo intransitivo. Los dinosauros desaparecieron. Las nubes desaparecieron. Voldemort desapareció, tal y como Hagrid le explicó al joven Harry Potter, aunque fueron necesarios siete libros para descubrir el motivo. Una desaparición es un acontecimiento semimágico en la lengua inglesa, acompañado de una nube gramatical de humo literario. Uno desaparece a la vuelta de una esquina, en el interior de un vehículo, bajando unos escalones, y nadie pregunta cómo ni por qué. La dama se esfuma, el público aplaude.

En los años setenta del siglo pasado, la palabra castellana «desaparecer» se convirtió en un verbo transitivo. Se estima que, entre 1976 y 1981, se volatilizaron entre trece mil y treinta mil disidentes políticos durante la junta militar encabezada por Rafael Videla, el dictador de Argentina. Más adelante, Videla sería juzgado por crímenes contra la humanidad y condenado a cadena perpetua por el asesinato y tortura de opositores políticos. Entre muchos otros cargos, estaba el secuestro sistemático de niños. En el momento de los hechos, la atmósfera de represión impedía decir nada de forma categórica acerca del modo en que los disidentes eran secuestrados. Aquellos cuyo rastro se perdía pasaban a llamarse «desaparecidos».

En Filipinas la palabra empezó a ser de uso común durante la dictadura de Marcos, después de que miles de activistas fueran aprehendidos en la calle y en pisos francos. A muchos jamás se los volvió a ver.

El *Oxford English Dictionary* ha actualizado su definición: «"Desaparecer", transitivo: secuestrar o arrestar (a una persona), especialmente por motivos políticos, y acto seguido matar o detener como prisionero, sin informar de su suerte».

En el año 2006, dos mujeres jóvenes, ambas estudiantes de mi universidad, desaparecieron de un pueblecito agrícola ubicado al norte de la capital. Sherlyn Cadapan y Karen Empeño eran activistas. Corrieron rumores tildándolas de comunistas y de que unos soldados se las habían llevado, quizá incluso las habían asesinado. Aquello no cuadraba con lo que yo había aprendido. Hasta donde yo sabía, «desaparecer» era un verbo intransitivo y el relato, propaganda izquierdista. Me pareció necesario descubrir por dónde hacía aguas la historia.

Asistí a las vistas del juicio. Hablé con las familias. Leí las declaraciones juradas. Me puse una falda bonita para entrevistar al general condecorado al que sus víctimas llamaban el Carnicero. Busqué testigos. Uno de ellos era un adolescente. Otro era un detenido que había conseguido escaparse y al que, una noche de verano, metí de tapadillo en mi apartamento para entrevistarlo. Me hablaron de incendios, disparos, palizas y de meses encorvados en celdas tan abarrotadas que una mujer perdió la cordura mientras yacía sobre sus propios excrementos.

En algún punto entre las declaraciones juradas y las toneladas de informes encargados por comisiones independientes, descubrí que creía a los supervivientes. Necesité años de trabajo sobre el terreno antes de tener la certeza sobre cómo expresarlo. Karen Empeño y Sherlyn Cadapan no desaparecieron. *Los militares hicieron desaparecer a las mujeres.* Una mañana muy temprano, unos hombres armados las secuestraron, las maniataron, les vendaron los ojos y las arrastraron por los herbazales. Una de las estudiantes estaba embarazada. Una de ellas fue violada con trozos de madera. Muchos de los abusos fueron cometidos en el interior de campamentos militares, lugares en los que los soldados obligaban a los detenidos a ingerir su propia orina. Algunos escaparon. Las mujeres no.

Visité numerosos lugares después de aquello. Haciendas gigantescas que eran propiedad de la familia Aquino, donde agricultores que habían pedido reformas sobre la propiedad de la tierra habían acabado masacrados. Una zona de restaurantes de un centro comercial en la que una tarde habían secuestrado al hijo de un periodista. Un cuartucho en una casa donde un padre me contó que su hija de nueve años había sido asesinada por un grupo de asalto del ejército. En los registros oficiales constaba como una comunista muerta durante un operativo.

Empezó con una columna que se convirtió en dos, tres y luego en varias docenas, hasta que me vi incapaz de escribir sobre otra cosa que no fueran los muertos y los desaparecidos. Alguien me envió una corona de flores. Otro, una amenaza de muerte. Mentores bienintencionados me expresaron su preocupación por mi seguridad. Tanto desvelo solo consiguió volverme más imprudente, pero lo cierto es que mi grado de riesgo era muy bajo. Filipinas es uno de los lugares más peligrosos del mundo para los periodistas, pero la verdadera amenaza, al menos dentro de mi cabeza, se encontraba en provincias, donde milicias armadas y agentes de la ley actuaban con impunidad. Yo trabajaba para la principal cadena de televisión y el rotativo de mayor circulación de Manila. También daba por sentado, algo que con el paso del tiempo se demostró cierto, que el asesinato de un antiguo tesoro nacional traería más problemas que ventajas.

De todos modos, recibí mucho correo. Leí todas y cada una de las cartas. Las activistas se lo habían buscado. Los comunistas eran terroristas. Los izquierdistas eran maestros de la propaganda. Respondí a las primeras. No sin cierta ingenuidad y superioridad moral, argumenté que nadie merecía ser secuestrado y torturado, fuera comunista o no. Me parecía una verdad incuestionable. Pensaba que el problema radicaba en que el público no lo sabía, porque, de saberlo, se levantaría en masa como lo había hecho durante las protestas contra las atrocidades de los años setenta y ochenta.

Me equivocaba, por descontado. La gente lo sabía, pero a esas alturas a los desaparecidos ya no se les consideraba personas.

Fue en 2009 cuando vi mi primer cadáver, un año antes de las elecciones generales que reemplazarían a la presidenta Arroyo. Me encontraba en el sur, en la isla de Mindanao.

Mindanao había sido una de las últimas regiones en doblegarse al yugo colonial. Buena parte de la población se aferró a su identidad musulmana, pese a la llegada masiva de colonos cristianos con el fin de apoderarse de grandes porciones de tierra. Se cree que el nombre de la isla deriva del grupo étnico maguindánao, «el pueblo de la llanura inundada», cuyo territorio se extendía por el sudoeste de Mindanao durante el periodo colonial español.

Entre las muchas provincias de Mindanao se cuenta el moderno sultanato de Maguindánao, al este de la bahía de Illana. Durante la ley marcial, el presidente Ferdinand Marcos designó a un político llamado Andal Ampatuan padre como alcalde de uno de los municipios provinciales. Tras la Revolución Edsa, Corazón Aquino reemplazó a Ampatuan por un miembro de su mismo clan, otro Ampatuan. A lo largo de sucesivas elecciones, diversos componentes del clan fueron rotando en el poder local, hasta que Ampatuan padre llegó a gobernador en 1998. Durante décadas, el Gobierno nacional mantuvo una relación amistosa con los Ampatuan, enviando armamento y ayuda a la provincia, al tiempo que Maguindánao ataba en corto a los rebeldes. En 2004, la presidenta Arroyo se benefició de unos lazos tan estrechos: el bastión de los Ampatuan le garantizó una victoria aplastante en su feudo que resultaría decisiva en una muy reñida carrera presidencial.

En 2009, un clan rival, los Mangudadatu, declaró su intención de disputarle a los Ampatuan la jefatura del gobierno. Esta decisión tendría consecuencias explosivas. El 23 de noviembre, a menos de seis meses de las elecciones generales, el candidato Esmael «Toto» Mangudadatu envió a su mujer a registrar su candidatura. No fue sola. Mangudadatu había movilizado a muchos de sus simpatizantes, entre ellos su anciana tía, su hermana y dos abogadas, en una caravana formada por cuatro furgonetas que atravesaría un rincón muy aislado de la provincia hasta llegar a la oficina de la Comisión Electoral. Más adelante, Mangudadatu declararía que la composición de la caravana se meditó mucho, puesto que la cultura moro considera sagrada la protección de la mujer. Algunos periodistas locales se les unieron con la intención de documentar el acontecimiento.

La caravana la formaban una Mitsubishi L-300, propiedad de la cadena de noticias UNTV, una camioneta SsangYong, conducida por un periodista radiofónico de la DZRH, y cuatro furgonetas Toyota Grandia. En algún punto de la carretera que llevaba a Jerife Aguak, se sumaron otros dos vehículos: un Toyota Vios con cinco funcionarios gubernamentales que se dirigían a un hospital y un Toyota Tamaraw FX azul cielo, a cuyo volante iba un especialista en estadística, de cuarenta y un años y empleado del Gobierno, camino del trabajo tras pasar el fin de semana con su esposa e hijas.

Todos murieron.

Fueron asesinados por la mañana, en una emboscada junto a una colina, perpetrada por unos individuos que portaban ametralladoras pesadas. Ya habían cavado una fosa común. Treinta y dos de las cincuenta y ocho víctimas eran periodistas y sus asistentes, la cifra más alta de trabajadores de medios de comunicación asesinados en un solo día en todo el mundo.

La noticia llegó a la capital. Dos días después, volé al sur para unirme a un grupo de periodistas que iba a visitar el lugar del crimen. Creíamos que ser muchos garantizaba nuestra seguridad.

Unos soldados nos detuvieron en un control militar. Eran jóvenes y los habían enviado en camiones desde sus campamentos a vigilar las autopistas.

Les dijimos que éramos periodistas.

Sacudieron la cabeza. Id con cuidado, dijo uno de ellos.

Entonces entendí que ser muchos no garantizaba nada, menos aún a los periodistas.

Aguardamos en silencio dentro de la furgoneta.

Pasé la mayor parte de aquel día con la vista en el suelo, contando cadáveres, tomando fotos, midiendo la distancia entre un cuerpo y otro, tratando de distinguir el color y los patrones de los pañuelos embarrados y enmarañados que yacían por tierra. Vi como un cuerpo caía desde la cuchara de una excavadora. El hedor era denso y penetrante. Los papeles de periódico con que se habían cubierto los cadáveres aleteaban con la brisa.

El comandante del ejército dijo que recuperar los cuerpos había sido como cortar un pastel de cumpleaños: una capa de tierra, un cadáver, un Toyota Vios de color rojo, más tierra y de nuevo los cadáveres, a mayor profundidad, más hinchados. La cinta policial no podía abarcar la escena del crimen, pues no dejaban de aparecer cuerpos, tantos que fui capaz de ponerme de rodillas sobre una pila de hojas de plátano para fotografiar un cadáver que yacía debajo. Ahí, cubierto por hojas de un verde intenso y rodeado de moscas bien gordas, asomaban la palma de un hombre, que parecía abrirse al sol, y una muñeca que lucía un reloj plateado y rayado que seguía dando la hora. Alcé la vista y me encontré con los fotógrafos desfilando en procesión por la cresta de la colina; las lentes de sus cámaras destellaban y sus siluetas duras se recortaban contra el sol del mediodía. Algunos no se habían unido a la caravana por cuestión de minutos, y no por ello dejaban de mostrar una actitud protectora, una guardia de honor por los muertos. Seguí encontrándomelos durante la década siguiente, la imagen grabada a fuego en mi cerebro mientras recorría campos de la muerte en otros lugares: una larga hilera de periodistas decididos a preservar el recuerdo de sus compañeros, sus cadáveres desparramados a sus pies. Yo quería estar a su lado.

Más tarde, los médicos forenses dirían que algunas de las víctimas fueron enterradas vivas. Otras fueron abandonadas por los asesinos al huir. La excavación acabó recuperando cincuenta y siete cuerpos.

La víctima número cincuenta y ocho era un fotógrafo de prensa. Su hija me agarró de la muñeca cuando me incorporé.

Por favor, me preguntó, ¿ha visto a mi padre?

Encontraron sus dientes, su chaqueta y su carnet de prensa. Nada más. Su nombre era Reynaldo Momay. Sus amigos lo llamaban Bebot. Se tardaría otro año en añadir su nombre a la lista de acusaciones, y once más para que un tribunal condenara a dos docenas de personas, incluido un hijo de Ampatuan, por cincuenta y siete cargos de asesinato. Fueron sentenciadas a cadena perpetua sin revisión.

«El tribunal está convencido de que la acusación fue incapaz de demostrar con suficiente claridad la muerte de Reynaldo Momay», rezaba el acta.

El día de la lectura del veredicto, llamé a su hija. Su nombre es Reynafe. Su padre se había despedido de ella con un beso en la frente antes de unirse a la caravana. Siente alivio por el encarcelamiento de los asesinos. Siente alivio por el veredicto. Es consciente de que la sentencia sería la misma en caso de tratarse de cincuenta y ocho muertos en vez de cincuenta y siete, pero continúa siendo importante, porque el padre de Reynafe está muerto y debería haber constancia de su asesinato.

Corazón Aquino murió el mismo año de la matanza de Maguindánao. Tenía setenta y seis años. Millones de personas lloraron el día de su funeral. Poco después del duelo nacional, su hijo se presentó a la presidencia. Fue lo más parecido a una coronación que ha visto la Filipinas democrática. Beningno «Noynoy» Aquino III, un senador con una hoja de servicios mediocre, celebró su victoria luciendo el color amarillo que tanto le gustaba a su madre. La reina ha muerto, larga vida al rey.

Noynoy Aquino fue elegido gracias a la oleada de empatía que despertó entre los afligidos por la pérdida de su madre. Hijo de santos y héroes, flotando en una nube de confeti, el presidente Aquino era un hombre virtuoso, al menos según el presidente Aquino.

El 30 de junio de 2010, Noynoy prestó juramento frente al pueblo filipino en la tribuna Quirino, rodeado de una muchedumbre entre la que predominaba el amarillo. «No podría mirar a los ojos a mis padres ni a vosotros, que me habéis traído hasta aquí, si no cumplo con la promesa que realicé –dijo–. Mis padres solo buscaron, y no murieron por otra cosa, que la democracia y la paz. Me siento bendecido por este legado. Proseguiré con él».

La presidencia de Beningno Aquino III recibió su primer golpe cuando llevaba menos de dos meses en el cargo. Un agente de policía expulsado del cuerpo se subió a un autobús repleto de turistas de Hong Kong y enarboló un M16. La toma de rehenes acabó con ocho de ellos muertos y acusaciones de incompetencia contra el Gobierno. Tras los hechos, un sonriente Aquino apareció en directo en la televisión. Después explicaría que «en esa ocasión en particular», con la tragedia aún reciente, «fue lo absurdo del asunto» lo que le había hecho sonreír. Fue, aseguró, fruto «del esfuerzo por controlar» sus emociones. Si bien asumió la responsabilidad de las chapuceras negociaciones con el secuestrador, se negó a pedir disculpas a los familiares de las víctimas.

Uno de los rehenes supervivientes, ciudadano de Hong Kong, declaró al *South China Morning Post* que la actitud de Aquino «solo demuestra su falta de empatía».

El presidente cargaría con la sombra de esta acusación durante los seis años siguientes.

Por aquel entonces, me habían ascendido a productora ejecutiva de la ANC. Al frente de la redacción de la ABS-CBN, cuya cobertura era nacional, estaba María Ressa, experiodista de la CNN. Yo producía un programa de documentales y no aspiraba a unirme a quienes demostraban talento delante de las cámaras. Mi jefa, Glenda Gloria, era una veterana reportera de asuntos militares que dirigía la cadena por cable con precisión... militar. Fue Glenda la que, un día en que andábamos cortos de personal, decidió ponerme delante de la cámara para informar en directo, desde el tribunal en el que los Ampatuan eran juzgados, y también fue Glenda la que descubrió, junto con toda la audiencia de la ANC que conectó en aquel momento, los motivos por los que siempre me había mantenido bien lejos de las cámaras.

«Conectamos en directo con nuestra reportera Patricia Evangelista –dijo el presentador desde el estudio–. Cuéntanos qué acaba de pasar en el tribunal».

Recuerdo explicar que el suelo de la sala del tribunal era de azulejos rojiblancos y que el hijo Ampatuan al que juzgaban se había dedicado a oler un frasco de bálsamo de flor blanca. Dije que las familias habían llorado. Dije que la sala estaba llena de viudas y huérfanos. No informé de ninguna de las resoluciones jurídicas tomadas durante la vista, en buena medida porque no recordaba ninguna de ellas. Sí llamé la atención sobre el hecho de que el acusado había ido soltando risitas, un dato irrelevante para el público en general, pero que por algún motivo que no recuerdo decidí que era muy importante.

No volví a hacer ningún directo.

Un año después de la llegada de Aquino al poder, María y Glenda abandonaron la ABS-CBN para fundar una startup de noticias con otras dos periodistas, Chay Hofileña y Beth Frondoso. Sería la primera de sus características en el país, una cadena de noticias en redes sociales, dirigida a una audiencia digital y cuya propiedad y dirección recaerían en las propias periodistas. Cuando se marcharon, me fui tras ellas. La startup se llamaba Rappler.

Éramos un equipo reducido, de veinte personas en total, con once reporteros al principio de la veintena cubriendo las noticias nacionales. El hecho de que la mayoría fuéramos mujeres no era resultado de la discriminación positiva, dado que el periodismo en Filipinas ya era en gran medida una actividad femenina, con el grueso de las redacciones dirigidas por mujeres. Me agencié un nicho como reportera de traumas, aunque tardaría años en entender lo que esto significaba.

El 9 de septiembre de 2013, un grupo de más de cuatrocientos rebeldes armados, pertenecientes al Frente Moro de Liberación Nacional, tomaron el control de cinco pueblos costeros en la provincia de Zamboanga, dentro de la isla de Mindanao, usando como escudos humanos a ciento cincuenta civiles, niños incluidos. Un testigo me contó que del cielo llovió sangre.

«¿Acaso nuestros soldados no mostraron pericia en Zamboanga? –se preguntó el presidente Aquino–. De los ciento noventa y siete rehenes, ciento noventa y cinco fueron rescatados, y los dos que murieron no fallecieron por el fuego cruzado, sino por las balas de indeseables a la fuga».

Aquello no correspondía del todo a la verdad. Trece de los muertos eran civiles. Uno de los rehenes era un bebé de dos años llamado Eithan, que murió de una bala en la cabeza. Eithan falleció durante el fuego cruzado, estando aún retenido, y mientras sus padres intentaban cubrirle el cuerpo en una alcantarilla. Un año después, otras doscientas dieciocho personas habrían fallecido, muchas de ellas niños obligados a huir, víctimas de la diarrea y la deshidratación una vez que los proyectiles de mortero dejaron de caer. Esas muertes excederían el número total de bajas de resultas del fuego cruzado durante los veintiún días que duró la toma de rehenes.

«¿Cómo debería haber reaccionado? –se preguntó el presidente Aquino delante de los medios de comunicación–. ¿Tirándome del poco pelo que me queda en la cabeza y preguntándome qué hacer? ¿Habría ayudado en algo? Al serme presentado el problema, ¿debería haberme limitado a lloriquear? ¿Debería haber cogido una rabieta?».

Filipinas brinda dos estaciones a los periodistas. Verano y la de los ahogamientos. Arranca en junio, se alarga hasta diciembre y subsiste a duras penas hasta un periodo de repunte que prosigue más allá del momento en que el siguiente tifón impacta contra la siguiente provincia. Durante el tiempo en que trabajé para Rappler, nos dábamos con un canto en los dientes aquellos años en que nos manteníamos dentro de la lista prestablecida de nombres de tifones. Todos los años hacía recuento de cadáveres, entrevistaba a supervivientes y archivaba vídeos de familias que suplicaban ayuda. Mis conocimientos de geografía, nunca fuertes, venían definidos por las cifras de muertos en las diferentes provincias. Conocía las localidades por la cifra de bajas y podía enumerarlas, año tras año, en un momento en que era incapaz de recordar mi propio código postal.

El 8 de noviembre de 2013, el supertifón Haiyan golpeó las islas Bisayas, con olas que superaron los siete metros de altura. Naciones Unidas lo declaró una emergencia de grado tres, que afectó a catorce millones de personas, dejó una cifra oficial de seis mil trescientos muertos y un número indeterminado de desaparecidos. Fue el tifón más agresivo en tocar tierra desde que se llevaban registros a escala mundial.

En la ciudad de Tacloban, los supervivientes descendieron de los árboles para toparse con cadáveres inclinados sobre neveras en sus patios, atascados en el interior de los armarios de sus casas, en baños, en dormitorios y en las inmediaciones del aeropuerto, envueltos en sábanas de la marca Rainbow Brite. Camiones de transporte flotaban en el agua con sus conductores todavía agarrados al volante. Era una estampa habitual, por ejemplo, ver a un chaval que buscaba a su hermano preguntando dónde quedaba la siguiente pila de cadáveres.

En las calles enlutadas, conocí a un hombre llamado Ramil Navarro. Era apuesto, de cuarenta y pocos años, piel bronceada por el sol y cabellera hecha un mocho rizado. Un viejo tatuaje, que lo identificaba como miembro de una banda, le recorría el brazo derecho. Una cicatriz reciente hacía lo propio en el izquierdo. Vestía botas de goma y unos andrajosos shorts de color verde, los mismos que no se había sacado en los últimos diecisiete días. Era un tipo duro y alto. Su fortaleza fue lo que casi lo mata cuando llegó la tormenta. Ramil fue de los pocos con la fuerza suficiente para plantarle cara al agua. Gente que se ahogaba se agarraba a él, le tiraba del pelo, lo sujetaba por los hombros, le clavaba las uñas en la espalda: niños, adolescentes, una madre que cargaba con su hija, todos ellos aferrándose a Ramil mientras los pájaros, las tortugas y las serpientes le trepaban por el pecho.

Se los sacó a todos de encima, los abandonó a todos en el agua mientras buscaba a su familia. Agarró a su mujer justo en el momento en que se la tragaba el agua. Solo después de que la inundación remitiera pudo encontrar a su hija sobre un herbazal. Sus brazos de once años rodeaban una roca.

Le pregunté a Ramil si las familias lo acusaban de haber dejado que sus seres queridos se ahogaran.

Me respondió que no, por supuesto que no. No quedaba nadie que pudiera culparlo. La mayoría de las familias también habían muerto.

El presidente Aquino se desplazó a la ciudad de Tacloban para ofrecer esperanza a su gente. Los pueblos estaban devastados. El jefe de seguridad del aeropuerto había perdido a sus hijos y vagaba descamisado por las calles. Se habían acabado las bolsas para cadáveres.

«Había muchísima gente en el exterior –declaró el presidente a los medios de comunicación–. Tuve que preguntarles qué los impulsaba a merodear». La ayuda de sus gobiernos locales estaba en camino, les dijo. Sería mejor que «todos regresaran a sus hogares». Quizá no entendiera que no había hogares a los que regresar.

Aquellos que pudieron aguardaron al presidente en un centro de operaciones improvisado. Los funcionarios aseguraron a los residentes que disponían de agua potable. Dijeron que el orden imperaba en las calles. La cifra de muertos, en ese momento, seguía en setenta y dos. Un residente alzó la mano. Aseguró que no menos de setecientos cadáveres se apilaban en las cercanías. Aseguró que la cocina del centro de operaciones improvisado dependía del agua de lluvia para cocinar. Aseguró que se estaban produciendo saqueos y episodios de violencia. Señaló con el dedo a otro hombre, el dueño de un hotel local. «Esta mañana casi disparan a este hombre –dijo–. Tuvo suerte de no ser alcanzado».

A lo que el presidente de la República de Filipinas contestó: «Sigue con vida, ¿no es cierto?».

El presidente Aquino no era incapaz de expresar emociones, sobre todo cuando se sentía arrinconado y era objeto de críticas. Contraatacó indignado a sus detractores, exigiendo compasión un momento para restarle valor al siguiente; llegó al extremo de leer una definición de «compasión», extraída de la Wikipedia, a unos periodistas incrédulos. «No finjo ser presidente –dijo–. Interpreto mi papel como presidente».

Año tras año, esa interpretación hacía aguas. Por ejemplo, al ser preguntado por su ausencia del velatorio de Jennifer Laude, asesinada por un marine estadounidense, Aquino explicó que una visita así le hubiera producido incomodidad. «No suelo asistir a velatorios de personas que no conozco», declaró. La mañana de la llegada de docenas de ataúdes envueltos en banderas con los cuerpos de policías muertos a la base aérea de Villamor, Aquino no estaba presente en la pista para saludar a los hombres uniformados que habían perdido la vida en acto de servicio. Por el contrario, se hallaba en la provincia de Laguna, elogiando a la filial de Mitsubishi en Filipinas, en un acto celebrado con motivo de la inauguración de una nueva planta, por su «compromiso con el pueblo filipino».

Cuando finalmente se reunió con las familias de los comandos muertos por su propia negligencia, una viuda aseguró que él se había contado entre las víctimas. «Mi padre también está muerto –consta que dijo Aquino–. Sé cómo os sentís, ahora estamos a la par».

El presidente se refería con frecuencia a los sacrificios de su padre y a la nobleza de su madre. Aseguraba seguir el recto camino, el sendero de la decencia, e invitaba a la nación a sumársele. Poseía integridad. Era virtuoso. Era decente. Si se aplica el baremo establecido por muchos presidentes filipinos, incluida su propia madre, los seis años de Aquino en el Palacio de Malacañán fueron un éxito. Su política de relaciones internacionales reforzó la soberanía exclusiva del país sobre el mar de Filipinas Occidental y contribuyó a fraguar el Acuerdo de París. La economía había crecido un billón de dólares desde el momento de su elección. Se aplicaron sistemas de control sobre las actuaciones del ejército y la policía. Se aprobó la largamente combatida Ley de Salud Reproductiva. Se duplicó el presupuesto de educación. Un ingente programa de ayudas públicas rescató de la pobreza, según se dijo, a siete millones de personas.

Sin embargo, al final del día soy una reportera especializada en traumas y los asuntos de palacio los observo a ras de suelo, desde el interior de cochambrosas tiendas de campaña con olor a meados y mierda, donde hay padres aguardando la llegada de sus hijas ahogadas. «Vosotros sois mis jefes», dijo Aquino de su pueblo. Seguir con vida debería bastarles.

Fue en este contexto cuando los rumores comenzaron a propagarse desde el sur. El cambio estaba llegando y su nombre era Rodrigo Duterte.

4

EL ALZAMIENTO DEL CASTIGADOR

El hijo favorito de Mindanao te contará que su madre, Soling, era una española mestiza y que su padre tenía ascendencia china. Te dirá que su abuela era del sur de Maranao, cuyas tierras ancestrales serpentean alrededor de las azuladas aguas del lago Lanao.

«No soy más que el hijo de un inmigrante que fue a Mindanao –afirmó–. Nací en el seno de una familia pobre. Mi madre era una humilde profesora».

Nacido pobre, crecido en la pobreza, el hijo escogido del sur, un *outsider* de la ciudad de Dávao que hablaba el idioma de las calles. No era ningún erudito, explicaba con gusto, burlándose de los diplomas de latín y las licenciaturas en Wharton de sus rivales políticos, a los que acusaba de postureo elitista. Aquí había un hombre, según su propio relato, que había tirado adelante con la única ayuda de su esfuerzo hasta ser fiscal, teniente de alcalde, alcalde, congresista y de nuevo alcalde.

«Carezco de pretensiones», decía.

«Soy un chico de pueblo», decía.

«Soy un filipino normal», decía.

«Sé cómo se siente el filipino corriente. Puedo hablarle de tú a tú porque venimos del mismo sitio».

A lo largo de la vida pública de Rodrigo Duterte, la prensa de Filipinas –libre solo en la medida en que se atreve a serlo– serviría para corregir y amplificar el mito de Duterte. El resto del mundo lo miraría con una mezcla de asombro, admiración, repugnancia y temor.

EXTRACTO DE UN PERFIL PUBLICADO POR UNA REVISTA

> El joven Rody, como se conocía a Duterte por aquel entonces, era el hijo de un gobernador provincial de la isla de Mindanao, en el sur de Filipinas. Como gran parte de la progenie de la élite política filipina, había gozado de una educación privilegiada. Creció rodeado de armas y guardaespaldas, pilotaba la avioneta de su padre cuando este volvía a casa y salía con los hijos de los notables locales, sus compañeros del colegio masculino y regentado por jesuitas al que iba.
>
> Sheila Coronel, «The Vigilante President»
> *Foreign Affairs*, 12 de agosto de 2019

Todos conocíamos su historia. Era un chaval alocado y quería que todo el mundo lo supiera.

Según sus biógrafos, no aplaudía a las bandas que tocaban en el Marrakech, ni pedía paninis en el Aldevinco, ni asistía a las fiestas donde se bailaba swing y que eran las predilectas de los chavales de clase alta de Dávao. Su idea de diversión no encajaba con los pasatiempos «sanos y comedidos» de sus compañeros de colegio. Él formó sus propios grupitos, bailó con chicas en bares donde corría la cerveza, bebió con los policías que ejercían de guardaespaldas de su padre, se unió a una banda de delincuentes, compró armas, faltó a clase, salió a cazar, recibió navajazos, cambió de colegio, fue expulsado, su madre lo azotó, su padre lo sermoneó y, básicamente, se comportó como un conflictivo niño bien, lo que en el fondo era.

Tenía cinco hermanos, era hijo de un gobernador que ejerció durante dos mandatos y de una profesora de escuela que había cambiado las islas Bisayas por las prósperas tierras de Mindanao. La Segunda Guerra Mundial había supuesto un duro golpe para la fortuna familiar, pero los Duterte estaban conectados por sangre, matrimonio y afiliaciones con poderosos clanes políticos. El joven Rodrigo creció en un hogar con cocinera, chófer, chico de los recados y una caterva de guardaespaldas. Era «delgaducho, bajito y nada agraciado». Era «un estudiante corriente y en absoluto brillante [...] que apenas se esforzaba para pasar de curso». Llevaba meses saltándose las clases cuando el director del instituto Ateneo de Dávao llamó al gobernador para interesarse por el paradero de su hijo.

Tenía dieciocho años cuando su padre fue reelegido gobernador. Tenía veinte cuando su padre llegó al Gobierno nacional tras ser nombrado secretario del Departamento de Asuntos Generales por el presidente Ferdinand Marcos. Cuando Vicente Duterte murió de un ataque al corazón después de perder unas elecciones al Congreso, Rody regresó a casa, lloró sobre el féretro y volvió a Manila para estudiar Derecho.

Rody era valiente. Rody era duro. Rody era intrépido, tanto, aseguraba Rody, que no temía la cárcel ni la violencia. Decía estar «acostumbrado a disparar». Con esto no quería decir que frecuentara campos de tiro, lo que de hecho hacía, ni que hubiera servido en el ejército, lo que no había hecho, ni que fuera un entusiasta coleccionista de armas de toda índole, al igual que cierto segmento de la población filipina. Rodrigo Duterte estaba acostumbrado a disparar porque estaba acostumbrado a disparar contra *personas*. Enfatizaba la última palabra.

Una de esas personas era Octavio Goco, compañero en la hermandad de la facultad de Derecho, católica, en la que Rody cursaba último año. La hermandad se llamaba Lex Talionis. Todas las versiones de la historia describen a Octavio como una suerte de abusón, un joven que se había burlado del acento de Bisayas de Rody, al que llamaba «provinciano», un tipo con las agallas suficientes para reírse del hijo del gobernador que había ido a Manila a formarse como abogado.

A Octavio Gogo le dispararon el año en que Rody cumplió los veintisiete. Circularon tres versiones. En la primera, la misma que el joven Rody supuestamente se negó a contar pese a que le recomendaron hacerlo, Octavio y Rody estaban jugueteando con unas pistolas en el vestíbulo de la facultad. En un momento dado, hubo un intercambio de empujones, un forcejeo y un disparo. Lo ocurrido fue un accidente y no se investigaron los hechos.

La segunda versión aseguraba que Rody, furioso ante el acoso de Octavio, lo retó a un tiroteo. Octavio disponía de un revólver de fabricación casera. Rody iba armado con una pistola del calibre 25. Lo ocurrido fue un duelo en el que a Octavio le falló el arma.

La tercera versión sostenía que Octavio había estado mofándose de Rody hasta que a este se le agotó la paciencia. Aguardó. Observó. Un día, Octavio comenzó una pelea en el vestíbulo. Rody le gritó que le dispararía si le pegaba. Octavio le golpeó en la nariz, hijo de puta, de modo que le disparó, bang, y Octavio cayó al suelo. Rody se apresuró a subirse a una embarcación y navegó hacia Dávao con la policía pisándole los talones. Lo ocurrido fue un asalto y Rody había apretado el gatillo.

Las tres versiones tuvieron idéntico desenlace. Octavio Goco sobrevivió. Los miembros de la hermandad Lex Talionis brindaron su apoyo a Rody. Un prefecto escolar quiso expulsarlo, pero la universidad decidió que sería una lástima truncar una carrera tan prometedora en el mundo del derecho. No se presentaron cargos. A Rody se le prohibió asistir a las ceremonias de graduación. Él le contó a su madre que habían sido suspendidas. Se licenció en 1973 y fue recompensado por sus molestias con un Volkswagen Escarabajo.

De las diversas versiones de la historia, la que ha perdurado es la que Rody decidió contar, y la que se ha encargado de repetir en numerosas ocasiones.

«Estaba a punto de licenciarme de San Beda cuando le disparé a un hombre –dijo–. Le esperé. Le dije que lo iba a poner en su sitio… ¡bang!».

EXTRACTO DE UNA BIOGRAFÍA
DE RODRIGO ROA DUTERTE

Soling Duterte sabía que su hijo quería ser fiscal. En algún momento de 1976, le hizo una visita a Elias Lopez, colega de su difunto marido en el NP [partido], para preguntarle si habría un puesto para su hijo en la oficina de la fiscalía...

Elias le dijo a Solding que miraría a ver qué podía hacer...

Pocos días después de la visita de Soling, August Tesoro, tras jugar al golf con Elias Lopez, le hizo la misma petición, mientras desayunaban. «Lias, me entristece la situación del hijo de Tiring Duterte, me lo encontré en Agdao clasificando papeles... Encuéntrale un trabajo en la oficina de la fiscalía».

Al cabo de un mes, el ministro de Justicia, Vicente Abad Santos, fue a Dávao. Durante una reunión, Lopez sacó el tema del deseo de Rody de ser fiscal [...]. Le entregó un papel al ministro en el que le proponía la creación de la figura del asesor especial para Asuntos Militares y Policiales, bajo la supervisión de la oficina de la fiscalía de la ciudad de Dávao [...]. Poco después, durante un viaje de Lopez a Manila, este y Abad Santos elevaron la propuesta a Marcos, quien luego la aprobaría. A continuación, el ministro de Justicia firmó un documento adicional que sancionaba la incorporación del abogado Rodrigo Duterte al cargo de nueva creación.

Earl Parreño, *Beyond Will and Power,*
Lapulapu, 2019

En 1983, justo después del asesinato de Ninoy Aquino, se sucedieron los velatorios y las protestas a lo largo y ancho del país. En la ciudad de Dávao, un centro urbano en la isla de Mindanao, los actos multitudinarios de carácter semanal fueron liderados por otra viuda de amarillo.

Su nombre era Soledad Duterte. Su gente la llamaba Soling. Su Movimiento Viernes Amarillo fue uno de los muchos focos de oposición en los años del declive de la dictadura de Marcos.

La víspera del derrocamiento de Ferdinand Marcos, Rodrigo Duterte despertó a sus hijos para llevarlos al centro de la ciudad con el objetivo de unirse a la multitud que celebraba alborozada la caída del dictador. «Recordad esta noche –les dijo a sus hijos–. Jamás la olvidéis».

El Gobierno de Corazón Aquino se puso manos a la obra con el proceso de renovación, que incluyó la designación de administradores interinos en todo el país, llamados a cubrir los puestos dejados vacantes por los funcionarios del gobierno local. A los nuevos se los llamó «funcionarios al mando». Sus mandatos se extenderían hasta la celebración de elecciones en 1988. El puesto de funcionario al mando como teniente de alcalde para la ciudad de Dávao se le ofreció a Soling Duterte, en reconocimiento a la fortaleza de su liderazgo durante las protestas. Tenía setenta años.

«En el último momento –dijo el ministro del Interior–, Nanay Soling renunció al puesto y sugirió el nombre de su hijo».

El presidente Aquino aprobó la sustitución. Rodrigo Roa Duterte, asistente de la fiscalía, de cuarenta y un años, fue nombrado teniente de alcalde de la ciudad de Dávao. El hijo de Soling Duterte entró con paso firme en el deslumbrante sendero amarillo de la mitología Edsa, del lado, aseguró, «de la verdad y la justicia». En dos años se haría con la alcaldía de Dávao, una ciudad que antaño había encajado con la sórdida prosa de los cómics de temática *noir.* Conservaría el cargo durante veintidós años.

«Soy un hijo del destino –afirmaría más tarde–. Nunca pretendí ser alcalde. Si crees en Dios, crees en el destino». Aquel destino, o eso aseguraba, era el resultado de una vida consagrada a luchar contra el dictador, codo con codo con el pueblo. «Yo estaba del lado del pueblo».

Y de esta manera el santo bautizó al hijo de otro santo, y nació el hombre que devendría el Castigador.

EXTRACTO DE UN BOLETÍN INFORMATIVO
DEL INSTITUTE OF CURRENT WORLD AFFAIRS

Hasta 1986, a la ciudad de Dávao se la consideraba un laboratorio para la nueva estrategia de guerrilla urbana del NEP [Nuevo Ejército del Pueblo]. Su extensa zona suburbial, Agdao, estaba bajo las órdenes de un gobierno revolucionario y se la apodaba Nicaragdao en referencia al país centroamericano. Durante el auge del poder del Partido Comunista, los seguidores del NEP, llamados «gorriones», liquidaron con impunidad a agentes de policía. Hubo una media de dos a tres asesinatos diarios, ya fueran obra del NEP, de grupos de extrema derecha o de criminales. Según los registros policiales, en 1986 más de cuarenta funcionarios del gobierno o agentes de policía fueron asesinados o murieron en refriegas con el NEP.

ERIK GUYOT, «Alsa Masa: "Freedom Fighters" or "Death Squads"?», 6 de agosto de 1988

En 1989, la ciudad de Dávao que Rodrigo Duterte debía gobernar tras las elecciones había sido descrita como «una extensión incontenible de suburbios urbanos que han sido diezmados por la pobreza, la violencia, las *vendettas* y los crímenes desesperados». Era una «ciudad de asesinatos», la «capital del crimen», la fortaleza del Nuevo Ejército del Pueblo del Partido Comunista. «La ciudad de Dávao –publicó el *Sydney Morning Herald* en 1987– concentra todos los problemas de Filipinas que quepa imaginar: alta natalidad, escasez de tierras, propietarios absentistas, prostitución y juego ilegal, policías y militares corruptos, y por descontado el NEP, cuyo celo marxista vengador con frecuencia muestra inclinación por un matonismo desenfrenado».

Quizá en ningún otro sitio como Agdao era más visible la presencia comunista en la ciudad de Dávao. *The Christian Science Monitor* informó de que el distrito era un lugar donde «el Partido Comunista, y no el Gobierno, sube los impuestos». Un conocido político local, Baby Aquino, se rodeó de un grupo paramilitar para protegerse de los comunistas, una medida destinada a fracasar ya que acabaría siendo asesinado a sangre fría. Antes de su muerte, tres de sus hombres, en una historia que circuló ampliamente, mataron a tiros a un sospechoso de ser comunista, tras lo cual alzaron sus fusiles al grito de «Mag-alsa na ta!».

«Mag-alsa na ta». «Alcémonos».

El grupo pasó a ser conocido como Alsa Masa, «Las Masas se Alzan». La cuestión de quién fue el responsable de su fundación sigue generando debate. Una versión se la atribuye a un oriundo de Adgao y exguerrillero del NEP, Boy Ponsa Cagay. Otra versión se decanta por el teniente coronel Franco Calida, del Comando del Distrito Metropolitano (Metrodiscom). Lo que está claro es que, en algún momento, Alsa Masa empezó a trabajar para el Metrodiscom y se los consideró miembros de las Fuerzas Nacionales de Defensa Civil. «En la lucha entre la democracia y el comunismo, resulta imposible permanecer neutral –dijo el coronel Calida en 1987–. Todo el que rechace unirse a Alsa Masa es un comunista».

Cagay reunió listas de sospechosos de comunismo. Exigió que se entregaran a la policía. Su opinión bastaba para convertir a cualquiera en un objetivo. A los que se oponían se les consideraba enemigos de Dávao.

Preguntado por el director de un documental acerca de cómo persuadían a los sospechosos de que se entregaran, Cagay dijo que amenazaban a sus padres. «Les digo a los padres que deben entregarse. Ahora bien, si no lo hacen, quizá mañana estén muertos».

Alsa Masa contaba con «un sistema de controles de carretera, patrullas armadas, impuestos, propaganda, reclutamientos forzosos y justicia sumaria que reproduce de forma consciente el de su enemigo comunista». En el momento de su máximo apogeo, se estimaba que poseía más de nueve mil miembros solo en la ciudad de Dávao, incluidos tres mil exintegrantes del NEP, algunos de ellos asesinos, que se habían entregado.

Amnistía Internacional señaló que existían «pruebas sólidas» de que miembros de Alsa Masa habían cometido graves violaciones de los derechos humanos «con el conocimiento o beneplácito de lideres militares locales». En 1987, una misión filipinoestadounidense para recabar pruebas enumeró violaciones que incluían asesinato, acoso, reclutamiento forzoso y amenazas dirigidas por el propio Calida. El grupo, sostuvo el Comité de Abogados en pro de los Derechos Humanos, con sede en Nueva York, era «notorio por sus actos fuera de la ley, incluida la eliminación de sospechosos de rebeldía».

«Cuando discutíamos las iniciativas de paz, les dije que, en el caso de fallar, como temíamos que ocurriera [...], se vuelve necesario desenterrar el hacha de guerra –les dijo la presidenta Corazón Aquino a los mandos de la Academia Militar de Filipinas–. La respuesta al terrorismo, provenga de la izquierda o de la derecha, no son las reformas sociales y económicas, sino las medidas policiales y militares».

La librada contra la insurgencia comunista en Filipinas fue una de las múltiples «guerras de perfil bajo» que Estados Unidos decidió apoyar. Puede que Alsa Masa fuera el primero y más conocido de los grupos de justicieros, pero de ningún modo era el único. A finales de 1987, durante el primer año del mandato de Cory Aquino, se estimaba que al menos dos centenares de organizaciones de justicieros operaban en el país. Entre ellas la Tadtad, literalmente «chop chop», en Dávao. Los miembros de la Tadtad posaban con bolos ensangrentados, y en una ocasión con la cabeza decapitada de un guerrillero comunista.

EXTRACTO DE UN DISCURSO DE LA PRESIDENTA CORAZÓN AQUINO

Estoy encantada de unirme a ustedes aquí [en la ciudad de Dávao], lugar de nacimiento de Alsa Masa [...]. Han aplastado con éxito a los comunistas y los admiramos por constituir un ejemplo de cómo luchar contra el comunismo.

CORAZÓN C. AQUINO, Agdao,
ciudad de Dávao, octubre de 1987

DECLARACIÓN DEL DEPARTAMENTO
DE ESTADO ESTADOUNIDENSE

En lo relativo a los grupos de ciudadanos, según lo que tengo entendido, están organizados en el marco de la autoridad gubernamental. No hablamos de grupos de justicieros que van a su aire, y la presidenta Aquino ha respaldado esta medida, de modo que nosotros nos sumamos a su lucha.

George Schulz,
secretario de Estado de Estados Unidos, 1987

EXTRACTO DE *THE NEW YORK TIMES*

Muchos líderes militares y gubernamentales, entre ellos la presidenta Corazón Aquino y al general Fidel V. Ramos, su jefe de gabinete, han dado su aprobación al concepto de grupos de justicieros anticomunistas, pese a los crecientes temores de que se esté afianzando una nueva forma de terrorismo armado en esta nación ya de por sí violenta.

Seth Mydans, «Right-Wing Vigilantes
Sptreading in Philippines»,
The New York Times, 4 de abril de 1987

De manera que, tras el milagro, los escuadrones de la muerte empezaron a vestir también de color amarillo.

En 1988, dos años después de ser escogido funcionario al mando como teniente de alcalde, Rodrigo Duterte se presentó a las elecciones para la alcaldía de la ciudad de Dávao. Ganó. Un boletín informativo del Institute of Current World Affairs, publicado a finales de la década, incluía una entrevista con el nuevo alcalde. Alsa Masa, declaró Duterte, había cometido algunos abusos, pero se trataba de «incidentes aislados». Subrayó la necesidad de apoyar su ímpetu constante, incluso de subvencionar a sus guerreros. «Sin la ayuda del Gobierno –dijo el alcalde–, Alsa Masa se derrumbaría».

La presencia comunista en la ciudad de Dávao se extinguió a finales de los años ochenta. Pese a ser varios los relatos en liza a la hora de explicar cómo la ciudad se libró exactamente del control comunista, incluidas purgas implacables dentro del Partido Comunista, Alsa Masa acabaría desmantelada, si bien sus métodos perduraron.

En algún momento durante el segundo mandato del alcalde Duterte, se produjo un repunte notable del número de asesinatos de ladrones, delincuentes y sospechosos de consumir drogas. Sus muertes recordaban a los métodos empleados por Alsa Masa.

PROCEDENTE DE UNA DECLARACIÓN JURADA DEL LÍDER DE UN ESCUADRÓN DE LA MUERTE

Al principio, nos centrábamos en matar a drogadictos, traficantes de droga, ladrones, atracadores y otros delincuentes. Más adelante, sin embargo, el alcalde Duterte nos ordenó dar caza y matar a sus enemigos personales y políticos. Nos convertimos en asesinos a sueldo que no solo mataban a delincuentes, sino también a gente inocente.

Agente de policía y líder confeso
de un escuadrón de la muerte,
Macati, 19 de febrero de 2017

Circula una historia sobre cómo el nuevo escuadrón de asesinos adquirió su nombre. El objetivo era un conocido narcotraficante. El líder del escuadrón, un agente de policía retirado, se había agenciado tropas de refuerzo entre los rebeldes que habían vuelto de Agdao. El plan requería dejar pruebas que inculparan de los asesinatos al Nuevo Ejército del Pueblo. El escuadrón preparó una nota que decía: «No seáis como la escoria de la sociedad», presuntamente firmada por un líder del NEP.

Uno de los miembros del escuadrón protestó. Era una jugada arriesgada, dijo, ya que el NEP lo negaría. Quizá el alcalde, inmerso en largas negociaciones con los insurgentes, se pondría furioso, y nadie quería enfurecerlo. La nota se arrugó y se procedió a escribir otra. Fueron el líder del escuadrón y el jefe de los rebeldes retornados quienes decidieron el nombre del grupo.

Se rodeó la casa. Llovieron las balas. Nadie respondió al fuego. No se recuperó ningún arma. No se confiscaron drogas. De todos modos dejaron la nota.

La firmaba el Escuadrón de la Muerte de Dávao.

El director de la policía regional afirmó que el escuadrón estaba «en su mayor parte compuesto por antiguos simpatizantes del Nuevo Ejército del Pueblo y algunos policías». Según Human Rights Watch, la mayoría de las víctimas de los escuadrones de la muerte eran presuntos traficantes de drogas, delincuentes comunes y niños de la calle, así como los familiares y amigos de los objetivos. «Su repertorio de combate –inspirado tanto en la contrainsurgencia militar como en los métodos y prácticas de la guerrilla comunista– fue perfeccionado durante la dictadura y se demostró igual de eficaz durante la democracia», escribió la periodista Sheila Coronel.

Hubo múltiples objetivos. Un repaso a las noticias de un único periódico de Dávao mostraba al menos ochenta y cuatro asesinatos de perfil justiciero durante los primeros tres meses de 2005. Aquel año, la Misión Estadounidense en Manila supuestamente archivó un documento clasificado en el que se describía al Escuadrón de la Muerte de Dávao como «un grupo de justicieros vinculado al alcalde de Dávao, Rodrigo Duterte».

Ya en 2007, Philip Alston, relator especial de Naciones Unidas sobre Ejecuciones Extrajudiciales, Sumarias y Arbitrarias, informó de que el Escuadrón de la Muerte de Dávao era responsable de hasta quinientas muertes. Los asesinatos vinieron precedidos por advertencias y «se llevaron a cabo en público y con una indiferencia metódica».

Alston escribió que el alcalde, «aunque reconocía una y otra vez que cientos de los asesinatos cometidos bajo su mandato seguían por resolver [...] negaba con indiferencia la existencia de un escuadrón de la muerte». El alcalde, afirmó Alston, también insistía en que sus amenazas «iban dirigidas a complacer al público y que no tendrían efecto alguno sobre la conducta de la policía».

DECLARACIÓN DEL ALCALDE DE LA CIUDAD DE DÁVAO

No me importa que nos llamen la capital filipina de los asesinatos, siempre que los asesinados sean los malos. Desde el primer día, dije que, de ahora en adelante, Dávao iba a ser muy muy peligrosa para los delincuentes. A estos les he estado recordando que es un lugar en el que pueden encontrar la muerte en cualquier momento. Si esto supone una invitación para cualquiera, me parece bien.

RODRIGO DUTERTE, citado por ALAN SIPRESS
en «In Philippine City, Public Safety Has a Dark Side»,
The Washington Post, 27 de noviembre de 2003

EXTRACTO DE UN INFORME PARA EL CONSEJO
DE DERECHOS HUMANOS

Un hecho refuerza la idea de que estos asesinatos fueron sancionados por el Estado. Ninguno de los implicados se cubre el rostro. Los hombres que amenazan a las madres con que sus hijos serán los siguientes en morir, a menos que se esfumen, se presentan a las puertas de las casas a cara descubierta. Los hombres que abaten a tiros o que acuchillan a niños en las calles (algo que se está volviendo más frecuente), jamás se cubren el rostro.

PHILIP ALSTON, relator especial de Naciones Unidas
sobre Ejecuciones Extrajudiciales,
Sumarias y Arbitrarias, abril de 2008

EXTRACTO DE UNA ENTREVISTA CON CLARITA ALIA

Cuando alguien me informó de que Christopher había sido apuñalado, me sentí conmocionada, en shock; tomé conciencia de que habían empezado a matar a mis hijos, uno a uno. Cuando llegué al mercado donde se habían producido los asesinatos, vi que Christopher estaba entre los brazos de su hermano mayor, Arnold. Al tratarse de mi hijo mayor, creo que el verdadero objetivo era él. La gente del mercado me contó que aquella mañana dos hombres habían estado siguiendo a Arnold, pero que es de suponer que lo perdieron de vista y acabaron yendo a por Christopher. Christopher recibió una herida mortal en el pecho y otras menores en los brazos, resultado, parece ser, de sus intentos de protegerse.

Cuando la policía llegó al lugar de los hechos, no se molestaron en buscar testigos, se limitaron a preguntarme sin descanso: «¿Qué ha pasado? ¿Quién ha matado a su hijo?». Yo estaba histérica y no paraba de repetirles: «¿Por qué me preguntan a mí? Ustedes son los policías, ¡pregunten a los testigos que hay por aquí!».

Clarita Alia, citada en Human Rights Watch,
«"You Can Die Any Time":
Death Squad Killings in Mindanao»,
6 de abril de 2009

Primero mataron a Richard Alia, cuando salía de casa para ir a tomar algo. Su madre le había pedido que se mantuviera bien lejos de su banda porque había oído las palabras del alcalde en la televisión. El alcalde había advertido a los padres de la ciudad de Dávao de que, si tenían hijos o hijas involucrados en actividades delictivas, estos debían abandonar la ciudad o, de lo contrario, morirían.

Richard ya estaba muerto cuando su madre llegó a la escena del crimen. Tenía dieciocho años. El siguiente en caer fue Christopher, tres meses después, en el mercado. Tenía diecisiete años.

A Bobby le llegó su turno al cabo de tres años. Tenía catorce años. La policía lo acusó de robar un teléfono móvil. Lo detuvieron y lo liberaron, después de denunciar que la policía lo había torturado. El cuchillo de carnicero que acabó con su vida se lo clavaron por la espalda.

El último fue Fernando, el niño al que Clarita había enviado a estudiar fuera de la ciudad. Permaneció tres años oculto antes de regresar a casa, a Dávao. El escuadrón de la muerte dio con su paradero y le dijo que él era el siguiente. La policía lo arrestó por esnifar pegamento y luego lo soltó de forma temporal. Sobrevivió al primer intento de asesinato. No al segundo. Fue apuñalado en un puente. Consiguió llegar al hospital. Los médicos intentaron reanimarle, pero a las pocas horas se le declaró muerto. Tenía quince años.

ENTREVISTA CON EL ALCALDE DE DÁVAO, RODRIGO DUTERTE

Los escuadrones de la muerte de Dávao no existen. Todo empezó en los días del NEP; los escuadrones de la muerte se organizaron por orden del Gobierno. La cosa siguió durante la ley marcial y también después del restablecimiento de la democracia por Cory, y la verdad es que se ha acabado convirtiendo en un cliché. Se les atribuye cualquier asesinato del que se desconoce la identidad del asesino o incluso de la víctima. Está claro que los escuadrones de la muerte de Dávao son la excusa más fácil.

RODRIGO DUTERTE, citado en
Esquire Philippines, marzo de 2015

En 2009 el Consejo de Derechos Humanos, la principal institución filipina dedicada a la defensa de estos, anunció una investigación pública ante presuntas ejecuciones sumarias en la ciudad de Dávao. A la cabeza de este órgano independiente del Gobierno, creado a raíz de las atrocidades cometidas durante la ley marcial, estaba una antigua abogada especializada en derecho electoral, Leila de Lima.

«Queremos que la gente tome conciencia de que [asesinar] está mal, legal y moralmente –dijo De Lima–. Está mal incluso si se trata de delincuentes. Completamente mal, desde un punto de vista tanto moral como jurídico. Muchos de ellos son además menores de edad».

De Lima, exabogada especializada en derecho electoral, había sido designada para presidir la comisión por la entonces presidenta, Gloria Macapagal-Arroyo. Más tarde sería elegida senadora. Durante su periodo al frente del Consejo de Derechos Humanos, se dedicó a investigar, entre otros asuntos, los asesinatos y desapariciones forzosas de activistas comunistas.

Las vistas públicas en el caso de los Escuadrones de la Muerte de Dávao, celebradas en el hotel Royal Mandaya de Dávao, arrancaron el 30 de marzo de 2009. Rodrigo Duterte, alcalde de la ciudad, fue el primer testigo al que De Lima llamó al estrado.

«Cuando me convertí en alcalde en 1988, y esto es algo que los davaoeños saben bien, hice una declaración, una muy perturbadora, en la cual aseguré que iba a hacer de la ciudad de Dávao el lugar más peligroso que los delincuentes pudieran imaginar –dijo el alcalde Duterte–. Este es mi deber como alcalde, y soy el responsable de levantar a esta comunidad, el responsable de las vidas de la gente, de la paz y del orden».

Dijo que las muertes de menores probablemente se debieran a «los disturbios y las represalias». Enfatizó el hecho de que la paz y el orden eran las dos prioridades en su ciudad, en especial la lucha contra las grandes amenazas que suponían el tráfico de drogas y el terrorismo. «No voy detrás de los delitos menores», dijo. Negó la posibilidad de que un solo grupo estuviera detrás de los asesinatos e insistió, por el contrario, en que, si algún empleado público estaba involucrado, «lo hacía por su cuenta y riesgo».

El alcalde afirmó que creía en los procedimientos legales. Dijo que sus hombres solo disparaban en defensa propia. Negó la existencia de escuadrones de la muerte. «No, señora, no existe ninguno». Y aunque admitió que habían tenido lugar asesinatos «sin explicación, por resolver», en la ciudad de Dávao, «si a lo que se refiere es a asesinatos sumarios, en el sentido de que se ata, de que la persona es atada, o a delincuentes juveniles, de esos no existe ninguno porque no los he visto».

–¿Admite que hay asesinatos de tipo justiciero? –le preguntó De Lima.

–No sabría decir con qué motivos –respondió el alcalde–, porque ya he dicho que no estaba ahí, o quizá se pueda inferir que solo era una suposición por mi parte.

–¿Qué opinión le merecen los justicieros, señor?

–Están fuera del alcance de la ley, así de fácil.

–¿Quiénes son los posibles perpetradores?

–La verdad es que no sabría decirle. Podría tratarse de una venganza.

El alcalde Duterte aseguró que había pedido al director regional del Consejo de Derechos Humanos, Alberto Sipaco Jr., que investigara los asesinatos. Sipaco había sido compañero de Duterte en la hermandad Lex Talionis (frase en latín que significa «ley del talión», o, dicho de forma más clara, «ojo por ojo»). Sipaco había sido uno de los fundadores de una de las secciones de la hermandad en el Ateneo de la Universidad de Dávao. El otro cofundador había sido Rodrigo Duterte.

EXTRACTO DE UN TELEGRAMA FILTRADO DE LA EMBAJADORA DE ESTADOS UNIDOS, KRISTIE KENNEY

> El director regional del Consejo de Derechos Humanos, Alberto Sipaco (proteger rigurosamente) afirmó en el curso de una reunión privada que el alcalde Duterte tenía conocimiento de los asesinatos y los autorizaba. Sipaco recordó que en el transcurso de una conversación que mantuvo en el pasado con Duterte, amigo cercano y antiguo compañero de hermandad, le había rogado al alcalde que detuviera los asesinatos cometidos por los justicieros y respaldara otros métodos para reducir la delincuencia, como programas de rehabilitación para delincuentes. Según el testimonio de Sipaco, el alcalde le respondió: «Todavía no he terminado». Sipaco aseguró que intentó de forma reiterada hacerle entender a Duterte que los asesinatos eran ilegales e iban en detrimento de los intereses de la sociedad, pero que Duterte rechazó discutir el asunto.

Sipaco expresó su impotencia frente a los asesinatos, así como su preocupación por su seguridad personal, pero reconoció que el Consejo de Derechos Humanos se tomaba su misión en Dávao con la máxima seriedad. En paralelo a las audiencias públicas, el Consejo de Derechos Humanos estaba trabajando en la localización de testigos para introducirlos en vehículos privados y sin identificar, recopilar sus testimonios en lugares secretos y seguros, y obtener su aprobación para testificar. Estas medidas de seguridad tan rigurosas fueron necesarias con el fin de proteger a los testigos de la policía, dijo Sipaco, la cual podía buscar intimidarlos o silenciarlos antes de que tuvieran la oportunidad de aparecer frente al tribunal.

Embajadora Kristie Kenney, telegrama confidencial al secretario de Estado, vía WikiLeaks, 8 de mayo de 2009

EXTRACTO DE UNA DECLARACIÓN JURADA DEL TESTIGO JOSE

PREGUNTA: ¿Cuántas víctimas de ejecuciones sumarias fueron asesinadas en su presencia y luego enterradas por usted y demás miembros [de la Unidad Antidelincuencia] bajo la tierra de las [...] instalaciones? RESPUESTA: Trece varones, su señoría. Todos fueron atados de pies y manos, y se les vendaron los ojos, antes de ser asesinados.

Declaración jurada del testigo bajo el pseudónimo de Jose Basilio, Manila, junio de 2009

Jose trabajaba en una oficina. El director de la oficina repartía listas. En las listas constaban nombres. Cuando la oficina trabajaba con eficiencia, la gente de aquellas listas acababa muerta.

Según el relato de Jose, la mayoría de los trabajadores de la oficina eran policías, y aquello no era extraño, pues la oficina pertenecía al cuerpo de policía de Dávao. Jose no era policía. Era un antiguo miembro del Nuevo Ejército del Pueblo que se había rendido al Estado. Se le dijo que su nueva misión consistía en traer la paz y el orden a la ciudad de Dávao. Le dieron una pistola, un sueldo y pluses por cada encargo. Algunos hombres obtenían motocicletas. Otros, coches. Uno de los policías conducía un Isuzu Fuego que había pertenecido al alcalde Rodrigo Duterte.

Sobre el papel, Jose era un civil que ejercía como ayudante de la Unidad Antidelincuencia de la policía. En la práctica, su trabajo consistía en enterrar los cuerpos. A veces se le pedía que ayudara con los asesinatos, pero jamás empuñó un cuchillo. Se encargaba sobre todo de inmovilizar a los hombres.

Esto es lo que le ocurrió a Jovani, cuyo nombre estaba en la lista porque la gente pensaba que era un ladrón. Jose contó que él y ocho hombres más se lo llevaron a la fuerza de un mercado y lo trasladaron a una cantera, situada dentro de unas instalaciones que eran propiedad de un policía, Bienvenido Laud. Los hombres le vendaron los ojos con cinta de embalar. Le ataron los brazos a la espalda y luego los pies. Un policía lo apuñaló entre el cuello y el hombro, pero Jovani siguió respirando con dificultad, de modo que un segundo policía agarró el cuchillo y se lo clavó en el pecho una y otra vez, hasta que se hizo el silencio y un tipo le pidió a Jose que recogiera el cuerpo y se largase.

No todos los asesinatos tuvieron lugar en la cantera de Laud. En ocasiones, los equipos entraban en domicilios y mataban a otros policías. Otras veces, se producían daños colaterales porque era importante que no corriera la voz, lo que significaba eliminar también a los testigos. Jovani no fue el único hombre al que Jose enterró. Hubo trece y a todos los vio morir. Fue de los últimos en verlos con vida y el último en verlos muertos, y por todo ello era capaz de recordar sus nombres. Estuvo Jovani, por descontado, el primero para Jose. Estuvieron Alex y Dondon, ambos presuntos ladrones. También estuvieron los sospechosos de traficar con drogas, Tony, Bobong, Toto, Peping y Alvin, y luego Jay, un adolescente de quien los policías decían que era el líder de una banda, y a estos había que añadirles a Haron Lupon, Datu Ala, Alimudin Julkifli y Taib, que se suponía que eran terroristas y que hacían estallar bombas, aunque Jose apenas sabía nada de ellos.

Los policías le dijeron a Jose que guardara silencio, y lo intentó, pero tras los asesinatos se pasó muchas noches sin poder dormir. Temía que alguien también se encargara de cerrarle la boca.

EXTRACTO DE UN INFORME DE HUMAN RIGHTS WATCH

La mayoría de los miembros de los escuadrones de la muerte de Dávao se dividen en dos grupos principales. De acuerdo con diversas fuentes internas, los más veteranos, algunos de los cuales fueron reclutados a principios de la década de 2000, habían formado parte de las denominadas «unidades gorrión» del Nuevo Ejército del Pueblo, que se rindieron al Estado, o bien habían ejercido como personal del ejército y la policía [...]. Otros reclutas son hombres jóvenes o chavales, gran parte de los cuales carecen de hogar y empleo. Con frecuencia poseen antecedentes penales y tiempo atrás sus nombres constaron «en la lista». En consecuencia, se debatían entre ser víctimas potenciales de los escuadrones de la muerte o unirse a sus filas.

Human Rights Watch, «"You Can Die Any Time": Death Squad Killings in Mindanao», 6 de abril de 2009

EXTRACTO DE UNA DECLARACIÓN JURADA DEL TESTIGO RAMON

Me senté junto al objetivo, que también estaba sentado. Mientras tanto, mis compañeros nos rodearon, fingiendo fumar. De repente, dos de ellos, incluido Kulot, se nos acercaron y apuñalaron a la víctima. Uno lo apuñaló por la espalda, mientras Kulot lo hacía de frente. Mientras lo apuñalaban, gritaba «mamá». Nos fuimos como si nada hubiera ocurrido. Mis compañeros se marcharon en sus motocicletas

> y yo, en un yipni. Recuerdo que el dueño de la tienda fue testigo de lo que ocurrió, junto con una pareja que también se encontraba ahí.
>
> Testigo bajo el pseudónimo de Ramon, declaración jurada, ciudad de Dávao, 4 de julio de 2009

Ramon era un confidente a sueldo. Su trabajo, decía, consistía en vigilar a objetivos. Informaba a una oficina diferente, una unidad satélite del pueblo de Agdao. La lista de objetivos cambiaba todas las semanas. La mayoría la conformaban drogadictos y ladrones.

Cada información que Ramon entregaba le reportaba quinientos pesos filipinos, lo que correspondía a unos diez dólares. Solo en una ocasión le pagaron más, cuando la lista incluyó a un ladrón llamado Marlon.

Marlon era amigo de Ramon. Por mil pesos, el doble que la tarifa habitual, Ramon dio el chivatazo que condujo a los operativos a la casa en la que Marlon se escondía.

A Marlon le dispararon mientras intentaba huir saltando por una ventana. Fue «triste», dijo Ramon.

DECLARACIÓN DEL ALCALDE DE LA CIUDAD DE DÁVAO

> Mientras yo sea alcalde, si estás llevando a cabo actividades ilegales, si eres un delincuente o formas parte de un gremio que amenaza a la gente inocente de esta ciudad, serás un objetivo legítimo de asesinato.
>
> Declaración a los medios de comunicación del alcalde de la ciudad de Dávao, Rodrigo Duterte, febrero de 2009

EXTRACTO DE UNA DECLARACIÓN JURADA DEL TESTIGO CRISPIN

> Aquel lunes empecé mi nuevo trabajo. Al cabo de una semana, me entregaron una lista con los hombres en busca y captura a los que

debía matar. La lista incluía sus nombres y domicilios. Me la dio mi jefe, que también la hizo circular entre el resto de los miembros del escuadrón. A veces era el propio alcalde Duterte quien venía a nuestro piso franco a darnos la lista, no sin antes decirnos: «Aquí está la lista de los malnacidos». Yo vi y hablé personalmente con Duterte en diversas ocasiones. Se pasaba a saludar casi todas las semanas.

Testigo bajo el pseudónimo de Crispin Salazar,
declaración jurada, Ciudad Quezon, 24 de junio de 2009

Crispin, un exrebelde del Nuevo Ejército del Pueblo, llegó a la casa del alcalde un domingo a las nueve de la mañana. Corría 1992. La entrevista de trabajo dio inicio. ¿Estaría Crispin dispuesto a matar?, le preguntó el alcalde. Sí, ciertamente, respondió Crispin.

El escuadrón lo conformaban rebeldes retornados y personas de otros municipios. A todos se les entregaron armas. A todos se les dieron órdenes, unas veces por los jefes de personal –llamados Grandes Jefes–, otras por el propio alcalde Duterte. El alcalde le dio a Crispin un revólver del calibre 375.

La primera víctima de Crispin fue un chaval de diecinueve años. Dos disparos, uno en la cabeza y el otro en el pecho, ejecutado con tanta rapidez que a Crispin le dio tiempo de informar a su jefe, recoger su cheque y acercarse al banco, que cerraba a las cuatro de la tarde. Cada asesinato le reportaba quince mil pesos, una cifra por entonces ligeramente superior a los trescientos dólares. Los cheques llevaban el nombre del alcalde en la parte delantera y su firma en la trasera. Crispin dijo que había contabilizado un total de cuarenta asesinatos, incluido el de un policía uniformado y dos mujeres, que se encontraban contando el dinero de una operación de venta de drogas en la habitación de un motel.

Crispin era un buen empleado. Tenía iniciativa. Era eficiente. Era un equipo de un solo hombre, capaz de realizar vigilancias, planificar operaciones y disparar a un hombre a sangre fría, y además ni siquiera necesitaba un conductor que lo ayudara a huir. En ocasiones se unía a operaciones en grupo, como la vez en que se había asignado un equipo completo a neutralizar a un ladrón. La operación salió mal y el objetivo escapó. El alcalde fue tras él en persona. Le disparó hasta vaciar el cargador.

Aquel fue el día, dijo Crispin, en que los policías aprendieron que debían temer al alcalde.

EXTRACTO DE UNA AUDIENCIA JUDICIAL
CON EL TESTIGO ERNESTO

JUEZ: ¿Cómo fue capaz de recordarlo [el lugar donde habían enterrado los cadáveres]? ¿Estuvo presente mientras cavaban? ¿Se ocultó o también se puso a cavar?

TESTIGO: Ayudé a acarrear los cuerpos, señor.

JUEZ: ¿Cuántos había aproximadamente?

TESTIGO: Seis, señor.

JUEZ: ¿Cavaron una fosa común?

TESTIGO: Había tres cuevas, la mayoría pequeñas, una era grande.

ABOGADO: Hablamos de cuevas fabricadas por el hombre.

JUEZ: ¿Quiénes eran estos asesinos?

ABOGADO: Eran policías acostumbrados a matar. Para ellos no tenía nada de extraordinario.

JUEZ: ¿Qué utilizaban para matar? ¿Pistolas?

TESTIGO: No, señor. Solo cuchillos.

JUEZ: ¿Los apuñalaban?

ABOGADO: No querían desperdiciar balas.

Testigo bajo el pseudónimo de Ernesto Avasola,
extraído de notas taquigrafiadas, 10 de julio de 2009

El testigo que se hacía llamar Ernesto era un empleado en la cantera de Laud. Ayudó a enterrar seis cuerpos, pero solo sabía el nombre de dos. Uno se llamaba Pedro y el otro, Mario. Los habían apuñalado en el cuello, como a pollos. Apuñalados, no tiroteados, porque las balas eran demasiado caras para ir desperdiciándolas. Ernesto declaró que los seis fueron enterrados en el interior de cuevas, dos en cada una, dentro de agujeros que él mismo había perforado, mientras los muertos le observaban.

Ernesto se encontraba en la cantera el día en que se presentaron los investigadores del Consejo de Derechos Humanos con la primera orden de registro. Había oído que habían llegado procedentes de Manila. Quería contarles lo que había visto. Los condujo al final de la cantera, a las profundidades de las cuevas, hasta un hueco en la tierra por el que asomaba un único hueso.

Un tribunal de Manila emitió una segunda orden de registro para cubrir una nueva zona. Los investigadores hallaron restos humanos: cuatro fragmentos de cráneo, un radio, parte de un húmero y un hueso incompleto, de veintidós centímetros de longitud. Los abogados de Laud recurrieron la búsqueda. El juez de Manila retiró la orden de registro. La investigación se estancó. La orden fue emitida de nuevo.

Tres años después de las audiencias en la ciudad de Dávao, el Consejo de Derechos Humanos publicó su informe oficial. En él se decía que había «escasez de pruebas que respalden la complicidad directa de la policía local o de agentes gubernamentales», pero que la resistencia de las autoridades a que se llevara a cabo una investigación en profundidad «puede interpretarse como permisividad». Pruebas circunstanciales, afirmaba el Consejo de Derechos Humanos, «indican la existencia de un Escuadrón de la Muerte de Dávao y su responsabilidad en los asesinatos».

EXTRAÍDO DEL INFORME DE CONCLUSIONES DEL CONSEJO DE DERECHOS HUMANOS

Aunque el alcalde Rodrigo Duterte sostenga que cualquier agente gubernamental relacionado con el presunto Escuadrón de la Muerte de Dávao lo estaría por su cuenta y riesgo, esto no invalida el hecho de que agentes de la Policía Nacional de Filipinas hayan tomado nota del volumen y patrones de los asesinatos, a los cuales el alcalde Duterte parece no haber prestado atención o ha preferido ignorar y no investigar [...]. Se produjo una práctica sistemática de asesinatos extrajudiciales, que pueden ser atribuidos o atribuibles a un grupo o grupos de justicieros, bautizados por los medios de comunicación como Escuadrón de la Muerte de Dávao.

Resolución del Consejo de Derechos Humanos,
28 de junio de 2012

El Consejo de Derechos Humanos recomendó que la Oficina del Defensor del Pueblo realizara una investigación. Esta concluyó en 2014 sin resultados concluyentes, algo atribuible, según el Defensor del Pueblo, a una declaración del director regional del Consejo de Derechos Humanos, Alberto Sipaco, Jr.

Según Sipaco, su oficina no había hallado pruebas de la existencia de un escuadrón de la muerte. Cualquier afirmación en sentido contrario entraba dentro de «la rumorología y otros cotilleos».

A lo largo de cinco años, la orden de registro para la cantera de Laud fue dando tumbos de juez en juez, hasta que el Tribunal Supremo dictaminó que había motivos fundados para examinar la zona identificada por el testigo que se hacía llamar Ernesto. A pesar de este dictamen, sigue sin estar claro si la Policía Nacional de Filipinas efectuó una búsqueda sobre el terreno. La Coalición contra las Ejecuciones Sumarias, ubicada en la ciudad de Dávao, ha fijado el número de asesinatos atribuibles al Escuadrón de la Muerte de Dávao, entre 1998 y 2015, en mil cuatrocientas veinticuatro personas. Hay datos que «revelan un cese de los asesinatos» cuando Duterte fue elegido para el Congreso, y un «repunte destacado» cuando regresó a la alcaldía de Dávao para otro periodo de cuatro años.

Supondría su último mandato. En 2016, el presunto líder del Escuadrón de la Muerte de Dávao fue escogido presidente de la República de Filipinas.

EXTRACTO DE UN DIÁLOGO ENTRE EL TESTIGO MATOBATO Y EL SENADOR ALAN PETER CAYETANO

SENADOR CAYETANO: De acuerdo, señor. Usted afirma que el EMD existe, ¿no es cierto?

TESTIGO: Sí, señor.

SENADOR CAYETANO: ¿Qué es el EMD?

TESTIGO: El Escuadrón de la Muerte de Dávao.

SENADOR CAYETANO: De forma que no es el Entusiastas Movilizados por Duterte.

TESTIGO: No, señor, el EMD era un grupo formado por escogidos por Duterte, no por gente corriente. El alcalde Duterte creó el EMD.

SENADOR CAYETANO: Así que el Escuadrón de la Muerte de Dávao.

TESTIGO: Sí, el Escuadrón de la Muerte de Dávao.

SENADOR CAYETANO: Usted afirma su existencia.

TESTIGO: Ciertamente existe, señor.

Extraído de la transcripción oficial de la investigación del Senado sobre los asesinatos extrajudiciales, 15 de septiembre de 2016

Minutos antes de que su rostro apareciera en los televisores de todo el archipiélago, el testigo permanecía sentado, canoso y sin llamar la atención, en una silla verde y acolchada del Salón de Vistas del Senado de Filipinas. Corría septiembre del año 2016. La guerra contra las drogas llevaba tres meses a pleno rendimiento. Rodrigo Duterte había sido fiel a su promesa de instigar una carnicería. Los líderes de la oposición observaban las matanzas y aireaban sus discrepancias. Uno de ellos era la presidenta del Comité del Senado para la Justicia y los Derechos Humanos, Leila de Lima, quien en 2009 había investigado al Escuadrón de la Muerte de Dávao como presidenta del Consejo de Derechos Humanos.

«Quizá –dijo la senadora De Lima– podamos vincular lo que ocurre ahora con lo que ha acontecido en la ciudad de Dávao desde los años noventa hasta el presente y el modo en que Filipinas es hoy un espejo de lo que fue la ciudad de Dávao durante las dos décadas que estuvo bajo el control del alcalde Duterte».

El testigo se incorporó, levantó la mano derecha y juró decir toda la verdad sobre el hombre que era presidente. El nombre con el que se refería a sí mismo era importante porque era el real. Edgardo, dijo. Edgardo Matobato.

Había nacido en el extrarradio de Dávao y abandonado los estudios al acabar la primaria, y con dieciocho años había visto como rebeldes del Nuevo Ejército del Pueblo decapitaban a su padre. Esto explicaba que se hubiera unido a los auxiliares civiles de su localidad, y cumplió tan bien con su cometido que el chófer del alcalde lo invitó a incorporarse a una unidad de élite de la ciudad de Dávao.

«Nuestro trabajo, señora –le contó a la senadora De Lima–, era matar a delincuentes como traficantes de drogas, violadores y ladrones. Este era el tipo de gente que matábamos a diario».

Matobato llevaba consigo un carnet que lo identificaba como miembro de la Unidad de Seguridad Ciudadana de Dávao. No sabía leer ni escribir, por lo que envió a su mujer al banco a abrir una cuenta en la que ingresar los cheques que recibía del alcalde. Se le asignó a la Unidad de Delitos Atroces –«nuestra oficina»–, por la que el alcalde Duterte se dejaba caer de tanto en tanto con órdenes.

Era un grupo reducido hasta que en 1993 la oficina fue ampliada. Entonces pasaron a llamarse entre ellos Escuadrón de la Muerte de Dávao.

Asesinar no era algo que Matobato disfrutara especialmente, aunque tampoco es que lo odiara. Recibía órdenes y se le asignaban objetivos a eliminar. Las órdenes procedían de policías, y si estos decían que los objetivos debían morir Mobato se los creía a pies juntillas porque eran policías, y los policías eran quienes tomaban las decisiones. Matobato había retorcido un garrote alrededor del cuello de un hombre y se había quedado a mirar cómo el muerto era desnudado, descuartizado y enterrado en la cantera. No existían tribunales ni jueces. Las investigaciones eran pura fachada porque los investigadores sabían de sobra quiénes eran los miembros del escuadrón de la muerte.

El equipo habitual, los rebeldes retornados, se encargaba de las piezas menores: miembros de bandas, delincuentes de poca monta y adolescentes enganchados al pegamento que pululaban por las calles. Matobato era un veterano. Sus objetivos eran piezas de caza mayor: terroristas, narcotraficantes, el ocasional político rival. Los hombres del escuadrón de la muerte actuaban a plena luz del día. Tenían una furgoneta negra preparada para realizar los secuestros. Ametrallaban mezquitas. Eran capaces, cuando así se les antojaba, de secuestrar a un hombre delante de su edificio de oficinas y pegarle tres tiros, sin importarles que trabajara para el gobierno municipal.

Cada policía del escuadrón de la muerte llevaba dos pistolas: una para cometer el asesinato –cabeza y pecho, bang, bang–; la segunda para dejarla como prueba. Por ejemplo, una pistola de fabricación casera del calibre 38 que se abandonara sobre un charco de sangre y junto a la mano de un hombre muerto suponía una excelente base para que los investigadores aseguraran que la víctima había muerto durante un tiroteo. «Los policías siempre tenían una pistola en la reserva –dijo Matobato–. Todo muerto acababa con una pistola a su lado».

Matobato dejaba la tarea de plantar pruebas a los policías. Su labor consistía en permanecer sentado detrás del asiento del conductor a esperar a que la motocicleta redujera la velocidad para entonces disparar. Pero aquellos eran los asesinatos sencillos, los que permitían dejar un cadáver tirado en la calle para que los vecinos curiosearan. Los cuerpos que requerían ser eliminados eran cortados en trocitos para acabar enterrados en la cantera o arrojados al mar cuando las condiciones lo permitían. La mayor carga habían sido siete cuerpos en un solo barco, con los estómagos rajados para reducir la flotabilidad y cada uno de ellos lastrado con bloques de cemento, tres por cabeza. En una ocasión, Matobato había visto cómo un policía arrojaba un hombre que sangraba a un pantano. El objetivo vivió lo suficiente para ver a los cocodrilos. No los vio mucho rato.

Matobato calculaba que, durante los veinticuatro años que había trabajado como asesino, el Escuadrón de la Muerte de Dávao había eliminado a al menos un millar de personas, solo en la ciudad de Dávao. Él se responsabilizaba personalmente de cincuenta. «Esos fueron los que me ordenaron que matara. No recuerdo sus nombres, pero sí cuántos hubo desde que empecé».

Matobato dijo que trabajaba para un hombre llamado Charlie Mike. Charlie Mike era quien daba las órdenes a los líderes de los grupos que conformaban el escuadrón de la muerte. Charlie Mike alabó a los miembros del escuadrón por sus servicios a la ciudad. Charlie Mike aprobaba los objetivos e iba a la oficina del escuadrón para comunicar las órdenes en persona.

Charlie Mike tenía un adjunto, el sargento de policía Arturo Lascañas, un hombre tan cercano que lo trataba como si fuera un hermano.

Lascañas era el jefe de operaciones del escuadrón de la muerte. Era el motivo de que Matobato estuviera más familiarizado que la mayoría con la gestión diaria de un escuadrón de asesinos. Si Lascañas era el brazo derecho de Charlie Mike, Matobato lo era de Lascañas. Arturo Lascañas era quien estrangulaba a los hombres que Matobato sujetaba, y era de Arturo Lascañas el reloj que Matobato lucía en la muñeca. Aquel reloj había sido un regalo.

«Todo el mundo rendía cuentas a Arturo Lascañas –dijo Matobato–. Era el policía más poderoso de Dávao, señora. Incluso los generales le hacían reverencias a Arturo Lascañas».

En una ocasión, contó Matobato, oyó a Charlie Mike elogiar a Lascañas. «De no estar tú por aquí, Tur, no reinaría tanto la paz en la ciudad de Dávao».

Charlie Mike era un nombre en clave, dijo Matobato.

«Correspondía al general Duterte –contó–. Trabajé en el ayuntamiento durante casi veinticuatro años. Lo conozco desde hace mucho tiempo».

También Arturo Lascañas lo conocía desde hacía mucho tiempo, pero la historia que contaba era muy diferente.

EXTRACTO DE UN DIÁLOGO ENTRE EL TESTIGO ARTURO LASCAÑAS Y LA SENADORA LEILA DE LIMA

SENADORA DE LIMA: Arthur Lascañas, ¿cuál es el nombre en clave del alcalde Duterte?

LASCAÑAS: Suele ser CM, su señoría.

SENADORA DE LIMA: ¿Qué representa CM?

LASCAÑAS: City Mayor [«alcalde de la ciudad»].

SENADORA DE LIMA: ¿Está seguro? ¿Qué necesidad hay de referirse a él como CM si solo significa City Mayor?

LASCAÑAS: No, su señoría, eran los medios de comunicación. Era cosa de ellos.

SENADORA DE LIMA: El señor Mataboto ha dicho que CM significaba Charlie Mike.

LASCAÑAS: Sí, sí, Charlie Mike.

SENADORA DE LIMA: De modo que es así.

LASCAÑAS: Pero por lo general sabemos que significa «city mayor».

SENADORA DE LIMA: En cualquier caso, siguen usando Charlie Mike. Acaba de decirlo.

LASCAÑAS: A título personal, su señoría, yo no. Por lo general se refieren a él como alcalde Rody.

Sargento jefe de policía Arturo Lascañas,
testimonio ante el Senado de Filipinas,
3 de octubre de 2016

Edgar Matobato era un mentiroso, según Arturo Lascañas. «No existe ningún Escuadrón de la Muerte de Dávao, su señoría», dijo Lascañas a los senadores. Aseguró que Matobato mentía al decir que Lascañas era el brazo derecho del alcalde Duterte. Mentía al decir que había un escuadrón de la muerte con órdenes de asesinar. Mentía, no cabía duda, al decir que había sido testigo de todos los crímenes que Lascañas había cometido.

Era cierto, admitió Lascañas, que trabajaba con Matobato de forma ocasional, pero en ningún caso eran amigos cercanos. El hecho de que Matobato hubiera dormido en casa de Lascañas, hubiera asistido a su fiesta de cumpleaños y llevara un reloj que le había pertenecido no demostraba nada, fuera de que Lascañas conocía a Matobato de modo informal, del ámbito laboral.

Él, Arturo Lascañas, un policía que jamás había asesinado, torturado o arrojado bombas contra una mezquita, estaba siendo presentado como un villano por la propaganda opositora, que pretendía desacreditar al buen hombre al que en su día llamara «alcalde».

EXTRACTO DE UNA RUEDA DE PRENSA
DEL EXSARGENTO DE POLICÍA ARTURO LASCAÑAS

> El Escuadrón de la Muerte de Dávao es real [...]. Yo fui uno de sus fundadores. Ejecutábamos las órdenes que nos daba el alcalde Duterte en persona. Todos los asesinatos que cometimos en la ciudad de Dávao, tanto si los enterramos como si los arrojamos al mar [...]. Asumo las consecuencias de mis actos.
>
> Rueda de prensa del exsargento de policía
> Arturo Lascañas, 20 de febrero de 2017

Todo empezó con sus problemas de riñón. Ahí estaba él, en el centro de diálisis del hospital de Dávao, observando al resto de los pacientes tambalearse «como zombis». Lascañas se resistía a aceptar el inexplicable derrumbe de su cuerpo. Después de cada cita médica, regresaba a un apartamento vacío. Le pidió a su familia que lo dejara tranquilo, que necesitaba tiempo para pensar.

Durante aquellos días en que no podía hacer otra cosa que pensar, se le ocurrió que muy probablemente los otros pacientes no fueran asesinos. Imagina, pensó, que te mereces el veneno que llevas en las entrañas.

Entonces Lascañas tuvo un sueño. Una pesadilla. Un demonio se le plantó delante. De repente surgió una luz brillante y un niño acudió en su rescate. Se despertó con una sacudida y tuvo miedo. «Fue en aquel momento cuando abracé el nombre de Jesucristo y prometí que, de concedérseme la oportunidad de seguir viviendo, serviría su voluntad».

Vivió.

Su acto de contrición empezó con una confesión ante Dios y el país. Enumeró un asesinato tras otro. Dio ubicaciones. Detalló marcas y modelos de vehículos, así como el monto de los desembolsos económicos. Nombró a los asesinos y al hombre que había ordenado los asesinatos.

Fue el alcalde de la ciudad, dijo Lascañas.

ENTREVISTA DE PRENSA CON EL PRESIDENTE RODRIGO DUTERTE

PERIODISTA: Señor, Lascañas ha dicho que usted creó el Escuadrón de la Muerte de Dávao.

PRESIDENTE DUTERTE: No necesité hacerlo. No era necesario. No creé unas fuerzas aéreas, disponía de una fuerza aérea. No creé el Escuadrón de la Muerte de Dávao, disponía de un departamento de policía.

Rodrigo Duterte en una transcripción difundida por el Departamento de Comunicación de la Presidencia, 17 de marzo de 2017

Pese al desmentido, Lascañas ofreció una letanía muy minuciosa de los horrores cometidos por orden del alcalde. Este había ordenado que se bombardearan mezquitas en venganza por un atentado contra una iglesia católica.

El alcalde había ofrecido una recompensa de tres millones de pesos por el asesinato de un periodista. Añadió un bonus de un millón. «Él mismo me entregó el dinero y yo le dije: "Gracias"».

El alcalde había ordenado la muerte de unos narcos chinos. Eran once. «Acabad con ellos», ordenó el alcalde. «Sí, señor», dijo Lascañas. Mató a nueve de ellos y cedió los dos restantes a otro tirador; luego ambos regresaron a sus respectivas casas a celebrar la llegada del Año Nuevo. Se repartieron el pago a medias.

El alcalde había ordenado la muerte de un sospechoso de secuestro. El escuadrón detuvo al sospechoso en la carretera y descubrió que no iba solo en la furgoneta que conducía. Lo acompañaban su mujer embarazada, su suegro, su hijo pequeño y dos empleados del servicio. Se los llevaron a todos a la cantera.

Lascañas y el líder del grupo, un coronel, se marcharon para informar al alcalde de los acontecimientos. El coronel sugirió que toda la familia debía ser «eliminada». «Adelante, pero sed discretos», dijo el alcalde.

Condujeron de regreso a la cantera. Lascañas sugirió hacer una excepción con el niño de cuatro años. La sugerencia fue rechazada. Lascañas se quedó haciendo guardia en la entrada del cobertizo y oyó los disparos que acabaron con la vida de seis personas. Fueron desnudadas y enterradas en una sola fosa, bien profunda, de la cantera. El escuadrón se repartió la recompensa. Se quemaron carteras, maletas y un par de zapatitos.

Más tarde, Lascañas volvió para rociar aceite sobre la tierra fresca.

Lascañas añadió a otros dos presuntos narcotraficantes a su lista de muertos. Sus nombres eran Cecilio y Fernando, y compartían con él algo más que el apellido. «Como muestra de mi absoluta lealtad a la campaña [del alcalde], hice que mataran a mis dos hermanos».

«Me pongo en manos de Dios –dijo Lascañas durante su testimonio frente al Senado de Filipinas–. Me siento satisfecho».

•

DECLARACIÓN DEL CANDIDATO PRESIDENCIAL RODRIGO DUTERTE

¿Que si yo soy el escuadrón de la muerte? Cierto. Eso es cierto.

Rodrigo Duterte en el programa de televisión
Gikan sa Masa, Para sa Masa, 24 de mayo de 2015

5

DEFENDER AL ALCALDE

«En el lugar del que procedo, la mayoría de la gente era de Duterte», me contó una mujer llamada Ann Valdez.

El lugar de procedencia de Ann era el municipio costero de Baler, en la provincia de Aurora. La gente que conocía de Baler no era simplemente pro Duterte. Eran Duterte, con la estructura de la frase directa, sin preposiciones. O eras Duterte o no lo eras, y la mayoría lo era.

Para Ann, ser Duterte significaba pertenecer. Ann era Duterte. No fue algo repentino. La decisión tardó veinticinco años en tomar forma, desde el día en que su madre descubrió que estaba embarazada y nunca más quiso saber nada del padre de Ann. Ann fue criada por sus abuelos en una granja de Aurora. A veces su madre le hacía una visita. Por lo general, no. Mientras que sus compañeras del colegio soñaban con ser enfermeras o contables, lo único que Ann deseaba era encontrar a su padre. Se lo imaginaba parecido a ella, quizá ella le gustara; sería alguien que la regañaría si llegaba tarde a casa y que la abrazaría cada vez que le dijera que le quería.

A los dieciséis se fue a Manila. A sus abuelos les contó que iba a estudiar en la universidad, pero la verdad era que le había llegado el rumor de que su padre se hallaba en la capital. No lo encontró. Tampoco lo podría haber hecho, porque su padre estaba muerto; le habían disparado en Ilocos mientras sopesaba presentarse a la alcaldía.

Un día de 2015, Ann leyó una noticia sobre el alcalde que aspiraba a la presidencia. Su nombre era Rodrigo Duterte, el mismo que había limpiado la ciudad de Dávao. Duterte. El mismo que había dicho que se cuidaría de que la gente corriente estuviera segura. El mismo que vivía de forma modesta, tanto que circulaban fotos en las que se le vía durmiendo en un viejo catre, rodeado de una mosquitera. «Me pareció de lo más dulce».

Era fácil simpatizar con Duterte porque, allí de donde venía Ann, casi todos eran ya Duterte. Ann era Duterte porque, a los veinticinco años, al fin había encontrado al hombre cuyo nombre llevaría siempre junto al suyo.

Lo llamaba Padre, y a sí misma se llamaba EMD.

Para Ann, EMD no significaba Escuadrón de la Muerte de Dávao. Significaba Entusiastas Movilizados por Duterte.

La primera vez que oí el nombre de Duterte fue en el año 2011. Por entonces, yo también tenía veinticinco años. Las investigaciones relativas al escuadrón de la muerte de principios de la década de 2000 quizá fueran noticia en la prensa provincial, pero la historia apenas tuvo eco en la capital. La pila de cadáveres de la ciudad de Dávao aparecía ocasionalmente en algún semanario de noticias, si es que llegaba a hacerlo. La matanza de periodistas de Maguindánao, en 2009, supuso mi primer viaje como reportera a la isla de Mindanao. Por aquel entonces, ejercía como corresponsal extranjera en mi propio país; aparecía de la nada, me iba volando, no hablaba ninguno de los dialectos locales y entendía bien poco de las injusticias históricas y políticas que hacían que tanta gente de Mindanao –y del resto del país– odiara a la imperialista Manila. Mi cómoda ignorancia se quebró con el visionado, retransmitido a escala nacional, de una alcaldesa electa golpeando a un alguacil de la ciudad de Dávao.

Después de la Revolución Edsa, los firmantes de la Constitución, en un vano intento por sofocar las ambiciones de los señores de la guerra, restringieron a tres los mandatos consecutivos de todos los cargos gubernamentales de ámbito local. Cada mandato solía extenderse durante tres años, lo que suponía limitar el tiempo en el poder de un alcalde, gobernador o congresista a menos de diez años. Esta medida no ponía coto a la astucia política. Los alcaldes abandonaban el cargo, pero no se iban muy lejos. Las papeletas con frecuencia mostraban los mismos apellidos en las siguientes elecciones. A veces los nuevos candidatos eran las esposas, los hijos o las hijas, lo que daba pie a fotografías que mostraban, de izquierda a derecha, a la señora alcaldesa cortando, junto al exalcalde, una cinta que inauguraba la construcción de una escuela de primaria.

Tomemos como ejemplo a Rodrigo Duterte, apodado Rody, a veces llamado Digong y en otras ocasiones Du30. La presidenta Corazón Aquino lo nombró funcionario al mando como teniente de alcalde de la ciudad de Dávao en el lugar de su madre, Soledad Duterte. En las primeras elecciones tras la revolución, el hijo de Soledad se presentó a la alcaldía y la ganó. Tres años después renovó el cargo, algo que volvió a hacer al cabo de otros tres años, hasta que la ley dictó que no podía optar a un cuarto mandato. De todos modos, el hijo de Soledad se presentó a las elecciones, camino que lo acabó conduciendo hasta la Cámara de Representantes de Manila, cuyas sesiones eran tan tediosas que el nuevo congresista salía por una puerta lateral para ir a ver películas, los mismos días en que se le pagaba para que aprobara leyes. Al cabo de tres años, con el contador de nuevo a cero, regresó a casa para volver a hacer campaña por la alcaldía. Ganó una, dos, tres veces, la última con su hija a su lado, en calidad de teniente de alcalde. El hijo de Soledad necesitó otros tres años para conducir a la hija de Rodrigo pasillo arriba, hasta el despacho del alcalde, cargo que ostentó mientras el verdadero alcalde se hacía llamar «teniente de alcalde» y hacía tiempo hasta las siguientes elecciones, momento en que el teniente de alcalde se convirtió en alcalde y la alcaldesa, en teniente de alcalde, encadenando tres décadas casi ininterrumpidas de victorias del apellido Duterte. Un alcalde Duterte tras otro presentándose a la alcaldía y ganándola, presentándose a la alcaldía y ganándola, hasta que Dávao significó Duterte y Duterte significó Dávao.

«Fui fiscal durante diez años –dijo una vez Rodrigo Duterte a una multitud reunida en el hotel Manila–. Hice trabajo jurídico durante ocho y luego fui alcalde de Dávao durante veintitrés. Un mandato en el Congreso y luego otro; cuatro años ejerciendo de teniente de alcalde de mi hija. Ya saben, la que le dio un puñetazo a un alguacil. Esa misma».

La historia de la alcaldesa que le soltó un puñetazo a un alguacil comenzó con unos disturbios. Un mediodía del verano del año 2001, un alguacil se presentó en un pueblo de Agdao con una orden judicial para ejecutar la demolición programada de más de doscientos hogares. La alcaldesa había solicitado un aplazamiento de dos horas que el alguacil había rechazado. Los residentes iban armados con tirachinas y cuchillas. A un policía le alcanzó un dardo. La alcaldesa se abrió paso entre la multitud, seguida por las cámaras.

La alcaldesa exigió ver al alguacil. El alguacil se presentó; los hombros encorvados dentro de una camisa de cuadros.

«Acérquese aquí, señor», le pidió la alcaldesa, y le dio un puñetazo en la cara.

El primer puñetazo le impactó en un ojo, con tanta fuerza que las cámaras registraron el ruido de los nudillos contra el hueso. El alguacil se dio la vuelta, intentó huir y acabó hecho un ovillo mientras le llovían golpes en la espalda. El *staccato* de los tres puñetazos siguientes se perdió entre los vítores del gentío. Uno aplaudió. Otro jaleó. El alguacil acabó en el hospital.

La historia se difundió aquella misma tarde a través de las cadenas de televisión por cable. Los informativos emitieron en bucle las imágenes. El presentador del canal de noticias de la ABS-CBN conectó en directo, vía telefónica, con la alcaldesa Sara Duterte, que se negó a pedir disculpas. La controversia se alargó varios días en los periódicos, en buena medida gracias al padre de la alcaldesa, quien hizo una peineta y declaró que su hija había reaccionado exactamente como la situación exigía. El teniente de alcalde Rodrigo Duterte expresó su deseo de que Sara continuara por el mismo camino. De haberse cambiado las tornas, de haber recibido él el puñetazo, habría desenfundado su pistola. «Os dispararé», dijo.

La consternación cundió entre los grupos defensores de los derechos humanos y el resto mostró sentimientos encontrados. El Escuadrón de la Muerte de Dávao, desconocido para amplios sectores del país, se convirtió en parte de un relato de violencia sureña y abuso de poder. Se publicaron columnas. Proliferaron comentaristas en la televisión. Finalmente, se emitieron noticias, en el primer bloque de los telediarios de ámbito nacional, que se hacían eco de los padecimientos de los corresponsales de provincias.

«En verdad es el tipo de fama equivocada», me dijo Sara Duterte un año después, en 2012. Nos encontrábamos en la sala de actos de un hotel de la ciudad de Dávao, después de que la alcaldesa hubiera hablado en un evento local que reunía a mujeres emprendedoras. La alcaldesa estaba sentada en el borde de una silla, recta como un palo, con un micro sujeto al cuello de una blusa sencilla y de color lavanda. Su voz era suave; sus palabras, medidas y ocasionalmente punteadas por una risa discreta. «Cuando eres alcaldesa, debes estar al mando y mostrarte autoritaria. Por lo general, uno lo ve en los varones, esa imagen de macho, sobre todo en ciudad de Dávao, donde están acostumbrados a mi padre».

No se sentía cercana a su padre, dijo, en especial desde que el matrimonio con su madre se desmoronara. Su padre apenas estaba en casa, no paraba de trabajar, algo que no había cambiado desde que ella accediera a la alcaldía. «Lo crea o no, jamás hablamos de trabajo, y eso porque, en primer lugar, no hablamos de nada».

Probablemente no exista mejor lectura del alcalde de Dávao que la que formula su propia hija. «Se le conoce como un alcalde sobrado de fuerza debido a la personalidad que posee, una personalidad que volcó en su trabajo en la alcaldía. Cuando quiere algo –que siempre es pensando en las necesidades de la gente y en el bien de la comunidad–, no deja de insistir en ello, aunque conlleve lo que se llaman "daños colaterales"».

Podría argumentarse que Sara Duterte, defensora de los desarrapados de un agujero como Agdao, también iba tras el bien común. Ahí estaba el alguacil, el enemigo que se negaba a escuchar pese a las advertencias.

«Me sentía muy frustrada –dijo–. No se me permitía llorar porque la gente habría pensado: "¿Qué clase de persona es esta que se echa a llorar delante de todos?". No podía descargar mi rabia».

No podía llorar, de modo que el alguacil se convirtió en un daño colateral. Lo que ocurrió estuvo mal, dijo.

Hizo bien, dijo su padre.

Lo que puede que fuera la primera de las páginas de Facebook del Escuadrón de la Muerte de Dávao apareció poco después del incidente con el alguacil. «DEFENDEMOS A NUESTRO ALCALDE», gritaba en letras mayúsculas el primer post del escuadrón de la muerte de Duterte. Poco se sabía de los miembros del grupo, más allá de aquella única página con cincuenta y nueve seguidores. Mostradles a esas cadenas de noticias de qué lado estamos, escribieron.

Al contrario de lo que podría pensarse, el grupo no se fundó para defender a Rodrigo Duterte, o por lo menos no solo a Rodrigo Duterte. Su objetivo era más bien «defender a nuestro alcalde, porque ellos nos defienden a nosotros». No era un error gramatical. Con «ellos» –plural, no singular– se referían a los alcaldes Duterte. El nombre, presuntamente garabateado por un grupo de asesinos en un trozo de papel, de inmediato se convirtió en una identidad desafiante para la generación de internautas que eran leales a Duterte. Cuatro años después, en 2015, el movimiento devino nacional cuando empezaron a circular rumores sobre las aspiraciones presidenciales de Duterte. En aquellos momentos se trataba de pequeños grupos con menos de cien mil seguidores, cada uno de ellos portando las siglas EMD (DDS en inglés). Digong Duterte Supporters («Simpatizantes de Digong Duterte»). Duterte's Destiny to Service to the Country

(«El Destino de Duterte de Servir al Pueblo»). Digong Duterte Swerte. Davsur Duterte Supporters («Simpatizantes de Davsur Duterte»). Digon Duterte Is the Solution («Digon Duterte es la Solución»). Duterte Got Doctor's Supporters («Duterte Cuenta con el Respaldo de los Médicos»). Su permutación final, una que arraigaría con fuerza movilizadora por todo el país y en comunidades filipinas de todo el planeta, fue Diehard Duterte Supporters («Simpatizantes Fervorosos de Duterte»).

A finales de octubre de 2015, la frase ya formaba parte del lenguaje popular. Su objetivo era el mismo, solo que con un añadido crucial: «Defended al alcalde y escogedlo presidente».

Pasaban quince minutos de las doce del mediodía del 3 de septiembre de 2015 cuando Dondon Chan, un dentista de treinta y cuatro años, colgaba en su página de Facebook una foto del alcalde sonriendo. Este es, escribió Don, «el señor Rody Duterte», un candidato que «¡de verdad es de las masas y para las masas!».

El post recibió un reguero de comentarios. El alcalde era un candidato presidencial «para chuparse los dedos». El alcalde era listo. «Todos los de aquí» queremos que se presente.

«¿Ya ha anunciado su candidatura?», preguntaba una mujer que se describía a sí misma como «una madre corriente».

«No, todavía no –le contestaba Dondon–. Pero, si no se presenta, no se me ocurre nadie más a quien votar».

«¡Todos rezamos para que lo haga!», dijo ella.

«Ha dicho que pronto tomará una decisión –contestaba otra "Valiente madre de tres", desde Dávao–. Ha dicho que lo único que necesita es convencer a su familia [...]. El alcalde es listo, se presentará».

«Eso espero», dijo Dondon.

Dondon era el segundo hijo de un profesor que enseñaba francés y alemán en la principal universidad estatal. De niño había conocido mundo; había viajado a Estados Unidos, Gran Bretaña, Polonia, Hungría, Italia, Portugal y España. De adulto había estado de vacaciones en Marruecos y Tanzania, se había matriculado en el Ateneo de Manila y se había licenciado en Odontología por la Universidad de Filipinas. Era políticamente activo, había hecho campaña por la gratuidad de la asistencia sanitaria a mujeres embarazadas y organizado misiones dentales y envíos de ayuda urgente a víctimas de tifones. Su patriotismo no era fanático; al contrario que tantos de sus compatriotas, no votaba a las candidatas a Miss Universo en función de su ciudadanía filipina. Rezaba a menudo. Solía desplegar amabilidad en casi todo lo que hacía. Se unió a la multitud que agasajó al papa Francisco en el parque Luneta, y había llegado a la conclusión de que era posible ser una buena persona sin necesidad de ser un ferviente católico.

A Dondon le gustaba el alcalde de la ciudad de Dávao. Le gustaba que fuera una cara nueva en el panorama político nacional. Creía que el alcalde se apartaba de los políticos lisonjeros fabricados en serie. Celebró el anuncio de la candidatura del alcalde posteando en Facebook –«¡Duterte a por la victoria!»– y no andaba falto de desprecio hacia los virtuosos y políticamente correctos que criticaban su decisión. También se cuidaba de recalcar que no era un EMD en sentido estricto. No iba a votar al candidato a la vicepresidencia de Duterte, el senador Alan Peter Cayetano. Respaldaba al candidato de la oposición, Leni Robredo, cuyo mayor rival no era Cayetano sino Ferdinand «Bongbong» Marcos Jr., el hijo y heredero del antiguo dictador. Una vez, en el marco de una discusión en la sección de comentarios con una mujer que pedía el regreso de los Marcos, Dondon contraatacó denunciando los males de la ley marcial, entre ellos el doloroso hecho de que su tío había sido asesinado bajo la dictadura, en la década de los setenta. La mujer se disculpó. Dondon se había hecho escuchar. El hecho de que no le preocupara en absoluto la suerte de su tío –«para ser sincero, me era indiferente si vivía o moría»– resultaba irrelevante en el ejercicio de una trifulca por internet.

«Preséntate, Duterte, Preséntate», escribió Dondon.

No está claro quién lo dijo primero. Corrió de boca en boca, de post en post, y cuando la idea hubo tomado forma y aparecido como eslogan en carteles, ya fue imposible determinar si la posible candidatura del alcalde era resultado de un cónclave político o de una noche en un bar del centro de Dávao.

En boca del alcalde, el movimiento a favor de su candidatura a la presidencia poseía la fuerza de un fenómeno natural, imparable e incontrolable. Vallas publicitarias brotaron en las autopistas. Se pegaron pósters en las puertas de las casas. Miles de personas asistieron a sus mítines. Preséntate, Duterte, preséntate.

«Se lo digo a la gente de Filipinas, no a mí –dijo el alcalde–. Va a ser sangriento porque no voy a sentarme ahí como presidente y hacer como cualquier otro régimen, decir "No puedo hacer más". Si me colocáis ahí, luego no vengáis a joderme».

El alcalde dijo que no quería ser presidente. Tenía muchos motivos para ello. Dijo ser demasiado viejo. Dijo no estar cualificado. Dijo ya haber conseguido suficiente. Dijo carecer de dinero, de maquinaria y del apoyo de la familia. De presentarse a presidente, acabaría con la corrupción en el Gobierno, pero no iba a presentarse a presidente porque no estaba interesado. Declarar su interés se leería como ambición pura y dura, dijo, y su única ambición era jubilarse. De ser presidente, aboliría el Congreso. De ser presidente, dirigiría el país como un dictador. De ser presidente, restituiría la pena de muerte, pero no iba a presentarse a presidente. De hacerlo, el país necesitaría más funerarias porque todo el mundo estaría muerto, pero no iba a presentarse, en absoluto. Exigió que se acabaran los carteles, las vallas publicitarias y las llamadas telefónicas abogando por su candidatura. Dijo que no quería ser un hipócrita. Dijo que iba a embarcarse en una gira de escuchas, solo una gira de escuchas, y que las múltiples apariciones que planeaba hacer, ciudad tras ciudad, eran solo «improvisaciones» con la gente, nada más, a menos que fuera la voluntad de Dios que se presentara, e incluso así su voluntad llegaría apenas al 40 por ciento, si es que llegaba a tanto. El alcalde dijo que no una, dos, trece veces, «por enésima vez», cada negativa reproducida por los periódicos, cada titular, en negrita, recogido por los noticiarios vespertinos: «Duterte: "No me presentaré a las elecciones nacionales de 2016"»; «Última respuesta de Duterte: "No me presentaré a la presidencia"»; «Duterte insiste: No me presento». En paralelo, se iban publicando las listas de sus promesas presidenciales, con titulares del tipo: «Duterte: "No me presentaré a las elecciones, pero si yo fuera presidente…"».

El bailecito duró casi dos años. El plazo máximo para inscribir a los candidatos expiró en octubre de 2015. Al comprobar que el alcalde no pensaba comprometerse, su partido, el Partido Demokratiko Pilipino Lakas ng Bayan (PDP-Laban), designó en su lugar a su propio secretario general, Martin Diño.

En el momento de su candidatura, Diño tenía un perfil bajo a escala nacional, por no decir nulo. Sus probabilidades de éxito eran tan remotas que la Comisión Electoral sopesó incluirlo en la categoría de candidatos estorbo junto con varias docenas de individuos, entre ellos un taxista de setenta y seis años que se había garabateado con rotulador «Ignacio para presidente» en una manga; un caballero con coletilla que se registró con el nombre de Arcángel Lucifer; otro hombre que prometía que Filipinas se convertiría en un estado de Estados Unidos, y Allan Carreon, Embajador Intergaláctico del Planeta Tierra, cuyo compromiso con la conexión inalámbrica para todo el país solo se vio superada por su confesión de que contaba con el apoyo entusiasta de aliados extraterrestres.

Tras asegurar que se sentía difamado ante la posibilidad de que lo descalificasen, Diño retiró su candidatura. Una particularidad de la ley electoral de Filipinas permitía una sustitución, bajo la condición de que el candidato de reemplazo perteneciera al mismo partido político, y que el candidato original retirara su acta de candidatura. El país aguardó. El alcalde continuó diciendo que no, cuando no decía que sí. Y, cuando finalmente lo dijo, no fue por la delincuencia, la corrupción, el federalismo, la guerra o Dios. Fue por lo de esa estadounidense.

La norteamericana en cuestión –o antigua norteamericana– se llamaba Grace. Era la hija adoptiva de Fernando Poe Jr. y

Susan Roces, rey y reina de la gran pantalla. Grace había abandonado Filipinas con rumbo a Estados Unidos a los veintidós años. Se había casado con un estadounidense de origen filipino y adquirido la nacionalidad del país, y estaba felizmente arraigada en Virginia con su familia numerosa cuando su padre se presentó a la presidencia de Filipinas, disputándosela a la presidenta Gloria Macapagal-Arroyo.

«Mucha gente lo ridiculizó –me contó Grace Poe–. Decían "solo es un actor, no sabe nada"».

El hombre que no era más que un actor barrió en las encuestas de 2004, pero fue Arroyo quien ganó unas elecciones marcadas por las acusaciones de fraude y sobornos. A los pocos meses de su derrota por un estrecho margen, Da King, como se le conocía a Poe, sufrió un infarto, cayó en coma y murió antes de que su hija pudiera regresar a casa.

Grace Poe solicitó la doble nacionalidad. Envió a sus hijos a colegios locales, renunció a la bandera de las barras y estrellas y aceptó un cargo público menor, como directora de la junta que clasificaba las películas y los contenidos televisivos. Nueve años después de ser testigo de la multitud de dolientes que asistieron al entierro de su padre, Amazing Grace (la Asombrosa Grace), nombre con el que empezaban a llamarla los columnistas, lideró las encuestas para el Senado en su debut en una candidatura a escala nacional.

«¿Quién habría pensado –dijo una vez, delante de un grupo de simpatizantes– que una expósita llegaría un día a senadora? Os agradezco que me concedáis esta oportunidad».

Su candidatura a la presidencia era casi inevitable. Era cortejada por el partido en el poder. Era el ojito derecho de los medios de comunicación. Era la candidata preferida por la clase media preocupada por la corrupción y por los jóvenes votantes en busca de inspiración. En sus mítines de campaña, de los altavoces salía la misma música que antaño había sonado para su padre. En el momento en que se registraron las actas de candidatura, Grace lideraba una partida de tres candidatos, con un previsible 47 por ciento más de votos que Max Roxas, el ministro del Interior nombrado por Aquino, y el entonces vicepresidente Jejomar Binay.

El único obstáculo a su candidatura fue una petición de descalificación. Había sido presentada por varios rivales, aduciendo que no era nativa de Filipinas.

«Dicen que no soy filipina porque soy una expósita y no conozco a mis verdaderos padres –les contó a unos filipinos que trabajaban en Hong Kong–. Pero eso no es justo. La batalla que se libra aquí es por traer el verdadero cambio al país».

Un tribunal falló en su favor por cinco votos a cuatro. Se le autorizó a presentarse.

«Esto no va de política», dijo el alcalde Rodrigo Duterte. Quizá no estuviera interesado en la presidencia, pero «si así es como se juega en este país, entonces la posibilidad de que me presente está sobre la mesa». Calificó la decisión del tribunal de devaluación de la Constitución. «No puedo –dijo– aceptar a una presidenta norteamericana».

Un mes antes del plazo límite para el reemplazo, y medio año antes de las elecciones, el alcalde anunció que cubriría la vacante de la lista de Comelec.

«La suerte está echada –contestó el alcalde a la pregunta de si aún podría cambiar de parecer–. He cruzado el Rubicón. El Rubicón es un puente que conduce al matadero».

La prensa publicaría otro titular, uno que con el tiempo se demostraría cierto: «Rodrigo Duterte: "Me presento a la presidencia"».

Fuerte Bonifacio, Ciudad de Taguig, Gran Manila. Última hora de la tarde, 161 días antes de las elecciones. Concierto de campaña.

El alcalde está en racha, sobre el escenario, con una camisa tejana. Ha hablado sobre el jodido Gobierno, el jodido aeropuerto, las jodidas bebidas y sobre cómo jode con sus dos novias en un motel por horas (una sola jodienda por cita pues es demasiado mayor para más, incluso con la ayuda de la Viagra).

La multitud lo jalea.

Niega haber matado a hombres atados de pies y manos o de rodillas. Eso es de cobardes. Y si vas diciendo que has matado, lo cierto es que tampoco ha matado tanto. Los cuenta, uno, dos, tres, cuatro. No miente. No necesita mentir, el muy hijo de puta.

Si llega a presidente, los drogatas deberán arrojar la toalla y colgarse a sí mismos, porque él de verdad que los va a matar. No bromea. Habla en serio. No va a permitir que los críos del país acaben devorados por las drogas. Las drogas han destrozado a esta generación, no como antaño, cuando lo peor que uno podía consumir era marihuana. Aviso de cortesía. Si te metes en las drogas y no dejas de hacerlo, tendrás que morir. Que vengan los activistas en pro de los derechos humanos. No le importa. Si crees disponer de pruebas, presenta una querella en el juzgado. Si la gente quiere que sea presidente, lo será. Lo asumirá. Aceptará la responsabilidad. Reunirá a los militares. Reunirá a la policía. Les dirá que maten hasta el último drogadicto del país. Él mismo deberá matar a aquellos que no sean capaces de matar.

Que los activistas vayan tras él. Que el Congreso lo investigue, que lo amenace con un proceso de destitución, que lo zurre con órdenes de alejamiento. Él enviará los tanques a aguardar órdenes a las puertas del edificio. Si los congresistas no cejan en su empeño, les dirá a los militares que disparen contra esos idiotas.

¿No le creéis? Ponedlo a prueba. Quizá el próximo gobierno le perdone, pero si esos tontos del culo buscan venganza él estará encantado de pudrirse en la cárcel. Este año ya ha matado a dos policías por meterse en asuntos de drogas; no quería hacerlo, pero esta es su política. No puede proteger a la gente sin matar a gente. No os metáis en las drogas, dice. Lo mismo va por los policías que secuestran y matan, que intimidan a los trabajadores en su trayecto diario de casa al trabajo y les roban el dinero, que hostigan a los hombres de negocios chinos y a sus familiares. Deteneos antes de que gane, o de lo contrario les dirá a las fuerzas armadas que tienen tres días para cazar a esos hijos de perra y eliminarlos. No aceptará que se rindan, aunque lo intenten. Ordenará a sus policías que disparen a esos hijos de puta, los tiren al suelo y les pongan pistolas en ambas manos para que se diga que los hijos de perra abrieron fuego para defenderse.

Por este motivo Dávao es segura. Venid a Dávao. Ya veréis. Las calles son seguras. Les pidió a sus policías que enviaran a sus esposas y a sus preciosas hijas a pasear solas de noche por las calles y así lo hicieron. Regresaron a casa sonrientes, sin que nadie las hubiera molestado, sin que ningún cabrón les hubiera tocado las tetas, las bragas o las carteras; eso es seguridad. Esta ha de ser la norma. Y si alguien reconoce a un secuestrador que está dando un paseo por haber sido puesto en libertad bajo fianza, bueno, entonces tenemos un problema. La libertad bajo fianza no significa nada. Quédate en la cárcel. Ahí estarás más seguro.

El resto no tiene nada que temer, todos vosotros, que respetáis la ley, los ciudadanos temerosos de Dios, no tenéis motivo alguno para sentir miedo.

La multitud aplaude.

Dondon, en Manila, se encontraba tecleando: ¡Duterte a por la victoria!

El hecho de que Dondon respaldara las ambiciones presidenciales del hombre al que también se le conocía como el Carnicero o el Castigador no entraba en contradicción con los principios que tanto defendía. Él respetaba la ley. Pagaba sus impuestos. Jamás se había drogado. No le preocupaba la promesa del alcalde de que iba a liquidar a los delincuentes y a los drogadictos, no porque creyera que el alcalde bromeaba, sino porque aquellos que quizá acabaría asesinada no le parecían a Dondon el tipo de gente necesaria para su preservación. Su desaparición de la sociedad eliminaría un agujero en materia de recursos. Si morían, sería por el bien colectivo.

En aquellos primeros momentos, existía preocupación por el impacto que los candidatos de Duterte podían tener sobre los indecisos. Después de todo, los liberales del *establishment* describían al movimiento EMD con el mismo desprecio que Hillary Clinton reservaba a su «cesta de deplorables».

Alertado por la situación, un exgobernador, Manny Piñol, leal a Duterte, decidió dirigir una carta pública a todos los simpatizantes de este último. Piñol les explicaba que los rivales de Duterte habían transformado el lenguaje positivo del alcalde en un arma con el fin de presentarlo como «una persona inestable, irrespetuosa, irreverente, abusona y malhablada». Probablemente consciente de que poco podía hacer para censurar la violenta retórica de su propio candidato, Piñol decidió poner el foco en la congregación que rodeaba a Rodrigo Duterte. Las críticas vertidas contra el alcalde, decía Piñol, solo «empeoraba debido a los rabiosos seguidores de Duterte, calificados por la oposición política de "dutertesados", como si fuesen los secuaces retrasados de Duterte, o que se hacían llamar "EMD", Entusiastas Movilizados por Duterte». Todo esto podía disuadir «incluso a aquellos que siguen indecisos respecto a su voto presidencial».

No tenía, como se vio más tarde, demasiado de lo que preocuparse.

Jason Quizon había nacido en Pampanga, una provincia limítrofe con la capital de la región. Su padre era un alfarero que ganaba cuatro dólares al día. Su madre vendía cangrejos, pintaba uñas, cocinaba para los vecinos y regentaba un colmado desde una ventana abierta en su sala de estar. Ambos carecían de un diploma de enseñanza secundaria y los unía la voluntad de que sus hijos tuvieran estudios superiores. Tras una noche lluviosa, el padre de Jason, un hombre arisco y directo, se levantaba de madrugada para cazar ranas que luego venderían en las desbordadas orillas del río. El propio Jason sobrevivía a base de becas, de un trabajo como administrativo a tiempo parcial y de pintar ocasionalmente escenas de temática japonesa en plafones de madera, que daban un toque de distinción a algunas habitaciones de familias de clase media.

Gracias a no pocos esfuerzos, y pese a una erupción volcánica de órdago, los cinco hijos del matrimonio Quizon se licenciaron.

Eran el orgullo del pueblo. Jason se había graduado en Ingeniería, igual que una de sus hermanas. Otra hermana era enfermera. Un hermano era contable en un negocio de compraventa. El último era gerente de la empresa que suministraba agua al conjunto de la región occidental de la capital. Si su padre, el mejor de los hombres a ojos de Jason, insistía en alimentar a diario los enormes hornos de leña, eso era cosa suya, pues él no iba a dejar de enviar dinero a casa.

A finales de 2015, Jason llevaba diez años siendo un filipino que trabajaba en el extranjero. «Iba adonde me llevaba el dinero», afirmó. Lo llevó a Arabia Saudí, luego a Emiratos Árabes Unidos, seguidamente a Qatar, de nuevo a Emiratos Árabes Unidos y de vuelta a Qatar, donde aceptó una oferta como supervisor del tendido de un oleoducto para una empresa petroquímica, ejerciendo de ingeniero de proyecto. Disponía de ahorros en el banco, era apreciado por la mayoría de sus jefes y jugaba al bádminton en sus ratos libres. Compró la casa donde vivían sus padres y se casó con la mujer a la que amaba, una católica que, tras verter muchas lágrimas, había acabado aceptando que su esposo se enorgulleciera de ser ateo. Tuvieron tres hijos que iban a buenos colegios. Leía a Asimov, veía *Star Trek* y se consideraba un liberal, «aunque no hasta el punto de ser un *libtard*» (término peyorativo con el que la derecha califica a los liberales por su presunta ingenuidad). Creía en el derecho al matrimonio entre personas del mismo sexo. Consideraba que el aborto era un derecho de la mujer. Le avergonzaba que Filipinas fuera el último país del mundo, junto con el Vaticano, en prohibir el divorcio. Creía que la adicción a las drogas era una enfermedad que requería de rehabilitación y no de castigo. Era un persona elocuente, razonable, práctica y tolerante.

El motivo por el que Jason votaba a Duterte puede reducirse a una bala. O a varias.

El 17 de septiembre de 2015, el misionero estadounidense Lane Michael White acusó al personal del Aeropuerto Internacional Ninoy Aquino de haber plantado una bala en su equipaje. La Ley General Reguladora de Armas de Fuego y Munición, Ley 10591 de la República, considera un delito la posesión ilegal de munición. «Una unidad por separado» se entiende que ya constituye munición. La pena para los culpables empieza en seis años y un día de cárcel. White aseguraba que, tras ser detenido, el personal había querido extorsionarle haciéndole pagar treinta mil pesos. Después de permanecer seis días en una instalación aérea de la policía, había sido liberado tras abonar una fianza de cuarenta mil pesos.

Al timo se le llamaba *laglag-bala*, «soltar una bala». Jason explicaba así el procedimiento: «Vas al Aeropuerto Internacional Ninoy Aquino, pasas tu equipaje por la máquina de rayos X y entonces un agente te aparta a un lado y te dice: "Ah, lleva una unidad de munición en su maleta. ¿Cómo quiere que lo hagamos? ¿Nos tomamos la molestia de tramitar todo esto, ir a la comisaría y demás, con lo que perderá su vuelo, o simplemente me da... ¿Cuánto dinero le parece bien?"».

El misionero no era el primero ni iba a ser el último. El desfile de sospechosos había incluido, por ejemplo, a una mujer en silla de ruedas que volaba de Manila a Los Ángeles. Aseguró que un empleado del aeropuerto había metido un puño cerrado en el interior de su bolsa de mano, le había dado la espalda «y, cuando sacó la mano, ¡en ella sostenía balas!». El tipo le retiró el pasaporte y el permiso de residencia, y luego regresó para explicarle la manera de que su problema desapareciera. El coste de la desaparición era de quinientos pesos.

Las historias similares se amontonaban. Un adolescente que volaba a Seúl para participar en un concurso de canto fue liberado y su vuelo, reprogramado. Una asistente de migrantes, de cincuenta y seis años, fue acusada de llevar una bala envuelta en un trapo rojo; se le vetó la entrada en Hong Kong hasta que su caso se dirimiera judicialmente. Un ciudadano japonés, de treinta y tres años, fue acusado y luego liberado tras abonar una fianza de ochenta mil pesos. Una mujer de sesenta y ocho años fue arrestada por portar una sola bala del calibre 45.

Como colofón, lo siguiente: una mujer de sesenta y cinco años de la ciudad de Cavite, que se dirigía a Singapur, había cerrado su equipaje con candado, pero había dejado accesible un bolsillo lateral, espacio de sobra para una bala. Exigió un abogado.

En el mejor de los casos, lo de la bala suponía una molestia cara. En el peor, podía costarte el trabajo y llevarte a la cárcel. El pánico a que te colaran una bala cundió entre los viajeros, especialmente entre los trabajadores en el extranjero. Como tantos otros, Jason empezó a plastificar sus maletas. Incluso viajaba con un rollo de cinta adhesiva en el equipaje de mano por si una inspección de sus maletas requería plastificarlas de nuevo. No conocía personalmente a nadie que hubiera sido víctima del timo, pero no pensaba correr riesgos.

La preocupación no solo se extendió entre los trabajadores en el extranjero. Que solo hubiera trascendido el nombre de siete víctimas era irrelevante porque cualquiera podía convertirse en una, sin importar la clase social ni el lugar de nacimiento. La gente se subía a los aviones, y llegaba a la capital y salía de ella, pero la línea entre un viaje seguro y pasarse semanas en la cárcel se había vuelto muy fina, quedando a expensas de los caprichos de un solo empleado del aeropuerto. El problema aterrizó a los pies del presidente. Aquino, nunca muy predispuesto a abordar asuntos espinosos, ordenó una investigación sobre las acusaciones de extorsión, pero acabó desestimándolas bajo el argumento de que pecaban en buena medida de sensacionalismo.

Un trabajador en el extranjero apeló al alcalde desde Dávao: «Alcalde, se lo ruego, sea nuestro abogado, no disponemos de ningún otro aliado, sea nuestro abogado».

El alcalde dijo que sí. Se ofreció a ser de forma gratuita el abogado de las víctimas. Planteó la posibilidad, «aún más trágica», de que filipinos inocentes de provincias, con balas en su equipaje, acabaran en prisiones de todo el mundo. «Esto no es únicamente una cuestión de extorsión. Supone una amenaza a las vidas y la libertad de los filipinos corrientes».

Acusó del timo a los organismos gubernamentales y exigió al presidente Aquino que despidiera a todo el personal de tierra del aeropuerto. «Dispone de cinco días para hacerlo, señor presidente –dijo Duterte en una rueda de prensa–. Señor presidente, debería cruzar el semáforo en rojo, hacer algo drástico. Su palabrería no es suficiente».

En caso contrario, dijo, «perderé la confianza en usted».

«Este es el problema con Aquino y su equipo de relaciones públicas –dijo Jason–. No tiene en cuenta lo que la gente pensará de él, joder. No reparó en que el tema del *laglag-bala* le afectaría mucho. Para nosotros, los trabajadores filipinos en el extranjero, fue algo muy gordo. Sé de gente que votó a Duterte impelida por este único motivo».

Lo que a Jason le gustaba del alcalde era que fuese un hombre de acción. Que maldijera como Jason, que hablara como Jason, que viera soluciones en vez de problemas, igual que Jason. Jason veía a los filipinos como personas ingenuas, siempre dispuestas a seguir al rebaño, siempre en busca del siguiente chanchullo, que se indignaban con facilidad y perdonaban aún más rápido, susceptibles de creerse bulos y acusaciones disparatados, desprovistas de conciencia social hasta que se sentían amenazadas, y leales de un modo tan perverso que tomaban decisiones en contra de sus propios intereses. Idiotas todos, dijo, simplones sin remedio.

–¿Y usted no se considera un votante simplón?

–No –dijo–. Yo no lo soy.

En opinión de Jason, todo esto significaba que, cuando el alcalde hablaba de asesinatos, drogas o de arrojar a los muertos a la bahía de Manila, lo que de verdad hacía era dirigirse a sus conciudadanos simplones, a aquellos incapaces de ver que todos esos discursos de tipo duro no eran más que carnaza para los medios de comunicación. Jason admiraba la maniobra política. Él no era uno de ellos. Y porque no era uno de ellos, creía que el alcalde bromeaba.

Y era también por este motivo que Jason, alguien práctico, razonable y liberal, votó como presidente a un tipo que había declarado que un alcalde debería ser el primero en violar.

Complejo deportivo de Amoranto, Ciudad Quezon, Gran Manila, veintiocho días antes de las elecciones.

El alcalde luce un polo rojo y lleva el cuello desabrochado. El polo se estrecha a la altura de las axilas y le ciñe la barriga. Los focos refulgen, azulados, a su espalda. Agarra un micrófono con la mano derecha, como si se tratara de una botella de cerveza, y habla con la calma despreocupada de ese tío favorito que cuenta la historia de la mujer que se largó.

El alcalde habla de la mujer. No la nombra. A veces es la australiana. Otras, la monja. Esta noche es la bella mujer con el rostro de una actriz estadounidense.

«Escuchad –dice el alcalde–, voy a contaros una historia».

La historia arranca en 1989. Más de una docena de presos mantienen como rehenes a un grupo de rezo en la cárcel de Dávao, situada en el centro de la ciudad. Se producen negociaciones. Los presos intentan fugarse. Se abren camino utilizando a mujeres y niños como escudos humanos. Tienen lugar un tiroteo, una retirada, quedan cadáveres abandonados en el suelo.

Uno de ellos es el de la mujer. La mujer es una pastora laica. Rubia, guapa, muerta.

El alcalde chasquea la lengua mientras cuenta la historia. Menea la cabeza. Se tira de una oreja.

«Pensé que aquello iba a suponer un problema –dice–. La embajada australiana no dejaba de llamar. Retiraron el cuerpo y luego lo cubrieron. Pude verle el rostro. Hijos de puta, parecía una de esas actrices americanas tan guapas. Hijos de puta. Qué desperdicio. Lo que pensé en aquellos momentos fue: "La han violado, se han puesto en fila para violarla"».

Aseguró sentirse furioso. «¿Porque la hubieran violado? Sí –reconoce a regañadientes–. Por eso también».

El alcalde hace una pausa. Apoya la mejilla derecha en la palma de la mano y ladea la cabeza. A sus pies, miles de personas, apoyadas sobre vallas de acero, lo escuchan embelesadas.

«Pero es que era tan guapa… –dice el alcalde–. El alcalde tendría que haber sido ser el primero».

El gentío explota a reír.

El alcalde esboza una sonrisa de disculpa y se frota el cuello. «Menudo desperdicio», repite.

Joy Tan creía en Dios, y estaba convencida de que Dios no creía en la violación y el asesinato. No creía que el alcalde tuviera de verdad la intención de violar a esa misionera, pero sí lo creía capaz de matar. Lo que hacían los Escuadrones de la Muerte de Duterte no lo consideraba asesinato.

De adolescente, Joy había hecho dos horas de trayecto hasta Dávao para asistir a una cita médica. Uno de sus primos, también adolescente, había decidido acompañarla. Confiaba en poder solicitar un trabajo como guardia de seguridad en Dávao.

Su primo acostumbraba a fumar marihuana en el pueblo de ambos, Cotabato, a un tiro de piedra en autobús de Dávao, y también había participado en algún que otro atraco a mano armada.

Se encontraban en la ciudad cuando ocurrió. Eran las diez de la mañana de un día de verano. Joy se estaba preparando para ir al médico. Su primo veía la televisión, estirado en el suelo. Varios tías, tíos y primos pululaban por todos lados. Un hombre que no llamaba la atención, en tejanos y con una de esas típicas camisetas que se repartían en los mítines, entró en la casa sin molestarse en llamar. Dijo que buscaba al primo de Joy.

–Soy yo –dijo su primo–. ¿Qué quieres?

–Decirte lo siguiente, amigo. Si quieres llegar vivo a mañana por la mañana, al amanecer sale un camión con destino a Cotabato para repartir maíz. Mejor será que te subas a él si quieres seguir viviendo.

El hombre de la camiseta descolorida estaba tranquillo. También lo estaba la familia. Nadie dijo nada hasta que se marchó. Luego los vecinos irían contando que el hombre trabajaba para el hijo del alcalde.

Joy tenía miedo, pero su tía le dijo que todo iría bien. A fin de cuentas, la culpa era de su primo. Porque su primo nunca escuchaba. Porque su primo era tozudo.

Él pensaba lo mismo. No esperó al amanecer ni a ese camión a Cotabato. Esa misma noche consiguió que lo llevaran de vuelta a casa. Joy descubriría más adelante que no estuvo tan aterrorizado para actuar con discreción en Cotabato. No dejó de vender drogas y continuó robando cuando la ocasión se presentaba, pero jamás hizo ninguna de ambas cosas en la ciudad de Duterte.

Joy nació en 1982 en Cotabato Norte, en Mindanao, en un pueblo tan cercano a las escaramuzas con los rebeldes que su infancia tuvo por banda sonora los estallidos de los cañones desde la base militar de Abubakar. De nuevo la guerra, acostumbraba a decir su padre. En ocasiones, a la familia le daba tiempo de meter ollas y sartenes en sacos de arpillera antes de salir corriendo hacia el instituto local, pero en otras los disparos sonaban tan cercanos que debían refugiarse en el búnker construido bajo la granja.

Joy no tenía claro exactamente de quién huían. Nadie le explicó de qué iba esa guerra. Cazaba palabras al vuelo en la radio y en las órdenes que gritaba su padre. Era el MNLF. Era el NPA. Era el MILF. Era el BIFF. Eran grupos de bandidos. Cuanto sabía era que los enemigos eran los musulmanes. Si les quemaban aperos, si les desaparecía el ganado, si sonaban disparos en el exterior, siempre le decían que era cosa de los musulmanes, y que si un musulmán se cruzaba en su camino debía salir corriendo. La situación se alargó año tras año: cañonazos, correr y esperar.

Era el miedo lo que los empujaba a la ciudad de Dávao, justo al otro lado de la frontera, donde su extensa familia poseía una casa en los suburbios. El alcalde mantiene la ciudad segura, les decían.

Joy se fue de casa al acabar el instituto y puso rumbo a la cosmopolita provincia de Cebú, donde viviría con sus abuelos. No encontró un trabajo que le gustara, de modo que estos la apuntaron a un curso de cocina de un mes. Ahí fue donde conoció a su marido. Era amable. Era dulce. También era un drogadicto en rehabilitación y el curso de cocina era la manera que su familia había encontrado de apartarlo de las calles. Decían que era mejor que la rehabilitación. Después de casarse, Joy y su marido se mudaron a Leyte. Él empezó a trabajar de cocinero en un restaurante. Tuvieron un hijo. Llevaban una vida apacible hasta que el supertifón Haiyan redujo la provincia a escombros.

Lo perdieron todo, pero sobrevivieron. Durante un tiempo no hubo más que eso, sobrevivir. Llevar comida a la mesa, mantener a su hijo con vida, mientras el ministro del Interior de Aquino y el alcalde de la ciudad de Tacloban intercambiaban pullas sobre la respuesta del Gobierno a la tormenta. Los medios de comunicación informaron de la llegada de ayuda internacional, pero aquella pequeña familia que vivía en un pueblecito de la provincia de Leyte no recibió nada.

Joy estaba furiosa. Furiosa con la negligencia del Gobierno de Aquino. Dos años más tarde, la furia regresó cuando todo un destacamento de las fuerzas especiales de la policía fue enviado al matadero en los maizales de Tukanalipao, en Maguindánao. Aún se sintió más furiosa a principios de 2016, cuando unos disturbios con motivo del reparto fallido de unos suministros de arroz en la ciudad de Kidapawan acabaron con tres granjeros muertos y más de un centenar de heridos. La mayor parte de su furia obedecía al hecho de que tras el tifón, cuando se llevó a su familia a casa, buscando refugio en Cotabato, su hermano y sus primos estaban tan enganchados a la droga que robaban a la familia para costearse la mercancía prohibida, que obtenían junto al pantano de Liguasan. Estaba tan furiosa que comenzó a enviarle cartas al director de la Agencia Antiestupefacientes de Filipinas, especificando nombres, direcciones y otros detalles de los miembros de su familia involucrados en las drogas. Rogaba al Gobierno que arrestara a los chavales para que al menos el resto pudiera vivir en paz.

El día en que Rodrigo Duterte anunciaba su candidatura a la presidencia, la furia seguía corroyendo a Joy.

Lo vio por televisión. Fue como si se le hubiera aparecido Jesús.

Siempre que su marido le enviaba un mensaje para decirle que Duterte salía en la televisión, acudía rauda a casa para plantarse frente al aparato. Lloraba en cada ocasión, reproducía cada entrevista, discurso o fragmento que podía encontrar. Jesús la salvaría. Jesús no le fallaría. Jesús sabía por lo que estaba pasando.

Joy también sabía lo que significaba la M de EMD. No tenía miedo.

Para votar a Rodrigo Duterte debías creer en ciertas cosas. Debías creer, por ejemplo, que era un hombre recto. Debías creer que no era un violador ni deseaba serlo. Debías creer que era pobre, o que lo había sido, o que había vivido entre ellos. Debías creer en el destino. Debías creer en Dios. Debías creer que Dios sentía una especial predilección por los autócratas más letales, porque la presidencia era una cuestión de destino y Rodrigo Duterte estaba destinado a liderar.

Para creer en Rodrigo Duterte, debías creer que era valiente. Debías creer que eliminaría todo acuerdo militar con Estados Unidos y que Barack Obama era un hijo de puta. Debías temer a China, o debías amarla, o debías creer, de resultas de la agresión territorial china, que Rodrigo Duterte estaba dispuesto a lanzarse a mar abierto en una moto de agua hasta plantar una bandera en las islas en disputa que China había tomado.

Para creer a Rodrigo Duterte debías creer que era un asesino, o que bromeaba cuando decía serlo. Debías creer en el espectro de un narcoestado, o debías creer que solo se la estaba jugando a la multitud. Debías creer que la adicción a las drogas era un delito, que los drogadictos no eran seres humanos y que su aniquilación podría considerarse una medida pública aceptable. Debías creer que iba a ser capaz de erradicar la delincuencia, la corrupción y las drogas ilegales en un periodo de entre tres y seis meses. Debías creer que un alcalde capaz de hacer que reinara la paz a base de ordenar a los indeseables que se marchasen de su ciudad podía tener éxito en un país donde los indeseables también eran ciudadanos. Debías creer que las bajas previstas iban a ser capos de la droga y violadores, exclusivamente capos de la droga y violadores, no tus primos que se acercaban al pantano de Liguasan a proveerse de sus bolsitas de metanfetaminas. Debías creer que se produciría una advertencia antes de que sonaran los disparos.

Para creer en Rodrigo Duterte debías creer que era una persona justa. Debías creer que era honesto. Debías creer que la oligarquía no lo había manchado y que no respondía ante nadie. Debías creer que era tu padre. Debías creer que era tu salvador. Debías creer que te quería porque tú lo amabas tanto como para llevar su nombre.

Tribuna Quirino, parque Luneta, Manila. Mitin final. Seiscientos mil asistentes estimados. Dos días antes de las elecciones.

El alcalde se retira un poco del borde del escenario. Dice que el borde del escenario otorga a los francotiradores un tiro limpio. Al alcalde le han comunicado que corre el riesgo de sufrir un atentado, pero el alcalde es un hombre valiente. No piensa esconderse. Da un paso adelante, acercándose a su gente. Que le jodan al francotirador. Adelante. Que le dispare. Está dispuesto a morir. Desea morir. Moriría feliz por el bien de los filipinos. Será mejor que lo mate ahí, ahora, esa noche, porque si sale vencedor será él quien te mate a ti. No aclara a quién planea matar, pero la multitud enfervorizada sabe que no se refiere a ellos.

Le da un beso a la bandera. La multitud lo jalea. Yo no.

Me encuentro aquí para escucharlo. No cogí un taxi a la Tribuna Quirino para cubrir el mitin final. No estoy aquí como periodista. He escrito mi artículo, publicado mis tres mil palabras, señalado la misoginia, alertado sobre el baño de sangre. No escribí que no era Duterte, que no pensaba votar Duterte, que pensaba votar a otro candidato que no era Duterte. Soy una reportera, no la resistencia. De todos modos, tomo la precaución de esconderme el carnet de prensa en el bolsillo trasero.

La multitud es un mastodonte que se retuerce, ríe y vitorea.

Me abro paso con los hombros, dejo atrás las barreras de acero, me escurro entre un muro de cuerpos y acabo flanqueada por un adolescente larguirucho pelirrojo y un hombre regordete que saca fotos de su puño levantado. Alguien me sonríe y fulmina con la mirada al hombre cuya mochila me presiona contra la nariz. El hombre da un paso adelante. Los drones vuelan en las alturas. Intento escribir de puntillas, llevar a los pulmones algo del aire más fresco que circula por encima de mi cabeza, pero acabo tirando la toalla. El aire es denso, por el sudor, el entusiasmo y el perfume de alguien. Huele a miedo, pero solo es el mío.

El alcalde está sobre el escenario. Camisa roja. Manga corta. «Du30», una abreviatura del apellido del alcalde, cosido sobre el pecho izquierdo. Su camarilla está a sus espaldas, lo rodea, con los rostros impasibles. Haces de luz amarilla brillan y resplandecen.

Recordad, dice, que soy un hombre corriente. Recordad que, antes de la campaña, nadie sabía qué cara tenía. No ambiciona grandeza alguna. No es alguien brillante. No se graduó con honores. Solo es un alcalde, un filipino corriente cuya única peculiaridad es la rabia que le despiertan esos hijos de puta. No tiene otra especialidad que la muerte. Ahora todo el mundo lo conoce, tanto que una vez casi le rompen la mano; fue el día en que una mujer se la agarró con tal fuerza que no había manera de que se la soltase. Quizá si le hubiera agarrado otra cosa, él se la habría dado con gusto. Una lástima que solo se tratara de la mano.

El chaval a mi lado ríe. También el hombre amable que me hace un sitio entre la multitud.

Ahora el alcalde se muestra enfadado. Alguien debería rendir cuentas por los problemas del país. ¿Cómo es que ni un solo buque de guerra opuso resistencia cuando China empezó a apoderarse de nuestras islas? ¿Cómo puede ser que la gente que va todos los días de casa al trabajo en tren tenga que hacer colas de dos kilómetros para acabar apiñada en convoyes que acaban detenidos en las vías? ¿Por qué se ven forzados a caminar por la autopista, con las mujeres teniendo que mear como ranas a un lado de la carretera? ¿Por qué no se cumple ninguna de las promesas? ¿Por qué están los filipinos hambrientos, tristes y de rodillas? ¿Qué gobierno de hijos de puta es este?

Miradme, nos dice. Fijad la vista en mí.

Fijamos la vista en él. Lo miramos.

Aquí va su promesa. Él abofeteará a un hombre, matará a un hombre, humillará a un hombre, por el bien del pueblo filipino. Si buscáis a un hombre sencillo, votadle. Si buscáis a alguien que os alimente, votadle. Si habéis perdido la fe en el Gobierno, votadle. Él os protegerá de los terratenientes, los dueños de las plantaciones, los ricos, los elitistas, los hombres que no entienden que, si no puedes labrar tus cinco hectáreas de terreno, no comes. Estos hombres se sienten ahora atemorizados. Estos hombres se están aliando para deteneros, esos hijos de puta corruptos. Ha llegado la hora de que les hagáis pagar por todo el sufrimiento y el desprecio que os han causado.

Quizá haya gente que lo mire por encima del hombro, dice. De acuerdo. ¿Quiénes de los presentes destacaron en latín en la escuela? ¿Quiénes de los presentes se graduaron *cum laude*? ¿Y *summa cum laude*? ¿Por qué escoger a los licenciados con honores para que lideren el país? ¿Por qué admirar tanto a los que estudiaron en Wharton? ¿Cuántos de vosotros os sacasteis el graduado escolar por los pelos? ¿Cuántos bien justito? ¿Cuántos con un aprobado raspado?

Votad por gente como nosotros, dice. Gente como tú y como yo. Somos muchos. No votéis a personas que defienden a delincuentes.

Olvidaos de las leyes que protegen los derechos humanos. Olvidaos de las regulaciones hechas por los hombres. Alzad la vista al cielo y ahí encontraréis la justicia eterna de Dios. ¿Qué derecho hay en el universo que permita a esos hijos de puta elaborar metanfetaminas? ¿En qué lugar, en la vastedad del cielo, hallan autorización para suministrar drogas a los hijos de este país? ¿Qué pecados cometieron sus madres? ¿Con qué taras cargan sus padres? ¿Por qué destruir las vidas y los cuerpos de niños de un año, de doce años, de dieciocho meses? Respondedle. Él cumplirá con la ley. De acuerdo. Garantías judiciales, presunción de inocencia, todo eso, pero jamás permitirá que nadie destruya a los niños de este país. Él se jugará la vida por ello. De modo que destruid al Gobierno y organizad vuestros motines. Él protegerá al país. Está dispuesto a ir al infierno y tirarle de la jodida cola a Satanás. No tiene miedo.

Permanezco ahí de pie, garabateando en mi bloc de notas.

Vosotros los elitistas, escribo. Nosotros contra ellos, escribo. Matarte, escribo.

Las luces desprenden calor. La mujer a mis espaldas grita el nombre del alcalde, y pese a lo bien que se me daba el latín en el colegio, me siento impelida a sumarme a los vítores.

Miradle. Él lo hará. No está pidiendo unos años. No está pidiendo unos meses. Empezará el primer día de su mandato. Irá detrás de los corruptos, los delincuentes, los policías chanchulleros, los traficantes de drogas. A quienes estéis metidos en las drogas, hijos de puta, él os matará, hatajo de hijos de puta. No tendrá paciencia. No se andará con medias tintas. O vosotros, idiotas, me matáis, o seré yo el que os mate a vosotros.

Esos defensores de los derechos humanos protegen a los idiotas de los delincuentes. Él puede matar a los delincuentes. Lo hará delante de vuestras narices. Aunque le cueste la vida, el honor y la presidencia, lo hará.

Grábate a fuego sus palabras. Grábatelas en el culo, en las pelotas o ahí donde se te antoje, hijo de puta, porque él lo hará.

Para demostrar su amor por Duterte, Joy Tan renunció a un ordenador portátil Asus K424, a los últimos quinientos pesos que llevaba en la cartera y a varias docenas de amigos de Facebook. El Asus había sido un regalo de uno de sus hermanos, pero lo empeñó por cinco mil pesos, una cuarta parte de su valor, para entregarle el dinero a un grupo encargado de imprimir camisetas de Duterte que luego se repartirían de forma gratuita.

Para demostrar su compromiso con Rodrigo Duterte, Jason Quizon reservó un vuelo de Abu Dabi a Doha, separados por trescientos veintiún kilómetros, y depositó su papeleta electoral en la embajada de la capital catarí, lugar en el que estaba registrado para votar. También les dijo a sus padres, a los que describió como «políticamente blandos», que les congelaría el envío de giros monetarios si no votaban por el alcalde. Lo hicieron.

Para demostrar su apoyo a Rodrigo Duterte, Dondon Chan se impuso la tarea de ensalzar las maravillas de la ciudad de Dávao. Votad por Duterte, posteó, y el país será como Dávao. Lo dijo en la sección de comentarios, y se lo dijo a los amigos, y se lo dijo a los que se cruzaron en su camino y cometieron el error de cuestionar a su nuevo líder. El hecho de que jamás hubiera puesto un pie en Dávao fue una información que decidió no compartir.

Para granjearse el amor de Rodrigo Duterte, Ann Valdez se embarcó en una campaña diaria con el fin de convertir a todos sus conocidos en simpatizantes de Duterte. Convenció a su marido. Convenció a su familia. Convenció a sus amigos. Se peleó en internet con todo aquel que osó escoger a un candidato que no fuera el hombre al que llamaba Padre, santificado sea su nombre.

¿Por qué –le exigió saber a un amigo–, iba a votar por algún otro candidato?

«De donde yo vengo, la mayoría era Duterte», me contó Valdez.

El 30 de junio, el día en que ella y su marido se mudaron a su nuevo hogar, Valdez pegó seis monedas de cinco pesos en el cemento fresco de la escalera de la entrada. Treinta pesos, por Du30. Treinta pesos, por el 30 de junio, por el día de la mudanza, por el día de la toma del poder, el día en que Padre inauguraba la presidencia porque Ann no le había fallado.

Yo no voté por Rodrigo Duterte. El hecho de que fuera una periodista que cubriera traumas no significaba que me hubiera acostumbrado a la muerte. Era solo que veía a la muerte con frecuencia, informaba sobre ella con frecuencia y confiaba en que cada ocasión fuera la última. Informaba sobre bebés en mochilas, chicas desaparecidas y matanzas de periodistas porque creía que el público prefería que las chicas estuvieran a salvo y los periodistas, vivos, y que las vidas de los bebés no acabaran en una mochila JanSport con las puntadas lilas descosidas. Cuando escribía, lo hacía para gente como mi padre, sentado en casa con el periódico abierto por mi columna y meneando la cabeza.

«Lo de ese bebé –me diría por teléfono–, qué cosa tan terrible».

El periodismo, en última instancia, es un acto de fe.

Durante los tres meses previos a las elecciones presidenciales, colaboré en una serie de artículos de opinión junto con la socióloga Nicole Curato. «El presidente que imaginamos» era un conjunto de retratos publicados en Rappler, donde cartografiábamos los arcos narrativos de cada candidato a la presidencia. Comparábamos el mito con la realidad en un intento por comprender qué resonaba entre los votantes.

La última entrega apareció el 2 de mayo, siete días antes de las elecciones. Terminaba con la siguiente advertencia: «En el caso de que Rodrigo Duterte gane –escribimos–, su dictadura no será algo que se nos haya impuesto. La habremos escogido para nosotros mismos. Cada avance progresista que hemos realizado como sociedad se ha visto mermado por su presencia. El desprecio mostrado por Duterte hacia los derechos humanos, los juicios justos y la igualdad de todos ante la ley se ve legitimado por los aplausos que se oyen al final de cada uno de sus discursos. Escribimos esto en señal de advertencia. Las calles se teñirán de sangre si Duterte cumple con su promesa. Cree en su palabra y ten en cuenta que tú podrías ser el siguiente».

Un día después de su publicación, me arrepentí de aquellas palabras. Eran sensacionalistas, extravagantes, carentes de la mesura que debe esperarse de unos periodistas profesionales. Las habría eliminado de haber podido.

El 30 de junio de 2016 nos convertimos en Duterte. Las calles se tiñeron de sangre.

SEGUNDA PARTE

CARNICERÍA

6

SALVACIÓN

Rodrigo Roa Duterte alcanzó la presidencia de la República de Filipinas tras una carrera electoral con cinco contendientes. Ganó con dieciséis millones de votos, cuatro millones más que el candidato designado por Aquino. No fue un combate decidido a los puntos. La vicepresidencia fue otra historia, y los resultados de esta otra carrera demostraron la naturaleza caprichosa de la democracia filipina. El aliado de Aquino, Leni Robredo, un abogado especializado en derechos humanos y excongresista, salió victorioso tras una dura pugna por la vicepresidencia con el hijo del antiguo dictador, Ferdinand «Bongbong» Marcos Jr., que apeló para exigir un recuento. Los tribunales no le dieron la razón.

En el momento de la jura presidencial, el mediodía del 30 de junio de 2016, el exalcalde Duterte lucía la tradicional *barong tagalog* –una camisa confeccionada a partir de hojas de piña– y unos pantalones de vestir. Desde una tribuna en el Palacio de Malacañán leyó un discurso escrito. Agradeció la labor de sus predecesores y la presencia de los dignatarios. Juró respetar todos los tratados internacionales y sus obligaciones hacia ellos, citó a Abraham Lincoln y a Franklin Roosevelt, prometió su plena adhesión a los juicios justos y al imperio de la ley, y reconoció que la delincuencia y las drogas ilegales eran «meros síntomas» de males sociales enquistados. Empleó las palabras «a quien», «ciertamente» y «democrático». Durante los casi quince minutos que duró su discurso inaugural, fue lo más próximo a un estadista que estuvo un hombre que había dedicado el año de campaña electoral a criticar el conocimiento y las buenas maneras.

He aquí lo que no hizo. No amenazó con la ley marcial. No ordenó la ejecución de los adictos. No llamó «hijo de puta» a nadie. No recurrió a ninguno de los siguientes términos: «matar», «disparar», «morir», «violar» o «joder». En resumidas cuentas, no fue el alcalde.

El alcalde hizo su aparición más tarde, cuando faltaban quince minutos para las nueve de la noche, no sin antes cambiarse la camisa bordada con hojas de piña por un polo de rayas y una cazadora azul cielo con las mangas subidas.

El acto, según lo que rezaba el programa facilitado por la cadena de televisión estatal, era una CENA DE SOLIDARIDAD CON LOS POBRES. Según lo prometido, los pobres hicieron su aparición. Llenaron el complejo deportivo Delpan de Tondo, un gimnasio amplio y de paredes naranjas, en cuya pista de atletismo se habían dispuesto mesas largas y con manteles blancos, sobre las que yacían recipientes de poliestireno con comida.

Con una población de 630.363 habitantes, Tondo era una zona portuaria en expansión, donde las chabolas se levantaban junto a los mataderos y las iglesias de Manila. Tondo era donde los fotógrafos se habían hecho un nombre a principios de siglo sacando imágenes crudas y en blanco y negro de niños mugrientos revolviendo entre la basura, y donde los misioneros extranjeros se habían apostado con el deseo de salvar las almas de los hambrientos en nombre de Jesús. Tondo también era donde guías turísticos con iniciativa habían ofrecido el «tour del arrabal» por veinticinco dólares por barba, una «experiencia especial» que Tripadvisor había calificado con cinco estrellas.

Aquella tarde, durante su primer día de trabajo, Su Excelencia el Presidente Rodrigo Duterte agarró el micrófono y liberó a todos los demonios. Los hijos de puta iban a morir. Estaban destruyendo el país y a sus niños. No te metas en las drogas, dijo, porque si lo haces él te matará. Quizá no sea esta noche, quizá no sea mañana, pero ocurrirá, aunque tarde seis años enteros.

«De modo que para aquellos de vosotros que sigáis con las drogas ha habido advertencias de sobra durante la campaña. Lo que sea que os ocurra..., escuchadme bien, puede ser vuestro hermano, esposa, amigo, hijo. Delatadlos. No tendréis nada de qué culparos. Les dije que pararan. A ver, si algo les ocurre es por su culpa. Ellos se lo buscaron».

Su gente lo jaleaba, incluso si amenazaba con matar a tiros a sus hijos. «Si el hijo de alguien es un adicto, matadlo vosotros mismos –sugirió–, así les ahorraréis el mal trago a los padres».

Al cabo de pocas horas, el primero de los muertos que se lo había buscado apareció en los registros oficiales como «varón sin identificar». Su cadáver fue hallado a las tres de la madrugada en un callejón de Tondo, a cinco minutos a pie del complejo deportivo Delpan en el que el presidente acababa de hablar. El muerto llevaba tejanos, una camisa roja y unos zapatos azules. La policía estimó que tenía entre veinticinco y treinta años. Era bajo, poco más de metro y medio de estatura. Le habían disparado detrás de la oreja izquierda.

Un cartel yacía sobre su pecho: SOY UN CAPO DE LA DROGA CHINO.

Un buen ciudadano alertó a la policía. El mensaje pasó de persona en persona; del testigo al centinela del pueblo, del centinela a la autoridad portuaria, y de la autoridad portuaria al investigador de homicidios, al que se le informó de «un varón que ha sido presuntamente víctima de una ejecución sumaria».

Existen otros términos con los que referirse a esto. Asesinato extrajudicial. Asesinato justiciero. Asesinato instigado. En Filipinas hubo una palabra específica que evolucionó para ajustarse a esta específica forma de muerte. La palabra es «salvar» (*salvage*).

Los autoantónimos son palabras de doble dirección y antagonistas con significados múltiples, dos de ellos opuestos. Una alarma puede apagarse (*turn off*) o sonar (*go off*). Una luna puede surgir en el cielo (*be out*) en el momento en que las luces se apagan (*go out*). Los autoantónimos significan lo contrario que ellos mismos, y ocupan una categoría abstracta en el inglés. Él se marchó (*He left*); a ella la dejaron (*she was left*). Él corrió muy rápido (*He ran fast*); ella se sujetó con firmeza (*she held fast*). Él autorizó los asesinatos (*He sanctioned the killings*); ella castigó a los asesinos (*she sanctioned the killers*).

«Salvar» es un autoantónimo en mi país. En el resto del mundo es una palabra cargada de esperanza. Salvar es rescatar, independientemente de si lo salvado es un barco o un alma. «Salvar» y «salvación» proceden de la misma palabra, *salvus*. Así consta en el Evangelio de Lucas: «Y Jesús le dijo, en este día la salvación ha llegado a tu hogar, tan cierto como que él es hijo de Abraham, pues el Hijo del hombre ha venido a buscar y a salvar aquello que se había perdido».

La entrada de la palabra «salvar» (*salvage*) en el *Oxford English Dictionary* ofrece tres definiciones principales: la primera es «salvar de algo; salvar de un naufragio, de un fuego, etcétera»; la segunda, solo en uso en Norteamérica y Australia, es quedarse o «hacer uso de una propiedad desocupada o desatendida»; la tercera definición es la más reciente, «acumular o recolectar [materiales desechables, especialmente papel] de cara a su reciclaje».

Sin embargo, existe una cuarta acepción. En el año 2015 el *Oxford English Dictionary* agregó lo que se llama una «definición preliminar» a la entrada oficial:

> Salvar (inglés filipino): Detener y ejecutar (a un sospechoso de un delito) sin juicio.

Nuestro uso deriva del término español «salvaje», un adjetivo introducido por los conquistadores que denominaba aquello «indómito». Mi gente cogió «salvaje» y lo adaptó a nuestro verbo *salbahe*. «El modo en que se emplea en filipino es diferente –me señaló el historiador Ambeth Ocampo–. *Sinalbahe* significa que la persona fue salvada, no que la persona fuera buena, mala o salvaje. Después transformamos el adjetivo español en un verbo, *sinalvaje*, cambiando la "j" por una "g"».

Si la ley marcial nunca se hubiera declarado, quizá *salbahe* habría acabado traduciéndose como su homóloga inglesa. *Sinalbahe*, «salvado». *Sinasalbahe*, «salvamento». *Sasalbahiin*, «salvará». Sin embargo, los Marcos llegaron en los años setenta y con ellos trajeron las matanzas. *Salbahe* se anglificó para convertirse en *salvage*. Fue una corrupción, no una evolución. El poeta y periodista Jose F. Lacaba atribuyó la traducción a la «similitud visual» de ambas palabras. Lacaba lo llama un anglicismo; Ocampo lo llama un filipinismo.

El *Glosario de términos de los derechos humanos*, publicado en 1991 por la Task Force Detainees (TFD), define «salvamento» como «ejecución llevada a cabo por un agente estatal (o varios), contraviniendo o violando las garantías judiciales», la cual es «equivalente a los términos internacionales de ejecución sumaria o extrajudicial». En los diecisiete años transcurridos desde el momento en que Marcos declaró la ley marcial, el TFD informó de 1.217 salvamentos. Amnistía Internacional elevó la cifra a 3.240. El historiador Alfred McCoy contabilizó 3.257.

En gran medida, las publicaciones internacionales que recurren a la palabra «salvar» tienen la delicadeza de ponerla entre comillas, como hizo *The Washington Post* en 1994 al informar de que en Filipinas «las garantías judiciales para los delincuentes comunes a veces se ven sustituidas por ejecuciones extrajudiciales conocidas como "salvamentos"». En el curso de una investigación realizada en 1984, la Comisión Internacional de Juristas, con sede en Ginebra, señaló que «en Filipinas es habitual y de dominio público que la policía recurre a la tortura y a lo que se denomina "salvamento"». Un libro firmado por el defensor de los derechos humanos Iain Guest explicaba que «bajo la presidencia de Ferdinand Marcos, las fuerzas de seguridad de Filipinas no "mataban" sino que "salvaban"». El *Oxford English Dictionary* recogió esta frase, publicada por el diario *Globe and Mail* de Toronto, en relación con la ley marcial en Filipinas: «Es sabido que otros 303 activistas políticos han sido "salvados" por los militares y asesinados».

«Salvado» en el sentido de «asesinado» no aparece en la mayoría de los diccionarios filipinos. La definición tampoco aparece en la mayoría de los compendios de inglés filipino que circulan por el ámbito académico. Pero todos los niños de mi país conocen su significado. Lo aprendimos antes de saber cómo se deletreaba, lo aprendimos mucho antes de descubrir que en el resto del mundo no se oye con la misma sensación de pavor. Para mí, incluso ahora que tengo treinta y siete años, ambas palabras son indivisibles en mi cabeza, la una conformando a la otra, todo salvamento una salvajada, y cada salvaje un hombre con una pistola amartillada. Un *salvage yard* («desguace») no es una extensión de cemento rodeada por una valla en la que se amontonan coches de segunda mano y lámparas vintage para que te ahorres dinero. Un *salvage yard* es una esquina de Tondo, o el carril derecho de un paso elevado al atardecer. Un *salvage yard* es un cementerio, a menos que no haya nadie capaz de nombrar a los muertos.

Los salvamentos ocurrían de noche, de modo que era cuando me tocaba trabajar. Nunca me había dedicado a la crónica policial. Estaba acostumbrada a investigar las morosas consecuencias del trauma, raramente sus comienzos. Fueron los fotógrafos quienes me enseñaron. Aprendí a quedarme sentada durante horas ante la oficina de prensa de la sede central del Distrito Policial de Manila, esperando a la siguiente alerta; aprendí qué teléfono móvil de la policía correspondía a los investigadores de homicidios; aprendí con quién debía contactar para obtener un informe conciso y qué agencias de noticias podían permitirse enviar al conductor de un vehículo lo suficientemente grande como para que cupiera otro reportero. Nos llamábamos a nosotros mismos «el turno de noche», si es que llegábamos a llamarnos de algún modo. La prensa extranjera nos llamaba *nightcrawlers* (lombrices que solo salen de noche).

«Conozca a los Nightcrawlers de Manila», escribió Jonathan Kaiman, colaborador de *Los Angeles Times*, durante el primer verano de la guerra, prometiéndoles «una noche en primera línea de fuego en la guerra contra las drogas de Filipinas». Los protagonistas de su reportaje eran los fotoperiodistas que «cruzan Manila a toda prisa hasta un suburbio lluvioso o un callejón oscuro, donde al llegar los cadáveres siguen tirados en la calle». Era una historia de lo más escabrosa, todo sangre y neón; el relato se centraba en un trabajador por cuenta propia llamado Linus Escandor.

«Si fotografías a los muertos por la mañana, resulta espeluznante, pero por la noche casi resulta bonito –citaba Kaiman a Escandor–. Puedes ocultar la sangre gracias a las sombras. Es psicodélico, los colores».

Según Kaiman, todos los fotógrafos iban a la caza de lo que definió como «la imagen», esa instantánea «con la fuerza suficiente para arrojar luz sobre el coste humano de la mano dura».

Así fue como nacieron los Nightcrawlers. «No quería saber nada de esa etiqueta –me contó una noche el fotógrafo Raffy Lerma, años después de que la guerra empezara–. No quería este tipo de etiqueta. Si acababa calando, que así fuera. Y lo dejé estar. Más adelante descubrí el motivo».

La película del mismo título es de 2014 y en ella el actor Jake Gyllenhaal interpreta el papel de Louis Bloom, un cámara aficionado que va en busca de delitos sórdidos, los cuales graba para luego vender las imágenes a una cadena de noticias local. La sinopsis ofrecida por la distribuidora de la película describe el cubrimiento de las noticias locales como si fueran un deporte sangriento. «Lou se abre camino a la fuerza por el despiadado y peligroso terreno del *nightcrawling*, donde cada ulular de una sirena policial anuncia la posible llegada de un dinero caído del cielo y las víctimas se traducen en dólares y centavos [...]. En esta vertiginosa e incesante búsqueda de imágenes, acaba convertido en la estrella de su propia historia». Esta búsqueda incesante también implica empujar a la muerte a quienes fotografía.

–Vi unos pocos minutos de la película –me contó Raffy–. Descubrí que iba de este fotógrafo sin escrúpulos...

–Era un psicópata –le interrumpí.

–Sí, sí. Y es justamente lo opuesto de lo que intentamos hacer.

Vincent Go, un fotógrafo por cuenta propia, fue menos delicado.

–Eso es solo una estupidez de los blancos –me dijo Vincent–. Imaginé que intentaban darle un toque sensacionalista a una historia de fotógrafos en la que la verdad es que no hay nada de eso. Me limité a echarme unas risas.

El primer día en el trabajo para Vincent arrancó a las 5.03 de la mañana del 6 de julio de 2016.

Era un miércoles, festividad del Eid al-Fitr. El cielo empezaba a clarear. Había poco tráfico en el camino a la Tribuna Quirino, donde los musulmanes planeaban reunirse para celebrar el final del Ramadán. Vincent, de cuarenta y ocho años, fotógrafo por cuenta propia, cruzaba Tondo en coche cuando un policía uniformado le llamó la atención. El policía estaba de pie en mitad del puente Delpan. Un coche patrulla, con las luces parpadeando, bloqueaba la vía en sentido norte.

El distrito de Delpan se extiende a las faldas de Tondo. El paso elevado de diez carriles, llamado puente Delpan, traza un arco por encima de los bloques de viviendas antes de coger velocidad en dirección sur y cruzar el río Pasig. Vincent redujo la velocidad en la curva elevada, giró en redondo y aparcó su maltrecho Mitsubishi Lancer de 1997 detrás del coche patrulla. Una cinta amarilla y un grupito de policías motorizados formaban un semicírculo alrededor de un cuerpo en el suelo.

El muerto yacía a la sombra de un parapeto. Tenía la tez clara, iba descalzo y llevaba un buen abrigo por encima de una camisa blanca. Tenía las muñecas atadas con cinta americana. Los pies también. Le habían introducido la cabeza en una bolsa de basura negra.

Vincent hizo un gesto con la cabeza a los policías. Ellos se lo devolvieron. Alzó la cámara, graduó la luz y tomó la primera foto.

Ese era el trabajo y Vincent lo hacía bien. Rodrigo Duterte llevaba cinco días como presidente. Los jefes de las agencias habían transmitido a los fotógrafos por cuenta propia que las imágenes de víctimas salvadas eran bienvenidas. Vincent se quedó el tiempo suficiente para documentar la llegada de los investigadores de la escena del crimen. No encontraron testigos.

No era la primera ocasión en que Vincent iba en busca de un cadáver. La primera vez tenía once años y el cadáver había pertenecido a su padre.

El padre de Vincent, Eddie, era un inmigrante chino que dirigía sus múltiples negocios desde una oficina ubicada en el barrio chino de Manila. La naturaleza exacta de esos negocios era algo que a Vincent se le escapaba. A los chinos les gustaba el dinero, decía, y su padre no era una excepción. Para la familia aquello significaba una vida tranquila, incluso durante la ley marcial. Su madre se quedaba en casa. Tenían dos coches, un chófer para la familia, y los cuatro hijos iban a un colegio privado.

Un día, hombres armados con el pelo al rape irrumpieron en casa, mientras Eddie estaba sentado leyendo el periódico. Los hombres intentaron arrastrarlo a la fuerza. Eddie forcejeó y le golpearon en el rostro con la culata de una pistola. Vincent, con once años, se abalanzó sobre uno de los hombres. Este se lo sacó de encima con brusquedad y unos hombres a los que jamás volvería a ver le obligaron a presenciar cómo se llevaban a rastras a su padre para matarlo en la calle.

No hubo funeral porque no había cuerpo. La familia buscó a Eddie desesperadamente. La búsqueda se prolongó durante meses. Visitaron morgues. Interrogaron a policías. Una tía pagó una gran suma de dinero a una vidente que le dijo que Eddie seguía con vida.

Décadas después, el hijo de Eddie registraba sus fotos de un hombre muerto, que yacía en un puente bajo un cielo por el que despuntaba un nuevo día.

«Manila, 6 de julio de 2016 –tecleó Vincent–. Un cuerpo atado con cinta americana fue arrojado de madrugada en pleno puente Delpan en Tondo, Manila, y portaba un letrero en el que se leía: CAPO CHINO DE LA DROGA LI PENG HUI».

En la gramática, la «voz» es una de las cinco propiedades de un verbo. Un verbo puede ser activo o pasivo. «Estoy escribiendo esta oración» es activo. «La oración está siendo escrita» es pasivo.

The Chicago Manual Style resume lo que es la voz de la siguiente manera: «La voz muestra si el sujeto actúa (voz activa) o actúan sobre él (voz pasiva), esto es, si el sujeto ejecuta o recibe la acción del verbo».

En el caso del cuerpo que Vincent Go descubrió, el sujeto es el cuerpo: «Un cuerpo atado con cinta americana fue arrojado de madrugada en pleno puente Delpan en Tondo, Manila, y portaba un letrero». Un cuerpo fue arrojado, sujeto y verbo. Todo el resto es descripción. El cuerpo no colabora en su propio abandono. Tampoco se abandona a sí mismo. La acción ocurre sobre el cuerpo, es una construcción pasiva.

Ser fiel a la voz activa es una regla fundamental en el periodismo y en casi toda escritura. «Jamás uses la voz pasiva cuando puedas utilizar la activa», señalaba George Orwell en *Politics and the English Language*, publicado en 1946. El uso habitual de la voz activa «da lugar a una escritura contundente», escribió William Strunk Jr., y «Emplea la voz activa» es la decimocuarta regla en la cuarta edición de *The Elements of Style* de E. B. White.

«La voz pasiva –escribió el difunto profesor de Periodismo John Bremmer– es la preferida de los débiles, los cobardes y los que se avergüenzan de nombrar a los soplones que les contaron lo que te están contando a ti con evasivas».

Sin embargo, la decimocuarta regla no considera el caso de hombres muertos descubiertos en los puentes de Manila a las tres de la madrugada. Un reportero de crímenes no puede señalar con el dedo, incluso si los hombres muertos requieren de otros muertos para conducir coches, abrir puertas o apretar gatillos. Siempre puedes, si te sientes predispuesto a ello, decir que el Estado salvó al hombre de los zapatos azules, y puede que lleves razón, pero con esta frase te arriesgas a una demanda por difamación y al descontento del Estado. Treinta y siete años después de los hechos, podemos hablar de la culpa de la dictadura conyugal de los Marcos en los salvamentos de activistas políticos, pero hablar del peligroso nuevo Gobierno de Rodrigo Duterte exige mucha prudencia lingüística.

Una oración formulada en voz pasiva supone la constatación de un hecho. Una formulada en voz activa supone una acusación. «El hombre muerto de los zapatos azules fue salvado», y la frase acaba aquí ya que, según lo que consta en el informe del homicidio, redactado el 1 de julio de 2016, «ninguno de los presentes pudo prestar un testimonio esclarecedor en relación con este caso».

En el año 2016 el verbo «salvar» volvió a circular de forma habitual. «Salvar», por su propia naturaleza, es una construcción pasiva. El adicto fue salvado. El traficante fue salvado. El hombre de los zapatos azules fue salvado, y también el hombre cuya cabeza fue envuelta con cinta de embalar antes de que su asesino dibujara sobre ella una sonrisa con un rotulador.

He aquí otro punto gramatical de interés: solo los verbos transitivos tienen voz. Los intransitivos no pueden saltar de la voz activa a la pasiva, ni de la pasiva a la activa. Ninguna triquiñuela literaria puede encontrar a nadie culpable de estornudar tu nariz o llegarte tarde. Tampoco nadie puede morirte porque «morir» es un verbo intransitivo. Tú moriste. Él murió. Ella murió. Ellos murieron. Con independencia de si alguno de ellos fue salvado, fue el sujeto el que murió, no el hombre que empuñaba la pistola.

En última instancia, la muerte hace desaparecer todas las voces.

Mi primera noche en el trabajo, aquella en que Jerome Roa fue salvado, arrancó a las 2.56 de la madrugada del 20 de agosto. La guerra estaba en su octava semana. Por lo menos dieciocho sospechosos de mantener vínculos con las drogas ya habían sido asesinados, y esto solo en el distrito de Tondo. Cuatro habían recibido disparos de pistoleros sin identificar. Catorce habían muerto a manos de la policía por resistirse presuntamente a ser detenidos.

Yo aguardaba a un lado de la carretera de cuatro carriles que desemboca en la Terminal Internacional de Contenedores de Manila. Jerome Roa, de veintisiete años, había sido encontrado muerto a la una de la madrugada. Su cuerpo yacía hecho un ovillo en el asiento de un triciclo rojo, un vehículo de pasajeros consistente de una motocicleta convencional que lleva unido un sidecar de hojalata. El triciclo estaba aparcado en el exterior de la Puerta 64. Un pie desnudo reposaba sobre un riel, y la cabeza estaba encajada en el espacio comprendido entre la motocicleta y el sidecar, cubierto con una lona. No había marca alguna en sus pantalones de camuflaje ni en la camisa azul brillante levantada por encima de la cintura. Jerome Roa podría haber estado dormido de no haber sido por las dos heridas de bala en la parte posterior del cuello y el charco de sangre bajo las ruedas traseras del sidecar.

La abuela de Jerome permanecía de pie detrás de la cinta amarilla, limpiándose el sudor y las lágrimas con un paño de cocina mugriento. Se llamaba Josephine. Tenía sesenta y siete años. Había echado a correr tan pronto como le había llegado la noticia del hallazgo de un cadáver; cruzó a la carrera el laberinto de callejones serpenteantes, salió por el arco de la Puerta 18 y atajó por la autopista, dejando atrás coches patrulla, las furgonetas de los medios de comunicación y la fachada sin ventanas de la empresa de transportes para la que Jerome había trabajado tiempo atrás. Josephine había criado a Jerome. Este había aceptado un empleo con unos camioneros que cubrían trayectos de larga distancia y aprendido que las metanfetaminas lo mantenían despierto más tiempo que la cafeína. Vivía en la calle, durmiendo en el interior de los triciclos aparcados de forma caótica en las aceras. Apenas ganaba suficiente para comida, ya no digamos para una dosis. Tras la elección de Duterte, le dijo a su abuela que había dejado las drogas y le prometió alejarse de las drogas.

Cuando Josephine llegó a la escena del crimen, ya habían retirado el cadáver. No pudo verle la cara. La policía había envuelto a su nieto en una lona azul y luego cargado el cuerpo en la parte trasera de una camioneta de servicio.

Josephine acarició el asiento ensangrentado en el que lo habían encontrado y habló en susurros.

«Jerome –murmuró–, reza por nosotros».

Josephine no sentía rabia. Entendía por qué Jerome había sido salvado. Quizá los asesinos, dijo, no estaban al corriente de que su chaval ya no se drogaba cuando le colocaron una diana.

«Salvar» es un autoantónimo en Filipinas. Puede significar lo contrario de lo que significa, a veces dentro de una misma frase. La guerra de Duterte salva a sus propios muertos, reconvirtiendo sus cuerpos en advertencias para los vivos, con letreros aleteando en el viento. SOY UN NARCOTRAFICANTE, se lee en el letrero. NO SIGÁIS MIS PASOS.

Después de que el convoy de la prensa abandonara el lugar, me quedé un poco apartada y me acerqué a un grupito de testigos. Habían estado observando cómo retiraban el cadáver de Jerome, con el cuerpo reclinado sobre los triciclos. Ellos también lo habían conocido, pero no lloraban.

Sin las luces de las cámaras, reinaba la oscuridad. «¿Es peligroso vivir aquí?», le pregunté a uno de ellos.

No, dijo una voz, y se encogió de hombros. La gente como ellos no corría peligro.

«Si te comportas, estás a salvo».

La primera noche en el trabajo de Eloisa Lopez empezó con cinco cadáveres. Fueron asesinados en el cementerio público de Malabón, donde los pobres de solemnidad vivían en chabolas, a la sombra de viejas lápidas. Los cinco habían recibido disparos de hombres motorizados. Tres cayeron muertos al suelo de inmediato; los otros dos fallecerían más tarde en el hospital. Un letrero de cartón garabateado fue abandonado en el lugar: CAMELLOS.

Eloisa hizo fotos. No preguntó nada. Apenas tenía veinte años. La primera instantánea que le habían publicado mostraba a media docena de personas acarreando palas con cintas colgando; de fondo se apreciaban unos escombros tras una celebración con motivo de la colocación de la primera piedra. La foto acabó en la portada del periódico de su universidad y le provocó el subidón de ver su firma, «Eloisa Lopez», estampada, en letra sans serif y a cuerpo diez, en la parte superior. Se licenció, consiguió un carnet de prensa al empezar a colaborar en un periódico local y complementó los cinco dólares que ganaba por foto, su tarifa en calidad de trabajadora por cuenta propia, con trabajillos en fiestas de cumpleaños, bautizos y fotografiando de tanto en cuanto algún menú de restaurante. La pintura de las paredes del minúsculo apartamento que acababa de alquilar seguía fresca cuando los cadáveres empezaron a amontonarse.

Eloisa se entregaba al turno de noche, saltando de escena del crimen en escena del crimen, una joven amarrada a una cámara de fotos enorme, vestida con unos tejanos de pitillo y unas zapatillas deportivas. No tenía intención de fotografiar a los muertos, pero los muertos eran la historia. Quería descubrir si era tan buena como el resto.

La fotografía crucial llegaría cuando la guerra estaba en su tercer mes. Ocurrió en el mismo cementerio al que había acudido en su primera noche. Llegó tarde a ver el cadáver. La policía había llegado y se había marchado. Solo quedaban el padre, sentado junto a una lápida y sollozando bajito, y su esposa, aturdida, a su espalda.

«Pensé que la víctima era un traficante de drogas –me contó Eloisa–. No lo era».

El cadáver pertenecía a una niña de siete años. Lo habían encontrado unos vecinos, desnudo, ensangrentado y con las braguitas embutidas en la boca. El sospechoso era un vecino que había pedido llevar a la niña a dar un paseo. La prensa se apiñó en el interior de la comisaría de policía. El padre tartamudeaba entre lágrimas. El sospechoso se encogía en el interior de un círculo formado por policías y cámaras.

Estaba borracho, dijo la policía, y era drogadicto.

La sala olía a sudor y rabia. El sospechoso era larguirucho, de uno de sus lóbulos colgaba un pendiente, y en él se detectaba una mancha roja. Tenía sangre en la oreja, en la nariz, en la camisa, en sus shorts sucios. Temblequeaba, esposado. «Lo negó todo –dijo Eloisa–, pero tenía aspecto de culpable. Su aspecto se correspondía exactamente con mi idea de la pinta que tendría un drogadicto».

«Hijo de puta», dijo un hombre. No estaba claro si era un policía o un periodista. Los insultos empezaron a llover. Cabrón hijo de puta.

Eloisa, agachada sobre las baldosas mugrientas y cámara en ristre, pronunció las palabras. Hijo de puta. Cabrón hijo de puta. A continuación, abandonó la sala, se dirigió al coche de prensa, cerró la puerta y se echó a llorar.

«Aquella noche –dijo–, yo también quería verlo muerto».

En el interior, el padre de la niña habló. No importa si lo matáis, dijo. No hará que mi pequeña regrese.

Eloisa tiene una fotografía de aquella noche: el padre llorando, la madre en duelo. Se publicó en una ocasión, con su firma al pie. Después de aquella noche, fotografió otros muchos cadáveres, algunos de mujeres, la mayoría de hombres, a veces solo cráneos, si era lo único que quedaba. Nunca supo qué fue de aquel hombre del pendiente que mató a la niña.

Confía en que sobreviviera.

«Asesinatos extrajudiciales» no es un término nuevo. Se ha asociado con la ejecución de centenares de activistas durante la guerra civil de El Salvador, con la purga de miles de socialistas chilenos tras la llegada de Augusto Pinochet al poder en 1973 y con el linchamiento de afroamericanos emancipados antes del auge del Movimiento por los derechos civiles en Estados Unidos. En Filipinas se ha empleado para describir «las cuidadosamente seleccionadas e intencionadamente buscadas» ejecuciones de sospechosos de comunismo durante la «guerra sin cuartel» entre los años 2000 y 2009, y durante las investigaciones de presuntas acciones de escuadrones de la muerte en la ciudad de Dávao bajo el infame alcalde Rodrigo Duterte.

Naciones Unidas define los asesinatos extrajudiciales en general como «el asesinato deliberado de individuos fuera de cualquier marco», tal y como hizo cuando su Oficina del Alto Comisionado de los Derechos Humanos se refirió a «la oleada actual de ejecuciones extrajudiciales o asesinatos» durante la guerra contra las drogas de Duterte.

A principios de septiembre de 2016, Glenda Gloria, por entonces jefa de redacción de Rappler, envió un e-mail a toda la empresa en el que animaba a sus reporteros a familiarizarse con el término. Debíamos emplearlo «para referirnos libremente a todos los asesinatos cometidos por actores, tanto estatales como no estatales, fuera de los procesos judiciales, fuera de la ley, fuera de operaciones policiales o estatales de carácter legítimo, y que suponen una violación de los estándares universales relativos al derecho a la vida».

De acuerdo con la policía, a lo largo de las primeras seis semanas de la guerra de Rodrigo Duterte, 899 personas fueron asesinadas, y el jefe de la Policía Nacional de Filipinas, Ronald dela Rosa, las describió como «los muertos que simplemente fueron hallados flotando en los canales, los muertos que fueron arrojados a las cunetas con las manos atadas y los rostros, ojos y bocas cubiertos con cinta aislante, también aquellos asesinados por parejas de motoristas o directamente tiroteados».

Dela Rosa bautizó a los muertos con un nuevo término, uno jamás empleado antes de la elección de Rodrigo Duterte. Pasarían a llamarse «muertes bajo investigación». Más adelante evolucionaría a «homicidios bajo investigación».

«Estos no son asesinatos extrajudiciales –declaró Dela Rosa– porque no han sido auspiciados por el Estado. Los consideramos simples homicidios».

Muertes, dijo Dela Rosa, no asesinatos. Homicidios, dijo, no asesinatos. Con una única incisión quirúrgica, la Policía Nacional de Filipinas despojó de intención al lenguaje y rebajó un patrón de ejecuciones a delitos comunes.

Hubo parlamentarios que se sumaron al teatrillo. La vicepresidenta Gwendolyn Garcia cuestionó el uso del término «asesinato extrajudicial», basándose en una definición estándar sacada de la Wikipedia. Propuso que se eliminara del léxico de los comités. El término acabaría excluido de todas las audiencias, investigaciones e informes oficiales.

La moción se presentó, se apoyó y se aprobó.

El bautismo de Raffy Lerma fotografiando muertos no se produjo durante su primera noche en el trabajo. En 2007, siendo un joven fotógrafo en plantilla del *Philippine Daily Inquirer*, se le había adjudicado el turno de noche. Cuando Rodrigo Duterte fue elegido en 2016, hacía tiempo que el *Inquirer* había suprimido el turno de noche, y Raffy, que por entonces tenía treinta y ocho años, era un fotógrafo de asuntos generales con una década de trabajo a sus espaldas. Sabía que habría asesinatos y no cabía duda de que se producirían de noche. Se ofreció voluntario. Su director estuvo de acuerdo. Una semana antes de su incorporación, se fue con su cámara a la sede central de la policía de Manila para adaptarse a trabajar de noche.

«Y ahí empezó todo –dijo–. Recuerdo que no llevaba ni diez minutos dentro cuando ya sonó el teléfono. Acudimos a la escena de un crimen».

El lugar era Pandacan, en Manila. Había tres víctimas –la policía los llamaba «sospechosos»–, muertas durante una operación policial, presuntamente tras haberse resistido a su detención. A los periodistas no se les permitió entrar en la casa donde se habían producido los hechos. Raffy trepó por el balcón del vecino y comenzó a disparar en el momento en que sacaban los cadáveres por la puerta de la entrada. Los vecinos le señalaron a una joven que permanecía de pie junto a un poste, hija de uno de los hombres muertos.

«Simplemente estaba allí de pie. Aquella fue la primera vez que caí en la cuenta. La observé mientras sacaban el cadáver de su padre y ella se limitaba a seguir la escena. No podía llorar. No podía, imagino, por el estigma de las personas que acaban asesinadas y son señaladas como narcotraficantes. Como si fueran juzgadas por ello... Y la chica no podía mostrarse afligida. En ese momento me resultó incomprensible. Cuando los medios de comunicación se le acercaron para entrevistarla, se marchó. Al introducir los cuerpos en los vehículos funerarios, me pareció que todo el mundo se apiñaba, relamiéndose, fotografiando a los muertos. Y lo oí, oí cómo maldecían a los cadáveres; "hijos de puta, animales...". Aquella fue la primera vez que fui testigo de esa sed de sangre, ya sabes, el deseo de que mataran a gente. Ya había cubierto el turno de noche antes, pero nunca había visto nada parecido».

El turno de noche regresó a la sede central de la policía de Manila. Al cabo de cinco horas, la radio emitió un nuevo mensaje, escueto. Se había hallado otro cuerpo, esta vez en la avenida Taft. Salieron escopeteados hacia los coches. Era un trayecto corto. El cadáver, encogido en posición fetal, yacía dentro de un saco blanco para grano. Las muñecas y las rodillas del muerto estaban atadas con cuerda amarilla de nailon. El rostro estaba envuelto en cinta de embalar. El saco también contenía un letrero en el que se acusaba al hombre de ser un drogadicto.

Otro mensaje, escrito con letra más pequeña, se había añadido a la advertencia de costumbre: TÚ SERÁS EL SIGUIENTE.

Raffy oyó un grito, el lamento estridente de una voz femenina. Alzó la vista y se topó con una mujer, de pie sobre la plataforma elevada de hormigón que separaba los diferentes carriles, e iluminada por los reflectores de los vehículos policiales. Era de mediana edad y llevaba el pelo recogido por detrás de cualquier manera. Una toalla colgaba de uno de sus hombros. Lloraba mientras no paraba de chillar.

Los reporteros le preguntaron si conocía al muerto. No lo conocía.

«Todo el mundo estaba concentrado en su trabajo –dijo Raffy–, como si fuera algo que ocurriera todos los días. Y era la mujer quien nos gritaba a nosotros. "¿Acaso no tenéis corazón? ¿No tenéis conciencia?". No sé si es verdad lo de que no conocía al muerto. Quizá sí, quizá no. Pero ella sí se estaba comportando como un ser humano. Aquella noche parecía ser la única persona cuerda».

7

CÓMO IDENTIFICAR A UN DROGADICTO

Rodrigo Duterte jamás hizo un llamamiento a asesinar, ni una sola vez. Era una palabra que evitaba con una precaución metódica.

Tendrían que «perecer», decía el presidente. Serían «borrados de la faz de la Tierra». Él «masacraría a esos idiotas». Lo haría con sus propias manos si pudiera. Abandonarlos en un bote en medio del Pacífico hasta que se ahogaran. Arrojarlos desde helicópteros. Colgarlos, «no de cuerdas», sino de alambres de espino, afilados como cuchillas, tan afilados que, «al caer, la cabeza se quedara atrás una vez que el cuerpo impactara contra el suelo».

«Asesinar» era una palabra a la que recurría con mucho cuidado. Cuando Rodrigo Duterte decía «matar», no se refería a asesinar. Asesinar, decía, significaba matar a un hombre atado y que suplicara por su vida.

«Yo declaré la guerra –dijo–. Eso es la guerra. ¿Por qué dicen que es ilegítima? ¿Por qué está mal decir: "papatay ako ng tao para sa bayan ko"? Decidme, ¿acaso es un crimen?».

Papatay ako ng tao para sa bayan ko. «Mataré a gente por mi país».

Rodrigo Duterte se llamaba a sí mismo matador, «un matador corriente», pero insistía en que no era un asesino. Ni una sola vez, en ninguno de sus discursos, exigió el asesinato de esos hijos de puta cuya muerte había prometido. Él fanfarroneaba. Él amenazaba. Él se evadía. Él solo bromeaba, decía en ocasiones. Él se perdonaría a sí mismo, decía en otras. «Acusadme una vez que abandone el cargo –dijo en un discurso ofrecido desde el palacio presidencial–. "Por la presente se extiende el perdón a Rodrigo Duterte por sus crímenes contra la humanidad", firmado: Rodrigo Duterte».

El asesinato no solo requiere que la víctima muera. De acuerdo con el artículo 248 del Código Penal Revisado de Filipinas, para calificar a un acto de asesinato debe cumplir con al menos uno de seis requisitos. Por ejemplo, la víctima murió de resultas de una traición, o el sospechoso mató «aprovechándose de que poseía más fuerza», o «con premeditación evidente». Sin la existencia de esos requisitos, el acto de asesinato se ve reducido a un homicidio, una ofensa que tiene garantizada la libertad bajo fianza.

De acuerdo con Rodrigo Duterte, la orden de matar de Duterte no conllevaba una autorización para asesinar. Tampoco constituía un homicidio doloso, dado que los homicidios en Filipinas están penados con entre doce y veinte años de prisión. El presidente afirmó que ningún policía pasaría un solo día entre rejas por haber cumplido con su labor, y esta labor, con mucha frecuencia, implicaba «la labor de matar».

No existe una palabra para «asesinar» en el idioma filipino. Existe *patayin*. Existe *paslangin*. Ambas significan «matar». Si bien una gran parte de nuestra jurisprudencia está redactada y se expresa en inglés, otra herencia de la colonización estadounidense, mi idioma no distingue entre el asesinato premeditado de un ser humano y la muerte accidental de una persona. Pero Duterte sí que hacía la distinción, la subrayaba con claridad, una y otra vez.

«Jamás dije hacedlo por la espalda. Eso es asesinato –afirmó–. Lo que yo dije fue guerra. Yo le declaro la guerra a la gente de la droga. Yo les declaro la guerra a aquellos que destruirán la juventud de esta tierra. Les dije que los mataría».

El artículo 11 del Código Penal ofrece una serie de protecciones frente al hecho de matar a alguien. El artículo 11.1 blinda contra un cargo por asesinato «a cualquiera que actúe en defensa de su persona o sus derechos». El artículo 11.5 exime a «cualquier persona que actúe en cumplimiento de un deber o durante el ejercicio legítimo de un derecho o función». El artículo 11.6 exime «a cualquier persona que actúe en obediencia a una orden emitida por un superior de cara a un propósito legítimo». Cualquier persona que pueda demostrar que ha matado bajo estas circunstancias queda exenta de responsabilidad penal.

«Ahora soy el presidente –dijo Duterte en 2017–. La lucha contra la gente de la droga perdurará hasta el último día de mi mandato. Esto significa seis años. No me importaría ver algún muerto más fuera de plazo».

Esta era la ficción necesaria de la guerra contra las drogas. Aquellos que amenazaran el futuro morirían porque simplemente habrían perdido el derecho a vivir. El presidente ofrecería recompensas. Ordenaría a la policía «que los cace y luego los mate». Sus propios vecinos los eliminarían si dispusieran de pistolas; «contáis con mi respaldo», les dijo. Serían ahogados, acuchillados, tiroteados, enterrados, arrojados a la bahía de Manila, convertidos en alimento para los peces y enviados al purgatorio, y nada de esto sería un asesinato porque no se trataba de asesinar, solo de hacer justicia. No era racionalizar el uso de la fuerza. Tampoco era una declaración de guerra. Era una llamada a la ejecución.

«Simple justicia –dijo–. No asesinato-asesinato».

Depende de dónde decida arrancar uno con la historia, puede que esta empiece con una cabra.

«Aquí se os viene una historia muy cruda», dijo el presidente.

En sus tiempos como alcalde, se celebró una fiesta de Navidad, una reunión familiar, en la zona rural de Mandug, dentro de la ciudad de Dávao. «De modo que la gente se reunió –contó–, y este drogadicto se apuntó. Vio a su hermana llevando en brazos a su hija, un bebé, y el tipo le dijo: "Así que esta es mi sobrina"».

La sobrina tenía dieciocho meses. El tío la cogió en brazos. Dijo que era bonita, más bonita que su madre. La fiesta siguió su curso hasta que la madre descubrió que el bebé había desaparecido.

La encontraron por la mañana en la orilla del río. Muerta, con el vientre desgarrado. La policía detuvo al tío. Lo retuvieron en la comisaría. El alcalde entró hecho una furia. Le preguntó al tío por qué. «¿Y qué me respondió? Me dijo: "Oh, solo es mi forma de ser, alcalde; a veces, cuando no tengo a nadie a quien follarme, acabo follándome a las cabras"».

Lo que el tío del bebé muerto dijo es una parte de la historia sobre la que no poseo ninguna certeza. Quizá sea cierto. Quizá fueran imaginaciones del alcalde. Lo que sí puede verificarse es que, en algún momento de principios de los años noventa, un bebé apareció muerto junto al río en el pueblo de Mandug, donde la ciudad de Dávao da paso a caminos de tierra y pequeñas granjas. Ocurrió en diciembre y los periodistas que estuvieron presentes jamás pudieron olvidarlo. Aún recuerdan los tajos en una piel tan suave y uno de ellos dijo que le habían rajado la garganta. Recuerdan cómo el alcalde irrumpió agitado en la comisaría y mandó echar a los medios de comunicación, aunque todos oyeron el ruido sordo que hicieron sus puños al golpear contra las paredes de madera contrachapada. También recuerdan otra cosa: que los nudillos del alcalde estaban rojos y lucían moratones al salir.

El presidente contó la historia muchas veces y cada vez la cabra era el factor decisivo, el remate que contenía la moraleja de la historia.

«Si a uno le responden así –el presidente lanzó la pregunta en Pampanga–, ¿qué debe hacer?».

«Vosotros, si vosotros fuerais el alcalde y os respondieran eso –lanzó la pregunta en Manila–, ¿qué haríais?».

«Imaginaos lo que hice yo», pidió a las miles de personas que lo vitoreaban en Tondo.

Nunca acabó de explicar lo que hizo. «Algo hice», afirmó el presidente, pero no podía contarlo ya que «los medios de comunicación están aquí». Dijo que fue una suerte que aquellas Navidades alguien le hubiera entregado un revólver Ruger de cañón corto. El momento «no pudo ser más oportuno, hijo de puta, para lo que ocurrió ahí, en la comisaría».

La lección que ofrecía el presidente no era que un sospechoso de violación pudiera haber sido castigado, apalizado o asesinado. La moraleja residía en el interior del hombre, y lo que había en el interior de aquel hombre era un monstruo. Lo que el presidente quería decir era: este es el enemigo. Drogadictos. Violadores. Asesinos de bebés. Follacabras. La imagen se graba a fuego en nuestra imaginación. El cuerpecito roto que es abandonado entre los matojos, la madre desecha en lágrimas que solo unas horas antes se había sentido tan orgullosa, y el tío, con los ojos rojos, indiferente y tan hasta las cejas de metanfetaminas que se ha olvidado de tener miedo. El drogadicto había violado a un bebé. El alcalde estaba furioso y la ciudadanía lo entendía. Ellos se sentían igual.

El presidente contó la historia seis veces. Perdonadme, dijo, «si a mí también me empujan a la locura». No era suficiente acabar con la vida de un drogadicto porque había muchísimos. Lo que le había ocurrido al bebé de Mandug se había repetido «no una, dos, tres, cuatro, cinco, seis» veces, sino que era algo que ocurría «a diario por todo el país».

Para identificar a un drogadicto lo primero que debes hacer es fijarte en la dentadura. Advertir los huecos. Notar lo que falta. Haces una pregunta y la respuesta se disuelve en la inanidad. Un drogadicto tartamudeará y divagará, hará rechinar los dientes y sonreirá. Preguntadle al presidente y el presidente os lo dirá. «Uno lo sabe, sabrás si una persona anda metida en las drogas. Huele mal, no se baña, no duerme y no deja de hacer rechinar los dientes ante tus narices. De modo que la mayoría de los drogadictos han perdido los dientes. He aquí algo que los delata».

La Oficina de Naciones Unidas contra la Droga y el Delito reconoce que el mundo carece de «una definición global y estándar para el consumidor de drogas problemático». El presidente Duterte no reconoce esta laguna. Mucho antes de ser elegido, se refirió a los adictos como un tipo específico de personas, en especial aquellos adictos a las anfetaminas, o *shabu*. Todos eran unos delincuentes, sin excepción, enloquecidos por unas drogas que conseguían encogerles el cerebro. El presidente oyó a un médico estadounidense que decía que no existía rehabilitación posible para los adictos a las metanfetaminas. Se necesitaría un año, le habían dicho, quizá seis meses, y poco más de una docena de chutes de metanfetamina para que el cerebro humano se apagara, se marchitara, se secara, «destruido».

Los drogadictos «están violando a niños», dijo el presidente cuando llevaba veintisiete días en el cargo. «Están matando a sus padres. Golpean a sus madres cuando se niegan a darles dinero. Todos lo sabéis. Roban. Al necesitar su dosis diaria, se la garantizarán a costa de los demás».

Se trataba de una «pandemia», dijo el presidente, una pandemia responsable de la muerte de setenta y siete mil personas durante los tres o cuatro años que precedieron su llegada al poder. Aseguró que esas setenta y siete mil víctimas habían muerto a manos de drogadictos, «en su mayoría violaciones, asesinatos directos, violaciones con homicidio, robos con homicidio, robos con violación y homicidio».

«Ya sabéis, el virus de la droga ha dejado un reguero de setenta y siete mil muertes. ¿Quién responderá por ellas? ¿Quién esgrimirá el garrote en nombre de esos inocentes, de las jóvenes violadas? Los que fueron asaltados a punta de pistola en yipnis, ¿quién responderá por ellos?».

Esta cifra la sacó a colación en once discursos y la repitió en numerosas entrevistas. Setenta y siete mil muertos en tres o cuatro años. Un volumen así no es solo improbable, sino imposible. Entre 2012 y 2015, los cuatro años previos a su elección, el Organismo de Estadística de Filipinas contabilizó 37.039 asesinatos y 16.213 homicidios. Incluso si todas las muertes pudieran atribuirse a un adicto a las metanfetaminas desbocado, la suma total ni siquiera se acerca a setenta y siete mil personas en cuatro años. La afirmación del presidente tampoco encaja con el siguiente hecho: no existe ninguna manera infalible de atribuir en exclusiva una violación o un asesinato al consumo de drogas.

Sin embargo, el presidente explicó que los adictos a las metanfetaminas estaban «locos de remate». Habían «perdido el juicio por completo». No poseían «valor cognitivo». La rehabilitación «ya no es una opción viable». Se encontraban «más allá de la redención», más abonados al suicidio que a recibir compasión. Violaban por violar, un atroz alejamiento de los tiempos en que los hombres solo violaban a las mujeres atractivas. «En mis tiempos –dijo el presidente–, las víctimas de violación eran todas actrices, todas guapísimas, y uno no podía culpar a los violadores de perder la cabeza porque las mujeres eran realmente guapas». Su guerra era necesaria porque ahora cualquier mujer podía acabar violada. Sales de tu casa y tu mujer puede ser violada. Tu niñera. Tus hijas, «incluso los bebés de once meses, de dieciocho meses, como ya ocurrió en Dávao».

Fijaos en sus bocas. Oledles el pelo. Escuchad cómo mascullan y comprobad si están dormidos. No tienen miedo. No tienen vergüenza. Asaltan a los hijos y las hijas de esforzados trabajadores que se rompen la espalda en Oriente Medio. Son pedófilos y lunáticos, salvajes y grotescos, y cuando les entra el mono no dudan un segundo en matar por el siguiente chute.

«Muchos de ellos –dijo el presidente– han dejado de ser viables como seres humanos en este planeta».

En mi país, los medicamentos son buenos y las drogas son malas. Los medicamentos, o *gamot*, hacen referencia a todas aquellas sustancias que responden a un tratamiento clínico. Por drogas, o *droga*, incluso si no llevan adherido el término «ilegales», se entienden el cristal, la cocaína, la heroína, la marihuana o cualquiera de los narcóticos que la ley considera oficialmente como drogas peligrosas. Una *drugstore* es una farmacia que vende ibuprofeno de forma legítima, y no cabe duda de que el presidente Duterte no se refería a la regulación del síndrome premenstrual cuando dijo: «Dios mío, odio las drogas, y debo matar a gente porque odio las drogas».

Las cifras eran importantes para el presidente porque demostraban la enormidad del problema: el ejército de monstruos descerebrados cuya extinción requeriría que el Gobierno nacional desplegara toda su fuerza. El país contaba con entre tres y cuatro millones de drogadictos, dijo, posiblemente más, todos ellos a buen seguro violentos, aunque los estudios oficiales encargados por el Gobierno señalaban el predominio del consumo de drogas, no de la adicción. Las encuestas realizadas por la Junta para las Drogas Peligrosas no distinguían entre un usuario problemático –el tipo de adicto violento que tanto encolerizaba al presidente– y el adolescente que se fumaba un porro en una fiesta de cumpleaños. Ambos quedaban clasificados como «actual consumidor de drogas». En el año 2015, según el criterio de la Junta para las Drogas Peligrosas, bastaba con haber consumido una sola vez una droga ilegal en los trece meses anteriores para entrar en la lista.

El número estimado de consumidores de drogas ilegales en Filipinas se mantuvo bastante estable durante casi una década. En el año 2008, la Encuesta Nacional por Hogares, llevada a cabo por la Junta para las Drogas Peligrosas, calculó que existían 1,7 millones de consumidores de drogas en el país. En el año 2012 había 1,3 millones. La Junta para las Drogas Peligrosas estimó que en 2015 la cifra había subido a 1,8 millones.

El estudio de 2015 se completó durante el mandato del expresidente Benigno Aquino III. Recayó en el nuevo director de la Junta para las Drogas Peligrosas, un funcionario de carrera llamado Benjamin Reyes, presentar las cifras a la nueva administración, que llevaba tres meses al mando. Esto significa que el año en que Rodrigo Duterte llegó al poder, el mismo en que se había dedicado a agitar el fantasma de que el país era un narcoestado dirigido por capos de la droga y adictos desenfrenados, las cifras de consumidores de drogas ilegales en Filipinas, estimadas por el propio Gobierno, se situaban en torno a la mitad de la media mundial. Menos de la mitad eran consumidores de metanfetaminas. La droga predilecta entre la mayoría de los encuestados era la marihuana.

Al director Reyes se le preguntó en más de una ocasión acerca de la discrepancia entre las cifras arrojadas por el presidente y las reflejadas en las encuestas oficiales de la Junta para las Drogas Peligrosas. Aseguró que ambas tenían credibilidad. Unas eran científicas, dijo, y las otras, fruto de los recuentos de los servicios de inteligencia. «Personalmente, no sé qué criterios siguen los servicios de inteligencia», dijo.

En una entrevista televisiva con el reportero Christian Esguerra, Reyes, atrapado entre sus principios y su jefe, procuró apaciguar a ambos y fracasó.

–¿Qué explica semejante disparidad? –le preguntó Esguerra–. Las fuentes de inteligencia apuntan a la existencia de unos cuatro millones de drogadictos. Pero la cifra oficial, de acuerdo con la Junta para las Drogas Peligrosas, se sitúa en apenas 1,8 millones.

–Bueno, durante la campaña uno debe prestar atención a diversas fuentes de datos, y todas esas fuentes son válidas –respondió Reyes–. Tenemos una fuente que procede de una encuesta. Tenemos una fuente que procede de las cifras que manejan los servicios de inteligencia. Siempre que las cifras se hayan reunido siguiendo una metodología, una metodología válida, puede hacerse uso de ellas.

–El presidente ha llegado a hablar de seis millones –le respondió Esguerra–. Veamos, las cifras son importantes porque determinan la política aplicada, ¿cierto? Esta fue una de las cuestiones que se le planteó en el foro de…

–La cuestión es qué uso le das a esas cifras. Si las usas para poner el foco en una determinada parte de la población, yo estoy a favor de recurrir a las más altas. Yo prefiero pasarme que quedarme corto.

El director Reyes fue despedido al día siguiente.

–Largo del servicio público –le dijo el presidente durante una alocución televisada a escala nacional–. Uno no se dedica a contradecir a su propio Gobierno.

La contradicción no residía en el Gobierno, sino en el presidente.

La Junta para las Drogas Peligrosas se equivocaba, afirmaba el presidente. Su recuento del número de adictos a las drogas –nunca sencillamente consumidores– fluctuaba entre los tres millones y los 3,7, los cuatro, cinco y hasta seis millones. Atribuía su recuento inicial de tres millones a Dioniso Santiago, antiguo director de la unidad de control de la Junta para las Drogas Peligrosas, la llamada Agencia Antidrogas de Filipinas.

Dionisio Santiago se había presentado para un escaño en el Senado en el año 2016. Perdió, pese a contar con el respaldo del presidente. Cuando Duterte, por entonces todavía candidato, lanzaba la cifra de tres millones en sus mítines de campaña, señalaba a Santiago en busca de confirmación. Al ser preguntado al respecto, Santiago calificaba la cifra de «una aproximación», basada en «una proyección realista de lo que tenemos sobre el terreno».

Después de que Reyes fuera destituido, Santiago fue nombrado director de la Junta para las Drogas Peligrosas.

En respuesta a una pregunta formulada por *The Philippine Star*, la Agencia Antidrogas de Filipinas señaló que sus estimaciones procedían de unas estadísticas de dominio público, a cargo de la Oficina de Naciones Unidas contra la Droga y el Delito.

He aquí la estadística en la que se apoyaba el Gobierno: a escala mundial, el 5,2 por ciento de las personas con edades comprendidas entre los quince y los sesenta y cuatro años eran consumidoras de drogas ilegales.

En Filipinas la población de entre quince y sesenta y cuatro años asciende a 65,1 millones de personas.

«Si atendemos a los porcentajes de la ONU sobre consumidores de drogas –escribió la Agencia Antidrogas de Filipinas–,

65,1 millones multiplicado por 0,052 es igual a 3,4 millones. Por lo tanto, el número estimado de consumidores de drogas en el país es de 3,4 millones».

He aquí lo que estas cifras significan. Sin haber realizado estudio alguno sobre el terreno, el Gobierno de Filipinas extrapoló 3,4 millones de consumidores de drogas filipinos de la cifra de consumidores de drogas a escala mundial, un cómputo que tenía muy poco que ver con la prevalencia de las drogas en el país. Aquella cifra fue tomada como un hecho incontestable por el presidente. Fue citada, aumentada y luego tergiversada para dar cabida a un ejército de zombis y follacabras enganchados a las metanfetaminas, cuyo número oscilaba entre los tres y los ocho millones de personas, y que era responsable de la violación y el asesinato de 77.000 supuestas víctimas.

«Si atiendes a semejante razonamiento, uno podría decir: "La estimación mundial de la prevalencia de las drogas es tal y tal, nuestra población es de un millón de personas, de modo que nuestra estimación de la prevalencia de las drogas es de tal y tal multiplicado por cien millones" –declaró Jose Ramon Albert, antiguo jefe de estadística del país y veterano investigador del Instituto para Estudios del Desarrollo de Filipinas–. Hablamos de una estimación tendenciosa tanto por arriba como por abajo, dependiendo de si la estimación de la prevalencia a escala mundial es más alta o más baja que la del país».

Las cifras se disparaban, se encogían y se volvían a disparar, a medida que los lacayos del Gobierno se esforzaban por ponerse al día. El presidente añadía ceros al vuelo y luego hablaba de «estimaciones conservadoras». Era razonable pensar, decía el presidente, que más gente se hubiera vuelto adicta en los años transcurridos desde que se facilitara la cifra.

«De modo que tres millones más un millón son cuatro millones», dijo en una ocasión.

«Incrementemos con generosidad el cómputo –dijo en otra ocasión–. Pongamos unos 700.000 más. Esto nos da 3.700.000. Hablamos de una cifra impactante y que da mucho miedo».

Una investigación de Reuters concluyó que «las cifras sobre el número total de consumidores de drogas, el número de consumidores necesitados de tratamiento, los tipos de drogas que se consumen y la prevalencia de delitos relacionados con las drogas son exageradas, erróneas o inexistentes». La investigación citaba a agentes de antinarcóticos para quienes las cifras eran «estimaciones infladas», aunque reconocían su valía en la medida en que unían a la comunidad en una lucha que antaño había sido «una batalla solitaria».

«No creo que sea un problema –declaró a Reuters Wilkins Villanueva, director regional de la Agencia Antidrogas de Filipinas en Gran Manila–. El presidente solo exagera para que tomemos conciencia de la envergadura del problema».

Más adelante, la policía compilaría estadísticas sobre cómo a 11.321 de los 42.065 pueblos del país se los consideraba «afectados por las drogas». La Policía Nacional de Filipinas sostenía que esto resultaba «indicativo del empeoramiento del problema de las drogas, el cual ha victimizado mayoritariamente a los sectores de la sociedad más desamparados y empobrecidos».

«Afectado por las drogas», igual que «consumidor de drogas», es un término impreciso. Una zona «afectada por las drogas» era aquella con «una probada existencia de consumidores de drogas, traficantes, productores, cultivadores de marihuana y otros agentes relacionados con las drogas, independientemente de su número». Un consumidor, un adicto, un traficante, un hombre con marihuana en el bolsillo, y el pueblo quedaba marcado.

La palabra «probada» también pecaba de indefinición.

En julio del año 2016, la Policía Nacional de Filipinas desató formalmente la guerra contra las drogas al emitir el Memorándum de Ejecución n.º 16-2016. La circular fue distribuida por la oficina del jefe de policía Ronald «Bato» dela Rosa, el exjefe de policía de la ciudad de Dávao durante el desempeño como alcalde del presidente Duterte, quien en una ocasión me había dicho que se consideraba «un soldado leal» de Duterte. Incluso la Policía Nacional de Filipinas se resistía a secundar la cifra de ocho millones de adictos del presidente, y prefería citar la de 1,8 millones, ofrecida por la Junta para las Drogas Peligrosas.

Sin ninguna orden firmada por el Ejecutivo, la Policía Nacional de Filipinas anunció que el programa se basaba en «el pronunciamiento del presidente Rodrigo R. Duterte para acabar con las drogas ilegales durante los primeros seis meses de su mandato». Esta fecha tope, repetida en los discursos de campaña, era el único compromiso que recordaba a un plan de acción política por parte del presidente.

La operación recibiría el nombre de Proyecto Doble Cañón.

«Con un toque de cañón se activarán dos gatillos –informó risueño el jefe de policía Dela Rosa a los medios de comunicación–. Habrá un cañón que apuntará desde arriba, a los objetivos de alto nivel, y otro cañón que apuntará desde abajo, al nivel de la calle».

El primero de los dos cañones metafóricos se dirigía contra lo que el Gobierno calificó de objetivos de alto nivel: la mafia de la droga y los financiadores a los que se conocía popularmente como «capos de la droga». El segundo cañón se centraría en los traficantes callejeros y el consumo de drogas cotidiano. La operación recibió su propio nombre, Tokhang.

«Tokhang» no era una palabra extraída de ninguna de las lenguas locales. Se trataba de un término compuesto que se había diseñado específicamente para la guerra contra las drogas y que derivaba de las palabras bisayas *toktok* («llamar a la puerta») y *hangyo* («suplicar»). Tokhang significaba «visitas casa por casa, realizadas por la policía, con el fin de persuadir a los sujetos sospechosos de estar vinculados a las drogas ilegales de que cesen sus actividades ligadas a estas». Aquellos que constaban en las listas de la droga eran invitados a entregarse en los ayuntamientos de los pueblos y en las comisarías de policía y confesar sus delitos. Decenas de miles de personas declararon bajo juramento, delataron a los amigos que fumaban marihuana y fueron enviadas de regreso a casa bajo la advertencia de que no volvieran a pecar.

Tokhang fue una invención de Dela Rosa, el guante de seda enfundado en un puño de hierro. La policía decía que era una invitación, no una exigencia. Si resultaba que un sospechoso era asesinado, el motivo era que había sacado una pistola.

Matadlos a todos, dijo el presidente. El problema de la droga sería erradicado en un periodo de entre tres y seis meses. De fracasar, renunciaría al cargo o moriría.

Pero, si no iban a ser asesinatos, la policía precisaba una razón para matarlos.

La razón radicaba en las advertencias lanzadas en todos y cada uno de los discursos del presidente, susceptibles de reflejarse en los informes policiales y de ser presentadas a «esos sensibleros defensores de los derechos humanos» que acusaban al presidente de ser un carnicero. Matadlos si oponen resistencia. Disparadles si plantan cara.

Cogedlos antes de que ellos os cojan a vosotros.

En 1978, el Gobierno de Marcos convocó las primeras elecciones parlamentarias desde la declaración de la ley marcial. A aquellas alturas, Ninoy Aquino llevaba la mayor parte de los últimos cinco años y medio en confinamiento solitario. Fundó un nuevo partido y formó una lista de veintiún candidatos. El partido de Aquino era la única opción capaz de desafiar a la gigantesca maquinaria dictatorial, cuyo principal candidato era la gobernadora de Gran Manila, la primera dama Imelda Marcos en persona.

«La baraja electoral está marcada para ir en contra de los intereses de la oposición –escribió Aquino desde su celda en el fuerte Bonifacio–. De todos modos, ¡lucharemos!».

La palabra «luchar» en filipino es *laban*.

Lumaban siya. Él luchó.

Lumalaban siya. Él está luchando.

Nanlaban siya. Contraatacó.

El nuevo partido de Aquino se llamó Poder del Pueblo, Lakas ng Bayan. Su abreviatura, Laban. En 1978, el Partido Laban perdió casi todos los escaños. Ocho años después, los manifestantes enfundados en amarillo que abarrotaron la Edsa de punta a punta, durante la Revolución del Poder del Pueblo, formaron la letra ele con los dedos pulgar e índice. La palabra que más se repetía en sus labios era «laban». Era la palabra que interrumpía rezos y cánticos, la que se gritaba a los tanques que se aproximaban, la que se garabateaba en letreros de cartón que asían las monjas viejecitas.

En 1986 esto fue lo que la gente hizo por el bien de mi generación. Yo nací libre gracias a una palabra.

Nanlaban sila. Contraatacaron.

Treinta y siete años después, la policía se había apropiado de la palabra. Los lazos amarillos de la revolución se habían sustituido por la cinta amarilla con que la policía acordonaba la escena de un crimen.

Nanlabayan siya, nos decía la policía, noche tras noche, con los cadáveres a sus pies. «Contraatacó».

Nanlaban, bajo Rodrigo Duterte, no solo significaba que un hombre había contraatacado. Significaba que había luchado y muerto. *Nanlaban* es juicio y justificación, verbo y nombre, una abreviatura para esos malnacidos ahora liquidados que merecían lo que obtuvieron.

He aquí el sobrentendido de lo que significaba resistirse durante la guerra contra las drogas; luchabas y luego morías.

8

CÓMO MATAR A UN DROGADICTO

Durante ocho años viví en un viejo edificio de apartamentos, a dos calles de la cadena para la que trabajé como productora. Cuando empecé a hacer el turno de noche durante la guerra contra las drogas, aprendí a comprar cigarrillos y latas de atún en grandes cantidades. Con frecuencia me quedaba sin ropa limpia, de modo que pergeñé un uniforme de combate: me compré media docena de camisas blancas con botones, cuyas mangas doblaba cuatro veces hasta que me quedaban justo por encima de los codos, y un número excesivo de pantalones de vestir de color azul oscuro. A los cuatro meses de la guerra contra las drogas de Duterte, mi perro había mordisqueado todo el cable del microondas y en torno a un metro cuadrado del suelo de la cocina. La segunda vez que enfermó tuve que dárselo a alguien. Quiero pensar que comprendió mis motivos. Era un buen chico y lo eché mucho de menos.

Mi edificio constaba de cinco plantas y quedaba encajonado entre un bar y el convento de unas misioneras. Jamás vi a las monjas, pero de vez en cuando, justo después del amanecer, cuando la voz de Nicki Minaj dejaba de sonar por los altavoces del bar, podía oír, desde las ventanas de mi dormitorio, como las hermanas de San Carlos Borromeo entonaban himnos.

Me encontraba en casa una mañana cuando un fotoperiodista al que conocía me envió unas fotos de la escena de un crimen que me había pasado desapercibido. Se había informado de que las muertes eran resultado de un enfrentamiento con la policía. Mis fuentes sostenían que se trataba de un asesinato. Por entonces, investigaba las declaraciones oficiales y necesitaba comprobar la disposición de las pistolas.

El fotoperiodista me pidió que fuera con cuidado. Se trataba de policías, me dijo. Los hombres iban armados. «Lo sé –le respondí–, seré cautelosa».

Quizá fuera por la ligereza con la que me expresé, pero el caso es que, al cabo de unos minutos, me envió otra fotografía, no solicitada, del cadáver de una activista. La había tomado años atrás. La mujer yacía sobre la maleza, descoyuntada y ensangrentada, con el rostro golpeado hasta ser irreconocible. Aquel era el tipo de riesgo al que me enfrentaba.

«Gracias», le dije.

Me respondió con un emoticono sonriente. «¿Nos tomamos un café más tarde?».

Si me lo pidieran, podría enumerar los múltiples motivos por los que me era necesario cambiar de apartamento. Las goteras del techo. El largo trayecto hasta el trabajo. Demasiadas personas sabían mi dirección. Sin embargo, si me mudé fue sobre todo porque fui incapaz de sacarme esa imagen de la cabeza. La hierba se había oscurecido bajo su cabeza. Después de verla, había empezado a oír ruidos amortiguados de pasos subiendo por la escalera de incendios. Los aleluyas se habían metamorfoseado en susurros furtivos.

El nuevo apartamento se hallaba en un pueblo tomado por universitarios, dentro de un edificio junto a la avenida principal. Era un apartamento típico del extrarradio. Los árboles se extendían hacia las alturas. Ciclistas y corredores cruzaban por delante de los dormitorios rosados. Era un pueblo compuesto de profesores universitarios, golden retrievers y chicas con zapatillas deportivas blancas camino de clases de yoga. Quizá el presidente hubiera prohibido por completo fumar en el espacio público durante el primer año de su mandato, pero mi nuevo barrio se las había ingeniado para saltarse incluso eso. La cafetería, en la acera de enfrente, tenía una terraza cubierta y rodeada de árboles. Las mesas exteriores contaban con ceniceros, los pajarillos cantaban a primera hora de la mañana y un arroyuelo gorjeaba en las proximidades. Las camareras sonreían. Los otros clientes se ponían auriculares. De haberlo querido, podría haber dejado mi ordenador portátil sobre la mesa y encontrármelo intacto tras regresar al cabo de diez minutos. Ahí era donde escribía, consumiendo un paquete de cigarrillos tras otro y ganándome el privilegio a base de pedir un café capuchino cada dos horas. De no haber sido periodista, el impacto práctico de la elección de Rodrigo Duterte sobre mi persona se habría limitado al consumo de tabaco y poco más.

Pero el caso es que sí lo era, de modo que me pasaba las noches absorbida por la rutina de los asesinatos planificados. Necesitaba encontrarle una lógica a cada escena del crimen, una cronología a los hechos. ¿Se había tratado de un salvamento, de unos disparos desde una motocicleta, de una trampa tendida por la policía a unos traficantes, de un cuerpo arrojado a una cuneta? ¿El asesino era un policía o un justiciero? ¿Cuántos muertos, a qué hora había tenido lugar, quién había dado la señal de alarma? ¿Había un letrero junto al cuerpo, las manos estaban atadas, yacía una pistola en el suelo, habían metido el cuerpo dentro de una bolsa, habían envuelto la cabeza en plástico?

Los pasos estaban claros a medida que dibujaba una crucecita, luego dos, luego tres. Confirmar la esquina de la calle. Averiguar qué agente estaba al frente de la investigación. Acercarse furtivamente a los testigos y preguntarles si sabían cómo se llamaba el muerto.

No lo sabemos, quizá dijera alguien.

La familia está de camino, quizá lo interrumpiera otro.

Quedarse quieta. Prestar atención a los sollozos. Reconocerlos entre la multitud, encender las dos grabadoras. Pedir disculpas. Dar el pésame. La voz siempre baja y las preguntas, sencillas. ¿Quién era, qué ha ocurrido, de dónde son, cuándo lo vieron por última vez, cómo sabían que se había ido?

Llévenme a ese momento, les decía. Cuéntenme su historia.

Repasar la lista de comprobaciones; cada punto, un ancla para mantener el caos a raya. Contar los casquillos de bala mientras los policías colocan en el suelo las balizas, brillantes y numeradas. Observar cómo los técnicos vacían los bolsillos en busca de documentos de identidad, bolsitas de plástico que contengan metanfetaminas, dinero, teléfonos móviles. Buscar el nombre de la morgue. Y escribirlo todo, cada detalle que se despliega frente a mi ojos.

Sangre espesa, salsa de kétchup en el asfalto.
Cinta en la boca, sobrante doblado sobre la barbilla.
Policía usa camisa propia, se limpia la sangre de las manos.
Hoja de papel bond dentro de cartera, Times New Roman,
todo mayúsculas, a máquina, Soy un traficante.
Shorts. Camisa hawaiana estampada, zapatillas arrojadas entre
las rodillas.
Asesino se alejó caminando. No corrió.

Ahí estaba el puente en el que tiroteaban a una persona todas las semanas. «Cada lunes –dijo la barrendera–. No salimos a trabajar cuando ocurre». Ahí estaba el responsable de la morgue, colocando el cuerpo en la camilla manchada y luego subiéndolo a la furgoneta.

Las noches sobre el terreno se hacían largas. Cumplía con el trabajo. Hacía las entrevistas. Iba detrás de los policías. Parecía, a todos los efectos, ser un miembro funcional de los medios de comunicación, con lo que quiero decir que entregaba reportajes de forma ocasional y me inventaba excusas verosímiles cuando no lo hacía. A veces una madre me pedía ayuda para costear el funeral. A veces una abuela me contaba que no disponían de dinero suficiente para la escuela. Una mujer me rogaba con frecuencia que le hiciera un préstamo para comida, la factura de la luz, el alquiler, para poder visitar a un hijo en prisión. Jamás pagué por nada, porque los reportajes tienen sus reglas, y una de esas reglas es que, bajo ninguna circunstancia, debes entregarle dinero a una fuente, porque pagarle a una fuente significa comprar un reportaje. «Pero nadie lo sabrá», me dijo la madre de un chaval que había muerto de un disparo en el estómago. «Yo lo sabré», le dije.

Si comparto esta historia no es para demostrar lo virtuosa que soy, sino para reflejar el escaso peso de la conciencia a la hora de sobrevivir sobre el terreno. Por ejemplo, advertí que era posible tomar nota de que un padre lloraba ante la imposibilidad de comprar velas para su hijo muerto y luego sorprenderme pagando una factura por mi Kindle de Amazon que se correspondía con el precio de un ataúd pequeño.

Durante los primeros años de la guerra, me enamoré, aprendí a montar en bicicleta y descubrí de primera mano cuánta sangre puede contener el cuerpo de un hombre adulto. El mundo no dejaba de girar ni la gente de morir, y yo me pasé los siguientes años escribiendo sobre los muertos bajo los verdes y frondosos árboles.

Al igual que un romance, una operación en la que la policía tiende una trampa a los narcotraficantes haciendo pasar a sus agentes por clientes supone una relación muy íntima. El presunto camello es identificado y vigilado. Se apuntan sus idas y venidas, se investiga a sus cómplices, se toma nota de sus preferencias y los pormenores de sus interacciones diarias quedan registradas para ser usadas en el futuro. La persecución es una operación delicada. Hablamos de una especie de cortejo. Un policía encubierto, llamado «el supuesto comprador», interpreta el papel de un consumidor de drogas ilegales que se persona en la vivienda del sospechoso. Le declara sus intenciones. Le promete que actúa de buena fe. Se entrega la mercancía, la pregunta es formulada y contestada. Los policías emplean la misma palabra que los recién casados para referirse a la finalización del proceso: «consumación».

«Después de consumarse la transacción –se leía en un informe policial–, el presunto comprador y compañero arrestó al sospechoso».

Solo en el caso de que el sospechoso acabe muerto en el transcurso de la operación, asoma otra frase, y lo cierto es que lo hace con una regularidad sorprendente. En los informes policiales de operaciones, que en Filipinas carecen de zona de grises, la frase «el sospechoso advirtió la presencia de agentes de la ley» aparece justo antes de «el sospechoso sacó su arma de fuego». Es la intimidad final entre asesino y asesinado. Por un lado, el reconocimiento del enemigo; por otro, la advertencia de una amenaza. Lo uno conduce a lo otro: la elección de desafiar, el arma esgrimida, el dedo en el gatillo, el hombre que cae muerto al suelo. Sobre el papel, todo queda reducido a una línea. Sobre el terreno, es una sentencia de muerte.

Fijémonos, por ejemplo, en un día concreto durante la guerra contra las drogas, cuando la administración del presidente Rodrigo Duterte llevaba un año en el poder.

Todo empezó cuando pasaban veinte minutos de las doce de la noche del 15 de agosto de 2017, momento en que la policía llevó a cabo una operación encubierta de compra de drogas, que se acabaría saldando con la confiscación de cincuenta gramos de metanfetaminas y la muerte de dos hombres.

La policía necesitó menos de veinticuatro horas para embolsar otros treinta cadáveres.

A las 00.20, los sospechosos Bernard Lizardo y Justine Bucacao, «después de advertir que estaban tratando con un policía encubierto, dispararon varias veces contra el equipo de operaciones e intentaron eludir el arresto, lo que desembocó en un breve tiroteo que resultó en la muerte de los sospechosos».

A las 00.40, los sospechosos Jimmy Gongon y Bartolome Marin, «advirtieron la presencia de operativos» y sacaron armas, lo que resultó «en la muerte instantánea de los dos sospechosos».

A la 1.40, un sospechoso, «un tal Alvin», acababa de concluir una venta «cuando advirtió que estaba completando una transacción con un policía» y «disparó contra los operativos que se le aproximaban, obligando a los policías de la zona a abrir fuego, lo que resultó en la muerte del sospechoso».

A la 1.45, el sospechoso Christopher Tecson «advirtió que el presunto comprador era un agente de policía» y «disparó contra el policía, provocando un breve tiroteo que resultó en la muerte del sospechoso».

A las 2.25, el sospechoso Wilfredo Alapide «advirtió que el policía encubierto era un agente de policía e intentó escapar». La policía lo persiguió, «produciéndose un tiroteo entre ellos que resultó en la muerte instantánea del citado sospechoso».

A las 3.00, el sospechoso Jessie Andales «advirtió que se le aproximaba el equipo de operaciones y disparó su arma en dirección a los agentes de policía, lo que obligó a estos últimos a contraatacar, produciéndose así un tiroteo». El sospechoso «recibió heridas de bala en diversas partes del cuerpo» y fue trasladado a toda prisa al hospital, donde se le declaró muerto a su llegada.

A las 3.30, el sospechoso Jefry Miranda «descubrió» que delante tenía a un agente de policía encubierto y procedió a «disparar al agente de policía. A continuación, se produjo un tiroteo entre el sospechoso y los operativos que resultó en su muerte».

A las 4.30, un sospechoso conocido únicamente como «Alias Macoy», tras una «transacción consumada», se resistió a ser detenido, «sacó su pistola y disparó contra el supuesto comprador, pero falló». El personal policial de refuerzo «contraatacó, matando al sospechoso en el acto».

Los treinta y dos que murieron durante esas veinticuatro horas no constituyeron el total nacional. Todos ellos murieron en una sola provincia. Aquel día, las comisarías de policía de la provincia de Bulacán realizaron sesenta y siete operaciones e implicaron a treinta y dos individuos en tiroteos. Los treinta y dos murieron de resultas de heridas de bala.

Al día siguiente, el servicio de noticias del Gobierno divulgó el titular «Asesinados traficantes de drogas», aunque la policía se mostró incapaz de facilitar el nombre de varios de los muertos. (Al último se refirió solo como «uno de los identificados»). El jefe de policía de Bulacán, el coronel Romeo Caramat Jr., dijo públicamente que «resulta muy obvio que muchos de los muertos ya no están en su sano juicio porque, en vez de rendirse como hacen la mayoría de los detenidos, optan por plantarle cara a la policía».

Más de un centenar de sospechosos que «se rindieron» fueron arrestados. Los treinta y dos sospechosos que ofrecieron resistencia fueron tiroteados y murieron. Ningún policía resultó herido. Ningún sospechoso resultó herido. Creerse este relato significa creer que la policía local logró una tasa de éxito de objetivos a eliminar del ciento por ciento, superior al ya de por sí improbable 97 por ciento sobre el que informó un equipo de investigación de Reuters en 2016, y superior al 83 por ciento de los infames tiroteos llevados a cabo por la policía de Río de Janeiro.

«Por fortuna –declaró un teniente coronel de Bulacán–, no hubo bajas en el bando de la Policía Nacional de Filipinas».

¿Se trataba de asesinatos? La policía no calificaba así a este tipo de muertes. Si no eran asesinatos, ¿debemos inferir que todos y cada uno de los policías de Bulacán, incluso los reclutas más novatos, demostraban ser unos tiradores tan asombrosamente talentosos que todo fuego cruzado de carácter azaroso se saldaba con un acierto tan letal por su parte? Si no se trataba de asesinatos, ¿cómo se explicaba que la policía no hubiera informado de baja alguna durante veinticinco intercambios de disparos, todos ellos independientes y acontecidos en el transcurso de apenas veinticuatro horas? Y si no se trataba de asesinatos, ¿resultaba que absolutamente todos los sospechosos que dispararon contra la policía habían errado el blanco?

«Cuestión de suerte», dijo la policía.

Muy bien, dijo el presidente.

El 16 de agosto de 2017, al día siguiente de la muerte violenta de al menos treinta y dos de sus ciudadanos a manos de agentes estatales, el presidente expresó su deseo de que hubiera más muertos.

La alfombra era roja en el Vestíbulo de los Héroes del Palacio de Malacañán. La multitud que se había levantado de sus sillas de madera tallada para aplaudir la entrada del presidente lucía ropa de gala y peinados sofisticados, bien conscientes de que las cámaras de la televisión pública estaban captando sus rostros. Se habían reunido para celebrar el decimonoveno aniversario de la fundación del cuerpo de Voluntarios contra el Crimen y la Corrupción (VACC), un grupo que había respaldado al presidente durante la campaña electoral.

Rodrigo Duterte lucía la camisa tradicional de seda, confeccionada a partir de piñas, el *barong tagalog*. Incluso con los dos botones superiores desabrochados, era un raro reconocimiento del boato que le rodeaba en un hombre que acostumbraba a trabajar en camisa de cuadros de manga corta. Se dirigió al atril a largas zancadas. Un ayudante uniformado le entregó al presidente una carpeta bien gruesa. Esta contenía la segunda remesa de lo que la prensa había bautizado como la «narcolista», los nombres de todos los funcionarios públicos que, de acuerdo con el presidente, estaban involucrados en el negocio de las drogas ilegales.

El presidente saludó al público. Felicitó al VACC. Agitó en el aire una copia de su discurso y dijo que las víctimas del crimen y la corrupción se merecían algo más que un discurso de dos páginas. Durante los cuarenta y seis minutos de comentarios improvisados, abordó las muertes acontecidas durante las últimas veinticuatro horas.

«Treinta y dos murieron en Bulacán durante una redada masiva a primera hora –dijo el presidente Duterte–. *Maganda yun*».

En filipino, *maganda* significa «hermoso». También puede significar «bien». No quedó claro qué quiso decir el presidente aquella tarde de agosto, pero hubo un motivo detrás de la decisión de todos los medios de comunicación locales de habla inglesa de escoger la palaba «bien» en vez de «hermoso». «Bien», por mucho que revelara un juicio deplorable, resultaba mucho menos escandaloso que «hermoso». «Hermoso» habría conferido un elemento placentero, una idealización de la brutalidad, la impresión de que el comandante en jefe de una república democrática estaba no ya agradecido, sino encantado con el asesinato despiadado de sus conciudadanos.

Aquellos de nosotros que escribíamos sobre el presidente y sus frecuentes incitaciones a la violencia lo hacíamos por una cuestión de deferencia, otorgándole el beneficio de la duda a un hombre cuyas amenazas dispersas habían alcanzado a los miembros de la prensa libre. Traducíamos su *putang ina* por «hijo de perra» en vez de «hijo de puta». Reproducíamos las excusas servidas con una sonrisa por su portavoz oficial, sus explicaciones de que al presidente había que tomárselo «con seriedad, pero no literalmente», que sus palabras requerían de una «imaginación creativa» a la hora de ser interpretadas, y que las incitaciones a sus soldados a que cometieran violaciones en el campo de batalla no eran más que «bravuconería exacerbada».

Cité la declaración del presidente en mis redes sociales: «"Treinta y dos murieron en Bulacán durante una redada masiva a primera hora –dijo el presidente Duterte–. Bien"».

Un lector me dejó un comentario. «Para que conste en acta, no dijo que treinta y dos muertos fuera algo bueno. Duterte dijo que era hermoso. No permitamos que la perversidad se pierda por culpa de una mala traducción».

Aquí está, pues, lo que el presidente dijo a última hora de la tarde del 16 de agosto del 2017: «Treinta y dos murieron en Bulacán durante una redada masiva a primera hora. Hermoso. Si somos capaces de matar a otros treinta y dos por día, quizá podamos reducir lo que aflige a este país».

El presidente ha llamado «hermoso» a muchas cosas.

Los pijamas eran hermosos. Las carreteras eran hermosas. El federalismo, las casas de los Scout Rangers, los trenes, la madre del rey de Camboya en sus años mozos, todos hermosos. Una actriz que fue violada era hermosa. Una misionera de raza blanca que fue asesinada tras ser violada por unos convictos era hermosa, aunque el presidente puntualizó que él debería haber sido el primero en forzarla. La novia del presidente –la de más edad– era «más hermosa que la otra». La isla de Mindanao era hermosa. También las hijas de la ciudad de Dávao, y sus propias hijas, y la ciudad misma, «incluso si todos estuvieran muertos». Sin orden de preferencia: una canción escrita sobre él, el lenguaje empleado en la introducción del folleto dedicado a la Junta Internacional de Fiscalización de Estupefacientes, su exmujer alemana, que se dirijan a él como «alcalde» en vez de como «presidente», su sintonía con el ejército y la policía. Las mujeres filipinas eran hermosas «y huelen bien». Dijo que «mirar a las mujeres hermosas es la felicidad de todo alcalde». Su arma corta era hermosa. La Iglesia de Duterte era hermosa: «No hay nada de pecaminoso en ella, puedes beber cuanto quieras y poseer a cuantas mujeres quieras hasta que tu esposa te mate». El país sería hermoso una vez que hubiese acabado con la corrupción, la criminalidad y las drogas. Era hermoso humillar al presidente de Estados Unidos, Barack Obama, al secretario de Estado de Estados Unidos, a las Naciones Unidas, a la Comisión de Derechos Humanos de las Naciones Unidas y a la Unión Europea. La alcaldesa de la ciudad de Taguig era hermosa. Melania Trump era hermosa. También las motos, en especial la Harley Davidson Sportster. Y la economía. Los cadáveres «con un solo agujero de bala en la cabeza»; esto era hermoso. Las playas de las Bisayas, los auditorios de Iloilo. Las candidatas a Miss Universo de la 65.ª edición del concurso. Su pene circuncidado. Las mujeres filipinas que se casan con rusos. Las «mujeres blancas y flexibles» de Cagayán de Oro. Algunos hospitales. El cielo al atardecer. El pelo de la secretaria de Defensa. Su enfermera. Su relación con China. La pistola Nighthawk del calibre 45. La ropa blanca del hotel Península. La vicepresidenta, sobre cuyas rodillas quiso subrayar que «me entraron ganas de decirle: "Señora, quizá la próxima vez podría llevar unos shorts"». Los zapatos rojos lucidos por una reportera. Los ciudadanos con disciplina. El puente Miranda. La ciudad de Marawi. La gente de Oriente Medio. La «hermosa raza de los musulmanes». Los fusiles de francotirador fabricados en China. Las pistolas Jericho. Los fusiles Barrett fabricados en Estados Unidos. La pistola Glock. Una conocida de nombre Lia cuyas «carnes se distribuyen de una forma casi perfecta».

Y el 16 de agosto el asesinato de treinta y dos hombres, a manos de unos agentes de policía a los que había prometido proteger. Aquello también fue hermoso.

La subversión de la palabra «hermoso» no era potestad de Rodrigo Duterte. En los años setenta, otro autócrata había redefinido el concepto de «hermosura» para los filipinos: Imelda Marcos, la Mariposa de Acero, la mitad de la dictadura conyugal, cuya búsqueda de la belleza había vaciado las arcas del país.

«No es caro ser hermosa –dijo–. Estar presentable y hermosa solo requiere de un pequeño esfuerzo. Pero algo de esfuerzo sí que pide. Un esfuerzo activo. Y, por desgracia, la gente piensa en la hermosura como lujo, en la hermosura como frivolidad o extravagancia. La hermosura es una disciplina, la hermosura es un arte, es una armonía, en un sentido tanto ideológico como teológico, la hermosura es Dios y el amor hecho realidad. Y el objetivo último en este mundo es la hermosura».

El día en que treinta y dos personas fueron asesinadas en Bulacán, la búsqueda de la hermosura emprendida por el presidente Duterte ya había fracasado. Se había alzado con la presidencia con la promesa de acabar con los males de la droga, el crimen y la corrupción en un periodo de entre tres y seis meses. «Cero excusas», había dicho, después de ampliar su propia fecha límite otros seis meses.

Al año de su presidencia, aquel día sobre el escenario del Vestíbulo de los Héroes, el hombre que había prometido cero excusas puso unas cuantas. Que el país se parecía muy poco a la ciudad de Dávao, donde había tenido éxito imponiendo su idea de la disciplina. Que sus organismos eran corruptos. Que el país carecía de unidad. Que los alcaldes municipales estaban a sueldo de los capos de la droga. Que los medios de comunicación lo estaban «crucificando». Que el colectivo en pro de los derechos humanos «hace demasiado ruido». Que incluso los Estados Unidos de América, con todo el poder que acaparaban, se habían mostrado incapaces de solucionar el problema de la droga. Que había estado trabajando y matando y luchando, pese a lo cual la gente seguía quejándose.

«Mira lo que ocurre cuando los matas –dijo–. Creo que se producirá otro revuelo. Volverán a clamar que se haga justicia con los treinta y dos que murieron en operativos masivos y coordinados».

Aquel día habló frente a una multitud compuesta por la élite política, que se deshizo en aplausos, y presentó una carpeta repleta de nombres.

Era una lista larguísima. «Pero, con la ayuda de Dios, esto se convertirá algún día en un certificado de defunción».

Para matar a un drogadicto debes estar de servicio, dice el presidente. Debes tener una orden judicial o ver metanfetaminas cambiando de manos. Tienes que proclamar tu autoridad, he aquí una regla de oro. Di que eres un policía. Haz saber que estás ahí para practicar una detención. Exige que el drogadicto deje lo que está haciendo, se rinda y te siga hasta la comisaría para prestar declaración y abrir una investigación. Tu deber consiste en arrestarlo, y si se resiste tu deber es imponerte. Si se lleva la mano al bolsillo, debes desenfundar tu pistola. Si el arma del drogadicto es letal –y por descontado que lo es, porque el delincuente es un drogadicto y todos los drogadictos van armados– tu deber es dispararle.

¿Se trata de un asesinato?

¿Se trata de un homicidio?

¿Eres responsable de esas muertes?

Para matar a un drogadicto es necesario sentir miedo. El miedo es un prerrequisito. Tu único objetivo es la supervivencia. No actúas impelido por la rabia, el prejuicio o bajo los rescoldos de una tarde de borrachera. Temes dejar viuda a tu esposa. Temes dejar huérfanos a tus hijos. Aprietas el gatillo, y si el gatillo está unido a una pistola en vez de a un revólver, no puedes controlar dónde acaban las balas. Le das al drogadicto. Le das a las cinco personas que tenía detrás. Muere el drogadicto. Mueren las cinco personas. Mueren diez personas, cien. Las balas rebotan.

«Si matas a las cinco personas que tiene detrás –dijo el presidente–, lo haces en acto de servicio. Esto es excusable».

La cuestión no es quién eres en el momento de matar. La cuestión es lo que eres. «Siempre que te encuentres en acto de servicio –dijo el presidente–, si aprietas [el gatillo de tu] M-16 y le das a un delincuente, le estás dando a todo el mundo, y no pasa nada. Así son las cosas. ¿Dónde te encuentras en ese momento? ¿Qué eres?».

Lo que eres es un policía, y si la disyuntiva es entre un policía muerto y un drogadicto muerto, el deber está claro: «Tu deber es matar». Un hombre corriente que mete una bala en el cuerpo de otro hombre puede alegar defensa propia. Un hombre con una placa que vacía el cargador de su pistola en el cuerpo de otro hombre no solo cuenta con el derecho a alegar defensa propia. También goza de presunción de regularidad en el desempeño de su trabajo.

Esto era legal, de acuerdo con el presidente. Esto era correcto. La misma idea se extendía por toda la jerarquía del cuerpo. «La presunción de regularidad ampara a los agentes de la ley, a menos que los tribunales dictaminen lo contrario», dijo el portavoz de la Policía Nacional de Filipinas, el general de la brigada policial John Bulalacao, en una declaración frente al Tribunal Supremo. «Es lo que de verdad ocurría sobre el terreno –me contó en una entrevista Guillermo Eleazar, exjefe de policía de Ciudad Quezon–. Ahí es donde tienes tu presunción de regularidad».

Como sucede con la mayoría de la jurisprudencia filipina, la presunción de regularidad proviene de Estados Unidos. Hunde sus raíces en una frase en latín: «Omnia praesumuntur rite et solemniter esse acta donec probetur in contrarium». «Se presume que todas las cosas se han llevado a cabo con corrección y debidamente hasta que se demuestre lo contrario».

En la Filipinas moderna, la regularidad en el desempeño laboral la reflejan tanto el Reglamento de Procedimiento del Tribunal de Justicia como el Código Penal Revisado.

En el Reglamento de Procedimiento del Tribunal de Justicia, sección 3, reglamento 131, a la presunción de regularidad se la considera «satisfactoria si no es contradicha, pero puede ser contradicha y neutralizada por otras evidencias». Se presume que la policía cumple por defecto con sus cometidos oficiales. Cualquier evidencia que señale lo contrario neutraliza esta presunción. El artículo 11.5 del Código Penal Revisado indica que «cualquier persona que actúa en el cumplimiento de su deber o en el desempeño legal de un derecho o cargo no incurre en responsabilidad penal alguna». Se trata de una medida defensiva con posterioridad a los hechos, esgrimible frente a los tribunales.

Bajo Duterte, el recurso a la presunción de regularidad se convirtió en la justificación que explica que muy pocos de los miles de incidentes relacionados con la muerte de sospechosos vinculados a las drogas «en operaciones policiales legítimas» acabaran en una condena. Estos casos con frecuencia se archivan como resueltos. Se conoce a la persona que mató, y la persona que mató no es ningún asesino.

La presunción de regularidad es un argumento sustentado en la buena fe. El policía mató al drogadicto porque el drogadicto contraatacó, *nanlaban*. Los actos, a menos que se demuestre lo contrario, se consideran normales, apropiados y correctos. Se confía en el policía porque es un policía. El drogadicto es un delincuente, «y si emplea violencia al resistirse a su detención» tienes libertad para matarlo. Imponerse a la resistencia era un deber con el que todo policía cumplía en el nombre de Dios, la Constitución y las leyes del país.

Escuchad al presidente. «Le dije a la policía: "No abuséis". Podéis matarlos legalmente. ¿Para qué hacerlo ilegalmente?».

Para matar a un drogadicto, todas las piezas han de encajar. El policía cumpliendo con su deber. El delincuente resistiéndose a la autoridad. La amenaza violenta, el riesgo para la vida, el despliegue de una fuerza letal. Estos elementos se conjugaron al menos 6.252 veces durante la guerra contra las drogas, aunque no está claro si fueron necesarios 6.252 policías para matar a 6.252 sospechosos o si algunos de los policías cumplieron con su deber sagrado en más de una ocasión.

Las piezas encajaron cuando un policía mató a un joven delante de su primo de veinte años, quien declaró que el policía había levantado los pulgares en señal de «todo correcto» tras informar de que el sospechoso estaba muerto.

Las piezas encajaron cuando treinta y un agentes de policía «no tuvieron más opción que contraatacar» y acabaron con la vida de tres chatarreros armados «que opusieron resistencia de forma clara», entre los cuales había un hombre al que se identificó solo por el nombre, Buhay, «vida».

Las piezas encajaron en el caso del sargento de policía Allan Formilleza, que llevaba diecisiete años en la comisaría 6 de Ciudad Quezon.

Formilleza no estaba solo el día en que apretó el gatillo. Los documentos oficiales que se redactaron tras el incidente mencionan a otras tres personas que acompañaban a Formilleza por la carretera 101: el líder del equipo, el capitán Emil Garcia, y dos novatos, James Aggarao y Melchor Navisaga, ambos patrulleros.

Era una operación rutinaria. Los cuatro iban a realizar una visita en el marco de la Operación Plan Tokhang. Aquel día, 21 de agosto de 2016, su destino era la casa del sospechoso Marcelo Daa Jr., ubicada en Payatas, Ciudad Quezon.

Tokhang requería que los policías localizaran a individuos

relacionados con las drogas, llamaran a sus puertas y los invitaran a rendirse a las autoridades. Sin embargo, en este caso la policía no tuvo tiempo de llamar a la puerta. Los sospechosos «percibieron» la presencia de los agentes de policía. Los cinco desenfundaron sus armas. Dispararon.

Los policías se pusieron a cubierto. Se identificaron como agentes de policía. Uno de los sospechosos, Efren Morillo, les gritó: «Hindi kami papahuli ng buhay!».

No nos cogeréis vivos.

Los policías no tenían elección.

«Nuestro equipo contraatacó», escribieron los agentes en el afidávit conjunto. Ese contraataque dio lugar a «la muerte instantánea» de los sospechosos. Informaron de un balance de cuatro muertos. Marcelo Daa, treinta y un años. Rhaffy Gabo, veintitrés. Anthony Comendo, treinta y seis. «Un tal Jesse», de nombre y edad desconocidos. Todos *nanlaban*.

¿Fue legal?

¿Se cometió en defensa propia?

¿Se cometió en acto de servicio?

¿Se cometió siguiendo órdenes del presidente?

El capitán de policía Emil Garcia, entrevistado por un informativo de televisión en el exterior del lugar de los hechos, declaró que los sospechosos iban armados con un revólver y una pistola calibre 45. «Cuando nos acercamos al cuarto del cual saldrían, de repente comenzaron a dispararnos».

La policía enumeró las pruebas recabadas por los investigadores de la escena del crimen. Estas incluían cinco pistolas, dos bolsitas de plástico termoselladas que parecían contener metanfetaminas y material diverso ligado a la droga.

Una semana después de los hechos, un informe de seguimiento, firmado por el comandante al frente de la comisaría del equipo involucrado, emitió su valoración sobre la actuación de los agentes. «Se recomiendan condecoraciones y menciones».

La teoría de la regularidad, tal y como la postuló David Hume, presupone que los efectos siguen a las causas con una consistencia inalterable. Para Hume existen tres condiciones que determinan la regularidad. Primero, una causa debe llegar antes que una acción en el plano temporal. Dos, la causa debe ser contigua al efecto. Tres, las instancias deben mostrar semejanza. Todas las causas semejantes deben conducir al mismo efecto.

Por ejemplo, un tiroteo.

Un drogadicto se resiste; un policía responde al fuego. Causa antes del efecto.

Un drogadicto intenta sacar su arma; el policía aprieta el gatillo. Causa próxima al efecto.

Miles de sospechosos peligrosos se resisten de forma violenta a su detención. Miles son neutralizados a manos de la policía. Causa y efecto, una historia sangrando sobre la siguiente en una repetición casi perfecta.

«Veamos, si desenfundas tu arma –dijo el presidente–, si contraatacas, y en su cabeza este policía empieza: "Ah, no, quizá me alcance primero, de verdad que podría morir", entonces puedes disparar. ¿Qué factores hay en juego? En primer lugar, la defensa propia. Es verdad que el delincuente te va a matar. En segundo lugar, cumplimiento del deber. Porque la ley dictamina que has de imponerte a su resistencia por todos los medios posibles».

Regularidad, sostenía Hume, requiere de una conexión regular, construida sobre una sucesión rutinaria de causas y efectos. La mente infiere el efecto de la causa.

Supongamos que la resistencia es un efecto, no una causa. Sigamos la cadena de causación dando un único paso atrás. Ante el presumible uso de una fuerza letal, ¿qué llevaría a un sospechoso a escoger la opción de resistirse? ¿Por qué cinco hombres, cuatro de ellos residentes en la zona, en presencia de sus novias, hermanos e hijos, y sin mediar ningún tipo de debate previo, tomarían la decisión, inmediata y simultánea, de levantar sus armas, que tan oportunamente llevaban consigo una tarde de domingo, condenándose en ese momento a una más que probable muerte o, en su defecto, a toda una vida como fugitivos? «No nos cogeréis con vida», se supone que uno de ellos les dijo a los policías. Unos policías que, según su propio testimonio, simplemente se «dirigían con calma hacia la ubicación» con el fin de conversar de manera pacífica con los hombres que estaban en el interior de la casa.

«No nos cogerán con vida». Hemos elegido jugarnos la vida.

Su Excelencia el Presidente tiene una explicación. Eran drogadictos. Se resistieron de forma violenta porque es lo que hacen todos los drogadictos. Estaban «enfermos de paranoia y siempre armados». Aquel era su «comportamiento habitual», dijo el presidente.

«Es cierto que contraatacan porque están paranoicos, no dejan de alucinar y casi siempre llevan armas letales para dar batalla».

Si una muerte no iba a ser un asesinato, debía existir un motivo. Había que matar a los individuos si se resistían de forma violenta, y se resistían de forma violenta porque eran drogadictos, y dado que todos tendían a la violencia, a todos había que matarlos.

En tal caso sería razonable asumir que, dados los millones de presuntos drogadictos paranoicos y psicopáticos, deberían haber sido también millones, no miles, a los que se debería haber matado –matado legalmente– durante los enfrentamientos con la policía a lo largo y ancho del país. Sin embargo, la policía, en su intento por defender sus acciones, enfatizó la estadística opuesta. Millones que podrían haber muerto no fallecieron, declaró el portavoz de la policía Bulalacao. La rendición pacífica de 1,3 millones de sospechosos de ser drogadictos o traficantes demuestra que las muertes masivas no estuvieron sancionadas por el Estado. «Si las alegaciones [de asesinatos extrajudiciales] fueran ciertas –le contó Bulalacao a la prensa–, entonces los individuos que se entregaron y los sospechosos detenidos no deberían estar con vida. La proporción de los que murieron respecto a los que fueron arrestados o se entregaron es de apenas el 0,3 por ciento lo que lógicamente eliminaría la posibilidad de asesinatos extrajudiciales».

Así se pronunciaba el jefe de policía de Ciudad Quezon, bajo cuyo mando se desarrolló la Operación Tokhang, el 21 de agosto. Aseguró que los enfrentamientos letales solo representaban el 6 por ciento de las operaciones antidroga de la policía, «un porcentaje pequeño», en palabras del general Eleazar.

¿Entonces en qué quedamos? ¿Se trata de drogadictos que por su propia naturaleza mostrarán resistencia y deberán por tanto morir, o se trata de drogadictos que por el hecho de sobrevivir demuestran la profesionalidad de la policía?

En última instancia, la presunción de regularidad depende de lo que la mente infiera. Matar legalmente, tal y como ha ordenado el presidente; cumplir con el deber de uno, tal y como lo ha definido el presidente; para continuar con el trabajo, para continuar con la labor, para destruir al enemigo..., para hacer todo esto, el país debe relacionar de forma inexorable al drogadicto con un arma. Hablamos de una vinculación que el presidente ha realizado en un discurso tras otro. Esto es lo que es normal, aceptable, «regular».

Hete aquí, por ejemplo, al sargento de policía Allan Formilleza, explicándome precisamente por qué pensó que un joven llamado Efren Morillo había levantado un arma y gritado que no lo cogerían con vida.

«Así son los drogadictos –dijo Formilleza–. Siempre fuera de sí. Así son».

Aquí va otra versión de lo ocurrido en Patayas, Ciudad Quezon, el 21 de agosto de 2016.

Aquel día eran cinco. Marcelo Daa jugaba al billar en una mesa dispuesta bajo un cobertizo, en el patio de delante. Junto a Marcelo se encontraban sus vecinos, Jessie Cule, Anthony Comendo y Rhaffy Gabo, y uno de sus amigos de la infancia, Efren Morillo, que llevaba tiempo viviendo fuera, pero que aquel día se había pasado a saludar.

Marcelo trabajaba de ayudante de un camionero. Vivía con su pareja y sus tres hijos en una casa a pocos metros de la chabola en la que su madre lo había traído al mundo hacía treinta y un años. A diferencia de la mayoría de los asentamientos de Patayas, el hogar de Daa se levantaba en un claro muy apartado, lo que suponía tener que andar un largo trecho colina abajo desde la autopista principal, cruzando una zona boscosa en la que la frondosidad de los árboles apenas disimulaba el hedor de un vertedero cercano. El hogar de Daa y su familia formaba parte de un amontonamiento de casas ocupadas, aisladas y ensambladas a partir de madera contrachapada y lonas, cuyos tejados de hojalata se hundían bajo el peso de grandes rocas, lavamanos y un sujetapuertas de la serie *Las pistas de Blue*, astillado y torcido. Un barranco de doscientos metros de altura se curvaba por los extremos del claro.

Hacía una tarde calurosa. Los minutos avanzaban lentamente. Marcelo, Jessie y Efren jugaban al billar. Anthony y Raffy dormitaban en unas hamacas y luego entraron en la casa a comer algo. Las mujeres –la madre de Marcelo, así como su tía, su hermana y la pareja con la que convivía– miraban la televisión. Los niños perseguían arañas en los herbazales.

El ajetreo en la verja de la entrada empezó poco después de las tres del mediodía. Los jóvenes que jugaban al billar levantaron la vista. Había siete personas en el exterior: cinco hombres y dos mujeres. Ninguna de ellas llevaba uniforme.

Uno de los hombres sacó una pistola. «Todos quietos».

Los cinco jóvenes levantaron las manos. Fueron atados, esposados y golpeados. La policía no traía esposas suficientes, de modo que uno de ellos arrancó un trozo de cable eléctrico del tejado del cobertizo. Los policías registraron la casa. Se quedaron un teléfono móvil, una tableta, un encendedor, una cachimba, trozos de papel de aluminio, una balanza y un frasco de alcohol antiséptico.

«Se llevaron mi audífono –me contaría más adelante una de las mujeres–. Es por esto por lo que no puedo oírla muy bien, porque se llevaron mi audífono nuevo».

Uno de los hombres salió de la casa. «No encontramos nada».

El padre de Marcelo, de sesenta y nueve años, se encontraba

valle abajo, trabajando en su plantación de plátanos, cuando oyó el altercado. Subió a toda prisa por la ladera y se encontró a los cinco hombres, incluido su hijo, sentados a un lado de la casa, esposados y atados. Mucha gente se había reunido en el patio. Uno de los policías, que decía ser el comandante, empujó al padre de Marcelo. El comandante acusó al padre de Marcelo de ser el cerebro de la banda e intentó agarrarlo del brazo.

«Me dijeron que tenían una misión –dijo el padre de Marcelo–. Me dijeron que eran policías».

Marcelo, que seguía esposado, le gritó a su padre. «Yo me encargo de esto. Es culpa mía. Marchaos».

El padre de Macelo hizo lo que le pedía. Luego desearía no haberlo hecho.

Cuando el padre de Marcelo se hubo marchado, les quitaron las esposas. A la hermana de Marcelo, que no dejaba de llorar, se la llevaron de ahí. Condujeron a los cinco jóvenes al patio trasero. Un policía que vestía una sudadera roja, el hombre al que los testigos identificarían como Allan Formilleza, se encargó de Efren y Marcelo. Los empujó hasta una chabola, levantada de cualquier manera y cubierta por una lona, junto al patio trasero.

Se les ordenó que se sentaran. Así lo hicieron: Marcelo en una silla de madera, Efren, de costado, sobre uno de los brazos de la misma. El sargento de policía Allan Formilleza levantó la pistola y la amartilló.

Efren habló deprisa; las palabras se encabalgaban las unas sobre las otras. Dijo no saber nada. Dijo estar limpio. Dijo ser un vendedor, de fruta y poco más. Dijo no estar implicado en nada.

«¿En serio? –le preguntó Formilleza–. ¿En serio?».

La bala impactó contra el pecho de Efren, justo por debajo del corazón.

Quedó inmóvil sobre el suelo terroso, con la cabeza ladeada en dirección opuesta a su asesino, mientras Formilleza disparaba contra su amigo, Marcelo, una, dos, tres veces, en rápida sucesión.

Llegaron más disparos desde el patio trasero. Formilleza se alejó caminando.

«Ya sabéis lo que tenéis que hacer –les dijo a sus hombres en el exterior del cobertizo–. Llamad a los investigadores de escenas del crimen. Dejad las pruebas en su sitio. Decid que todos opusieron resistencia».

A las mujeres las retuvieron en el interior de la casa. Otra tía de Daa, que vivía a kilómetro y medio de distancia, oyó el alboroto y se acercó hasta los árboles que bordeaban la propiedad de los Daa. Se detuvo a escasos metros del patio trasero. En un afidávit declaró que vio a Rhaffy y Anthony tirados en el suelo, sangrando a causa de heridas de bala. Dijo que vio a Jessie Cule, de rodillas, herido, pero todavía con vida.

Un hombre que quizá fuese un policía se cruzó en su camino. Ella empezó a dar gritos y alaridos hasta que el hombre se la llevó a empellones fuera de la verja. Era una verja baja, de poco más de un metro de altura, hecha de red metálica reciclada.

Oyó que uno de los hombres decía: «Señor, hay uno que todavía respira».

Se produjeron otros dos disparos.

Un adolescente que se había encaramado a un árbol vio los disparos desde arriba. A la novia de Jessie le contó que este fue el último en morir. Dijo que Jessie había rodeado con los brazos los pies del policía que empuñaba la pistola.

«Eso es lo que no puedo aceptar –me contó la novia de Jessie–. Se arrodilló. Abrazó al policía. De pecar, pecó contra la ley. No pecó contra la policía para que lo mataran de ese modo. Lloraba. Esto significa que no quería morir. Porque quería vivir. Apenas estaba empezando».

La pareja de Marcelo salió corriendo de la casa. Vio tres cuerpos en el patio. Ninguno era Marcelo. Los policías la retuvieron. Los vio robar comida y cigarrillos de su pequeño colmado. Se sentaron encima de la mesa de billar. Utilizaron los platos de la familia para servirse comida.

La madre de Marcelo se había encontrado a su marido en la carretera. Entendió que su hijo estaba en apuros y echó a correr colina arriba, dejando atrás la verja, la mesa de billar, la casa principal en la que su colchón yacía hecho trizas, a un Jessie Cule de rodillas, muerto, con la cabeza apoyada entre las ahuecadas palmas de las manos y el pecho desplomado sobre la hierba mojada, y los cadáveres de Rhaffy Gabo y Anthony Comendo, empapados por la lluvia, hasta llegar donde Marcelo Daa yacía con la espalda contra el tamarindo que su madre había plantado el año en que nació.

La pierna derecha cruzada por encima de la izquierda. El orificio de entrada de la bala era una estrella negra sobre la ceja izquierda. Le brotaba sangre de la boca.

Aquella noche sus padres durmieron en casa.

«¿Para qué íbamos a marcharnos? Ya habían conseguido lo que querían, ¿no es cierto?».

El protocolo de actuación en las operaciones gubernamentales durante la mayor parte de la guerra contra las drogas puede hallarse en el *Manual revisado de la Policía Nacional de Filipinas*, publicado en el año 2013.

La regla n.º 7 empieza con una sola frase: «Se prohíbe el uso excesivo de la fuerza durante una operación policial».

No hay excepciones. En el cumplimiento de su deber, la policía puede emplear una fuerza necesaria y razonable. A la policía se la invita a valorar una serie de factores que contribuyen a determinar «el grado de razonabilidad de la fuerza». El número de agresores, por ejemplo. La naturaleza y características del arma. La condición física del malhechor. El lugar y el momento del asalto.

La responsabilidad de mantener un uso razonable de la fuerza recae en el agente al mando de la operación. El agente debe ejercer control sobre todos los policías y «agotar todas las vías posibles de cara a aplicar la fuerza necesaria y razonable que proteja las vidas y propiedades en el transcurso de un enfrentamiento armado».

El término «razonable» se repite con tanta frecuencia y ligereza a lo largo del manual que el lector puede concluir que los redactores originales abrigaban una profunda y obstinada fe en la capacidad de raciocinio de los agentes de policía. Un agente debe ejercer un «criterio sólido». El objetivo del agente de policía es meramente «neutralizar» un peligro claro e inminente. La fuerza desplegada ha de ser solo «la suficiente para vencer la resistencia». El empleo de un arma de fuego requiere que el peligro sea «manifiesto, inminente y real». Una revisión postrera del manual permite el uso de armas solo para prevenir, repeler e inmovilizar.

«Evite golpes en la cabeza y en otras partes vitales del cuerpo tanto como le sea posible –se lee en el manual–. Las personas/sospechosos heridos deben recibir primeros auxilios y/o ser llevados al hospital más cercano con la mayor celeridad posible».

El desempeño del deber, tal y como lo definen la ley y los procedimientos operativos, debe ser proporcional, racional, razonable, *regular*. Se sobreentiende que los agentes de policía actúan de acuerdo con los estándares de sus propios códigos.

Sin embargo, en un discurso tras otro, Su Excelencia Rodrigo Duterte, el comandante en jefe, ordenó a sus propios hombres que violaran no ya el espíritu, sino la letra de la ley.

«Disparadle –dijo en el cuartel general de las Fuerzas Navales de Mindanao Oriental, durante el velatorio por unos soldados caídos en combate–. Meter la mano para agarrar algo es un movimiento hostil. No esperéis a que saque un arma. De sopetón. Y bueno, si resulta que al final solo quería rascarse, pues mala suerte».

«Si existe un arma –dijo en la IX Cumbre Bienal de Mujeres de la Policía Comunitaria–, si es letal, puede matarte, y [si] se niega a rendirse y se resiste de una manera violenta, no te queda otra que matarlo».

«Si te enfrentas a una resistencia violenta –dijo en la vigésimo novena convención anual de la Asociación de Fiscales de Filipinas, celebrada en el hotel y casino Royce–, lo cual significa que estás poniendo tu vida en riesgo, dispara a matar. Todos lo sabemos. Esta es la orden que os doy».

«No tenéis responsabilidad alguna hacia la persona que matéis –dijo en una visita al Destacamento Militar de la ciudad de Marawi–, porque, y os lo repito, estáis cumpliendo vuestro deber.

El deber [del sospechoso] es rendirse, no contraatacar. Si contraatacan... bueno, no deberían contraatacar porque entonces morirán».

«A ver, si contraataca –dijo en la celebración del decimoprimer aniversario de la fundación del Destacamento Militar de las Fuerzas Armadas de Filipinas en Mindanao Oriental– y sientes que lleva una pistola del 45 y que de verdad vas a morir, mira, entonces mata al hijo de puta. Se lo estaba buscando, como se dice».

El presidente les hizo una promesa a todos y cada uno de los policías. Él les creería si aseguraban haber matado en el cumplimiento de su deber. Cualquier policía acusado y condenado por haber seguido sus órdenes sería perdonado. «No tengáis miedo. No tengáis miedo de matar mientras se trate de esos idiotas si empiezan a joder a vuestra ciudad».

Era por esto, aseguraba, por lo que llevaba ganadas todas las elecciones a las que se había presentado desde 1988.

«Mi secreto es sencillo», dijo mientras felicitaba a un grupo de alcaldes recién elegidos, en el Palacio de Malacañán.

«Todo se reduce a la sinceridad. Cuando uno dice: "Hijo de puta, no lo hagas o te mataré", no eres tú el que está matando».

Ladeó la cabeza, esbozó una sonrisita. «Pssst, policía». Señaló hacia un costado, fingiendo que ordenaba a un policía imaginario que lidiara con el problema.

Se echó a reír.

«Gracias –dijo–. Felicidades».

El hombre al que tenía sentado delante de mí lucía una buena dentadura. No le rechinaban las muelas. No tartamudeaba. No alucinaba. Aún no había violado a un niño, a una cabra o a su propia madre. Olía a nervios y a jabón Safeguard, y aunque no le pregunté si se consideraba una persona paranoica, habría entendido que lo fuera. Tampoco creía haber estado cerca de ninguna droga ilegal, pese a que la policía lo había incluido en una lista de «individuos ligados a las drogas». Se abrió la camisa para mostrarme dos cicatrices negras en su torso estrecho, una bajo el pecho derecho, la otra bajo el izquierdo.

La mañana del 21 de agosto, Efren Morillo, vendedor de fruta y padre de dos hijos, se puso los shorts de su hermano y la camisa de su padre, y le dijo a su madre que se iba a Payatas, en Ciudad Quezon, donde seguía viviendo su viejo amigo Marcelo. Este le debía dinero y Efren lo quería recuperar.

Cuando la bala impactó contra su torso, Efren Morillo decidió que no iba a morir.

Tomó la decisión en la fracción de segundo que transcurrió entre el disparo y la inmediatez con que su ropa interior comenzó a empaparse de sangre. Se quedó tirado en el suelo, inmóvil y en silencio, obligándose a respirar muy lentamente, mientras el sargento Allan Formilleza disparaba contra Marcelo, a apenas cinco pasos de distancia. Efren rezó mientras duraron los disparos. Rezó mientras duraron los gritos. Rezó por conservar las fuerzas para seguir viviendo con la imagen de sus dos hijos en la cabeza. Rezó con fuerza mientras el policía se alejaba.

Efren esperó. Aguzó el oído hasta que estuvo seguro de encontrarse solo y se puso de pie con dificultad. Dedicó un minuto a hablar con los muertos. «Ayudadme», les pidió, y salió escopeteado barranco abajo.

No se le ocurrió que podía morir. Solo pensaba en escapar. Al cabo de una hora y media, emergió de las colinas y desembocó en la autopista, una figura ensangrentada apretándose hojas de guayaba contra el pecho.

Matadlos si hacen cualquier movimiento. Matadlos si se niegan a rendirse. Disparadles a la cabeza, disparadles al corazón, disparad a matar.

Aquí estaba la presunción de regularidad. Disparad, y disparad a matar.

Aquí estaba, pues, la irregularidad, el fallo en la operación sobre la que Rodrigo Duterte les había advertido a sus policías.

Dispararon contra cinco hombres. Cuatro hombres murieron. El quinto vivió.

Eran más de las cuatro de la tarde cuando Efren Morillo llegó a la autopista, había transcurrido más de una hora desde que la bala le perforara el torso. No se atrevió a ir a ningún hospital de Ciudad Quezon. Temía que los policías lo encontraran y acabaran con él. Se encontró a un viejo amigo cerca de la gasolinera. Le suplicó que lo acercara a una clínica de Rizal, cerca de su casa. Su amigo estaba aterrado, pero lo ayudó a subirse a la parte trasera de su todoterreno. Cuando Efren llegó a la clínica, no había ningún médico de guardia. La enfermera intentó vendarle las heridas, pero la sangre no cesaba de brotar como una fuente, empapando las gasas y las cintas. Efren no perdió la conciencia. Le pidió a un empleado de la gasolinera que corriera hasta su casa a avisar a su madre. Transcurrieron varias horas antes de que se personara, ya habían dado las diez y media de la noche. Su madre había ido a Patayas, donde le dijeron que su hijo había muerto.

La clínica estaba situada junto a una comisaría de policía. Los policías de Rizal no tardaron en hacerle una visita a Efren. Le preguntaron qué había ocurrido. Llamaron a la policía de Ciudad Quezon y le prometieron a Efren que lo ayudarían. Efren se lo contó todo.

La ambulancia partió con destino a la comisaría 6 de Ciudad Quezon pasadas las once de la noche. Los policías se asomaron a la ventana de la ambulancia para mirar en el interior. Efren, estirado en la camilla y con su madre al lado, gritaba y gritaba. Sentía mucho dolor, pero este no era el motivo de sus gemidos.

«Monté un poco de drama –afirmó–. Oí cómo un policía le decía a otro: "Este chico es fuerte. Le han disparado a las tres de la tarde y sigue con vida"».

La ambulancia permaneció aparcada en la comisaría durante casi media hora. Ya era medianoche cuando Efren fue llevado a la sala de urgencias. La policía de Rizal se marchó y la de Ciudad Quezon lo esposó a la cama. Le dijeron que estaba acusado de asalto, una hora antes de que los médicos descubrieran la bala que le había entrado por el torso y salido entre las costillas, justo por debajo de los pulmones. Permaneció diez días en el hospital, con la muñeca izquierda atada a la cama.

Los Morillo vendieron su casa. Pagaron la fianza de Efren y también los gastos hospitalarios. Pese a asegurar que Efren era un narcotraficante, la policía no lo acusó de posesión y venta de drogas ilegales.

Efren fue a juicio. Contraatacó.

Presentó demandas administrativas. Presentó demandas penales.

La lista era larga: asesinato frustrado, asesinato, robo y plantación de drogas y armas de fuego. Un bufete de abogados especializado en derechos humanos, el Centro en pro de la Ley Internacional, aceptó su caso *pro bono* e invitó a la organización sin ánimo de lucro Médicos por los Derechos Humanos a realizar un estudio forense independiente con el fin de recabar pruebas en relación con las muertes por arma de fuego de Marcelo Daa, Jessie Cule, Anthony Comendo y Rhaffy Gabo.

Médicos por los Derechos Humanos, que recibió el Premio Nobel de la Paz en 1997, ayudó a desarrollar pautas para documentar violaciones de los derechos humanos y participó en investigaciones sobre torturas y ejecuciones extrajudiciales. El doctor Homer Venters, que había supervisado más de un centenar de testimonios de víctimas de torturas y daños en el marco de interacciones con fuerzas de seguridad, llevó a cabo un estudio preliminar de los informes forenses. Concluyó que el testimonio de Efren Morillo «era congruente con las pruebas disponibles».

Un segundo estudio independiente lo redactó el doctor Nizam Peerwani, un experto en cuestiones forenses que asesoraba a Médicos por los Derechos Humanos y que era miembro de la Academia Estadounidense de Ciencias Forenses. El doctor Peerwani concluyó que el Departamento de Policía de Ciudad Quezon «fue incapaz de presentar pruebas empíricas que respaldaran su alegación de que se disparó a las cuatro víctimas después de que estas apuntaran con sus armas a la policía». El informe exhaustivo de Médicos por los Derechos Humanos señaló errores en los protocolos de los investigadores de la escena del crimen. Entre ellos, destacó la «muy inusual» falta de «un exhaustivo análisis de toxicología *post mortem*» de los cadáveres, «sobre todo teniendo en cuenta que el operativo de la policía de Bulacán contra la familia Daa era una presunta "redada por drogas"».

Las conclusiones del doctor Peerwani describen la trayectoria de una serie de balas como «descendente», algo congruente con el testimonio de un testigo que aseguró que los hombres estaban de rodillas cuando fueron asesinados. Rhaffy Gabo, según este mismo informe, recibió dos tiros por la espalda.

El doctor Peerwani coincidía con el doctor Venters. «Opino que los resultados de la autopsia son congruentes con el relato facilitado por el testigo».

Primero hubo negación. Morillo mentía, dijo la policía. Los testigos mentían. Las acusaciones eran «un relato de los hechos entrelazados en un guion cinematográfico, dramático, teatral e histriónico». Eran «disparates». Eran una «absoluta mentira». No se detenían a considerar la presunción de regularidad en el ejercicio del deber.

Era una operación corriente, dijeron los policías. Presentaron nuevos afidávits y la historia empezó a cambiar.

De hecho, hubo tres policías en la escena, no cuatro. El capitán de policía Emil Garcia, cuyo nombre aparecía destacado en numerosos informes policiales, y que había estado presente y uniformado en los momentos posteriores a los hechos, había declarado delante de las cámaras que «de repente empezaron a dispararnos» y descrito con todo lujo de detalles a los sospechosos, incluidos los modelos y marcas de sus pistolas, se retractó de todo lo dicho acerca de su presencia ahí. No había estado, dijo. El líder del equipo había sido Allan Formilleza. Garcia afirmó que había informado erróneamente de su participación en el casi fatídico enfrentamiento armado, y le restó importancia al achacarlo a una «pequeña equivocación».

Hubo muchas más pequeñas equivocaciones.

De hecho, habían sido siete los sospechosos, no cinco.

Tres, no uno, habían escapado, posiblemente con un generoso alijo de drogas.

No se había producido robo alguno. No habían cogido la comida de la familia Dee ni se la habían comido en los platos de la familia. Resultaba que a Formilleza no le había dado tiempo de comer, estaba hambriento y le había pedido a uno de sus hombres que le comprara algo. Comió y bebió, y aunque admitió haber utilizado uno de los vasos de la familia Dee para beber un vaso de agua, ni por asomo había tocado ninguno de sus cubiertos o platos.

Al final llegó la revelación más asombrosa: solo había habido un tirador, no un equipo de policías.

Garcia no había estado presente. Los novatos no habían sacado sus armas. Solo Allan Formilleza, provisto de una sola pistola reglamentaria, había creído que su vida corría peligro. Había abierto fuego en nombre de Dios, la ley y la Constitución. Había disparado catorce balas contra cinco objetivos en movimiento. Doce de estas balas habían impactado en la cabeza y el torso de los sospechosos. A continuación, Formilleza abandonó el lugar sin sufrir una sola herida de bala.

¿Fue un asesinato?

¿Fue un homicidio?

¿Fue el responsable de las muertes?

–Tal y como nos estaba contando –le preguntó el fiscal a Formilleza–, usted sacó su arma en respuesta al fuego de sus armas, que dispararon estos dos hombres y seguidamente estos tres hombres, ¿correcto?

–Sí, señor –respondió Formilleza.

–Y después del incidente, señor testigo, ¿qué es lo que ocurrió?

–Los tres malhechores cayeron al suelo.

–¿Y después?

–Después Efren Morillo consiguió escapar, cruzando el río, en dirección a Montalbán.

–¿Efren Morillo no era uno de esos tres?

–No, señor.

–¿Resulta que fue uno de los que se enfrentó a usted?

–Sí, señor.

–¿De manera que Efren Morillo pudo huir?

–Sí, señor.

–¿Y qué les ocurrió a los cuatro?

El abogado de Morillo, Gil Aquino, letrado defensor de CenterLaw, protestó.

–La pregunta está tergiversada, señoría. El testigo ha declarado que eran tres hombres.

–Se acepta –dijo el juez–. Reformule su pregunta, fiscal.

–De modo –reformuló el fiscal– que ha mencionado que los malhechores fueron al parecer neutralizados. ¿Correcto?

–Sí, señor.

He aquí otra palabra para «muerte». «Neutralizado».

El Proyecto Doble Cañón, definido en la Circular Memorándum n.º 16-2016, tiene, entre otros objetivos, «la neutralización a escala nacional de sujetos vinculados a drogas ilegales». Los abogados especializados en derechos humanos sostienen que es una orden para matar. Basándose en esta palabra, han desafiado en los tribunales todo el sistema de la lucha contra las drogas.

En ningún lugar del memorándum, y tampoco en la legislación filipina, encontramos definida la palabra «neutralización». «Neutralizar significa matar», escribieron los abogados del Grupo de Asistencia Legal Gratuita.

El Gobierno insistió en que neutralizar solo significaba «vencer la resistencia». Si con esto se refería a incapacitar o a matar dependía de las exigencias de cada momento. De momentos hay muchos. Raymond Yumul, veintiséis años, de Concepción (Tarlac), fue neutralizado. Jeffrey Cruz, de la calle Carcel, en Quiapo, fue neutralizado. Wilfredo Chavenia, natural de Samar, fue «neutralizado mientras el otro sospechoso conseguía escapar». John

Ryan Bayulot, de la ciudad de Olóngapo, fue «completamente neutralizado». Fernando Gunio, de Ciudad Quezon, que «notó la presencia de operativos policiales», presuntamente sacó una pistola y disparó, obligando a la policía a «neutralizar al referido sospechoso». Arnel Cruz, de cuarenta y dos años, y Oliver Reganit, de cincuenta y uno, «fueron neutralizados antes de que pudieran esconderse en mitad de un maizal». Renato dela Rosa, alias Jay-jay Toyo, tras supuestamente abrir fuego, fue acorralado y «acto seguido neutralizado por los agentes de policía que se personaron».

Todos estos hombres están muertos, pero en el relato de los hechos que consta en los informes oficiales de cada uno de sus casos no se alude a ellos como muertos. Fueron neutralizados, tal y como relataron los agentes de Bulacán que dispararon contra Justin Bucacao y Bernard Lizardo. «Los sospechosos neutralizados mostraban heridas de bala en diferentes partes del cuerpo».

El debate prosiguió en el Tribunal Supremo, pero el presidente Rodrigo Duterte, en el marco de una entrevista vespertina emitida desde el Palacio de Malacañán, ya había ofrecido su propia definición de «neutralización». Dijo que el Gobierno no había «metido mano alguna en los asesinatos extrajudiciales». Dijo que había pedido a los medios de comunicación del Estado que hicieran públicas las listas de incidentes ligados a las drogas, sobre los que él ya estaba al corriente gracias a las sesiones informativas. «Podrán ver quiénes han muerto y cuáles no», explicó.

«Pero lo cierto es que no son tantos –dijo–. Si te fijas en el símbolo, hay A-A-A-A-A-A, que son arrestos, y N, es decir, "neutralizado", y esos son los muertos».

En la sala del tribunal, el sargento de policía Allan Formilleza subió al estrado a prestar declaración. Morillo tenía un compañero, le contó al fiscal, pero Morillo escapó.

–¿Qué le ocurrió a su compañero?

–Entró en el, en el… Se metió corriendo en el cobertizo.

–¿Y luego?

–Luego descubrimos que [él] ya estaba en apuros.

El compañero de Morillo era Marcelo Daa, y el apuro era que ya estaba muerto, muerto por el impacto de una bala en la oreja, dentro de un relato que era imposible conseguir que tuviera sentido, por muchas veces que se expusiera: hombres que caían al suelo como por ensalmo, jefes de policía que se volatilizaban en el aire, policías novatos que se quedaban inmóviles, un héroe solitario que abatía a cuatro sospechosos, armados y a la carrera, ninguno de los cuales, en medio de una lluvia de balas, era capaz de herir al sargento de policía Allan Formilleza.

Los cuatro fueron neutralizados, muertos *in situ*. Todo lo ocurrido se justificó aduciendo cumplimiento del deber.

Era la verdad, dijo la policía. Era razonable. Era apropiado.

Era lo normal.

El 17 de marzo de 2023, más de cinco años después de que el quinto hombre dejara atrás, renqueante, los cinco cadáveres de sus amigos, la Rama 133 del Tribunal Metropolitano de Justicia de Ciudad Quezon exoneró a Efren Morillo de haber abierto fuego contra agentes de la Policía Nacional de Filipinas. Tres de los policías presuntamente presentes en el tiroteo admitieron no haber visto a Morillo disparar un arma, la razón esgrimida para justificar la muerte de los cuatro compañeros de Morillo.

En el caso de las muertes de Payatas, de acuerdo con el tribunal, la presunción de inocencia prevalecía sobre la presunción de regularidad. En efecto, cuatro agentes de la Policía Nacional de Filipinas mintieron oficialmente y bajo juramento. El capitán de policía Emil Garcia mintió. El sargento de policía Allan Formilleza mintió. Los patrulleros James Aggarao y Melchor Navizaga mintieron. La revelación de esas mentiras, y el consiguiente caso perdido, se debieron a una sola irregularidad en las circunstancias que definían a diario los fatídicos enfrentamientos policiales bajo la administración de Rodrigo Duterte. Esa irregularidad se llamaba Efren Morillo.

«Pero siempre os he dicho que, si tenéis que disparar, disparad a matar –les dijo Duterte a los policías del campamento Crame–. Y esto es de lo que esos idiotas de los derechos humanos están intentando quejarse. Ya sabéis, cuando yo digo: "Los mataré a tiros", quiero decir que prefiero que les disparen al corazón o a la cabeza. Así se acaba el problema. Porque si nos limitamos a arrestarlos, ellos, con el dinero, y hablo de un montón de millones, siempre pueden salir libres, conseguir a los mejores abogados. Este es el motivo por el que, durante todos estos años, el país siempre se ha puesto de los nervios cuando se ha tenido que enfrentar a los primos de los senadores y los alcaldes».

Efren Morillo no es primo de un senador ni de un alcalde. No sabe leer. No sabe escribir. Sus abogados trabajan gratis. Su familia sigue viviendo con miedo. Es una irregularidad, no porque sea pobre, analfabeto o valiente, sino porque está vivo.

Dispararon contra cinco hombres. Cuatro murieron. El quinto vivió.

9

MI AMIGO DOMINGO

El despacho del teniente coronel Robert Domingo en plaza Hugo era informal y profesional, un reflejo de su personalidad. Domingo era bajo, ancho de espaldas y robusto, y llevaba su camiseta blanca remetida en los pantalones del uniforme. La chaqueta azul a juego colgaba de un perchero de pie. «No necesita que me la ponga, ¿verdad?», me preguntó. En la pared a sus espaldas había una fotografía enmarcada de la promoción de 1999 de la Policía Nacional de Filipinas.

La ciudad de Manila se divide en catorce distritos policiales. Cada comisaría de policía –llamadas CP-1, CP-2... hasta CP-14– cuenta con su propio comandante, quien supervisa no solo la comisaría central, sino también el resto de los cuartelillos diseminados por el área operativa asignada. Santa Ana, el distrito de Domingo, con una población de alrededor de 195.000 personas, fue en sus orígenes un asentamiento de curas franciscanos que en el siglo XVI quisieron honrar a la figura de la santa. La comisaría de policía, la CP-6, se ubica a la pétrea sombra de la iglesia de Nuestra Señora de los Abandonados, cuyas campanas repicaron el día en que Filipinas se liberó del yugo japonés.

El coronel Domingo, jefe de la CP-6, se sentía feliz. Feliz, dijo, por el hecho de que el Gobierno de Duterte hubiera respaldado a las fuerzas policiales. Feliz por la promesa de un aumento de sueldo. Feliz de que a los policías les hubieran concedido asistencia jurídica. Feliz de que todos contaran con la ayuda del presidente («Ahora estamos reforzados, ya me entendéis»). Sin duda se sentía feliz de que su hijo de dieciocho años, al que le había insistido en que cada día regresara a casa temprano, ahora pudiera salir a cualquier hora y volver sin un rasguño. Las calles de Domingo eran seguras. A altas horas de la noche, en Tondo, Punta Santa Ana, Zobel Roxas y en el resto de los lugares de Manila donde antes se reunían las multitudes y los borrachos soltaban sus peroratas aferrados a una botella de cerveza, las calles estaban ahora vacías y en ellas reinaba el silencio.

«Así que nuestros patrulleros salían sobre las diez o las once, con las luces encendidas, a enviar a todo el mundo a sus casas por su propio bien –me contó Domingo–. Y la gente nos daba las gracias. "Señor, gracias, señor, qué bien que lo hayáis pillado". Eso es lo que nos decían. "Señor, gracias, señor"».

El hombre al que habían pillado, la causa de tanto alborozo por parte de los ciudadanos de Santa Ana, era un individuo al que Domingo llamaba Buwaya, «nuestra piedra en el zapato».

Según la leyenda, Buwaya era el hijo de puta más malvado y duro que jamás hubiera puesto un pie en Santa Ana. Buwaya era un apodo que significa «Cocodrilo». Todo el mundo podía contarte algo acerca de Buwaya: policías, líderes locales, el conductor de un triciclo que se detuvo en la curva en la que me senté una noche. Contaban que Buwaya era grande y malo, un hombre monstruoso, de dos metros de altura, quizá incluso unos centímetros más alto. Contaban que una Nochevieja había vaciado el cargador de su revólver disparando al aire. Contaban que había allanado la morada de un alcalde. Contaban que pegaba a su hermana. Contaban que derribaba puertas y que disparaba a través de paredes de madera contrachapada. Contaban que siempre estaba borracho, o drogado, o ambas cosas.

Según el testimonio de la policía de Santa Ana, mucho después de declararse la guerra contra las drogas, Buwaya seguía traficando con ellas y pasándose por el forro la ley y el orden. Su arresto era una historia de éxito, un ejemplo de ese tipo de cooperación comunitaria que se ofrecía a la prensa como prueba de la utilidad de una metodología.

«No creía en Tokhang –me dijo Domingo–. Así que lo encontramos».

La palabra *encounter*, «encuentro», en inglés funciona tanto como sustantivo como verbo transitivo. Uno se encuentra turbulencias. Uno se encuentra oposición. Uno se encuentra una barricada, un ladrón, una errata, un sobrecoste, un amigo querido, un perro de camino a casa, una emboscada en las montañas.

El azar caracteriza a los encuentros, con independencia de si estos conducen a un intercambio de números de teléfono o una justa a lomos de un caballo. Uno puede encontrarse tráfico. Uno puede encontrarse lluvia. Si así lo deseas, puedes embadurnarte con pintalabios ante la remota posibilidad de encontrarte con un exnovio por los pasillos de un supermercado. Los encuentros son fortuitos, no se planifican. Uno puede hacer planes para un encuentro, pero no planificar el momento en que se producirá, pues en ese caso estaría agendado en su calendario de Google.

«Lo encontramos», me dijo Domingo.

«Lo matamos», quería decir. No lo expresó en voz alta, pero esperaba que yo entendiera que Buwaya estaba muerto, y que su muerte se había producido a manos de la policía.

Este uso del término no es exclusivo de Filipinas. En septiembre de 2017, el *Oxford English Dictionary* introdujo un añadido preliminar a la entrada oficial de la palabra «encuentro».

> «Encuentro», m. Asia del Sur. Incidente violento que ocasiona la muerte de una persona de la que la policía sospecha que es un delincuente. Con frecuencia se utiliza con palabras que modifican, como «falso encuentro», «encuentro policial», etc.

Debajo del añadido, el diccionario incluía una advertencia en letra pequeña:

A veces utilizado de manera eufemística, con el sentido de un acto deliberado que se presenta como un incidente azaroso.

La muerte de Buwaya empezó con una urna.

Un día de julio, según cuenta la policía, los aproximadamente ochocientos residentes del pueblo 767 del distrito de Santa Ana se reunieron en una pista de baloncesto. Los funcionarios del pueblo hablaron. Todos iban a votar, explicaron, para asegurarse de que no hubiera sospechas de manipulación ni caza de brujas. Se seguiría un procedimiento. Se acatarían unas reglas. En las papeletas constarían los nombres, y cada hombre y cada mujer tendría voz y voto.

Contadnos quiénes son los traficantes de drogas, les dijeron. Haced una lista. Colocad a los peores arriba de todo. Se acepta el anonimato, no es necesario que firméis con vuestros nombres.

Todo el mundo hizo una fila. Había una mesa. En la mesa había una urna y las listas eran introducidas en la urna. Los funcionarios llevaron a cabo el recuento de votos, firmaron los resultados y se los entregaron a la policía.

Buwaya encabezó los resultados. Por aclamación popular, mediante un método óptimo, justo y democrático, sus iguales juzgaron que representaba un peligro público.

La mañana del 28 de agosto de 2016, veinte policías respondieron a la orden de personarse en una esquina de la calle Estrada. Un policía encubierto fue enviado escaleras arriba a llamar a la puerta de Buwaya. Se ofrecieron drogas. Se produjo una transacción de dinero. Buwaya se percató de que el policía escondía un arma y sacó su revólver.

El policía fue más rápido a la hora de apretar el gatillo.

«Votaron por él», dijo Domingo.

No sabía nada de esto cuando fui a la comisaría CP-6 a entrevistar por primera vez a Domingo. No le pregunté sobre Buwaya, nunca había oído hablar de él. Fue Domingo quien me contó la historia. Buwaya había contraatacado. Buwaya estaba muerto.

La familia de Buwaya tenía su propia versión. Me encontré su relato en una petición al Tribunal Supremo, elevada por Center-Law en nombre de los supervivientes y testigos de las muertes de Santa Ana. La demanda, presentada más de un año después de la muerte de Buwaya, acusaba a la CP-6 de «violencia sistemática» y enumeraba acoso, amenazas físicas, detenciones ilegales y negativa a investigar muertes. Citaba nombres de agentes de policía, incluido, entre otros, el de un tal Robert C. Domingo. Treinta y nueve testigos presentaron afidávits.

Uno de ellos era Valerie, la pareja de hecho de Ryan Eder, alias Buwaya.

Valerie explicó la historia con el lenguaje artificioso de las declaraciones juradas. Unos hombres habían irrumpido a la fuerza en el dormitorio, armas en ristre. «Uno de los hombres apuntó con su arma a Ryan –declaró Valerie en un añadido marcado como Anexo-T–. El otro se arrodilló y me apuntó a mí. Pegamos un bote de la cama».

Ryan, aterrado, comenzó a suplicar a los hombres armados. Juró que iba a rendirse. Prometió no oponer resistencia. Empezó a sacarse la camiseta blanca y sus pantalones cortos de baloncesto, grises y naranjas, para demostrarles que iba desarmado.

El hombre que apuntaba a la cabeza de Ryan hizo un gesto en dirección a Valerie.

–Lleváosla abajo –dijo.

–Por favor, no le hagáis daño a Valerie –oyó Valerie que decía Ryan.

Uno de los hombres agarró a Valerie del hombro, la sacó a rastras de la casa y le hizo bajar dos tramos de escaleras muy estrechos, hasta llegar al rellano del primer piso, que fue donde le llegó el sonido de dos disparos.

Valerie dijo que no se había producido redada antinarcóticos, intercambio de drogas ni resistencia alguna. Dijo que la policía la había detenido, junto con la madre y el sobrino de Ryan, bajo la acusación de consumir drogas. Dijo que la llevaron a una habitación y le ordenaron colocarse frente a una mesa en la que habían dispuesto armas y sobres con un polvo blanco. Tomaron fotografías. «Todo esto es para las cámaras», le aseguraron los policías.

Dijo que los policías habían extorsionado a su familia y le habían sacado treinta mil pesos con la promesa de liberarla. Dijo que los policías habían mentido.

«Dispararon y mataron a Ryan –escribió desde la cárcel–. Jamás contraatacó».

Domingo, número de placa 0-08627, se estaba fumando un cigarrillo. Era última hora de la tarde.

Expulsó el humo.

«Si te ha llegado la hora de morir, te ha llegado la hora de morir», me contó.

El comandante de la CP-6 no era ningún cobarde. El motivo de que no fuera ningún cobarde era que sus mandos no eran unos cobardes. Su presidente no era un cobarde. Su jefe de policía no era un cobarde. Domingo les decía a sus hombres, a todos y cada uno de sus 280 hombres, que no podían atreverse a ser cobardes. La burocracia de la guerra contra las drogas cubría el escritorio de Domingo: faxes con información de ciudadanos preocupados, una carpeta de la central con instrucciones acerca de cómo testificar en los procedimientos judiciales, cartas de los líderes locales dando fe de que sus jurisdicciones estaban libres de la lacra de las drogas (el 70 por ciento de Santa Ana estaba libre de tráfico de drogas, dijo Domingo).

Aquellos eran días gloriosos para la policía filipina, dijo.

Domingo era de Tondo de la cabeza a los pies, nacido y criado ahí. Su padre había sido bibliotecario; su madre había muerto cuando Domingo tenía trece años. La familia vivía de una pequeña renta heredada de un abuelo. Domingo se licenció en Radiodifusión por la Universidad Politécnica de Filipinas, que se pagó conduciendo bicitaxis y trabajando en un restaurante de comida rápida. Ingresó en la academia de policía tan pronto como acabó la universidad. «Me uní a la Policía Nacional de Filipinas porque quise –dijo–. La Policía Nacional de Filipinas nunca me pidió que me uniera a ella. Mi deseo era ser policía».

Se le asignaron tareas de tráfico y fue escalando. Se le promocionó a portavoz de la Oficina de Policía de la Región de la Capital Nacional, desde cuyo atril anunció oportunidades de reclutamiento y la prohibición de llevar gorras de béisbol en el interior de los grandes almacenes. Era, dijo, socio de la National Geographic Society. Le gustaba leer. Disfrutaba yendo al cine. También informó a una corresponsal alemana –de un modo espontáneo y en el marco de unas declaraciones que quedaron registradas– de que todas las mujeres policía de Santa Ana eran guapas y compartían su aprecio por los varones blancos. «Todas están solteras –le contó Domingo a la corresponsal, que sin duda poseía rasgos occidentales–. A todas les gustan los caucásicos».

El motivo de mi entrevista con Domingo era la muerte de tres personas de resultas de un encuentro con sus hombres. La historia se había viralizado. Uno de los jóvenes, de veinte años y llamado Jefferson Bunuan, era un chico responsable que deseaba tanto ser policía que estudiaba criminología gracias a una beca. Yo había hablado con vecinos y localizado a funcionarios locales, pero había sido incapaz de conseguir una entrevista con Domingo. Por aquel entonces, estaba inmersa en el proceso de dar a conocer mi nombre entre los investigadores de Homicidios de Manila, a base de repartir tarjetas y cajas de Dunkin' Donuts. Cabía la posibilidad de que hubiera seguido los canales erróneos, me hubiera presentado en mal momento o llamado a los números equivocados, pero tampoco se podía descartar que Domingo fuera reacio a hablar con otro reportero después de que lo hubieran crucificado en internet tras la muerte de un menor. Ante la falta de resultados, seguí el ejemplo de tantos periodistas locales que me habían precedido. Le pedí a un hombre blanco que me devolviera un favor.

Su nombre era Carsten Stormer. Fue su nombre lo que me abrió la puerta. Stormer era un viejo amigo, un corresponsal alemán radicado en Manila al que había conocido tras la matanza de Maguindánao. A Domingo le gustaba Stormer. Ya fuera por sus encantos o por el último reportaje que había firmado –era colaborador externo de *National Geographic*–, lo cierto es que Stormer había salido incólume de haber sido la sombra de Domingo mientras lo grababa en vídeo. Se había subido al coche patrulla de Domingo. Había entrevistado a Domingo en su despacho. Había acompañado a Domingo, puerta por puerta, mientras realizaba una operación Tokhang.

Yo había visto imágenes de este viaje juntos, pendientes de editarse. Domingo iba sentado detrás; Stormer y el cámara, delante.

«¡Iremos a las guaridas de los consumidores de drogas y los traficantes!», anunciaba Domingo.

Hablaba en inglés, subrayando cada palabra. Fijémonos en las que seleccionó. No habló de visitar las «casas» de sospechosos de estar vinculados a las drogas ilegales. Lideraba al mundo occidental hacia las «guaridas» de los traficantes y consumidores de drogas. Llamarían a sus puertas, explicó Domingo, y les ofrecerían la posibilidad de rendirse y cooperar.

Domingo bajó del coche patrulla y enfiló las calles de Santa Ana, seguido de unos policías uniformados y un funcionario local. El funcionario ejercía de guía de Domingo. Este le había pedido visitar a un sujeto.

¿Alguien listo para hacer una visita?, le había preguntado Domingo al funcionario en filipino.

–No le va a pasar nada –le aseguró Domingo al funcionario en filipino–. Solo voy a llamar a su puerta. Nada más que llamar, y solo para hacer esto.

–Sí, señor –dijo el funcionario–. Ya se lo he explicado.

–Bueno, no importa. Vamos a verle. Nada más. –Domingo hizo una pausa–. ¿Tiene una pistola?

–¡No, señor!

–Eso es, solo vamos a llamar a su puerta y decirle que debe cambiar. Nada más que para el vídeo.

–Sí, señor…

–Solo para un documental.

A Stormer lo acompañaba un intérprete. La interpretación, por el bien del cámara que iba filmando, no era simultánea. Caminaron hasta la guarida del drogadicto; una casa sencilla, fabricada con listones, rodeada de maceteros con plantas y una valla de madera.

«¿Nog? –gritó Domingo–. ¿Nog? Nog, soy el coronel Domingo, Nog. Nog, soy el coronel Domingo. Sabes quién soy, ¿verdad? ¿No sabes quién soy, Nog? Sabes quién soy, Nog».

Domingo habló a cámara: «Este es el tipo de sitios a los que vamos en Filipinas».

La valla estaba abierta. Domingo la cerró a sus espaldas y llamó a la puerta. «¡Eh, señor Nog!», gritó.

Domingo se dio la vuelta hacia la cámara y habló en inglés. «Así. ¿Podemos empezar?».

El hombre llamado Nog era un exdrogadicto confeso. Una operación Tokhang resultaba innecesaria llegados a ese punto, dado que Nog se había rendido mucho antes de la visita de Domingo. Nog sabía, igual que lo sabía Domingo, que lo sabía el funcionario local, que lo sabían los policías, pero que en esos momentos no lo sabía Stormer, que todo aquel teatro se había montado para el beneficio en exclusiva del programa de la televisión alemana. Nada de esto, sin embargo, evitó que Nog pareciera menos muerto de miedo.

Una voz se filtró desde el interior de la casa.

–Solo un segundo, señor. Me estoy acabando de vestir.

–Está bien, ponte cualquier camisa, Nog.

–Solo un segundo, señor. Espere un momentito.

–Vamos, Nog, es solo para el documental –dijo Domingo en filipino.

–Ya estoy aquí, señor.

El hombre que salió a la acera era alto y desgarbado, y se le marcaban las costillas bajo la piel mientras forcejeaba para acabar de ponerse un polo de color verde. Apenas había conseguido que las manos asomaran por las mangas cuando Domingo le lanzó la primera pregunta en inglés.

–¿Eres un traficante o un drogadicto?

–La he probado algunas veces, señor –respondió Nog en filipino–, como ya le he contado.

Empujado a ello, Nog admitió en voz baja que consumía drogas.

–¿Alguna vez has vendido drogas?

–No, señor.

Nog permanecía de pie, con las manos a la espalda. Al intentar sonreír delató lo nervioso que estaba.

–¿Pero antes no traficabas?

–No, señor.

–Bien, eso es todo –dijo Domingo con una sonrisa–. Solo quiero decirte que necesitas cambiar.

Nog asintió.

–Sí, señor.

–Esto es todo por mi parte. Necesitas cambiar, no caer en actividades ilegales, vivir tu vida, ¿entiendes? Para alejarte de las drogas ilegales.

Un chaval se acercó a la valla marrón.

–¿No tienes hijos? –le preguntó Domingo. Le hizo un gesto al chaval para que se acercara y luego otro al hombre detrás de la cámara–. Su hijo –le dijo a Stormer, y reanudó su sermón mientras Nog no dejaba de asentir–. Debes cambiar. Mira a tu hijo. ¿Qué pasaría si te ocurre algo y ya no estás aquí? Tu hijo sería un huérfano.

Nog le acarició el pelo a su hijo.

–¿Puedes hacer un juramento? –le preguntó Domingo.

–Sí, señor, ya lo he hecho antes.

–Bueno, pues lo vuelves a hacer –dijo Domingo–. Jura con tu cuerpo.

Ambos alzaron el brazo derecho. Domingo recitó unas frases. Nog las fue repitiendo.

–«Yo –di tu nombre– prometo cooperar con la Policía Nacional de Filipinas al evitar cualquier actividad ilegal que me involucre en el uso y la venta de drogas ilegales. Que Dios se apiade de mí».

Al final del día, un intérprete le explicó a Stormer que la visita había sido poco más que una pantomima.

«No pensaba emitir aquello», me contó Stormer.

El metraje permaneció inédito.

El coronel Domingo poseía la cualidad más preciada por cualquier escritor de artículos largos, incluida yo: garantizaba buenas piezas. Quizá se mostró algo cauteloso cuando entré en su despacho por primera vez, pero no tardó en explayarse sobre las maravillas de la guerra contra las drogas. De cada pregunta que le lanzaba surgía una oportunidad para una historia, una réplica ingeniosa o un soliloquio en torno al estado de la nación. «Nos tomamos muy en serio las drogas ilegales –dijo–. Esto no es por nosotros, sino por nuestros hijos y las futuras generaciones de nuestra adorada República de Filipinas. No queremos ver transformada esta República de Filipinas en un narcoestado».

Reproducía fielmente el discurso oficial y lo hacía con estilo. Las citas llegaban rápido y en abundancia. Su política con los policías que no daban la talla era «tolerancia cero»; sus hombres eran «la primera línea de defensa» del país, y los traficantes de droga muertos habían sido cazados por sistema «en flagrante delito». En gran medida, era un Harry el Sucio de mejillas rubicundas al que le encantaba escucharse. «Si se me adelantan, se me adelantan. Quizá yo me adelante a ellos. Solo tienes una vida».

Los días gloriosos, vistos desde el escritorio del comandante de la comisaría de policía número 6, eran un prodigio de disciplina y espíritu comunitario. Cada policía del país contaba con el «respaldo absoluto» del comandante en jefe en persona. Las pagas por operaciones de riesgo habían aumentado. Los policías disponían de abogados para su defensa. Los índices de delincuencia estaban en mínimos históricos. Los adolescentes ya podían pasear libremente por las calles, jugando al Pokémon GO sin que alguien les arrancara el teléfono de las manos. La mayoría de los casos con los que lidiaba la policía eran minucias: una sartén robada, un depósito de gasolina hurtado, un tirón desde un todoterreno. El único asesinato reciente se había producido fruto de una discusión entre borrachos sobre la cantidad de sal que llevaba un cerdo asado.

La policía ya no temía a los delincuentes, y la gente, decía Domingo, ya no temía a los policías. Tomemos nota de la distinción: los delincuentes, no la gente.

«Ahora ocurre todo lo contrario –dijo Domingo–. Son ellos los que son cazados. Son ellos los que se esconden. Son ellos los que se marchan».

Todo era gracias a Rodrigo Duterte.

–¿Qué tipo de presidente es? –le pregunté.

–Legendario –dijo–. Legendario.

Abordé con cautela el motivo por el que había venido a entrevistarle. Los policías de Domingo habían matado a tres jóvenes durante lo que la policía había calificado de «tiroteo». El caso se había declarado como resuelto.

Se había tratado de otro caso de *nanlaban*, dijo Domingo.

Yo había visto una fotografía de los muertos. Había sido tomada justo después de que los policías hubieran acordonado la escena del crimen.

La instantánea mostraba una habitación, de poco más de dos metros de ancho y unos tres de profundidad. Unas literas de metal estaban arrimadas contra la pared del fondo. Un colchón de espuma ocupaba la mayor parte del suelo y lo cubría una sábana sucia que en su día quizá fuera blanca. Había tres personas en la fotografía. De no ser por la sangre, podría parecer que estaban durmiendo. Mark Bunuan, medio ciego a causa de unas cataratas con diecisiete años, ocupaba la parte de abajo de la litera. Tenía los pies en el suelo y las rodillas huesudas dobladas, como si hubiera estado sentado en el borde de la cama antes de caer de espaldas. Una pistola reposaba sobre su pecho, ahuecada bajo unos dedos muy delgados. Tutong Manaois, presunto traficante de veintisiete años, yacía hecho un ovillo en el suelo, frente a la pared de la derecha. La sangre que le brotaba de la cabeza formaba un charco bajo la pistola situada junto a una de sus manos. Jefferson, el estudiante becado de veinte años, cuya muerte había provocado tanta conmoción, yacía estirado sobre el estómago, como un niño que se hubiera quedado dormido después de haberse pasado el día jugando. Uno de los pies presentaba salpicaduras de sangre. Una almohada de Hello Kitty, lila y con lunares, asomaba por debajo de él. La parte de atrás de su camisa naranja estaba empapada de sangre.

La fotografía estaba completa. Tres jóvenes en una habitación cuadrada. Tres pistolas, perfectamente plantadas. Encontrados, neutralizados, caso resuelto. Todos estaban involucrados en drogas ilegales, dijo Domingo. Lo contrario resultaba imposible. La habitación era tan pequeña, tan minúscula, que Domingo se negaba a creer que fueran a dormir ahí. ¿Qué otra cosa podían estar haciendo, se preguntó, sino colocarse?

–De verdad que todos ellos eran sujetos vinculados a las drogas –me contó Domingo–. De verdad que todos ellos estaban en nuestra lista de personas a vigilar.

–¿Los tres? –le pregunté.

–Sí –dijo–. De verdad que estaban en la lista.

Existían muchas listas.

El presidente tenía una. Advirtió a todos los empleados públicos de su lista de que se arrepintieran, dimitieran o murieran. Luego acudió a la televisión y leyó sus nombres. La lista incluía a jueces, agentes de policía, congresistas, generales y alcaldes. El presidente los acusó a todos de estar involucrados en el negocio de los narcóticos. El presidente aseguró disponer de «información reservada» que implicaba a las personas de la lista, y si bien su propio equipo reconoció no estar al corriente de esta información, dijo que seguramente llevara razón, pues se trataba del presidente.

Algunos de la lista sí que murieron. En el pueblo de Datu Saudi Ampatuan, en Maguindánao, en el sur del país, el alcalde y nueve de sus hombres murieron en el transcurso de lo que se dijo que había sido un tiroteo con la policía. El alcalde de la ciudad de Ozámiz, en Misamis Occidental, murió de un disparo en un encuentro en el que su esposa, su hermano, su hermana y otras once personas también acabaron muertas. El alcalde de Ronda fue asesinado mientras dormía en su despacho de la alcaldía, solo siete meses después de que su teniente de alcalde sufriera una emboscada por parte de unos pistoleros sin identificar. El alcalde de Albuera fue arrestado por la policía tras presuntamente habérsele encontrado en posesión de armas de fuego de largo alcance y once kilos de metanfetaminas. Falleció en su celda a manos de unos policías que aseguraron haberle disparado en defensa propia. En la ciudad de Tanauan, la bala de un francotirador sin identificar mató al alcalde, de setenta y dos años, mientras cantaba el himno nacional a las puertas del ayuntamiento. Él también había sido acusado de ser un narcopolítico y se le habían negado los mecanismos de supervisión de la actuación policial.

La lista del presidente tenía diversas iteraciones, compiladas en gruesas carpetas que los miembros de su equipo le dejaban sobre el atril. Solía leer en voz alta algunos de los nombres que contenían, en ocasiones añadiendo comentarios personales: «¿Te han tendido dos emboscadas y sigues vivo, pedazo de animal?». Una de las listas se hizo pública justo antes de las elecciones de mitad de mandato.

«Si tu nombre está ahí –dijo el presidente Duterte–, hijo de puta, es que tienes un problema, de verdad que voy a matarte».

A las listas de seguimiento locales, fajos de las cuales se imprimían en folios Din A4 y se repartían entre los policías, no las llamaban narcolistas. Este nombre se reservaba para los objetivos de gran valor que el presidente coleccionaba. Los que los jefes de la policía local perseguían se hallaban en el escalón más bajo de la política de doble cañón del Gobierno: camellos callejeros, adictos a las metanfetaminas, traficantes de poca monta. Se les confirió un nombre que los englobaba a todos: «sujetos de la droga». Los policías las llamaban «listas de la droga», a veces «listas de seguimiento». Las compilaban los denominados Consejos Anticonsumo de Drogas del Barangay (por el pueblo). Cada miembro era un voluntario, seleccionado por el colectivo vecinal y que debía aprobar el líder electo del pueblo.

Era fácil identificar a un drogadicto, me contó el líder de un pueblo. El «aura» era lo que los delataba. «Puedo verlo en sus ojos».

Disponían de numerosos confidentes, dijo Domingo. Apoyaban al Gobierno porque estaban «cansados de lo que estaba ocurriendo». Algunos acudían directamente a la policía. Los nombres se recopilaban a través de líderes de los pueblos, concejales, vecinos y todo un abanico de fuentes diversas, llegaban por medio de mensajes de texto y notas anónimas depositadas en el buzón, y acababan compilados en listas que aterrizaban en escritorios como el de Domingo.

Cada rendición suponía una oportunidad para recopilar más nombres.

Mi fotógrafo y yo estábamos sentados en su despacho cuando Domingo nos explicó el proceso de inteligencia para recopilar nombres. Domingo se puso de pie. «Por ejemplo, Domingo se rinde». Se señaló a sí mismo. «Entonces le preguntan: "¿De dónde sacas la droga?". "De él, de Pedro". A continuación, alguien va a hablar con Pedro. "¿De dónde sacas la droga?". "De Patricia, señor"».

Me señaló con el dedo.

«Dos puntos para Patricia. "Tú, ¿de dónde sacas las drogas?". "De Patricia". Tres puntos. Esto te permite formar una cadena, ¿verdad? Puedes formarla. Esta persona las consigue de Pedro, y Pedro las consigue de Patricia, pero este otro acude directamente a Patricia, y este otro acude a Pedro para llegar hasta Patricia. Y eliminamos a la persona cuyo nombre se repite más veces. Esto significa que esta persona, este, está moviendo [drogas]. ¿Cierto? Así que vamos al ayuntamiento del pueblo. Les preguntamos quién es esta persona y luego llamamos a su puerta. "Patricia, quizá podrías parar porque nuestra validación por medio de entrevistas muestra que eres la persona de la que todo el mundo habla. Eres a quien todos señalan". "Sí, señor, sí". Y luego le decimos: "Si tiene tiempo, si le parece bien, puede rendirse". "Ya veré, señor". Si no se presenta, no pasa nada, pero la vigilaremos».

Aquellos que deciden rendirse firman una dispensa –varía según la ciudad y la comisaría– por la que prometen haber entendido que «mi implicación en las drogas no comporta nada bueno». Los que se rendían pasaban a otra lista de seguimiento –«Reformados»– y se vigilaba su comportamiento.

«Después de esto realizamos una segunda visita –le había explicado Domingo a Stormer–, cuya validación proviene del ayuntamiento del pueblo. Él es del ayuntamiento del pueblo –dijo, señalando al funcionario que lo había acompañado a llamar a la puerta de Nog–. Él lo validará, y si resulta que el tipo sigue metido en ello, informaremos al respecto. Y entonces iremos a detenerlo. Organizaremos una operación contra él».

En agosto de 2016, el mes en que conocí a Domingo, poco más de un mes después de que el presidente Duterte declarara la guerra contra las drogas, la lista nacional de seguimiento por drogas constaba de al menos 144.202 nombres. Cada comisaría tenía asignada una cuota, un porcentaje derivado de una estimación sin fundamento del Gobierno nacional sobre el número de drogadictos en la población respectiva. Poco importaba si se cumplía con la cuota por medio de rendiciones, detenciones o muertes. Poco menos de la mitad se habían rendido. Varias docenas más habían muerto. La cifra de muertos aumentaba a toda velocidad en todo el país.

Eso no significaba que fueran muertes sancionadas por el Estado, dijo Domingo. Los porcentajes importaban, y el número de muertos era mucho menor que el de aquellos que, a imagen de Nog, habían levantado las manos y jurado no volver a pecar.

«El número de los que se han rendido alcanza la cifra de setecientas mil personas [en todo Gran Manila], mientras que la de los muertos se sitúa en apenas tres mil –me dijo Domingo–. Esto probablemente no represente ni un diez por ciento Lo que ocurre es que muchos de ellos contraatacan».

La historia que pretendía escribir acerca de Domingo era un reportaje de investigación centrado en el asesinato de Jefferson Bunuan. Esta versión jamás se publicó. Muchas de mis fuentes se retractaron de sus testimonios. Testigos y supervivientes tenían miedo. «¿Has visto *Election: La noche de las bestias*?», me preguntó uno de ellos. No. Era una película. La había visto con sus amigos. Trataba de un Estados Unidos en que, tras sufrir un colapso económico, el partido en el poder aprobaba una ley que autorizaba una purga anual, de modo que cualquier delito, incluido el asesinato, estaba permitido. «Aquí por las noches ocurre lo mismo –me contó–. Hay una purga».

La alternativa fue escribir un reportaje más suave sobre el distrito de Santa Ana, el hombre llamado Buwaya y la cruzada de un policía que idolatraba al presidente y dirigía su guerra. Enumeré las acusaciones vertidas contra la comisaría CP-6. Expuse la argumentación de activistas en pro de los derechos humanos para señalar que la muerte de Jefferson Bunuan había sido una ejecución. Incluí los comentarios más incendiarios de Domingo junto a los del presidente.

Titulé la pieza «Legendario». La cerré trazando un paralelismo entre el presidente y Domingo. Durante la campaña, el presidente había declarado que ninguno de sus hijos estaba metido en las drogas, pero que ordenaría matarlos de darse el caso.

El hijo de Domingo también quería ser policía. Le pregunté a Domingo sobre la promesa presidencial. ¿Mataría Domingo a su propio hijo si fuera un drogadicto? «La realidad puede ser muy dura, pero es la verdad –me había contestado Domingo, encogiendo los hombros–. En ese caso sería un inútil, ¿cierto? Desde mi punto de vista, no habría nada más que hablar. Sería un inútil».

A mi parecer, era un artículo muy crítico con la guerra contra las drogas ilegales del presidente. Domingo no dio señales de vida. Las familias no dieron señales de vida. Estaba convencida de haber cometido algún error en algún lugar que nos convertiría, a mí o a mis fuentes, en un objetivo. Era un malestar general que solo podía explicar por el hecho de que acababa de escribir sobre unos hombres que habían matado a un chaval de diecisiete años en una litera. Los testigos se habían retractado de sus declaraciones. Yo no podía borrar mi firma.

Una tarde de finales de 2016, me acerqué a la comisaría de policía número 1, en la calle Raxabago de Tondo. Era temprano. Aún no había cadáveres, pero había circulado el chivatazo de que dos cultivadores de marihuana habían sido arrestados y conducidos a la CP-1. La marihuana en cuestión era una mata rala que sobresalía apenas treinta centímetros de un tiesto y que descansaba sobre el mostrador de la entrada, junto al registro diario. Me presenté al policía de guardia. Solicité ver al jefe de la comisaría para una entrevista. El agente desapareció dentro del despacho del jefe. Esperamos.

El coronel Domingo salió dando grandes zancadas. «¡Trish!».

Yo era vagamente consciente de que Domingo había sido transferido de la CP-6. Era una práctica común, los jefes saltaban de una comisaría a otra cada pocos años. Parecía contento de verme, casi diría que entusiasmado.

Señaló a la planta de marihuana. Tenía seis meses, me dijo. Su valor en la calle era de poco más de un dólar. La planta había sido confiscada en la parte trasera de un cobertizo. Probablemente había habido más.

«Fíjate en esto –dijo, tirando de una hoja–. Es mona, ¿verdad?». Y se echó a reír.

Un par de hombres flacuchos en los que no había reparado aguardaban encogidos en un rincón de la pequeña recepción de la CP-1. Los habían esposado juntos. Cuando vieron que Domingo los señalaba con el dedo, se cubrieron el rostro con la camisa. La marihuana se había encontrado en su posesión.

«Estos dos todo bien, no se han mostrado hostiles», me explicó Domingo. Se dirigió a ellos directamente. «No teníais armas, ¿verdad? Deberíais estar agradecidos. No contraatacasteis».

Domingo me miró. «No los he matado –me dijo con una sonrisa–. Ese material que les encontramos habría bastado para matarlos. Era material susceptible de que acabaran muertos.

–¿Qué quiere decir con «susceptible de que acabaran muertos»? –le pregunté.

Me pidió que me fijara en ellos. Lo hice.

–Mire, no puedes matar a los de su calaña cuando sabes que no van a contraatacar. Acérquese, acérquese, enséñaselas, aquí, también encontramos esto. Son semillas.

Sacudió un puñado que tenía en la palma de la mano.

–¿Esto son semillas? –pregunté.

–Semillas –me dijo–. Forman parte de lo que hemos confiscado. –Le pidió a uno de los policías que vaciara un cajón–. Espárcelas. Son semillas.

Había una última cosa que quería enseñarme.

–Por aquí –me dijo, conduciéndome hacia su despacho–. Mire –me señaló.

Me eché a reír.

En la pared, justo en el centro, había una captura de pantalla, impresa y enmarcada, del reportaje que había publicado en Rappler hacía un mes. La foto estaba pixelada, extraída de un post de Facebook y mal recortada. En la cabecera aparecía el propio Domingo, fotografiado radiante con su uniforme, fumando un cigarrillo y sentado encima de una mesa de plástico combada y junto a un grafiti en el que se leía: «Que se joda el sistema, que se joda la policía».

El comandante sonrío.

–Usted escribe como John Grisham –me dijo.

–Gracias, señor.

Nos fumamos un par de cigarrillos. Me fue presentando a los hombres que iban entrando y saliendo de su despacho.

«Esta es mi amiga Trish», les decía.

No me habían llamado Trish desde mi primer año en la universidad, cuando un amigo me había dicho con buena fe que el nombre no me pegaba. Trish, se me hizo entender, era un nombre propio de animadoras y estudiantes de matrícula, chicas sonrientes con manicuras de salón y melenas al aire, a las que recogían sus chóferes después de clase. Trish no se tropezaba con sus propios pies y soltaba un taco cuando le pasaba. Trish tenía clase. Trish era amigable. Yo era Pat, no Trish.

Soy Pat, decía cuando me presentaba a una fuente. Llámame Pat.

Domingo era la excepción. Había decidido llamarme Trish y me iba a quedar con Trish. Le gustaba utilizarlo y yo no le corregí.

Trish, arrancaba Domingo cuando me llamaba de noche, ya tarde. A veces lo hacía para contarme que había leído uno de mis reportajes. A veces me comentaba cómo le había ido el día. A veces le llamaba yo para pedirle algo de contexto sobre un caso u otro. Era la única fuente policial a la que nunca dudaba en llamar.

Mi director me recomendó mantener la relación con Domingo. Mejor contar con alguien de dentro. Era mucho más seguro durante una guerra. «Este es el tipo de fuente que debes mimar –me dijo Glenda; luego sonrió y añadió–: ¿De acuerdo, Trish?».

A principios de enero de 2017, casi siete meses después del inicio de la guerra contra las drogas, una joven mujer trans fue asesinada en la frontera entre Manila y Navotas. Se llamaba Heart de Chavez. Había escogido el nombre Heart, se había dejado crecer el pelo, había tomado hormonas y encontrado trabajo limpiando toallas en un salón de belleza, ingresos que complementaba haciendo de empleada doméstica.

Había empezado a traficar con drogas coincidiendo con la elección del presidente Duterte. Era una actividad que tenía aterrorizada a su madre, Elena, que había oído las amenazas del presidente.

Heart hizo oídos sordos a los avisos. Dijo que ningún policía repararía en una transacción de diez dólares. Estaba equivocada. Se la incluyó en una lista de seguimiento junto con un centenar más de sospechosos. Se le envió una carta. Unos agentes de policía le hicieron una visita. Heart se rindió y fue uno de los miles de sospechosos de ser sujetos de la droga que hicieron un juramento personal frente a las autoridades de Navotas. Fue invitada a asistir a un seminario para drogadictos y traficantes con todos los gastos pagados.

El 10 de enero de 2017, siete hombres enmascarados irrumpieron en el domicilio que compartía con su madre y su hermana, Arriane. Buscaban a Heart. Uno de los hombres la agarró del pelo y le estampó la cabeza contra una mesa. Otro la cogió por el jersey, negro y fino, y la sacó a rastras de la casa.

–«¡Mamá! –gritó Heart–. Ayúdame».

Uno de los hombres se quedó atrás. Apuntó con su pistola a las mujeres. Cuando se marchó, ambas se levantaron con dificultad y salieron corriendo por la puerta de la entrada.

Se toparon con uno de los hombres enmascarados.

–Por favor, señor, ¿dónde está mi hija?

–En la esquina –les dijo–. La hemos puesto en marcha.

Madre e hija corrieron a trompicones y se cruzaron con otros dos hombres enmascarados.

–Señor, por favor, ¿dónde está mi hija?

–Ha salido corriendo.

Unos testigos dijeron haber visto a los hombres caminar calle abajo con Heart. El hombre al frente del grupo sostenía una pistola con ambas manos. Ordenó a todo el mundo que regresara a casa. Se cerraron puertas. Se bajaron persianas. Los gritos de Heart podían oírse por toda la calle. Un adolescente oyó como metían a patadas a Heart en un cobertizo mientras no dejaba de pedir ayuda. Los vecinos oyeron tres disparos en rápida sucesión, y diez segundos después un cuarto. Arriane y Elena dieron la vuelta a la esquina. Arriane, descalza y con un bebé en brazos; Elena, cojeando en la oscuridad.

Encontraron a Heart en el interior de una casa vacía y con un disparo en la mejilla.

El informe preliminar, redactado horas después de los hechos, no detallaba las circunstancias de la muerte de Heart de Chavez, solo cómo se había encontrado el cuerpo. No hacía referencia alguna a unos hombres armados ni a los gritos de Heart, limitándose a señalar que «el cadáver de un hombre fue hallado dentro de una casa» en San José, Navotas.

La familia acusó de asesinato a la policía de Navotas. Esta negó toda responsabilidad. El jefe dijo que lo más seguro era que la muerte estuviera ligada a las drogas y que probablemente Heart muriera a manos de drogadictos o traficantes como él. No existían pruebas que implicaran a la policía en su muerte. «No nos dedicamos a entrar en las casas de la gente para matarla –me contó el jefe de policía Dante Novicio. Se trataba de un caso difícil de resolver, ya que los asesinos llevaban máscaras–. De manera que permanecerá sin resolver».

La familia de Heart me contó otra versión sobre lo ocurrido justo antes de que la mataran.

La ciudad de Navotas comparte frontera con la zona más sórdida de Tondo, en Manila; tan cercanas son que la familia De Chavez hacía sus compras en el mercado público de Pritil, que quedaba justo dentro del área adscrita a la comisaría de policía número 1 de Manila. Heart había sido detenida por policías que pertenecían al Cuartel de la Policía Comunitaria de Pritil, uno de los cuatro bajo la supervisión de la CP-1. Según la madre de Heart, Elena, la policía de Pritil le había pedido cincuenta mil pesos por liberar a Heart.

«Me temblaron las piernas –me contó–. Les dije: "Señor, yo no tengo tanto dinero". Mi hija lloraba y decía: "Mamá, no me dejes, puede que se me lleven y me maten"».

Elena abandonó el cuartel. Empeñó la pensión de su marido por siete mil pesos. Regresó con el dinero y dijo que la policía no estaba satisfecha. Le abrieron el billetero para comprobar si llevaba más dinero y no encontraron nada. Liberaron a Heart. Tres días después estaba muerta.

Encontré el cuartel de Pritil en la calle Herbosa de Manila. Era una pequeña caja de color blanco, enclavada en un complejo de mayores dimensiones, con un aparcamiento a la izquierda y un arroyo en la parte trasera. Entre el arroyo y el edificio se levantaba un porche estrecho con una mesa de plástico y un par de motocicletas, separado del aparcamiento por una valla de rejilla de color azul.

El jefe de policía se reunió conmigo en la verja trasera. Se llamaba Edwin Fuggan. Me presenté. Le conté el motivo de mi visita. Le hablé de Heart y las circunstancias de su detención.

Se mostró reticente, ladeaba el rostro mientras le hablaba.

No, dijo, no, a De Chavez lo habían localizado, detenido e interrogado el 7 de enero.

Saqué mi grabadora. Dejó de contestar a mis preguntas. Si deseaba saber más, me dijo, debía dirigirme a la sede central de la comisaría de policía número 1.

El agente de guardia en el mostrador de la CP-1 era amigable. Todos los hombres de la CP-1 lo eran. Su nombre era Adonis Sugie. Ni siquiera parpadeó al ver mi grabadora y dijo acordarse de Heart.

–No llegó hasta aquí –dijo Sugie–. La detuvo la policía del cuartel de Pritil. De modo que nos pidieron que verificáramos si tenía antecedentes, pero al no ser el caso la dejaron libre.

–¿Lo verificaron aquí o en Pritil?

–Pritil se encargó del asunto, pues ahí fue donde se produjo la detención. Tenían montado un operativo. No estaba sola, había muchos más. Los verificaron, chequearon sus nombres en el registro para comprobar si tenían órdenes de arresto o casos pendientes. El resultado fue negativo. De modo que la soltaron de inmediato.

–¿Cómo puede ser que Pritil me haya negado la existencia de esa persona? Aseguran que no verificaron a nadie.

–No, sí que los cazaron…, pero quizá, señora, con tanta gente se les olvidó. Pero yo me acuerdo de ella. Fue la que se rindió a Navotas.

–¿Hablamos de la que tenía aspecto de mujer?

–Sí, era gay, esta era gay. El velatorio duró dos semanas. Casi dos semanas.

Pedí hablar con el comandante de la comisaría, el jefe de Fuggan. Sugie me condujo directamente al despacho de mi amigo Domingo. Le hablé de la muerte de Heart. Le hablé de las acusaciones. Le resumí las alegaciones de la extorsión cometida por policías bajo su supervisión y le dije que necesitaba una declaración oficial.

Domingo me preguntó si la familia estaría dispuesta a hablar con él. Hice la llamada. Sí, lo estaba. Domingo también hizo una llamada. Ordenó que se personara Fuggan.

Domingo pidió que nos trajeran café. Durante media hora, fumamos cigarrillos e intercambiamos impresiones sobre la literatura pulp y el futuro del cine filipino. Cuando el jefe uniformado del cuartelillo de Pritil, el capitán de policía Edwin Fuggan, entró en el despacho, impecable de la cabeza a los pies, Domingo se levantó y nos presentó.

–Señora –dijo Fuggan, estrechándome la mano. Esta vez no apartó la cara.

Tomó asiento mientras esperábamos a Elena y Arriane de Chavez.

Se abrió la puerta.

–Es él –dijo Elena.

Fuggan se levantó de un brinco. Cruzó la habitación y rodeó con el brazo la espalda de la señora mayor.

–Buenas tardes, señora –dijo.

Todos nos sentamos en torno al escritorio de Domingo, bajo la fotografía enmarcada de mi viejo reportaje sobre él. Mi enorme grabadora, modelo Zoom H4 con micrófono incorporado, estaba encendida. La coloqué entre Fuggan y Elena.

La habitación era pequeña. Domingo no disimulaba su irritación.

–Cuénteme, ¿recuerda a quién le pagó? –le preguntó a Elena.

–Sí, señor –dijo en voz baja.

–¡Dígalo también delante de una cámara! ¡Le demandaré!

Fuggan se apresuró a intervenir.

–¿Cuánto dinero le sustrajeron? Se lo devolveré.

–Siete mil –respondió Elena.

–Esto es lo que vamos a hacer –dijo Fuggan–. Si le quitaron cualquier cosa, yo se lo pagaré, hijo de puta.

Se dio la vuelta hacia Elena. Su voz era amistosa, casi obsequiosa.

–Señora, soy el comandante del cuartelillo de Pritil.

–Sí, señor.

–Debería haber…

–La situación es la siguiente, colega –le interrumpió Domingo–. Vosotros, hijos de puta, vosotros, hijos de puta, los hijos de puta de tus policías, no los pusiste a raya con lo de los robos. Vosotros, hijos de puta, sois vosotros a los que deberían haber matado.

–Eso es lo que pasó de verdad, señor –dijo Elena–. Incluso se lo enseñé. Tuve que empeñar la pensión de mi marido.

–Sí, lo he oído –dijo Fuggan.

–¡Conseguidme las fotos! No voy a permitir…

–Lo arreglaremos, el dinero que se llevaron, yo se lo devolveré –dijo Fuggan.

–Sí, señor –dijo Elena.

–Devolvedlo, hijos de puta –gruñó Domingo–, porque todos vosotros, hijos de puta, no sabéis mantener a raya a vuestros policías, hijos de puta. ¡Señaládmelos! Hijo de puta, si me los cruzo, Sugie, pienso matar a esos policías.

Sugie aguardaba paciente junto a la puerta.

–Sugie, quizá no me creen capaz…

Fuggan lo interrumpió y se dio la vuelta hacia Elena.

–Y entonces ¿cuándo ocurrió?

–¡… y eso que aún no me he tomado mi Valium!

–Justo el otro día –dijo Elena.

–¿Y no fue una simple verificación –interrumpió Fuggan– porque ella no era de por aquí?

–Sí, señor.

Domingo estaba llegando al final de su diatriba cuando oí mi nombre.

–Tricia sabe que tomo Valium, ¿verdad, Tricia?

No lo sabía, pero decidí que la respuesta correcta era corroborarlo.

–Sí, señor.

Fuggan estaba intentando llevar a Elena hacia un terreno más seguro.

–¿Y no le dije a Heart que debía reformarse porque ahora estamos en la época de Duterte?

Elena no le seguía.

–Eso es lo que le dije, señor. Le dije que tenía que dejar las drogas.

–¿Está de acuerdo?

–Dejó las drogas –interrumpió Arriane, la hermana.

–Si no estoy equivocado –Fuggan lo intentó de nuevo–, la llamé «señora». ¿No es lo que le dije?

Fuggan había descubierto de repente que sí conocía a Heart y a su madre. Se dio la vuelta hacia mí.

–Señora Patricia. ¡La recuerdo!

–Sí, señor –le dije.

–Ahora sí que me acuerdo de usted –le dijo a Elena–. Estaba enferma y les dije a ambas que volvieran a casa. Le dije a su chaval: «Deberías parar, hermana». La llamé «hermana» porque me dijo que era gay.

–Sí, señor –dijo Elena.

–Pero lo que no hice...

–Llevaba tres días encerrada en casa –interrumpió Elena–. Un vecino vino y le pidió a Heart que saliera a buscar drogas. Por entonces ya no salía.

–¡Así que en verdad la culpa de que se metiera en problemas fue del vecino! –concluyó Fuggan. Se dio la vuelta hacia Domingo–. Ahora me acuerdo, señor. En ese momento me encontraba almorzando y dije: «De acuerdo, deberíais llevarla a su casa, no es de por aquí».

Tras refrescar la memoria, Fuggan dijo que se hallaba en el cuartel de Pritil la noche de la detención de Heart. Había visto a Elena de Chavez. Era una persona mayor, dijo, enferma y confundida. Se había acercado a Elena. Le había mostrado compasión. La llamó «señora». Sus policías le habían dicho que Heart estaba retenida para efectuar una verificación.

Fuggan llamó a Heart un sujeto «sospechoso». El motivo de que lo fuese era que sus policías no habían reconocido su rostro por la calle.

–Nuestra primera reacción es esa –me contó–. Si no eres de por aquí, dudamos de ti, porque todos los policías saben si eres de por aquí o no. De verdad que solo fue un asunto de verificación.

Tenía problemas a la hora de explicarme lo que quería decir con «verificación».

No se había encontrado prueba alguna de procedimiento delictivo en la persona de Heart. Esta, dijo Fuggan, no había sido arrestada. No había sido detenida. El término correcto era «retenida». Heart había sido retenida y todo se había desarrollado con normalidad. Fuggan afirmó que había consolado a Elena. Que había sermoneado a Heart. Que les había pedido que volvieran a casa. Cualquier extorsión que hubiera podido producirse tuvo lugar sin su conocimiento, pero, de todas formas, estaba dispuesto a asumir su devolución.

Dentro del despacho del jefe de la CP-1, Domingo proseguía con su indignación y sus lecciones de moral.

–Hijos de puta, si no detenéis todo esto, yo mismo me encargaré de haceros caer. Después de todo, ya que la gente corriente no puede mataros, seré yo quien tendrá que hacerlo. Aquí todos somos policías, hijo de puta, resolvámoslo a tiros. Este tipo de desvergüenza es inadmisible, hijo de puta. Hijos de puta, fijaos en lo que está ocurriendo en este país. Si tenéis que robar, robadle a Gokongwei. Robadles a los ricos. Pero a ella –señaló a Elena–..., ¡es rematadamente pobre! Por Dios bendito, ni siquiera tiene dinero suficiente para pagarse el billete de vuelta a casa. ¡Ni para volver a casa! Ella es el tipo de persona a la que el Gobierno debería estar protegiendo, los más pobres entre los pobres de la ciudad. ¿Y resulta que los policías les meten la mano en el bolsillo?

Fue un sermón impresionante. Fuggan, en voz baja, intentó defenderse.

–Solo le dije que llevara una vida mejor.

Sugie regresó con un fajo de fichas. En cada ficha constaba el nombre de un policía y una fotografía identificativa. Todas pertenecían a policías del cuartel de Pritil. A Sugie le habían ordenado que las reuniera para que Elena pudiera identificar a los policías que habían extorsionado a su familia.

Domingo se levantó y se colocó detrás de Elena. Le pidió que mirara cada ficha con detenimiento.

Durante un rato, el despacho permaneció en silencio, con el pasar de las fichas y el eco del aparato de televisor de fuera como únicos sonidos.

–No tenga miedo –le dijo Domingo. Su voz resonaba en la pequeña habitación–. Está hablando con el comandante de esta comisaría. ¡Soy el comandante! ¡Soy el jefe! No tenga miedo.

–Las ayudaremos, señor –añadió Fuggan.

–Soy el comandante –repitió Domingo.

Elena iba murmurando mientras reparaba en los nombres.

–Este –dijo, señalando una fotografía–. Creo que este era uno de ellos.

–Los llamaremos –dijo Fuggan.

Elena dijo que fueron cinco los policías que la habían extorsionado para que liberaran a su hija. Apartó cuatro fichas. Domingo cursó un volante para que se investigara a cuatro agentes de la policía de Pritil. El caso se calificó de extorsión.

Acérquese, me dijo, puede tomar una fotografía del documento.

Nos marchamos. Le estreché la mano a Domingo. Le di las gracias a Fuggan, que me llamó «señora».

Estábamos bien lejos de la comisaría cuando Elena me dijo que conocía la identidad del quinto policía. Le había dado miedo pronunciar su nombre.

«Fue Fuggan –me diría más adelante–. Fuggan se metió el dinero en el bolsillo».

Al cabo de unos días, volví a ver a Elena y Arriane. Un policía se había reunido con su familia, me dijo Arriane, y le había ofrecido un fajo de billetes. Siete mil pesos, la misma cantidad con que la policía de Pritil había extorsionado a Elena, según su testimonio.

El policía solo era el mensajero. Dijo que lo enviaba Fuggan.

Llamé a Domingo. Le conté que me había llegado nueva información que requería de una declaración por parte del comandante de su cuartel. Se produjo otro intercambio de llamadas en ambas direcciones. Volví a hablar con Fuggan. Le expliqué que podía negarse a hacer declaraciones, pero que si aceptaba deberían grabarse en vídeo. Acordamos un día y una hora. El lugar del encuentro sería el despacho de Domingo.

Domingo me llamó la noche anterior a la entrevista. Ya era tarde, casi medianoche. Del otro lado de la línea no me llegó la cháchara risueña de costumbre.

Fue una llamada breve. Dijo que tenía que hacerme una pregunta.

«¿Me considera su amigo, Pat?».

Me repitió la pregunta varias veces.

Sea sincera, me dijo.

«¿Me considera su amigo, Pat?».

«¿Me considera su amigo, Pat?».

«Pat, ¿me considera su amigo?».

Recuerdo que me mostré reacia a decirle que sí. Si lo hacía, quizá me pidiera que abandonara el reportaje, y no quería que pudiera aducirse un conflicto de intereses. Si me negaba, no quería arriesgarme a enfadar a un policía con doscientos hombres armados a su disposición. Fui eludiendo la respuesta hasta que acabé por darle la razón. Sí, señor, le considero mi amigo.

No me dijo por qué me lo preguntaba. No supe qué significaba, o si debía tener miedo. A la mañana siguiente, le envié un mensaje a mi directora, Glenda. Estaba preocupada, le dije. Domingo estaba enfadado. Mantuve encendido mi GPS para que Rappler pudiera localizarme en todo momento. «Me dirijo a Raxabago CP1 Manila –escribí–. Resultará encantador, inofensivo y reconfortante».

Me encontré con Fuggan en la CP-1. Domingo no estaba presente. Fue una entrevista sin rodeos.

Fuggan dijo: «No sé nada sobre nadie que pidiera dinero». Dijo que no podía imaginar «motivo alguno por el que un policía estuviera involucrado en una extorsión». Negó el incidente, lo calificó de exageración y dijo estar convencido de que nunca ocurrió.

«Los policías no hacen eso –afirmó– porque sabemos que está mal».

Admitió haberle enviado dinero a Elena. Los fondos procedían de sus propios ahorros. Esto no significaba que fuera culpable. Solo «pretendía ayudar». Lo había hecho «de corazón».

Publiqué el reportaje. Tal y como se había prometido, la muerte de Heart permaneció sin resolver.

Después de aquello, apenas tuve noticias de Domingo. No reparé en ello porque durante esos tres meses estuve volcada en la investigación de unos policías de la comisaría 2 de Manila, cerca de la calle Moriones. El testimonio de los testigos describía una serie de ejecuciones de jóvenes. Los disparos eran obra de un policía que se había granjeado un apodo que circulaba en voz baja entre los vecinos de Delpan. Lo llamaban «el Demonio de Delpan». Tras la publicación del reportaje, recibí una llamada de aprobación de Domingo, que se distanció de las violaciones de derechos que había descrito con detalle. Me recordó, no sin cierto engreimiento, que al contrario de los hombres sobre los que había escrito, él y los suyos entendían bien lo que son los derechos humanos.

Pocos días después de esta llamada, el 27 de abril de 2017, un equipo de la Comisión de Derechos Humanos, alertado por uno de sus confidentes, llevó a cabo una inspección por sorpresa en la comisaría CP-1 de Domingo. La Comisión de Derechos Humanos es un órgano gubernamental independiente, creado tras las atrocidades cometidas durante la ley marcial. Su director en aquel momento, Chito Gascon, un exactivista en sus años de estudiante, fue una de las últimas voces dentro de la administración Duterte dispuesta a denunciar el reguero de asesinatos. Gascon había sido designado por Aquino y la ley establecía que, de no mediar un proceso de destitución, no podía ser reemplazado hasta que finalizara su mandato.

La Comisión de Derechos Humanos fue informada de la existencia de unas instalaciones secretas para la práctica de detenciones en el interior de la CP-1, una celda oculta tras el despacho de la Unidad de Lucha contra la Droga de Domingo. El informante dijo que era el lugar en el que encerraban a los sospechosos de tener vínculos con las drogas, aunque sus nombres no constaran en los registros. De ser cierto, se trataba de una operación de extorsión: los sospechosos solo eran liberados después de que la policía obtuviera fondos de sus aterrorizados familiares.

Domingo, que seguía vestido con ropa de calle, demostró el tipo de sangre fría que se requería de un antiguo portavoz de la Policía Nacional de Filipinas. Ofreció, entre sonrisas, un paseo por la comisaría a Gilbert Boiser, quien encabezaba el equipo de la Comisión de Derechos Humanos, a su vez acompañado de un grupo de periodistas. Al final, Boiser entró en el despacho de la Unidad de Lucha contra la Droga, en cuyo interior encontró a tres civiles. La policía le explicó que eran unos sospechosos a la espera de ser procesados.

Domingo le dijo a Boiser que no sabía nada de unas instalaciones secretas.

El fotoperiodista Raffy Lerma vio a uno de los sospechosos parpadear en dirección a un mueble con estanterías. El mueble se hallaba en una de las esquinas de la habitación.

«¿Hay alguien ahí?», gritó Boiser.

Todos los periodistas presentes oyeron el sonido de una voz amortiguada que les gritaba: «¡Estamos aquí!».

Boiser, cuyo informante ya le había mostrado un dibujo con un plano de la habitación, intentó mover el mueble. No pasó nada. Fue Raffy el que se agachó y dio con una cerradura, escondida detrás del extremo de una de las baldas inferiores. Consiguió forzarla y la estantería se abrió como una puerta. Apareció una mujer delgada que empezó a parpadear por efecto de la luz. «Por favor, no nos dejen aquí», dijo.

Salieron en fila, tambaleándose; eran nueve. A sus espaldas había un pasillo estrecho de menos de un metro de ancho y cinco de profundidad, tan estrecho que parecía imposible que las doce personas que habían estado hacinadas en él hubieran podido permanecer de pie con los brazos a los lados del cuerpo. Había un orinal roto en el que los detenidos habían apilado bolsas con sus propios excrementos. Aquella noche no había luz. No había ventanas. Barras de acero se alineaban al fondo de la celda y quedaban ocultas del exterior por una placa de hierro galvanizado.

Unos cuantos detenidos hablaron con los periodistas. Aseguraron que los policías los habían mantenido secuestrados, a algunos hasta ocho días, y habían exigido rescates de hasta cien mil pesos. Uno de ellos, que mostró unos cardenales de resultas de una paliza, dijo que la policía lo había amenazado con golpearle con más saña si su familia no les entregaba el dinero. «Nos dijeron que nos matarían».

Ninguno de sus nombres constaba en el registro policial. Ninguno había sido acusado de nada.

Domingo insistió en que la celda era una construcción reciente. Delante de las cámaras de tres cadenas nacionales de noticias, Domingo informó al público de que los detenidos mentían. «Es su palabra contra la nuestra. Así que lucharemos [hasta] el final».

Aquella noche, al menos doce periodistas se apiñaban en la comisaría, y todos fueron sacados a la fuerza del despacho de la Unidad de Lucha contra la Droga por policías que acababan de tomar conciencia de que estaban en apuros. Aquella noche, yo no me encontraba ahí. Otro periodista me comunicó la noticia. «Han cazado a tu Domingo», se leía en su mensaje.

Ninguno de los arrestados fue entregado a la Comisión de Derechos Humanos.

«Son nuestros detenidos –insistieron los agentes de Domingo–. No os los podéis llevar».

La historia copó los titulares de todas las cabeceras importantes, muchos de cuyos reporteros especializados en delitos estuvieron presentes durante la inspección.

A la mañana siguiente, el mueble había desaparecido. Una hoja de formulario colgaba del trozo de pared que quedaba por encima de la entrada. En ella ponía: ZONA TEMPORAL DE ESPERA.

Domingo fue relevado de sus funciones por un tiempo. La Comisión de Derechos Humanos elevó quejas a la Oficina del Ombudsman contra el teniente coronel Roberto Domingo, el cabo Dylan Verdan, el patrullero Berly Apolonio y otros agentes por detención arbitraria, amenazas graves, retraso en la entrega de personas a las autoridades judiciales pertinentes, coerciones graves, malas praxis graves y conductas perjudiciales para los intereses del servicio.

Las quejas fueron desestimadas en el año 2020.

Un tiempo después de la inspección practicada por la Comisión de Derechos Humanos, recibí una llamada de Domingo.

«Trish –arrancó–, tú me crees, ¿verdad?».

10

QUE ALGUIEN LOS MATE

A principios de enero de 2017, la esposa de un empresario surcoreano pidió ayuda al Gobierno en las páginas del *Philippine Daily Inquirer*. Su marido, Jee Ick Joo, había desaparecido el 18 de octubre del año anterior. Los vecinos afirmaron que, a las dos de la tarde, unos hombres armados habían introducido a la fuerza al hombre, de cincuenta y tres años, en su propio vehículo antes de darse a la fuga. También secuestraron a la asistenta de la familia. La asistenta, posteriormente liberada, dijo que los implicados eran policías que afirmaban que se trataba de una redada antidroga.

La historia se desveló. Los policías que sacaron a Jee Ick Joo de su casa de Ángeles en una redada antidroga fingida esgrimían una orden de detención falsa. Lo llevaron a la sede de la policía nacional, donde un policía de la unidad antidroga, provisto de un rollo de cinta de embalar y guantes quirúrgicos, estranguló al empresario retenido. Pidieron un rescate de ocho millones de pesos a su mujer, consiguieron cinco millones y luego se negaron a aportar pruebas de vida.

La historia saltó a los boletines de noticias internacionales. La embajada de Corea del Sur exigió una investigación. El Senado celebró sesiones especiales. Dos agentes de policía fueron acusados –y uno de ellos condenado posteriormente– de secuestro con homicidio. Hubo informes de que se había envuelto la cabeza de la víctima en cinta de embalar y se había incinerado su cadáver, antes de que un empleado de la funeraria, presa del pánico, tirara las cenizas por el retrete.

Habían pasado siete meses desde la declaración de la guerra contra las drogas. Había más de siete mil muertos, y solo entonces Rodrigo Duterte se mostró finalmente dispuesto a reconocer que sus policías habían obrado mal. «Pido disculpas por la muerte de su compatriota –dijo al Gobierno surcoreano en un discurso público–. Sentimos mucho que haya ocurrido».

El jefe de la Policía Nacional de Filipinas, Ronald «Bato» dela Rosa, compareció ante los medios de comunicación y afirmó que la policía «se centraría en la limpieza interna». Dijo que preferiría matar a los policías implicados si ello fuera legal. Calificó el crimen de ofensivo. Se «derretiría de pura vergüenza si pudiera».

El presidente Rodrigo Duterte calificó el incidente de humillante, pero rechazó la oferta de dimisión de Dela Rosa. El 30 de enero de 2017, el presidente suspendió la participación en la guerra contra las drogas de la institución policial a la que había otorgado tanto poder. Se disolvieron las unidades policiales antidroga. Dijo de la policía que era «la más corrupta, corrupta hasta la médula». Los llamó delincuentes. La guerra continuaría, pero no habría más operaciones policiales contra las drogas ilegales.

Aquella noche, todos los periodistas dedicados a informar sobre la guerra contra las drogas que conocía se reunieron en la oficina de prensa del distrito policial de Manila. Esperamos. Aquella noche no hubo escenas del crimen. Ningún drogadicto murió; ningún traficante fue abatido a tiros. Ni en Manila, ni en Caloocan, ni en Cebú, ni en Navotas, ni en los barrios bajos de Ciudad Quezon. El presidente había hablado, y por primera vez en siete meses –con la excepción del día de Navidad– no se sumaron más nombres al recuento de muertos. No fue sorprendente que los policías mantuvieran enfundadas sus armas, pero los justicieros también lo hicieron. No hubo salvamentos, ni tiroteos desde coches, ni pistoleros enmascarados derribando puertas de presuntos traficantes de metanfetamina. La milicia uniformada se retiró, y lo mismo hicieron, si damos crédito a los informes, los asesinos que empleaban. El número de muertos se detuvo en 7.080.

La guerra, o lo que se había llamado «guerra», terminó con la descarga de la cisterna de un retrete.

La suspensión de la guerra contra las drogas no fue un acto de hipocresía, o solamente eso. Se trataba de policías antidroga de alto rango que habían creído que podían matar a un acaudalado extranjero en la sede de la policía nacional tras exigir millones a su esposa, y ahí estaba el presidente, que, como todos, había sido testigo de la impunidad en las calles, anunciando que estaba conmocionado. Decirles a los policías que eran de confianza mientras les decía que eran corruptos; garantizar su protección mientras se comprometía a matarlos; rabiar a diario contra la inconveniencia de los derechos humanos mientras se indignaba cuando no se respetaban; mantener la altura de miras mientras se regocijaba de las fosas comunes; profesar la vulgaridad mientras prometía moralidad; denunciar las leyes al tiempo que prometía respetarlas; creer en la probabilidad de un asesinato al tiempo que negaba la posibilidad de todos los demás; afirmar que era un asesino al tiempo que repudiaba a los asesinos: esta era la realidad mágica de Rodrigo Duterte, una realidad que había sido aplaudida, difundida e imitada en todo el país con voluntariosa presteza.

Aquí es necesario considerar la contribución de George Orwell a la comprensión de los autócratas de todo el mundo. La palabra es «doblepensar», la capacidad de tener en la mente dos ideas contradictorias a la vez y aceptar ambas. Orwell escribió en *1984* que era la capacidad de «decir mentiras deliberadas mientras se cree genuinamente en ellas». Era utilizar los hechos solo cuando convenía, negar su existencia cuando eran contradictorios y «negar la existencia de la realidad objetiva y, al mismo tiempo, tener en cuenta la realidad que uno niega». ¿Cómo se atreve la policía a asesinar? ¿Cómo se atreven a no matar? He aquí la mentira orwelliana, despojada de sus sutilezas.

La mentira, sin embargo, requiere una ejecución adecuada para que se acepte como un hecho. En 1961 el historiador estadounidense Daniel J. Boorstin publicó *The Image*, un libro que introdujo el término «pseudoacontecimiento». El pseudoacontecimiento no es espontáneo; existe sobre todo para ser divulgado. Su relación con la realidad es ambigua. Cuando tiene éxito, es una profecía autocumplida. El pseudoacontecimiento no es propaganda, porque ocurrió de veras. Los hechos, por artificiales que sean, constituyen un baluarte contra la crítica. «Mientras que la propaganda sustituye los hechos por opiniones –escribió Boorstin–, los pseudoacontecimientos son hechos sintéticos que mueven a la gente indirectamente, al proporcionar la base "factual" sobre la que se supone que deben decidir».

En el caso de la suspensión de la guerra contra las drogas, el pseudoacontecimiento fue la imagen del general Dela Rosa, en el Palacio de Malacañán con su uniforme de gala blanco, la cabeza inclinada, los ojos fijos en el suelo, explicando su dolor y su vergüenza. Fue la presencia de Rodrigo Duterte, en un podio en la provincia de Sarangani, amenazando a los policías corruptos con que «sufrirán» por sus pecados.

Pocos días después de la suspensión temporal de la guerra, Amnistía Internacional publicó un mordaz informe en el que afirmaba que la policía había estado falsificando pruebas y asesinando a sospechosos de narcotráfico a cambio de dinero.

La guerra contra el narcotráfico tenía problemas. El mundo prestaba atención. El Gobierno había sido sorprendido cometiendo lo que solo podía llamarse asesinato; después de todo, no había forma de afirmar que matar a un hombre atado e indefenso estuviese amparado por una presunción de regularidad.

Llegan los justicieros.

Era la tarde del 9 de febrero de 2017. CNN Filipinas retransmitió la rueda de prensa en directo. Asistían los medios de comunicación nacionales. Los altos mandos de la PNF lucían sus estrellas doradas. Todos ellos estaban rodeados de investigadores y agentes, algunos de los cuales echaban hacia atrás las cabezas agachadas de los tres sospechosos dispuestos detrás del general Ronald «Bato» dela Rosa.

«Ellos lo mataron –dijo el general–. Lo secuestraron, lo mataron y lo metieron en un saco». Hablaba de Charlie Saladaga, de dieciséis años. Entre su secuestro el 1 de enero y el hallazgo de su cadáver un día después, Charlie había recibido un disparo en la cara, lo habían metido en un saco y lo habían arrojado al rompeolas de Isla Puting Bato, en Tondo, Manila. Su hermana de catorce años identificó a sus secuestradores como miembros de una banda local llamada Confederate Sentinels Group (CSG).

Tras la muerte de Charlie, la policía dijo que el CSG había amenazado a la familia Saladaga –al menos una vez a punta de pistola– hasta el punto de que la madre de Charlie, Cristina, finalmente se dirigió al Distrito de Policía de Manila para presentar una denuncia. Poco después, la policía hizo una redada en el puesto del CSG de la carretera 10, en el Poblado 105. Los agentes de la ley confiscaron varios artículos, entre ellos teléfonos móviles, un revólver del calibre 38, dos escopetas de fabricación casera y munición diversa. Los miembros del CSG fueron detenidos.

«Este es su uniforme –dijo Dela Rosa a los periodistas, mostrando una camiseta negra con las palabras "CSG TONDO 2 BARANGAY 105" impresas en la espalda–. Grupo Centinela Confederado. Una organización de voluntarios civiles que, al parecer, se convirtió en un grupo de justicieros que mataba a los sospechosos de robo. Por eso atacaron al chico. Lo mataron. Dijeron que era un ladrón».

Un agente de policía mostró una foto ampliada de un joven desgarbado tendido en el suelo. Parte de su cuerpo seguía dentro de lo que parecía ser un saco roto. «Esta es la foto del chico que fue salvado y luego metido en un saco», dijo Dela Rosa.

Afirmó que los sospechosos habían confesado. «Están aquí

ahora mismo –dijo el general–. Les hemos confiscado las armas, todas las armas, y han admitido lo que han hecho».

Llamó a uno de los sospechosos al micrófono y le ordenó que repitiera «lo que me has dicho antes».

–Fue nuestro comandante Maning quien... –empezó el sospechoso.

–Correcto, hable de modo correcto –interrumpió Dela Rosa.

–Fue el comandante Maning –dijo el sospechoso.

–¿Qué?

–El comandante Maning, señor.

–¿Y quién es él?

–Él es quien nos dio las órdenes.

El jefe del distrito policial de Manila, Joel Coronel, tomó el relevo de Dela Rosa y admitió que la PNF había acreditado al CSG como fuerza de mantenimiento de la paz. Afirmó que nunca se les había autorizado a llevar armas. Afirmó que llevaban operando en Tondo al menos cinco meses. Afirmó que la policía había «supervisado por medio de varias denuncias que este grupo ha tomado parte en asesinatos sumarios» y que había «unas diez personas implicadas en estos asesinatos extrajudiciales o de justicieros», aunque Dela Rosa también dijo que el grupo podría haber tenido hasta doscientos miembros.

Coronel dijo que el CSG mataba para proteger el tráfico de drogas y otras actividades delictivas. Apuntaba a sospechosos de bandas enemigas y asesinaba «para infundir miedo y pánico en las personas». Dijo que las víctimas creían erróneamente que los asesinos eran policías.

Dela Rosa dijo que la PNF había descubierto, a partir de mensajes de móvil y de interrogatorios tácticos, que el CSG había sido responsable de al menos otros tres homicidios antes de que Charlie Saladaga fuera asesinado. Esos casos, anunció, se consideraban ya «resueltos». Se presentarían cargos. Tres de los sospechosos ya estaban bajo custodia. La PNF llevaría a cabo una búsqueda de otras tres personas, incluido el presunto autor intelectual, Ricardo Villamonte, alias Comandante Maning.

La rueda de prensa fue un acontecimiento inesperado. Charlie no era el primer joven de dieciséis años que moría; tampoco era el primero al que disparaban en la cara o arrojaban al agua, una opción para deshacerse del cadáver tan alegremente respaldada por el propio presidente.

Pero Charlie era especial, porque Charlie era la respuesta a una crisis de relaciones públicas. Como dijo el general Dela Rosa, las detenciones fueron «una solución a algunos de los casos de MBI [muerte bajo investigación], o lo que los medios de comunicación denominan EEJ, "ejecuciones extrajudiciales", que presumiblemente se estaban atribuyendo a la policía».

«Disipa algunas acusaciones –dijo Dela Rosa–, de que estas MBI fueron sancionadas por la policía, o fueron obra de la propia policía».

No todas las acusaciones se disiparon, porque la policía no detuvo a todos los asesinos. Y, porque no lo hicieron, algunos de ellos hablaron. Algunos de ellos lo hicieron conmigo.

Llevaba meses planeando el momento, y cada día temía que no ocurriera, que el justiciero se retirara, desapareciera, que nunca más volviéramos a estar en contacto. Nos encontramos en una gasolinera. Él iba en moto. Estuvo a punto de huir cuando vio a mi fotógrafo, porque le habían dicho que iba a encontrarse con una mujer y temía que le hubieran tendido una trampa. Volvió cuando salí de la furgoneta de cristales tintados y encendí un cigarrillo.

«Soy Pat», le dije. Asintió.

Señalé la puerta abierta de la furgoneta. Dudó y entró.

No dijo nada durante el trayecto. No recuerdo si yo dije algo, solo que en aquel momento estaba segura de que aquel hombre había matado y podía volver a hacerlo. Su rodilla hizo un gesto brusco. Yo me sentí aliviada.

Sé su nombre, he fotografiado su identificación, pero el nombre que usaré es Angel. La camisa de Angel combinaba con el sofá del motel. También la mía. Al principio hablamos de su familia. De su educación, de las elecciones, del estado de la nación.

–¿Qué te pareció la rueda de prensa? –le pregunté.

Angel probablemente nunca había leído a Boorstin, pero veía la rueda de prensa como lo que era.

–Era como si la policía estuviera montando un espectáculo. «Recojamos a estos tipos, pongámoslos delante de la gente, digamos que son pistoleros a sueldo». Así que eso fue lo que sucedió. Como si estuvieran jactándose de algo. Pero sabían que los tipos a los que pillaron eran como nosotros: éramos sus hombres sobre el terreno.

El supuesto hombre de la policía sobre el terreno recibía órdenes del comandante Maning. Los policías estaban en lo cierto, señaló. Maning le había dicho a Angel que estaban formando un grupo.

–Nos dijo que nuestro trabajo era hacer limpieza de ladrones y traficantes. Dijo que intentaríamos limpiar Tondo.

Angel había entrado en el CSG casi por casualidad. Sus amigos habían sido reclutados. Le habían dicho que trajera sus armas. Había una reunión, dijeron. Era de vigilancia. Ven con nosotros, tenemos un trabajo.

–Más tarde descubrí que, cada vez que decían que teníamos un trabajo, querían decir que íbamos a matar –contó Angel.

Aquella primera noche, los hombres lo enviaron primero a él. Bajó por el arcén de una carretera y se encontró en un rincón. El objetivo se acercó paseando.

–Yo no estaba preparado cuando le dispararon –explicó Angel–. Dije: «Oh».

Oh, dijo, y entonces todos echaron a correr. Angel no recordaba cuántos disparos se efectuaron, solo que había dos pistoleros huyendo en el momento en que el cadáver cayó al suelo.

Angel se convirtió en uno de los justicieros veteranos del CSG. En su apogeo, en algún momento entre julio de 2016 y principios de 2017, según mis fuentes, la Sección 2 del CSG en Tondo contaba con entre veinte y cuarenta miembros: conductores de yipni, buscadores de basura, guardias de seguridad, obreros de la construcción... Un pequeño ejército de verdaderos creyentes que, al menos al principio, se consideraban soldados en la guerra de Rodrigo Duterte contra las drogas.

Angel no recordaba el nombre de todos los hombres que había matado. Sí recordaba, en cambio, dónde había sido abatido cada uno de ellos. A veces acechaban a los objetivos fuera de Tondo, porque si matas donde vives «la zona se complica». Estaban los dos hombres de Payatas. Estaba el de Caloocan. El último fue en Blumentritt, y Angel no estaba seguro de si alguna vez le dieron siquiera un nombre.

Dijo que el comandante Maning fijaba la recompensa por cada objetivo muerto. Oscilaba entre treinta mil y cuarenta mil pesos, aunque una vez llegó a cien mil. «Solo nos pagaban si lo matábamos», explicó Angel. El dinero se repartía entre los miembros del equipo de asesinos: conductor, tirador, vigías, refuerzos y rematador. Angel dijo que lo mínimo que le habían pagado eran ocho mil pesos.

«La policía lo sabía –dijo Angel–. No podían no saberlo. No podríamos haber operado en esa zona si no lo hubieran sabido».

El CSG del comandante Maning (CSG Tondo Sección 2) formaba parte de una organización mayor. El Confederate Sentinels Group Incorporated se registró en la Comisión de Valores e Intercambio en 2009. Su objetivo declarado era trabajar «en el ámbito del bienestar social y el desarrollo». Su fundador, Alvin Constantino, me dijo que el grupo vivía según Mateo 25, 35-46, «esa parte en la que Mateo dice: "Porque tuve hambre, y me disteis de comer; tuve sed, y me disteis de beber; fui forastero, y me recogisteis"». El grupo debía ser «protector de los débiles y necesitados». Los miembros pertenecían a unidades médicas, de rescate y de alguaciles. Era la unidad de estos últimos la que se asociaba con la policía como multiplicadores de la fuerza.

Aunque el grupo organizaba una iniciativa anual de recaudación de fondos y recibía donaciones ocasionales de sus secciones, lo máximo que el CSG nacional recaudó en un año fueron ciento veinte mil pesos, menos de la mitad del gasto real de la organización. Constantino dijo que su familia aportaba la mayor parte del presupuesto del CSG. Trataban la organización como una operación familiar.

«Es nuestra ofrenda a Dios –dijo– nosotros mismos, nuestro tesoro, nuestro tiempo, nuestro esfuerzo, para glorificar su nombre».

Las aproximadamente treinta secciones del CSG estaban repartidas por todo el país. En 2016, el año en que el CSG apoyó públicamente la candidatura de Rodrigo Duterte, tenía dos secciones en Tondo, Manila. Constantino afirmó que la Sección 2 nunca había pasado de ser «una sección de prueba».

Fue categórico en su insistencia en que el CSG no tuvo nada que ver con el reclutamiento de los miembros de la Sección 2. Fue la policía, dijo, la que le llamó para informarle de que había una nueva sección en Tondo «lista para la orientación». Fue la policía la que le presentó al comandante Maning, la policía en la que confiaba Constantino, y la policía la que permitió al comandante Maning unirse a las patrullas, viajar en unidades móviles y dirigir el tráfico. Era la policía la que tenía el mando directo y la supervisión de la formación de cada una de las unidades de alguaciles del CSG, una caracterización que el jefe de la PNF negó en una entrevista conmigo. «Así que es la policía quien da las instrucciones –dijo Constantino–. Mi gente se limita a hacer lo que se les dice, porque se trata de personal uniformado».

La organización nacional, dijo, «no promueve el asesinato por parte de justicieros».

Pero las actividades justicieras del CSG no eran un secreto para los residentes. «Eran el brazo ejecutor de la policía», me dijo un voluntario de la comunidad.

Los rumores de la existencia de un grupo armado de justicieros se extendieron por las viviendas y chabolas del Poblado 105 de Tondo. Los hombres patrullaban a altas horas de la noche, a veces al amanecer. Un residente que los vio pasar de camino a casa preguntó quiénes eran. «Son los CSG –le dijeron–. Son los que matan a los consumidores y a los narcotraficantes».

Con cada muerte, el CSG alcanzaba nuevos niveles de notoriedad. «Incluso los vigilantes del poblado les tenían miedo», dijo un resiente. Una mujer con la que hablé dijo que temía que alguno de los niños recibiera un disparo en el fuego cruzado. La mayoría de las paredes de la zona eran de madera contrachapada. «Disparan como vaqueros», dijo.

«Al principio no me creía lo que me contaban –afirmó un visitante de las viviendas–. Pero era amigo de algunos de los miembros, y eran muy francos sobre lo que llamaban "nuestro trabajo". Iban en serio, y mataban».

Se hablaba en susurros de listas de objetivos. Hermanos, padres e hijos fueron enviados fuera de Tondo para esconderse. «No podía dormir sabiendo los nombres de las personas que iban a morir –dijo un residente de Tondo que había oído leer la lista en voz alta–. Fui a ver a cada una de sus madres. Les dije que huyesen».

Las muertes aparecían a veces en las noticias, como parte del recuento de presuntos sospechosos implicados en el narcotráfico abatidos a tiros a diario en todo el país. Uno de los muertos de Tondo, un hombre llamado Ernesto Sabado, había salido de la cárcel por un caso de robo pocos días antes de ser asesinado. Los residentes dijeron que Sabado había sido sacado a rastras de su casa. «Le dispararon en el vestíbulo –me dijo una fuente–. En los pasillos del edificio, delante de todo el mundo».

Una noticia señalaba que Sabado había sido asesinado «delante de su madre, que suplicaba». Otro tabloide informaba de que Sabado había sido «asesinado a tiros por su vecino y dos compinches que entraron por la fuerza en su casa de Tondo, Manila». Los informes citaban a un investigador que afirmaba que las autoridades estaban buscando a tres sospechosos.

Uno de ellos fue paseado más tarde en una rueda de prensa en Camp Crame, cabizbajo, con una toalla sobre la cabeza, rodeado de dignatarios de la policía, detenido por el asesinato de Charlie Saladaga.

Me senté frente a otro asesino en otra habitación de hotel. «Al principio me asustaba matar, pero ya no –me dijo–. Es como las drogas. Te vuelves adicto. Entonces dejas de tener miedo».

Le llamé Simon. No era su verdadero nombre. Me dijo que le llamara como quisiera. En el lugar de donde venía, dijo Simon, a los chivatos se les disparaba sin hacer preguntas, y él no quería morir.

Yo tampoco. El día previo a que le abriera la puerta de una habitación de hotel a Simon, me había sentado en una sala de conferencias con mi fotógrafo y la dirección de Rappler, evaluando el peligro de una segunda entrevista con un justiciero. «Asegúrate de que está desarmado –me dijo Glenda–. Cachéale antes de grabar».

No hay problema, dijimos.

Esperamos en la habitación del hotel. Sonó el timbre. Mi contacto llevó a Simon a la puerta.

–Soy Pat –le dije. Le estreché la mano.

–Necesito ir al baño, señora –dijo el asesino.

Hice un gesto. Fue hacia allí. Le recordé las normas a mi fotógrafo.

–Tienes que comprobar si lleva un arma –le dije.

Ladeó la cabeza.

–¿Qué pasa si encuentro un arma?

Era una pregunta que no se nos había ocurrido el día anterior. El pomo de la puerta del baño estaba girando. No registramos a Simon.

Salió del cuarto de baño y se sentó cautelosamente en el borde de la cama. Le enseñé el micrófono. Enganché el clip al cuello de su camisa. Puse las grabadoras de reserva sobre la cama. ¿Quería un cigarro? Sí, quería. Lo encendió. Lo encendí.

Pulsé el botón de grabación.

«Dinos cómo te llamas», le pedí.

Simon se consideraba un hombre corriente. Poseía una pistola. Era religioso. Tenía mujer e hijos. Creía que las drogas «vuelven loca a la gente» y votó al presidente Duterte porque creía que tenía razón al decir que los drogadictos deben morir. Vivía en Aroma, una barriada en expansión de Tondo, donde edificios medio hundidos de dos plantas se abrían a calles de tierra llenas de basura y del Happy Meal podrido de la semana anterior.

«En Aroma hay todo tipo de personas peligrosas –me dijo Simon–. Asesinos. Adictos. Los hombres que aparecen en las listas de los más buscados. Vienen a Aroma a esconderse».

En la historia que contó Simon, los agentes de policía prometieron al CSG Tondo Sección 2 –«somos lo que ustedes llaman "justicieros"»– un pago por cada cadáver que entregaran. Él había sido reclutado por el comandante Maning. Este daba las órdenes y los hombres las cumplían. Fulano, mengano, haced el trabajo: tú, tú y tú. Los nombres de los objetivos se anunciaban en el puesto avanzado de la Sección 2 del CSG. Las fotos estaban pegadas en las paredes. Entre los objetivos había consumidores de metanfetamina, narcotraficantes, ladrones y algún que otro marido infiel. Simon calculó que la banda había matado a unas veinte personas en siete meses.

«Tras la elección de Duterte, las muertes eran automáticas, una tras otra», me contó Simon.

En los dos primeros años de la guerra contra las drogas, Simon mató a otros dos hombres. Cuando decía «matar», quería decir que apretó el gatillo. Desempeñó papeles distintos en otras operaciones. Llevó a cabo vigilancias. Actuó como vigía. Condujo la furgoneta de huida. Había muy pocas cosas que no estuviera dispuesto a hacer, porque el éxito en lo que él llama «el trabajo» significaba un delincuente menos que amenazaba el futuro de sus hijos. Simon afirma que nunca le pagaron, pero se quedó de todos modos. Creía en la causa.

«Realmente no soy un mal tipo –dijo Simon–. No soy del todo malo. Hay gente a la que hay que matar».

La lista de objetivos muertos se fue volviendo más larga, dijo Simon. Conocía a la mayor parte de ellos por sus alias: Toyo, Joseph, JC, Antonio, Pinuno, Sitoy. «Nos confiábamos –explicó Simon–, porque si mostrábamos a la policía nuestra identificación, o incluso si no teníamos identificación que mostrar, simplemente les daríamos nuestros nombres y diríamos que éramos hombres del comandante Maning. Nos retendrán en el cuartelillo… Nos llevarían a dar una vuelta y nos retendrían. Si se probase que somos positivos [miembros del CSG], nos dejarían ir».

Según Simon, no todos los objetivos fueron asesinados por orden de la policía. Una de las mujeres de la lista, una traficante a la que los vecinos llamaban Mommy, sabía que había orden de matarla y se negó a salir de casa. «Así que se desquitaron con su hijo».

«Depende de las órdenes –explicó Angel–. No importa si eres un niño o un adulto. Así van las cosas. Si Maning dice que mates a alguien, porque la policía le ha pagado, dirá: "Ve, túmbalo, ha cabreado a mucha gente. Hazlo"».

Una vez que el comandante Maning anunciaba un objetivo, el equipo de vigilancia se desplegaba, de cuatro a siete hombres. Observaban al objetivo, a veces durante días, desde el otro lado de un callejón o desde la entrada de la tienda de la esquina. Escuchaban cuando se hacían planes, se hacían amigos de los vecinos y tomaban nota de cuándo llegaban los niños a casa. A veces, miraban a través de las ventanas o llamaban a la puerta para comprar una bolsita de metanfetamina, sin problemas, ahí va, el billete doblado de cien pesos, un trato tranquilo entre amigos.

Una vez que el objetivo era «positivo», se seleccionaba un equipo. «Alguien decía: "Tú, tú y tú, id con él por seguridad" –me contó Angel, señalando a unos compinches imaginarios–. Cuatro delante, el resto a los lados. En cada zona tienes un refuerzo. Esa esquina, dos refuerzos allí. Los de delante van en moto. Al otro lado, dos más. Tumbad al objetivo de forma segura, y sin meteduras de pata».

Unas veces utilizaban una furgoneta propiedad de uno de los miembros, otras una motocicleta con matrícula no registrada. Si el objetivo sobrevivía a los primeros disparos, otro hombre estaría a la espera. Podía estar sentado en una cantina al aire libre con un tazón de fideos. Podía estar hablando por teléfono, de pie junto a la carretera. Solo se movía cuando el objetivo caía y el tirador huía. Si el objetivo se meneaba un poco, disparaba el tiro mortal. Le llamaban el «rematador».

«Yo termino el trabajo», dijo Angel.

Los justicieros tardaron tiempo en desarrollar métodos más eficaces para asesinar. Cometieron errores por el camino. Dijeron que habían disparado accidentalmente a un niño de doce años. Que mataron a un hombre que llevaba la camisa del mismo color que su objetivo, mientras este se escapaba. Dijeron que a veces les entraba el pánico y se encontraban apiñados en la boca de un callejón estrecho, justo cuando su objetivo armado huía.

«Les dije que, de esta forma, nos iban a joder –afirmó Simon–. Si alguien nos rociaba con balas, íbamos a morir todos. Les dije: "Vamos esquina por esquina. Un hombre en cada esquina. Dejamos que el enemigo corra, y lo atacamos adondequiera que vaya". Así cazamos a Sitoy».

Para entonces, habían transcurrido siete meses de la guerra contra las drogas. El objetivo, Sitoy, era un adicto a la metanfetamina bajito y engreído al que le gustaba colgarse un par de granadas de una cuerda al cuello. Simon me dijo que Sitoy era tan peligroso que a veces olvidaba una de sus granadas en la cantina donde comía. Decían que traficaba con metanfetamina cuando tenía dinero y que conseguía droga a punta de escopeta (cargada) cuando estaba sin blanca.

Simon dijo que la ejecución de Sitoy fue «por orden de la policía».

Se seleccionó un equipo, se inició la vigilancia, se fijaron la hora y el lugar. Los seis, posiblemente siete, asesinos se apostaron a lo largo de la hilera de viviendas. Esperaron en la oscuridad. Los mosquitos picaban. Nadie se movió hasta una hora después de medianoche, cuando Sitoy salió a campo abierto.

Los justicieros empezaron a disparar.

«Le disparamos en el culo –contó Simon–, para que no pudiera correr. Y entonces fue a por su granada. El pasador estaba pegado con cinta adhesiva, y él lo estaba arrancando. Así que volvimos a dispararle».

Sitoy cayó al suelo, sangrando por una herida en el pecho. «Cuando lloró, me sentí mal por él –dijo Simon–. Suplicaba: "¡No, no!"».

Simon afirmó que dispararon a Sitoy al menos seis veces: una por la espalda, otra en el brazo, otra en el pecho y tres en el cráneo.

Los justicieros llamaron a la policía. Los policías llegaron con un grupo de artificieros. Los asesinos se fueron a casa.

Según el informe policial, Sitoy, «que está decidido a matar», llevaba en la mano una granada. La policía dijo que el peligro inminente para el público había impulsado a los agentes a disparar.

Los artificieros extrajeron la granada de fragmentación de la mano de Sitoy. Los investigadores confiscaron dos sobres de presunta metanfetamina y una navaja abanico. Informaron de que «un examen preliminar del cadáver muestra heridas de bala».

«Éramos nosotros los que matábamos a los adictos, a los que tenían recompensas sobre sus cabezas, a los que eran verdaderos delincuentes –señaló Simon–. Sin embargo, ¿quién salía bien en las noticias cuando mataban a gente como Sitoy con su granada? La policía. Pero ellos no lo mataron. Solo los llamábamos cada vez que había un cadáver».

Cuatro de mis fuentes dijeron que cierto comandante de policía había ordenado las ejecuciones extrajudiciales de delincuentes y sospechosos de narcotráfico desde el último trimestre de 2016 hasta principios de 2017.

La primera vez que oí el nombre del comandante fue a través de un periodista. Trabajaba en una cadena de televisión y había estado sondeando al CSG mucho antes de que yo empezase a trabajar en la historia. Su cadena había retirado su aprobación a la investigación. Era demasiado peligroso, dijeron.

El reportero había conseguido una entrevista telefónica con un justiciero antes de que se cancelara el reportaje. En la entrevista, el justiciero había nombrado al mando policial que transmitía las órdenes a Maning.

Estaba en casa el día en que me enteré. El periodista estaba al otro lado de la línea y yo me paseaba arriba y abajo esperando saber quién había ordenado los asesinatos.

–Tú lo conoces, Pat –me dijo el periodista.

–¿Lo conozco?

–El jefe de la estación 1 –explicó–. Mi fuente dijo que fue Domingo quien les ordenó matar.

Si había que creer a los asesinos de la Sección 2 del CSG, mi amigo Domingo había subcontratado el asesinato a los justicieros de Tondo. Simon dijo que Domingo dio al comandante Maning la lista de objetivos. Afirmó que los policías de la CP-1 de Raxabago también estaban implicados. La policía daba el visto bueno a los justicieros cada vez que había un trabajo en Tondo, «para que no nos disparáramos accidentalmente».

«Era Domingo –dijo Angel. Después señaló la cara de Domingo en las fotografías–. Es él».

El protocolo era eficaz. Cada vez que caía un objetivo, el comandante Maning ordenaba a uno de los miembros del CSG que recogiera el pago de Domingo. Las instrucciones eran «recogerlo del jefe».

«Eso significaba dinero –dijo Angel. Los fondos se dividían entre los miembros del equipo de asesinos, después de que el comandante Maning se llevara su parte–. Domingo era muy conocido. La gente sabía que, si te pillaban con drogas, podías pagar para salir. O si eras un ladrón, también podías pagar. Cuando se trataba de Domingo, siempre podías salir».

Pasaron un reportaje en la televisión después de que Sitoy fuera asesinado. Sitoy, el presunto adicto a la metanfetamina que portaba una escopeta y lanzaba granadas, al que el equipo de Simon había disparado en el culo. El reportaje se emitió por la mañana e incluía una entrevista con el comandante del equipo operativo.

«El que murió, el de la granada, se quedó atrapado solo –dijo el teniente coronel Robert Domingo, comandante de la comisaría CP-1 del Distrito Policial de Manila. Miró a la cámara–. Se movió para tirar de la anilla, así que no hubo elección. Nuestros policías no tuvieron elección, ¿de acuerdo?».

Llamé a Domingo cuando estaba investigando la historia. Contestó inmediatamente. Supuso que le llamaba por lo de la cárcel secreta. Le dije que no. Fue agradable, como siempre, simpático, como siempre, pero se negó a hacer comentarios. «Mejor que no, Trish», dijo por teléfono. Le dije que las acusaciones eran específicas y de índole penal. Le dije que no debía negarse a hacer comentarios sin conocer las acusaciones. Me dijo que se pondría en contacto conmigo.

Envió un mensaje el mismo día. Le habían aconsejado que no hiciera comentarios. Le pedí su dirección de correo electrónico y, de todos modos, le envié una larga lista de preguntas.

Acusó recibo, pero mi amigo Domingo nunca me dijo si había ordenado los asesinatos.

Llevaba meses intentando entrevistar al comandante Maning. Envié intermediarios. Contraté negociadores. Hice promesas a los vigilantes locales y al jefe del pueblo, todos los cuales dijeron que el comandante Maning no podía ser localizado, que no estaba disponible, que quizá en otra ocasión, sí, pudiera venir. Rappler no estaba dispuesto, en ningún caso, a permitirme ir personalmente a las viviendas donde creíamos que vivía el comandante Maning. Esperé en el despacho de la presidenta de la comunidad y no volví a casa hasta que el sol empezó a ponerse. El comandante Maning no apareció.

«Sal de allí –me dijo en un mensaje mi directora, Chay–. Está oscureciendo. No te arriesgues».

Lo intenté una última vez. Mi vuelo para salir del país estaba reservado para el día siguiente, el mismo en que publicábamos. Queríamos asegurarnos de que yo estaba fuera de alcance.

Envié un mensaje al secretario de un ayuntamiento. Era un último intento desesperado.

«¿Sabes? –contestó–, puede que se pase hoy».

Llamé a Chay. Dame un día más, le dije.

Solo uno más, dijo ella.

Lo encontré fuera del ayuntamiento, al otro lado de la verja. El coche de Rappler seguía circulando cuando lo divisé. Solo lo había visto en fotos, pero en todas ellas tenía la misma postura.

Salté del coche. El hombre de la camisa amarilla estaba abriendo la puerta de la verja.

Entonces estaba segura: no soy una reportera de calle. No tengo experiencia en hacer entrevistas por sorpresa; las pocas veces en que ha sido necesario hacerlas, he fracasado tantas veces como he tenido éxito. También me incomodaba la idea de apuntar con mi grabadora a un civil desprevenido que podía o no llevar un arma. Nada de eso importó, porque, finalmente, ahí estaba el comandante Maning.

–Señor –dije, y me puse en su camino. Levantó la vista–. ¿Es usted Ricardo Villamonte? ¿Es usted el comandante Maning?

Dijo que sí.

Me contó que acababa de llevar a su hijo al colegio. Se resistía a hablar. Intentó esquivarme, pero yo le seguí de cerca, en un torpe baile de tropiezos. Intentó subirse a su moto. Sonreí y me puse delante del manillar.

Le dije que era periodista. Le pregunté si podía responder a mis preguntas. Pulsé el botón de grabación.

–Estamos grabando, señor. ¿Se equivocó la policía en sus acusaciones contra usted?

–Estaban muy equivocados –dijo–. No estábamos haciendo nada. Incluso les ayudábamos. ¿Cómo es que ahora somos los malos?

–¿Y la policía? ¿No siguieron presentando cargos contra usted?

–Se esfumaron. Nuestro caso fue desestimado.

–¿Fue ese caso en el que Cristina Saladaga se retiró?

Asintió.

–De acuerdo. Hay gente que nos ha dicho que los CSG son grupos de justicieros ¿Es eso cierto?

–¿Cómo vamos a ser justicieros? No vamos a ninguna parte. No estamos haciendo nada. Solo ayudamos al pueblo.

Sí, dijo, formaba parte de la Sección 2 del CSG Tondo. Sí, fue un policía quien le eligió para dirigir la sección, sin otra razón que el hecho de que ya era el presidente de los coordinadores de las viviendas de Aroma. Sí, él y sus hombres ayudaban a patrullar el pueblo, pero era «por la paz y el orden, para que no hubiera ladrones ni disturbios, y reprendíamos a los que daban problemas».

De hecho, había sido premiado por su trabajo. Felicitado. Recomendado. El propio Robert Domingo había firmado el certificado de Maning. Fue un comandante de distrito a las órdenes de Domingo quien eligió a Maning como líder. No, nunca le habían pagado por matar. Nunca le habían ordenado matar. Nunca había ordenado matar a nadie. Dijo que le habían arrastrado a esas acusaciones, que no tenía nada que ver con ello.

–¿Vieron algo? –me preguntó el comandante Maning–. ¿Qué derecho tenemos a matar? No somos policías.

Le di una lista de muertos, nombre tras nombre.

¿Lo mató? ¿Y a este hombre? ¿Y a ese?

No sé nada, dijo. No sabemos nada. Pregunte a la policía. No más preguntas. Sin comentarios.

–¿Sin comentarios sobre qué, señor?

–Sobre todo lo que pasó. Sin comentarios.

Pregunte a la policía, dijo de nuevo.

Luego balanceó una pierna sobre su motocicleta y se alejó a toda velocidad.

Simon dijo que el asesinato de Charlie Saladaga había sido un error. «Deberían haberle pedido que se entregara antes, porque aunque se dijera que era un alborotador no tuvo ninguna posibilidad. Es a los capos de la droga a los que deberíamos haber estado matando. Matarlos sienta bien. A los adictos también sienta bien matarlos. Pero los que solo toman drogas no son más que víctimas. A menos, claro, que te pillemos in fraganti drogándote; eso te convierte en objetivo.

En el Poblado 105, las charlas sobre asesinatos se centraban sobre todo en si el difunto se lo merecía. Sitoy había muerto porque era un adicto y un sicario. Toyo había muerto porque era traficante de drogas. Charlie Saladaga, de dieciséis años, había muerto «porque era un alborotador». Su asesinato, que tanto indignaría posteriormente a los generales de Camp Crame, no causó demasiada consternación entre los miembros de la Sección 2 del CSG Tondo. Los justicieros le llamaban asaltacasas, ladrón, gamberrete que hacía lo que le daba la gana y les metía mano a las mujeres cuando podía. «Lo pillamos una y otra vez, incluso antes de ser CSG», explicó Simon.

«No significaba nada para ellos –dijo Angel–. Los del CSG alardeaban. Decían: "Mira lo que ha pasado. ¿Qué gamberro es el siguiente? ¿Quién más queda?"».

Charlie había sido advertido, dijeron los justicieros. Era problemático, dijo el jefe del pueblo. Estaban contentos de que lo hubiesen matado, dijo un empleado del ayuntamiento. «Los vecinos se quejaban –dijo Angel–. Robaba a la gente en la calle».

Charlie, dijeron, era un asunto personal. «Personal» significaba que Charlie nunca había formado parte de la lista de asesinatos de la policía. Era un trabajo secundario para los miembros del CSG. «Algún vecino probablemente estaba cabreado porque perdió mucho cuando Charlie le robó –supuso Angel–. Así que pagaron dos, quizá tres mil pesos»; sesenta dólares, como mucho.

Ninguno de los asesinos había ocultado su rostro. «Les dije que eso era un error –recordó Simon–. Deberían haber sabido que les reconocerían. "¿Por qué le cogisteis sin llevar máscaras?"».

En el Poblado 105 de Tondo, las chabolas construidas con madera contrachapada se amontonaban en el interior de los esqueletos huecos de viejos edificios de viviendas. Adolescentes agachados esnifaban disolvente en el interior de edificios quemados. Fuera, en los empapados pasajes que hacían las veces de calles, montones de sobras recogidas de los callejones de los locales de comida rápida se empaquetaban para revenderlas por unos cincuenta pesos, o un dólar la bolsa. El Poblado 105 era el lugar donde un joven de veintidós años podía apuñalar a cinco personas sin que lo detuvieran ni una sola vez, y donde un hombre podía presenciar un asesinato una noche y recibir un disparo en el salón de su casa la noche siguiente.

La jefa electa del poblado, Leny Reyes, sostenía que el 105 no era más violento que otros lugares del país: «Como dijo nuestro presidente, "si queréis cambiar, volved a vuestras provincias"».

Para Reyes, el 105 se había convertido en un lugar más pacífico en los años transcurridos desde que un hombre fuerte del sur tomó posesión del cargo en el Palacio de Malacañán. Dijo que podía contar con los dedos de una mano el número de personas asesinadas en los dos últimos dos años. «Por eso damos las gracias al presidente. Vemos cómo han mejorado las cosas aquí. Él hizo mucho por nosotros. No creo que pueda oírme, pero se lo agradezco. Primero a Dios, luego a él».

Las acusaciones de que un activo equipo de justicieros había estado operando sin control bajo la supervisión de Reyes suscitaban poca inquietud.

«Lo que dicen, lo de los asesinos, sí, había asesinos –me contó Reyes–. Pero serpientes las hay por todas partes, ¿no? Incluso en Macati o en otros lugares. Por eso dije que, cuando llegara la noche, la gente debería estar en sus casas. Si no tienes nada que hacer, no andes por ahí. Eso es lo que digo yo. Dios hizo la noche para dormir y el día para trabajar, ¿no? Así que no pasarían cosas así si la gente se quedara tranquila en sus casas».

Aunque Reyes se mostró vaga sobre su relación con el comandante Maning y el resto de la Sección 2 del CSG Tondo, dejó claro quién creía que era culpable de la muerte de Charlie Saladaga.

Su muerte, dijo Reyes, fue culpa de su madre. «Déjenme que les hable de ese chico», empezó Reyes.

En diciembre de 2016, según Reyes, Charlie y al menos dos de sus amigos entraron en la casa de un funcionario del pueblo. Según Reyes, los jóvenes robaron ordenadores y «todo lo que pillaron». Los adolescentes fueron capturados, pero Charlie consiguió escapar.

Reyes tiene cuatro hijos, todos ellos profesionales, todos licenciados universitarios, todos empleados, uno de ellos trabaja en el hospital Stanford de Estados Unidos, otro es enfermero en Noruega. Todo depende de los padres, dice. Vivir en Tondo no significa estar inmerso en las drogas y la violencia.

«A veces es la madre la negligente –dijo–. Tienes que cuidar de tus hijos».

Si Cristina Saladaga hubiera sido una madre responsable, dijo Reyes, Charlie estaría vivo.

Rappler publicó la historia como una serie de siete partes titulada «Asesinato en Manila» a finales de 2018. No entrevisté a la madre de Charlie ni al resto de su familia; se habían escondido.

«¿No es extraño –me preguntó Simon– que sean las familias de los muertos las que tengan que huir?».

No volví a ver a Simon. Dejó la habitación del hotel poco antes de las siete de la tarde. Tenía trabajo, dijo. La policía estaba llegando. No quería llegar tarde.

Conocí a Cristina Saladaga más de un año después de la muerte de su hijo, en una húmeda chabola de otra ciudad de la región de la capital nacional. El techo tenía goteras, pero su testimonio fotocopiado estaba a salvo en un sobre de plástico.

La última vez que Cristina vio a su hijo fue el día de Año Nuevo de 2017. Charlie había llevado a la familia al parque Luneta, donde se reunían multitudes para ver el espectáculo de fuegos artificiales de la ciudad. Fue toda la familia, incluso el padre de Charlie, a quien creían demasiado borracho para ir. Vieron las actuaciones musicales, vieron las luces brillantes. Charlie se quedó dormido en la plaza del desfile. Volvieron a casa al amanecer, riendo, después de haber sacudido a Charlie para despertarlo. Volvió a dormirse en casa.

Cuando se despertó por la mañana, se quitó la camisa y salió por la puerta; le dijo a su madre que volvería después de una partida de videojuegos. Dejó las zapatillas en la entrada. A mediodía, Cristina envió a Exmila, la hermana pequeña de Charlie, a buscarle. Aún estoy jugando, le dijo cuando lo encontró. No me esperes. No volvieron a buscarlo hasta el anochecer, cuando Exmila salió y encontró a su hermano en el mercado rodeado de hombres. Vio como se lo llevaban. Los conocía, a la mayoría. Miembros de la Sección 2 del CSG, hombres armados, uno de ellos el comandante Maning.

–¿Cómo los reconociste? –pregunté–. ¿Los conocías de antes?

–Sí –me dijo–. Son los que nos matan.

Charlie, explicó, parecía asustado.

Los hombres le dijeron a Exmila que se fuera a casa, y ella lo hizo. No le contó nada a su madre. Me dijo que tenía miedo.

Cristina buscó a su hijo. Denunció su desaparición. Lo buscó en las oficinas de asistencia social del Gobierno. Fue a ver a Maning, una vez y otra, porque una amiga de Charlie le había dicho que habían visto a Maning y al CSG con su hijo. Maning dijo que lo habían dejado marchar y que no lo habían vuelto a ver. Envió a su hijo mayor, Cristopher, a las funerarias, y volvió sin noticias. Tras la desaparición de Charlie, se habló de un cadáver. Un chico en un saco, en el rompeolas, muerto.

Cristina fue entonces a la policía, al departamento de homicidios. Le enseñaron una foto: el interior de un saco y un chaval descalzo con los pantalones cortos que había llevado su Charlie. Su marido fue a la morgue y encontró a su hijo con un agujero en la cara, justo debajo del ojo izquierdo. Ella volvió a la policía. Tuvo suerte, dijo, porque el hombre con el que habló era un buen policía. Se llamaba comandante Rosalino Ibay, y entonces era jefe de la Unidad de Inteligencia y Operaciones del distrito.

Ibay la escuchó y le preguntó cómo sabía que el responsable era el CSG. Ella dijo que lo había oído de alguien que también se había enterado. Fue en su despacho donde Exmila le contó por fin a su madre lo que había visto.

–Ma, se lo llevaron.

–¿Quién se llevó a tu hermano? –preguntó Cristina.

–Fueron ellos, fueron ellos.

–¿Quién?

–Fue el CSG, mamá.

Salió todo de golpe. Cómo se habían llevado a su hermano. Cómo había visto quién se lo llevaba. Cómo el CSG la había enviado a casa, diciéndole que no hablara. Y entonces se corrió la voz de que los Saladaga lo sabían, de que los Saladaga habían acudido a las autoridades, de que iban a hablar.

–Vinieron a nuestra casa, señora, muchos de ellos –me dijo Cristina–. Vinieron a casa.

–¿Al piso de los edificios de viviendas?

–Sí. Llevaban armas.

Estaban cenando. Cristina recordaba la carne en conserva y el arroz. Eran más de las ocho de la tarde. Llegaron todos a la vez, hombres y mujeres, todos armados, más de una docena de ellos alineados a los lados del estrecho apartamento. Cristina conocía a algunos por su nombre. Conocía a Maning. Conocía al hombre de la gorra de béisbol y al otro con una pistola del calibre 45. Vio las armas apuntando a su familia y sintió que la comida se le atragantaba. Buscaban a su otro hijo, a su Cristopher.

Dijeron que habían oído que la familia culpaba al CSG de la muerte de Charlie. Dijeron que habían matado a Charlie y que matarían también a Cristopher.

Ella les dijo que su hijo estaba con su novia, en otro edificio. Vayan con él, les dijo, y cuando se fueron ella salió corriendo por la puerta junto con una hija, abandonó el edificio y se apresuró por los callejones hasta la carretera, donde esperaron a Cristopher. Y luego huyeron.

Tras la rueda de prensa en Camp Crame, los que escaparon de la redada policial trataron de pasar desapercibidos. Temían ser detenidos. Los justicieros llevaban sus armas a todas partes, incluso a la ducha, donde se bañaban con las pistolas envueltas en toallas. La policía emitió comunicados públicos de que «se inició inmediatamente una búsqueda» del comandante Maning.

«Fue entonces cuando me desanimé –dijo Simon–. No tenemos sueldo, somos voluntarios y, si morimos, no cobramos nada. Serán nuestros padres los que tendrán que pagar nuestros funerales. Sé que [el general Dela Rosa] nos conocía. Pero él salía por la tele. Claro que quería ser una estrella».

Dela Rosa me dijo que, aunque no tenía conocimiento de alegación alguna de que los justicieros de la Sección 2 del CSG estuvieran bajo las órdenes de la policía, no tenía sentido que esta detuviera a justicieros con los que colaboraba activamente.

De ser cierto, dijo, habría sido «insensato» que la PNF detuviera a sus propios sicarios. «Eso les habría implicado», señaló Dela Rosa.

El día en que Cristina Saladaga debía comparecer ante el fiscal, se retractó de su declaración jurada, incluida la denuncia por asesinato y secuestro que había presentado contra los hombres que ya habían confesado el asesinato de su hijo. En su declaración jurada de retractación, explicó que había estado «reflexionando profundamente sobre los acontecimientos» que condujeron a la muerte de Charlie. Pidió «que se desestimen todos los cargos de secuestro con homicidio y asesinato» contra todos los implicados. Dijo que se había dado cuenta de que toda la denuncia solo era fruto de «un malentendido».

Más de un año después de que se desestimaran los cargos, hablé con Rosalino Ibay, el poli bueno de Cristina, que había investigado al CSG antes de dirigir el asalto al puesto avanzado de dicho grupo. Resolver el caso era una cuestión de justicia, dijo, pero la justicia «no había imperado». No creía que los agentes de policía hubieran colaborado con el CSG. De su entrevista táctica con los sospechosos solo obtuvo el nombre del comandante Maning. «Resultaba que en el momento del asalto, el comandante de la CP-1 era sir Robert Domingo».

A última hora de una noche de 2019, un año después de que publicase la historia y unos meses después de encontrar a Cristina, recibí una llamada de una fuente. Ve a comisaría, me dijeron. La policía se había llevado a Cristopher. Cristina estaba en comisaría con su hija.

Ve, dijo la persona que me llamó. Haz ruido. Monta todo el jaleo que puedas. Dile a la policía que estás haciendo una historia. Diles que estás vigilando.

Me calcé las botas, cogí la grabadora y llamé a mi fotógrafo.

Cristina estaba fuera de la comisaría. Creía que Cristopher había sido torturado. Dijo que lo estaban preparando para liberarlo. Estaba segura de que lo recuperaría antes del amanecer.

Por favor, dijo.

Hablé con el sargento. Anoté su nombre. Charlé con los hombres de guardia, enseñé mi identificación, les conté la triste historia de una madre aterrorizada y del chico que había perdido. Cristopher estaba bien, dijeron. Cristopher estaba a salvo. Les pedí que dejaran que Cristina viera a su hijo. «Solo para tranquilizar a la madre», dije sonriendo. La dejaron verlo a través de las rejas.

Un pseudoacontecimiento no es espontáneo. Existe principalmente para que se informe de él. Mantiene una relación ambigua con la realidad. Cuando tiene éxito, es una profecía autocumplida.

Cristina seguía dentro de la comisaría cuando me fui. Se negaba a irse a casa. El sargento le ofreció agua y un banco para sentarse. Me despedí gesticulando con la mano. El sargento me imitó.

11

DJASTIN CON «D»

TESTIGO: NESTOR LOPEZ, TÍO
TONDO, MANILA

PAT: ¿Es cierto que los policías lo estaban pateando?

NESTOR: Sí.

PAT: ¿Puede decirme qué pasó?

NESTOR: Le disparaban, luego lo abofeteaban, luego lo pateaban. Luego le disparaban de nuevo, luego lo abofeteaban de nuevo. Tres policías se turnaban.

El recuento empezaba a la una y terminaba a las nueve. Primero JR, luego Djastin, Otil, Jesy, Jopet, Eray, BL y Luinor, hasta llegar al pequeño Igiboy, del uno al nueve, todas las noches, durante años. Si eran menos de nueve, Lito Lopez salía al callejón, gritando nombres, enviando a un adolescente en persecución de otro hasta que estaba satisfecho de dónde estaba cada uno de sus nueve.

El recuento cambiaba a medida que se hacían mayores. Hijos e hijas entraban y salían y volvían, arrastrando a novias y amigos y un flujo constante de bebés dando tumbos a su estela. Los nueve se convirtieron en once, en doce, en trece. Nadie se casó, aunque se daba por sobreentendido que, cuando alguien entraba, se le consideraba marido o mujer.

Una noche, en algún momento de finales de 2017, Lito empezó a contar de nuevo. La cuenta fue ruidosa, porque Lito estaba borracho. Incluso cuando balbuceaba y daba traspiés, recordaba qué hija se había ido y qué hijo había traído a su mujer. Sabía que su hijo más joven había decidido irse a vivir con un padrino. Se acordó de contar a los cuatro nietos que habían decidido acostarse con su abuela.

Lito lo recordaba todo, excepto un hecho. Dio vueltas y vueltas en la diminuta casa, asomándose a las literas, levantando mantas.

Djastin, gritó. ¿Alguien ha visto a Djastin?

Despertó a uno de los chicos mayores. Ve a las vías del tren, dijo. Dile a Djastin que vuelva a casa.

Su mujer, Normy, le preguntó a Lito si se había vuelto loco.

Djastin, le dijo, estaba muerto.

Los Lopez vivían en los bajos fondos de Tondo, en un trozo de tierra dividido por las vías del tren y abarrotada de familias extensas. Las casas se encorvaban detrás de una hilera de almacenes con callejones estrechos, lo bastante anchos para circular en moto. Una única carretera de doble sentido se abría en la entrada del suburbio y desembocaba directamente en la avenida Jose Abad Santos, la principal arteria de la ciudad, en la que se alineaban un McDonald's, un Shakey's y los concesionarios de Honda, Nissan y Mitsubishi.

En algún momento de la década de los ochenta, el solar de setenta y cinco metros cuadrados que ocupaban los Lopez había sido una casa de huéspedes de dos plantas. En aquella época, el patriarca de la familia, Cornelio, el padre de Lito, dirigía un negocio que incluía el alquiler de habitaciones, yipnis, una pequeña tienda de ultramarinos, una cristalería y la exportación de hojalata moldeada y pulida. Cornelio era un maestro en el arte de fabricar ollas de hojalata, moldes para tartas y cubiteras. Contaba entre sus triunfos con la brillante antorcha que portaba nada menos que la mismísima Miss Universo durante los concursos de belleza patrocinados por Marcos, que fueron una constante en la década de los setenta.

No está claro si el cambio en la fortuna de la familia se debió a un incendio en los años ochenta o si Cornelio –cuya opinión murmuraba a todo el que pudiera oírla– tenía razón al decir que se debía a tener que alimentar a varias docenas de seres humanos.

En los años transcurridos desde entonces, se habían levantado cuatro casas destartaladas en la propiedad calcinada. Cada una constaba de una habitación de una sola planta, de forma irregular. Tres de ellas daban a un callejón. Cornelio y su mujer, Gloria, vivían en una casa con dos de sus hijos mayores. Otro hijo vivía detrás de ellos, y el sobrino de Gloria justo al lado. La casa más pequeña pertenecía a Lito y Normy, donde vivían con sus hijos y los hijos de sus hijos, un hogar con dieciséis personas en total, bebés incluidos.

Los Lopez compartían el único retrete, en la casa de Cornelio, y tiraban de la cadena con un cazo de agua recogida por la mañana temprano. Compartían una única cuenta de prepago de electricidad, cuyo número de referencia –un código de doce dígitos que Normy recitaba todos los días– era necesario para recargar el dólar de electricidad que cada hogar necesitaba. Compartían el trabajo: la mayoría de los hombres recogían chatarra cuando Cornelio tenía clientes. Compartían la comida, servida en grandes ollas abiertas.

En total, veintiocho miembros de la familia Lopez, de edades comprendidas entre los dos y los ochenta y dos años, moraban hombro a hombro sudoroso en cuatro receptáculos del tamaño aproximado de una plaza de aparcamiento normal. Vivían junto a operadores de centros de atención telefónica y electricistas, agentes de apuestas y propietarios de bodegas. Las señoras de Avon se pluriempleaban como vendedoras de albóndigas de pescado. Los nietos deambulaban de puerta en puerta, trepando por los regazos, sacando monedas de los bolsillos, acurrucándose en cualquier rincón donde hubiera un ventilador eléctrico en marcha.

Djastin Lopez, pronunciado «Jastin» –«Quería que su nombre fuera especial –dijo su madre–, así que le puse una "D" muda»–, nació la Nochevieja de 1991, hijo de Normy y Lito Lopez.

Djastin tuvo su primer ataque a los cuatro años. Normy lo llevó en brazos, atravesando una inundación en Manila, hasta la sala de urgencias de un hospital. Los médicos le hicieron una serie de pruebas y le diagnosticaron epilepsia.

Todos los ataques epilépticos eran iguales. Los brazos de Djastin se sacudían. Le castañeteaban los dientes. Los ojos se le ponían en blanco –*tumirik* en filipino–. Así surgió el apodo de Djastin: «Tirek!», gritaba su hermana pequeña.

Le llevaban al hospital público cada vez que tenía convulsiones, hasta que un médico enseñó a Normy qué hacer cuando empezara a sufrir un ataque. Mantenlo frío. Dale espacio. Ponle una cuchara envuelta en tela entre los dientes. Frótalo con una toallita húmeda. Abanícale mientras soporta los espasmos.

Djastin creció bajo el sol radiante del afecto de su madre y el fenobarbital recetado, cuando podía permitírselo. Abandonó la escuela en tercer curso, después de que un profesor, asustado de que pudiese morir en el suelo de la clase, le sugiriera estudiar en casa. Djastin aceptó. Dijo que le dolía la cabeza de tanto mirar la pizarra. Así que aprendió en casa y era capaz de leer pasajes de la Biblia de bolsillo de la familia.

Era un buen hijo, decían, incluso a pesar del tema de las drogas. Se hizo amigo de los chicos del barrio, que le enseñaron lo que podía hacer la marihuana. Su familia no sabía dónde ni cuándo aprendió a consumir metanfetamina, solo que lo hizo.

Su madre sermoneaba a Djastin. Su padre le advertía. Su abuelo encontró todo tipo de trabajos para mantenerlo ocupado, así que Djastin se ganaba la vida haciendo recados para el negocio de la chatarra. Lo detuvieron una vez, justo después de cumplir veinte años, en el transcurso de una operación antidroga contra uno de sus amigos. Lo pusieron en libertad bajo fianza un año después. El caso fue sobreseído.

Djastin volvió a casa, con su madre, su padre y la amiga a la que llamaba «esposa». A los veintiún años ya tenía dos hijos. Se le daban bien los niños. Sonreía poco, pero a menudo soltaba una carcajada con alguna de sus sobrinas en el regazo.

Tenía veinticuatro años cuando resultó elegido Rodrigo Duterte. Los Lopez no votaron al alcalde del sur, pero no estaban especialmente asustados, ni siquiera cuando el recién nombrado presidente apareció en una cancha de baloncesto cercana para amenazar a los suyos con la ejecución sumaria.

Las historias empezaron a llegar a Tondo. Un hombre muerto en una operación policial. Aquel otro, al que «salvaron» los justicieros. Ese niño al que dispararon mientras su madre corría en busca de ayuda. La familia de Djastin se preocupó. Djastin dijo que no había problema. Puede que consumiera metanfetamina, pero no era traficante.

Djastin estaba en casa a primera hora de la tarde del 18 de mayo de 2017. Ese día se sentía lento, cansado. Los ataques lo habían confinado en la cama, y solo había pasado un día desde la última convulsión.

Su madre, Normy, oyó un pitido procedente de su teléfono.

«Más tarde –escribió Djastin–. Estoy descansando, y ahora estamos comiendo».

Subió a la litera de arriba y durmió abrazado a su novia. Normy se acomodó en la de abajo, medio dormida ella también.

El teléfono de Djastin sonó en la litera de arriba.

«¿Quién es?».

Una pausa.

«¿Por qué? ¿Qué necesitas?».

Cortó la comunicación. Le dijo a su madre que era alguien que le pedía que pasara por las vías del tren.

Duerme, dijo. Quédate en casa.

Prometió que lo haría.

Los mensajes de texto seguían llegando, pitido tras pitido.

«No es nadie –le dijo Djastin a su novia–. Son estos números que envían mensajes y llaman. No conozco a ninguno de ellos».

Por fin, a las cuatro de la tarde, Djastin bajó y dijo que iba a comer algo. Se puso una camiseta Nike amarilla. Tenía varias, todas imitaciones, en un arcoíris de colores.

La novia de Djastin salió de la casa. Normy quería ver una telenovela y se dirigió a casa de su suegro, Cornelio, que ese día tenía el televisor encendido. Cornelio paró a Djastin al salir. Le dio a su nieto dinero, un anticipo de un cliente para comprar aluminio. Djastin debía desplazarse hasta el proveedor en otra ciudad.

Hazlo rápido, dijo Cornelio.

Djastin salió. Normy se sentó a ver su programa de televisión. Seguía viéndolo cuando Gloria, la abuela de Djastin, envió a su hijo Nestor a buscar a Djastin.

Las vías del tren atravesaban un campo cubierto de hierba, a dos curvas y cinco minutos a pie de la casa de los Lopez. Las chabolas se alineaban a ambos lados.

Era casi de noche. Unos hombres «que parecían policías» aparecieron a lo largo de las vías. Una mujer, una vendedora que buscaba a sus hijos, juró que vio a uno de ellos apuntar a Djastin con una pistola.

Djastin, dijo, había levantado los brazos.

Por favor, había dicho, no dispare. Por favor, no dispare.

El tío de Djastin, Nestor, estaba de pie a unos metros. Había seguido a Djastin, como le había pedido su madre, pero se quedó inmóvil cuando los policías pasaron corriendo a su lado.

Vio a un joven corriendo.

Vio la pistola levantada. Oyó ladrar la pistola.

Nestor Lopez no se dio cuenta de que era su sobrino el que había caído, solo de que habían tiroteado a alguien, y de que ese alguien no gritó cuando el policía le disparó en el pecho.

Djastin puso los ojos en blanco. Su cuerpo se sacudió. Su

madre habría sabido qué hacer, le habría abanicado la cara, le habría puesto una cuchara envuelta en tela entre los dientes y le habría frotado con una toallita húmeda hasta que hubiera superado los espasmos.

Pero Normy no estaba. Solo estaba el policía, que se echó hacia atrás y abofeteó a Djastin Lopez.

«Le dispararon después de abofetearle», relató Nestor.

El policía volvió a disparar a Djastin, lo abofeteó, lo pateó y le disparó de nuevo, la pesada palma contra la mejilla temblorosa, las balas abriendo orificios del tamaño de la uña del pulgar de un niño pequeño, cuadrante a cuadrante, en el pectoral derecho, la parte izquierda del abdomen, el epigastrio, los pesados proyectiles rasgando pulmones, músculos, hígado, riñones y corazón. El pecho se le llenó de sangre. Los órganos se congestionaron. Las albóndigas de pescado que había comido horas antes le pesaban en las tripas.

Tenía veinticinco años.

A las seis y cuarenta minutos de la tarde, en el registro de la comisaría de policía del distrito 7 de Manila Jose Abad Santos (CP-7), se archivó una anotación. En ella se registraba una llamada telefónica de la zona sobre una «operación policial a lo largo de la vía férrea», y el posterior envío del investigador de guardia de la estación.

Normy estaba sentada frente a la casa de Cornelio. Otro de los tíos de Djastin vino corriendo.

Rápido, dijo, llama a Djastin.

No pudo. Su teléfono estaba estropeado.

El tío volvió corriendo a las vías. Regresó en unos minutos. «Tirek ya no está. Lo han matado. Le han disparado».

Normy echó a correr. Sus hijos saltaron para unirse a ella. JR, el peluquero. BL, el jugador. Lui, su pequeña, corrió sola hacia las vías. No, dijo Normy, no era Djastin, no podía ser Djastin. Cogió de las mangas a los vecinos que se escabullían metiéndose en sus casas.

¿Qué llevaba puesto el muerto?, preguntó. Dime qué llevaba puesto.

Ropa gris, dijeron.

No era Djastin, jadeó, aliviada. Amarillo, se repitió a sí misma. Llevaba una camiseta Nike amarilla.

Corrieron hacia las vías del tren. Se había congregado una multitud. Había policías a ambos lados de los raíles. Un puñado de civiles estaban sentados en la hierba, bajo vigilancia.

Normy intentó esquivar a los policías.

«No puedes pasar», le dijo uno de ellos.

Les preguntó por qué. Les dijo que quería saber si era su hijo el que estaba tirado en la hierba.

No, dijo el policía. No te metas.

Lloró y suplicó. Preguntó qué llevaba puesto el hombre. Preguntó por sus pantalones cortos. De camuflaje, dijo alguien. Amarillos y verdes.

Se hundió. Eran sus pantalones cortos. Tal vez fuera otra persona. Los mismos pantalones cortos, la camisa equivocada, no podía ser, podría ser.

Echó a correr de nuevo, rebasando a los policías. Se acercó lo suficiente para distinguir un cuerpo, pero estaba oscuro y no podía ver muy bien.

Una linterna parpadeó.

Fue uno de los hijos de Normy quien lo dijo.

–Mamá, es él.

A su alrededor se oían murmullos, la historia se transmitía de boca a oreja, las palabras más fuertes en cada iteración hasta que estalló de la boca de BL Lopez, de quince años.

–¡Hijos de puta, habéis matado a mi hermano! ¡Le abofeteasteis y le disparasteis, malnacidos desalmados! ¡Habría bastado con un tiro! ¡Un tiro de lo flaco que estaba! ¿Por qué tuvisteis que seguir disparando a mi hermano?

Normy le mandó callar.

No lo hizo.

–Os creéis la hostia con vuestras armas. ¿Y si no tuvierais armas? Ojalá mi hermano también hubiera tenido una. Os habría tumbado con él.

Los policías le oyeron.

Uno de ellos se giró.

–Maldito idiota –dijo–. ¿Quieres que te envíe con tu hermano?

La furgoneta de la funeraria, llamada por la policía, esperaba detrás de Normy. Ella no quería entregar el cuerpo. Si realmente era Djastin, dijo a la policía, quería elegir quién se ocupaba de su cuerpo. Era una mujer práctica, a pesar del dolor y la confusión. Sabía cuál era el coste del entierro si se ocupaban los servicios funerarios favoritos de la policía.

Quiero mi propia funeraria, dijo. Por favor, dadme aunque solo sea eso.

Le dijeron que necesitaba papeles firmados por el jefe del pueblo.

JR, su hijo mayor, mantuvo a Normy de pie. Vete, le dijo. Yo me ocupo de esto.

Ella se marchó. No dejes que se lo lleven, dijo.

Metieron el cuerpo en una bolsa y lo cargaron en una camilla.

Cornelio también se enteró del tiroteo y, cuando lo supo, echó a correr. Cornelio, un antiguo boxeador, nervudo y de cejas arqueadas, que a sus ochenta años todavía doblaba chapas de aluminio a diario, se abrió paso entre la multitud y agarró el borde de la camilla. Si hubiera sido veinte años más joven, treinta, habría dejado a los policías en el sitio. Cornelio Lopez no era idiota. No, habría ido a casa a coger prestada una pistola. Luego habría vuelto al círculo de cinta amarilla. Se habría quedado callado. No habría dicho ni una palabra. Y habría ejecutado al hijo de puta que mató a su nieto.

En cambio, Cornelio se agarró a la camilla donde yacía Djastin. No os podéis llevar a mi chico, dijo.

Un policía se giró. Un hombre grande, con manos grandes.

Agarró el brazo de Cornelio. Le dio un codazo en el pecho.

Cornelio casi se cae.

El policía sacó una pistola del calibre 45.

La multitud empezó a gritar: «¿Por qué has tenido que hacerle daño al viejo?».

Cornelio se incorporó tambaleándose.

«Si Djastin hubiera enfermado y muerto, no me habría dolido tanto –me dijo más tarde–. Pero, hijos de puta... uno, dos, tres, cuatro, cinco, seis, siete, ocho. Ocho disparos, hasta diez, tal vez más de diez. Fueron a por él, hijos de puta. Ni un búfalo habría sobrevivido a eso».

Normy encontró al jefe del pueblo, que firmó los papeles y prometió que el cuerpo sería entregado a la familia. Volvió corriendo y se detuvo solo en la puerta de su casa, donde Lito estaba sentado llorando con todos los demás niños.

Cuando llegó a las vías, la policía ya se había ido. A Cornelio, rabioso, se lo habían llevado los vecinos.

Nadie sabía adónde se habían llevado el cadáver. Normy y sus hijos cogieron triciclos, recorrieron la calle Severino arriba y abajo y llamaron a las puertas de las funerarias.

No, lo siento, aquí no, lo siento.

Recorrió tambaleándose el tramo de carretera, convencida, a pesar de las pruebas en contra, de que su hijo seguía vivo. Lloró. Gritó. Un desconocido se apiadó de ella y le dijo que había otra funeraria a la que podía ir, junto a la calle Lardizabal.

Entró en la oficina de la funeraria Archangel y preguntó si había llegado un cadáver de las vías del tren.

Así era, confirmó el empleado. Pero no, a Normy no se le permitió verlo.

Cogió el teléfono de JR. Por favor, le pidió a uno de los agentes funerarios. Haga una foto.

El agente funerario regresó.

Fue entonces, sosteniendo el teléfono con la imagen del rostro de su hijo muerto, cuando Normy creyó al fin.

El primer informe policial, presentado el mismo día y elaborado por el comandante en jefe de la comisaría CP-7, Alex Daniel, describía el incidente en el que resultó muerto Djastin Lopez como un «enfrentamiento armado».

El informe era breve. Un equipo policial había estado llevando a cabo operaciones contra las drogas ilegales en las vías del tren sobre las 18.35 en Tondo, Manila, cuando un agente de policía «vio a un varón que actuaba de forma sospechosa».

No había descripción de la actividad sospechosa, pero había sido motivo suficiente para que el sargento de policía Gerry Geñalope, de la Unidad Antidroga de la comisaría, «abordara al sospechoso».

Al acercarse, «este sacó su arma de fuego y disparó dos veces a los policías, pero falló».

La muerte en las vías se resumió en una sola frase: el agente «respondió al fuego utilizando el arma reglamentaria [para] defenderse y defender a su equipo, lo que provocó la muerte del sospechoso».

Geñalope era descrito como denunciante y víctima.

«Tras la verificación –escribió el jefe de la CP-7–, el susodicho sospechoso figura en nuestra "Lista de vigilancia de personas relacionadas con las drogas" y es sospechoso del asesinato de Michael Turla y Panganiban, ocurrido el 14 de mayo de 2017, sobre las 13.30 horas». Turla era un hombre de treinta y nueve años que había aparecido asesinado en las vías del tren cuatro días antes de la muerte de Djastin. La novia de Turla, que vivía con él, se había despertado al oír disparos y, al salir, vio a su pareja muerta y tumbada boca arriba. En el lugar del crimen se encontraron casquillos de dos pistolas diferentes. No hubo testigos iniciales. Los autores solo fueron descritos como «dos malhechores no identificados, ambos armados con armas de fuego de tipo desconocido». Los investigadores apuntaron a la presunta implicación de Turla en actividades ilegales relacionadas con las drogas como posible móvil. Anteriormente había estado encarcelado.

La policía, al explicar el asesinato de Djastin Lopez, lo nombró sospechoso del asesinato de Michael Turla.

Homicidios había asignado un investigador del caso, que elaboró su propio informe, fechado el mismo día del asesinato. La «víctima mortal», Djastin, estaba «tendida de espaldas en la vía del tren cubierta de su propia sangre».

El informe del investigador de homicidios amplió la conexión con Michael Turla. El investigador afirmó que el equipo policial había tropezado con un individuo ambiguo que más tarde resultó ser sospechoso de asesinato. Además, afirmaba, la operación que había acabado con la vida de Djastin Lopez era una maniobra dirigida, «una operación contra la delincuencia y de seguimiento» que buscaba la detención de un tal Justin Cacay Lopez, alias Tirek, «que era entonces sospechoso del asesinato de Michael Turla».

Según los investigadores, se había visto al sospechoso de asesinato sentado en las vías del tren. El sargento Gerry Geñalope se había «percatado de la presencia» del sospechoso al tiempo que se presentaba como agente de policía.

El sospechoso había «empujado» a Geñalope.

El sospechoso había «podido eludir la detención».

El sospechoso «enseguida» sacó un arma de fuego y disparó, sin alcanzar a Geñalope, quien, «sintiendo que su vida [estaba] en peligro», no tuvo otra opción que «abrir fuego contra su agresor armado, que sufrió heridas de bala y cayó al suelo». A continuación, Geñalope «se acercó rápidamente» al sospechoso, con la intención de llevarlo al hospital.

El sospechoso «apuntó con su arma de fuego y efectuó otro disparo».

Así, escribió el departamento de homicidios del Distrito de Policía de Manila, «Geñalope no tuvo otra elección que proteger su vida y tomar represalias».

El sospechoso «murió en el acto».

El informe enumeraba todas las pruebas halladas en el lugar de los hechos. Describía el arma que supuestamente se encontró en posesión del sospechoso –una pistola del calibre 45, número de serie 297076, con munición real cargada en la recámara–, así como cinco casquillos, tres balas de una pistola de 9 mm y una bolsita de plástico termosellada que contenía una sustancia cristalina blanca sospechosa de ser metanfetamina.

El 9 de junio, menos de un mes después del incidente en las vías del tren, la Sección de Investigación de Delitos contra las Personas del Distrito Policial de Manila publicó un informe de situación sobre la muerte de Djastin Lopez. «Esto atañe a la operación de compraventa que se convirtió en un tiroteo y que dio lugar a la neutralización de un presunto sospechoso de delitos relacionados con las drogas».

Sobre el papel, la operación antidroga que desembocó en una muerte por las repentinas «acciones poco claras» de un sospechoso evolucionó hacia una operación de compra de drogas. Se descubrió que Djastin, el de las actividades poco claras, era Djastin, el sospechoso de asesinato, antes de convertirse en Djastin, el sospechoso de delitos relacionados con drogas. En ninguna parte de los informes se mencionaba a un comprador fingido, una operación consumada o dinero que cambiara de manos. Tampoco, finalmente, se mencionaba a un muerto llamado Michael Turla.

Conocí a la familia Lopez en el velatorio de Djastin, poco más de una semana después de su muerte. No sabía nada del relato policial mientras estaba delante de su ataúd. La mayoría de los que estábamos en el turno de noche ya teníamos dificultades para acceder a los informes policiales. Los documentos de dos páginas que antes eran omnipresentes se habían vuelto casi tan raros como las grabaciones de vídeo de las cámaras de circuito cerrado. Lo que antes era una petición directa, de periodista a policía, se había convertido en un enrevesado proceso burocrático que solía acabar en una denegación, sobre todo si la petición llevaba el membrete de Rappler.

De manera que empezamos a pedir los documentos a las familias. Los Lopez intentaron obtener una copia, pero les dijeron que primero tenían que presentar los certificados de defunción y los informes de la autopsia. El día en que Djastin fue enterrado, los Lopez no sabían nada de la versión policial, no habían leído ningún informe oficial y, de hecho, no estaban seguros de que la policía hubiera disparado a Djastin. Sospechaban que la muerte de Djastin estaría justificada por acusaciones de resistencia a la autoridad, como había ocurrido en el caso de cientos de sospechosos de narcotráfico muertos por la policía. No sabían que su hijo muerto había sido acusado de asesinato, *post mortem*.

También significaba que ninguno de ellos conocía el nombre del asesino.

Cornelio quería retar a duelo al asesino. «Designa a tu segundo –murmuraba mientras daba vueltas por su casa–. Yo buscaré una pistola y tú trae la tuya».

El ataúd de Djastin estaba en una calle cercana a la casa de la familia. La ropa estaba tendida en hilos junto al cuerpo. Una lona colgaba de una improvisada pared de hule, impresa con una imagen pixelada de Djastin, serio, con el rostro flotando junto al de la Virgen María sobre un banco de nubes. Las fechas de su nacimiento y muerte aparecían en cursiva azul. Encima estaba el logotipo de la funeraria, junto con el nombre, la dirección y varios números de teléfono del oratorio SRB.

El personal de la funeraria cargó el ataúd de Djastin en la parte trasera de un todoterreno ligero negro. El ayuntamiento envió un vehículo oficial. Las hermanas de Djastin se peinaron, se pintaron los labios y sujetaron a sus hijos pequeños. Los vehículos avanzaban lentamente mientras los dolientes caminaban junto al corto convoy. En un altavoz móvil sonaba música rap.

Lito, el padre de Djastin, arrastraba los pies tras el coche fúnebre. Mantenía las manos apoyadas en el parachoques, las muñecas rígidas y la frente contraída por el esfuerzo de concentrarse. Que el vehículo tuviera motor era irrelevante: Lito iba a empujar el ataúd de su hijo hasta llegar al cementerio del Norte, y nadie podría detenerle.

Los Lopez consiguieron una carta de la Comisión de Derechos Humanos que apoyaba su petición de una copia del informe policial de Djastin. El informe se hizo público.

En él se nombraba al sospechoso como Justin Cacay Lopez, de veintitrés años, soltero y desempleado. Que «Justin» tuviera veinticinco años en el momento de su muerte era solo uno de los errores.

«Les dijimos: "Ese no es el nombre de mi hijo" –dijo Normy–. Le cogisteis, le matasteis y escribisteis mal su nombre. Quizá buscabais al hombre equivocado. Eso fue lo que les dijo Lito. Quizá buscabais a otro Justin, no a él».

Los Lopez solicitaron oficialmente que se corrigiera el nombre de Djastin. La solicitud se hizo constar posteriormente en un informe policial. «Por otra parte, el sr. Luisito Lopez manifiesta su intención de rectificar el nombre del fallecido JUSTIN LOPEZ y CACAY para que aparezca como DJASTIN LOPEZ y BACCAY».

Normy se rio. No era una risa alegre.

«Dije, vaya, qué buen trabajo hicieron. Mataron a mi hijo y no sabían cómo se llamaba. El nombre que sabían era Justin. Y Cacay, no Baccay. ¿Quién es ese Cacay?».

Normy Lopez presentó una denuncia por asesinato en la Oficina del Defensor del Pueblo en septiembre de 2017, con el asesoramiento de la Unión Nacional de Abogados del Pueblo. Empezó a colaborar como voluntaria con el grupo Levántate por los Derechos Humanos. Intervino en protestas. Escribió un poema, publicado por los periódicos, titulado «Mi hijo más amado», un título que causó algo más que consternación entre sus ocho hijos supervivientes.

«Él era el enfermo –explicó–. Era el que más me necesitaba».

Las amenazas, o lo que Normy consideraba amenazas, llegaron de inmediato.

Empezó con Luinor, llamada Lui, la octava hija y la más joven, que tenía trece años y estaba en octavo curso cuando Djastin fue asesinado. La noticia de que Normy había demandado a la policía se había propagado por todo el pueblo.

Lui estaba en la calle, haciendo recados para Normy, cuando un hombre se le acercó y le pidió que lo guiase. Junto a él había otros hombres, con uniforme de policía.

¿Conoces a una tal Normita Lopez?, preguntó el hombre.

No, dijo Louie.

Estaba segura de que el hombre no sabía quién era ella. Era solo casualidad que hubiera preguntado a la hija de Normy por Normy. Lui se alejó, fingiendo despreocupación. Cuando estuvo segura de que ya no podían verla, echó a correr, derrapando por el callejón, mirando por encima del hombro, temerosa de que los hombres corrieran detrás de ella.

Normy dormía junto a uno de sus nietos cuando Lui irrumpió y cerró de golpe la puerta principal.

–¡Mamá, mamá, vienen a matarte!

Se arrojó sobre su madre y sollozó.

–¿Quién lo ha dicho? –preguntó Normy–. ¿Quién me va a matar?

La policía, dijo Lui.

Normy estaba en casa aquella noche, acostando a uno de sus nietos. Eran más de las nueve. El televisor seguía encendido, pero todos los demás ya estaban en la cama.

La puerta principal estaba entreabierta. Normy levantó la vista. Dos rostros se apretaban en la abertura, observándola.

Nunca los había visto antes.

¿Sí?, gritó.

Nada, dijo uno de ellos. Somos basureros.

Ningún basurero había aparecido jamás por la puerta de su casa. La basura se recogía en la boca del callejón, y desde luego no a las nueve de la noche.

Los rostros desaparecieron.

Normy cerró con llave la puerta y rezó.

Desde entonces, Lui, que llevaba mucho tiempo yendo sola a la escuela, insistió en que su madre la acompañara, y la esperara fuera todas las tardes. Empezó a sospechar de todo hombre desconocido y todo guardia de seguridad uniformado. Podría ser un policía, le decía a su madre. «Mamá, tengo miedo –afirmaba–. Podrían estar mirándome». Finalmente se negó a ir a la escuela. Seguía a su madre a todas partes; tenía miedo de dejarla sola. No sabía qué podría hacer si aparecía la policía, solo que quería estar allí. «Pensé que tal vez podría salvar a mamá», dijo.

Los Lopez no compraban periódicos, pero un día Normy cogió un tabloide que alguien había dejado en la puerta de su casa. Leyó la contraportada –«Siempre empiezo por los pasatiempos»– y acabó leyendo todo el periódico.

«Antes de llegar a la primera página, lo vi –dijo–. Había noticias sobre un epiléptico que había muerto en una ejecución extrajudicial. Así que lo leí. Era él. Me pregunté de dónde había salido esto, cómo había sucedido. No sabía cómo había llegado ese periódico aquí. Todavía me lo pregunto».

La prensa sensacionalista no fue la única que se hizo eco de la historia de Djastin Lopez.

«Nueva victoria contra Tokhang –escribió Rappler–. El defensor del pueblo acusa de asesinato a policía de Manila».

«La afligida madre poeta consigue una pequeña victoria: el defensor del pueblo ordena el cese del "policía de Tokhang"», publicó ABS-CBN.

«Policía expulsado por matar a un epiléptico en una "redada antidroga"», tituló el *Philippine Daily Inquirer.*

La noticia del *Inquirer* incluía una cita del portavoz del presidente Duterte. «Lo acogemos con satisfacción –decía Salvador Panelo–. Como dice el presidente Duterte, su administración no tolerará abusos por parte de los agentes de policía».

El documento oficial llegó en marzo de 2019, casi dos años después del asesinato de Djastin Lopez, por correo certificado, de la Oficina del Defensor del Pueblo.

Iba dirigido a la «Sra. Normita Lopez».

La resolución conjunta, de diez páginas, se pronunciaba sobre los expedientes OMB-P-C-17-0388 (por asesinato y colocación de pruebas falsas de drogas ilegales y armas de fuego) y OMB-P-A-17-0461 (por abuso de autoridad grave, falta grave, opresión y conducta impropia de un funcionario público), ambos presentados por Normita B. Lopez, demandante, contra el capitán de policía Jojo Salanguit, el sargento de policía Gerry G. Geñalope y catorce personas no identificadas por el nombre, todos ellos de la Unidad Ejecutiva de la Comisaría de Policía 7, avenida Jose Abad Santos, Distrito Policial de Manila.

Se retiraron los cargos contra todos menos uno de los acusados.

«Por lo tanto, que se PRESENTE una denuncia por asesinato contra el acusado, el sargento de policía GERRY G GEÑALOPE, ante el tribunal competente».

Fue la primera resolución, de la que se tenga constancia, de la Oficina del Defensor del Pueblo filipino contra un miembro de las fuerzas policiales que operaban durante la guerra contra las drogas.

La resolución también declaraba a Geñalope culpable de falta grave. Las penas impuestas fueron el apartamiento del servicio policial, la inhabilitación perpetua para el ejercicio de cargos públicos y la pérdida de la pensión de jubilación.

El día en que Normy Lopez recibió su copia certificada, ella y Lito se desplazaron al cementerio del Norte, donde Normy procedió a leer en voz alta, página por página, la decisión al hijo enterrado bajo una brillante lápida azul. Lloraba mientras leía.

Le dijo a Djastin que Geñalope ya no era policía. No era suficiente, pero el proceso por asesinato seguía pendiente. Ella quería que Geñalope fuera a la cárcel, y aunque habría deseado que todos los demás agentes hubieran sido acusados también, seguía con ganas de encontrarse con ellos cara a cara. Quería preguntarles por qué lo habían hecho, por qué habían disparado a su hijo, que tenía las manos en alto.

Si Geñalope fuera a la cárcel, ella le visitaría todos los días, aunque solo fuera para asegurarse de que seguía entre rejas.

El primer intento de ofrecer una conciliación se dirigió a Lito.

Hubo una reunión, organizada por los jefes de pueblo. Uno habló en nombre de Geñalope e hizo una oferta de dinero. Lito dijo que lo consideraría. Afirmó que la decisión era de su mujer, no suya. Se fue a casa y se lo contó a Normy.

No, dijo ella. Por supuesto que no. «Diles que llegaremos a un acuerdo si pueden devolverle la vida a mi hijo –le dijo–. Eso sí me parece bien. Devuélvanme la vida de mi hijo. Pueden quedarse con el dinero si me pueden devolver la vida de mi hijo».

La segunda oferta de acuerdo fue entregada por otro policía, amigo de Geñalope.

El policía llamó a Lito y le dijo que fuera a unos billares. Normy le siguió y llevó consigo a su hijo menor. Vigila, le dijo Normy a Igiboy. Igiboy tenía doce años y estaba armado. Llevaba un palo de madera para golpear a quien amenazara a su madre.

Siguieron a Lito hasta una esquina. Vieron acercarse al policía. Lito se quedó escuchando mientras el policía hablaba. Estaban a diez o doce pasos. Normy se esforzaba, pero los triciclos traqueteaban y los coches tocaban el claxon, y ella no pudo oír ni una palabra.

La conversación terminó. Lito se alejó. No vio a Normy.

«¡Amor!», gritó ella, tan alto como se atrevió.

Se detuvo. También lo hicieron los transeúntes. Se sonrojó, avergonzada.

Caminaron juntos a casa. Le dijo que el policía le había repetido la oferta de conciliación.

Está ahí, le dijo el policía. Cógela. No hay nada más que puedas hacer.

Lito contestó lo mismo que había contestado al jefe del pueblo. Se lo pensaría, pero la decisión era de su mujer.

Normy estaba indignada. «Me enfadé con Lito cuando me lo contó –me explicó Normy–. ¿Por qué no se lo dijiste? Deberías haberles dicho: "Nos vemos en el juzgado". Eso es lo que siempre le digo. Si vuelve a aparecer alguien, dile: "Nos vemos en el juzgado"».

La tercera y última oferta provino de un policía jubilado. Era un hombre mayor, un amigo de la familia que solía ir a las carreras de caballos con Lito.

Ven, decía el mensaje, pero no entres todavía.

Pronto averiguaron por qué. Les dijeron que Geñalope estaba en casa del policía. El policía salió y les explicó que sería mejor llegar a un acuerdo, que el dinero de la batalla legal podría, en cambio, ir a parar a los Lopez.

Lito entró. Geñalope se había ido, pero había una oferta, una gran cantidad.

Normy se disculpó con el policía jubilado por las molestias. «Diles que no voy a retirar la denuncia –le dijo–. Estamos hablando de una vida. La vida de mi hijo. ¿Puede cualquier cantidad de dinero devolvérmelo? Por supuesto que no. Así que lucharé en los tribunales, sea cual sea el resultado». Le dijo que la cantidad no importaba. Le dijo que no podía aceptar dinero. Le dijo que Geñalope y los demás debían pagar por lo que habían hecho.

«Quizá habría estado bien si mi hijo no se hubiera rendido –me explicó–. Tenía los brazos en alto y aun así le dispararon. Y no se contentaron con eso, luego le dispararon una y otra vez. Yo dije: "Un disparo le habría bastado a ese hijo mío, tan flaco, hubiera muerto con un solo disparo, pero lo cosieron a balazos"».

Le dijo al policía que nunca habría acuerdo.

El antiguo policía dijo que lo entendía.

Yo escuché la historia días después, sentada en el suelo atestado de la casa de los Lopez, frente a Normy, con la grabadora parpadeando en rojo y un cuaderno de notas en la mano. Lito estaba sentado a su lado.

Esa última oferta no fue el final de la historia, dijo.

–Tengo que hablarte de Lito.

Lito parpadeó.

–Se enfadó conmigo –recordaba Normy–. «¿Por qué has contestado así?». Eso fue lo que me dijo.

–¿Quién te lo dijo? –pregunté.

–Este.

«Este» era Lito, sentado tranquilamente junto a Normy.

–Se enfadó conmigo. Me dijo: «¿Por qué has dicho eso? Deberías haber dicho que te lo pensarías». Yo le contesté: «¿Por qué iba a pensármelo?». –Estaba llorando–. «¿Por qué iba a pensarlo?», le pregunté. «Estamos hablando de la vida de tu hijo, hijo de puta». La gente ya nos estaba mirando. «Avaro hijo de puta, animal», le dije. Estábamos en el mercado de Divisoria y le estaba gritando. Louie me decía que la gente nos miraba. «¡Pues que se joda!», le dije. «Solo quiere el dinero. Su hijo está muerto y lo cambiará por dinero. Qué fácil es ganar dinero». Estaba indignada.

Es mucho dinero, dije yo.

–¡No necesito dinero! –Normy rompió a llorar–. Pase lo que pase tendremos comida todos los días. Pero no a mi hijo.

Lito estaba sentado mirando al suelo, con las grandes manos sobre el regazo.

La siguiente pregunta se la hice a él.

–¿Qué le dijiste a ella?

–Nada –respondió.

–Estaba enfadado –interrumpió Normy–. Y hasta me insultaba. Estaba furioso.

–¿Todavía quieres el dinero? –le pregunté a Lito.

–Así que envié un mensaje a los abogados –continuó Normy–. Y me quejé por lo él había hecho...

–No –me contestó Lito–. Depende de ella.

–... y les conté lo que había dicho, y por eso el abogado habló con él después. Bien, tú quédate con el dinero –terminó Normy, con una mirada a Lito.

–No –dijo él. Se encogió de hombros, sin levantar la vista–. Lo que ella quiera yo también lo quiero.

–No voy a cambiar de opinión –afirmó Normy.

Sus hijos, dice Lito, le aconsejaron que aceptara el acuerdo. Uno de sus hijos dijo que era por su futuro.

–¿Y si Normy dice que no? –le pregunté a Lito.

–Entonces no podemos hacer nada –respondió.

Otra voz irrumpió, aguda y enfadada.

–¿Puedo decir algo?

Me había olvidado de Eray, que había estado escuchando la entrevista. Eray tenía veinte años y era la sexta hija de los Lopez. Estaba sentada fuera del círculo formado por Normy, Lito y yo.

Sí, le dije. Adelante.

–¿Qué pasa si uno de nosotros es asesinado?

–No te pasará nada –dijo Normy–. La denuncia ya está presentada.

Me vuelvo hacia Eray.

–¿Tienes miedo?

–Sí, responde ella.

Le pregunté si apoyaba el proceso judicial.

–Ahora tengo miedo. Por supuesto que lo tengo, podrían hacernos daño. Después de perder a Djastin, es como si fuera el único que le importa.

Normy volvía a llorar.

–Solo tenemos que rezar, y el Señor no nos abandonará. Yo me aferro a Él.

–Claro que uno no sabe lo que está pensando [Geñalope] –le dijo Lito–. Desde luego, está nervioso. Cometió un delito y podría hacer una estupidez...

–Sobre todo –interrumpió Eray– desde que sabe que lo han cesado de todos modos.

–¿Sabes...? –empezó Normy.

–Nos enfrentamos a policías –dijo Eray–. ¿Crees que no nos tocará si vuelve a ser policía, crees que se mantendrá alejado?

BL apareció en la puerta, buscando las llaves.

Pídeselas a Jopet, dijo Eray.

Hubo un momento de silencio; luego Normy habló. «¿Ves?, ese maldito dinero nos está separando».

Nadie habló.

–¿Crees –le pregunté– que puedes esperar otros tres años si tus hijos tienen miedo?

–Es en ellos en quienes pienso –respondió Normy enseguida–. Por eso no dejo de pensar de dónde puedo sacar dinero. Por ellos. No pienso en mí. La cabeza me da vueltas pensando en ello. Ninguno de vosotros sabe por lo que tengo que pasar. Las cosas que pienso que tendré que hacer. Es solo que no lo digo... ¿Puedes creer que el asesino de tu hermano sigue vivo y está haciendo esto? ¡Y es policía! Luchamos setenta y cinco por ciento frente a veinticinco por ciento, creo que... –Se interrumpió–. No es más que dinero.

–Piensa en lo que piensan los demás –dijo Eray.

–No te tocará.

–¿Y si se llevan a uno de nosotros? No sabes lo que él está pensando.

–¿Tenéis miedo todos los hermanos? –pregunté.

–No sé lo que piensan ellos. Yo sí, tengo mucho miedo.

–¿Puedes seguir así tres años, Normy? –le pregunté.

–Sí –respondió ella–. Puedo hacerlo. Y no solo tres años. Ya sé que es un proceso largo.

–¿Y si son diez?

–No lo sé. Solo quiero luchar.

Rompió a sollozar. Se levantó, caminó los tres pasos hasta el dormitorio y cerró la puerta de un portazo.

Apagué la grabadora.

Ya se le pasará, dijo Lito.

Dijo que conocía otro caso, otro vecino muerto cuya familia se negaba a llegar a un acuerdo. La oferta era de seis mil dólares.

El asesino fue encarcelado y la casa necesitaba reparaciones, hasta que finalmente la familia decidió que le hacía falta el dinero. Para entonces, la oferta había sido retirada.

–No quiero tener que llegar a eso –dijo.

Normy habló en protestas, firmó declaraciones juradas, llamó a las puertas y se ofreció voluntaria para entrevistar a las madres de otros chicos muertos. Las abrazó, lloró con ellas y las convenció para que lucharan, incluso a la madre que había quemado los documentos de su hijo.

El caso de Djastin Lopez avanzaba lentamente por los tribunales. Y, a medida que lo hacía, un virus causante de una «neumonía inexplicable» empezó a propagarse por la ciudad china de Wuhan.

Conocí a Normita en una protesta callejera, dos años después del inicio de los confinamientos por la pandemia. Habíamos hablado muchas veces a lo largo de los meses que duró la pandemia, por videollamada cuando podíamos, por teléfono cuando fallaba la señal de internet en Tondo.

Nos saludó sonriendo. Nos abrazamos. Había mucho ruido en las calles. Caminamos hasta un lugar alejado de las barricadas. Se quitó la mascarilla. Agaché la cabeza y traté de no sacudir la grabadora.

–¿Cómo está el caso de Djastin?

–Está bien –dijo–. Geñalope fue encarcelado.

Dejé de caminar.

–¿Qué?

–Se entregó. Porque había una orden.

–Entonces ¿no hay más acuerdo de conciliación?

Soltó una risita nerviosa.

–Puede que sí.

–¿Lo aceptarás?

–¿Podemos hablar extraoficialmente?

No tengo ninguna grabación de los diez minutos que hablamos en voz baja junto a la carretera, a la sombra del monumento al Poder Popular. Recuerdo que hubo lágrimas. Cuando se hubo calmado, me agaché frente a ella y le pregunté lo que siempre preguntaba.

–¿Podemos grabar ahora?

Quizá no debería habérmelo contado, pero lo hizo. No fue hasta meses después, en otra manifestación, cuando miró a las demás madres y se llevó un dedo a los labios, cuando comprendí que la historia que me contó aún no se la había contado a sus amigas. Allí estaba yo, para encontrar un final, y pensé que lo había encontrado, en el llanto silencioso de la pequeña mujer que susurraba a mi grabadora, diciendo que se arrepentía de todo.

Lo que ocurrió fue lo siguiente. Un día vio a su marido, Lito, meterse la mano en el bolsillo y sacar un billete de mil pesos. Uno de sus hijos le había pedido dinero. Le entregó el billete de mil y, a lo largo de la semana, dio más billetes de mil. Una semana fue el tiempo que tardó en decírselo. Había cogido dinero, cincuenta mil pesos como pago inicial, con la promesa de que la familia retiraría los cargos. Cuando se lo dijo, ella lloró, luego gritó, luego dejó de hablar, saltó de la litera de abajo que compartían, se tumbó en una colchoneta delante de la puerta para dormir sola y lloró. Era demasiado tarde, pensó, porque la mayor parte del dinero había desaparecido.

–Así que hubo una reunión después. Fui con él. No me llevó, sino que le seguí hasta el jefe del pueblo, que él conocía y que había mediado en el acuerdo. Le seguí porque pensé que tal vez Geñalope estuviera allí y podría matar… o que pasaría algo malo. Fui. Fuimos, Luinor y yo, mi hija. Los vi allí. Y yo no quería aceptar el acuerdo. Pero no podía hacer nada, porque Lito estaba allí y quién sabía lo que pasaría porque ya había aceptado el dinero. Y aun así pasó tiempo, mucho tiempo, hasta que finalmente dije que sí. Y eso fue solo cuando la hija de Geñalope intentó abrazarme… ¿qué podía hacer?

Lo que hizo fue coger el dinero, con la promesa de retirarse del caso de la muerte de Djastin Lopez. Normy y Lito, la mujer de Geñalope, Edna, y sus abogados se reunieron en un restaurante. No se fijaron por escrito los términos oficiales del acuerdo, solo se acordó que la familia dejaría de insistir en el proceso penal y Geñalope los dejaría en paz. Los Lopez, contra el consejo de su abogado, cerraron el acuerdo.

El dinero ayudó. Ayudó a pagar la factura de la luz de toda la familia. Ayudó a comprar los materiales para el negocio de aluminio. Ayudó a comprar datos móviles y ropa para los hijos de Djastin, que vivían con su madre y el nuevo marido. Todo el mundo acudía a Normy porque sabía que Normy tenía dinero, así que este duró poco.

En el juicio, el caso del Pueblo de Filipinas contra el sargento Gerry Geñalope por asesinato fue sobreseído provisionalmente. La acusación particular, Nestor y Normita Lopez, no compareció. El abogado de Geñalope alegó que «ya se han agotado los plazos de juicio sin que se haya presentado ningún testigo». El fiscal no se opuso.

No debería haberlo hecho, me dijo aquel día en la calle.

No debería haber dicho que sí, dijo.

Es una cantinela: Me arrepiento. Hasta ahora, aún me arrepiento. Me arrepiento cada vez que veo la foto de Djastin. Lo pararía si pudiera. Si no hubiésemos firmado, me echaría atrás. Si nunca hubiéramos recibido el dinero, si no se hubiera gastado, lo devolvería todo.

Nunca he hablado con Gerry Geñalope, antiguo sargento de policía. Le había enviado mensajes y una carta a su abogado pidiéndole comentarios. Ambos sin respuesta. Fue su mujer, Edna, quien habló conmigo por teléfono, en una conversación grabada mucho después de que su marido saliera de la cárcel.

Se acabó, me dijo. Ha habido perdón por ambas partes.

No sabía si Gerry disparó a Djastin, dijo. Nunca se lo ha preguntado a su marido. No han hablado de lo ocurrido en las vías del tren. Todo lo que sabía era lo que vio en televisión y lo que leyó en la citación que le llegó. Fue acusado y detenido, y aunque es posible que ella estuviera presente en la reunión con los abogados, se negó a confirmar que se efectuaran pagos. Tampoco lo niega. «Quizá no se pagó nada», dijo. Para ella, el caso estaba cerrado, perdonado, terminado.

–¿Sabe su marido que está hablando conmigo? –le pregunté.

–No –respondió ella.

Le dije que debía saber que le estaba buscando. El libro contaría una historia, la de Djastin, y aunque yo escribiría lo que ella dijera, su marido también tenía derecho a hablar.

Ella se lo diría, dijo. Me lo haría saber.

Aún no he tenido noticia alguna de Gerry Geñalope.

Su marido era un buen hombre, me dijo Edna, era un buen policía. Había estado muy orgullosa. Era la primera vez que había habido problemas. No fue culpa suya en absoluto. Lo único que quería era volver a ser policía.

–No sé qué pasó realmente, señora –me dijo–. Él no era más que un policía haciendo su trabajo.

12

MI PADRE ES POLICÍA

Rodrigo Duterte no era el primer político del mundo que declaraba la guerra a un problema interno. Guerras contra la pobreza, la pornografía, el hambre, la obesidad, el cáncer y las drogas han sido desatadas y libradas por presidentes y potentados mucho antes de que Duterte se instalara en el Palacio de Malacañán. Ninguna de estas guerras se ha ganado hasta ahora. Nada de eso importa, porque para el político la declaración es una victoria en sí misma. Se publican los titulares. Las campañas obtienen sus eslóganes. La solución se deja a quien venga después, o a Dios. Pero las guerras metafóricas no le interesaban a Rodrigo Duterte; a él no le gustan las metáforas. Declaró la guerra a las drogas, y cuando dijo «matar», quería decir «muerto».

Hubo disidencia a posteriori. Hubo oposición. Había abogados, sacerdotes y activistas, pero para quienes documentábamos la guerra de Duterte las protestas no eran más que un susurro en un huracán. La vida continuó con normalidad para casi todos los demás. Es posible que se dijera poco con la esperanza de que el número de muertos se mantuviera bajo y la guerra fuera corta. Quizá quienes habían votado por la muerte pensaron que habían votado por una metáfora. Después de todo, hay lugares en mi país donde la muerte es una abstracción cortés: un ataúd, un ramo de flores, una rociada de agua bendita. En esos lugares, una persona puede esperar vivir y morir sin haber visto nunca una bala, o lo que una bala le hace a un cuerpo cuando alguien dispara a quemarropa.

Un día de diciembre de 2020, todo eso cambiaría.

Se llamaba Anton y estaba a punto de morir.

De haberlo sabido, podría haber dicho algo distinto aquella tarde de domingo de finales de diciembre, de pie, delgaducho y sin camisa mientras el hombretón cruzaba el césped. Pero Anton estaba borracho, y Anton estaba enfadado.

Lo que gritó, en cambio, fue esto:

–No serías tan valiente si no tuvieras esa pistola.

–Hijo de puta –dijo el hombretón–. Te voy a arrestar.

Un brazo musculoso se echó sobre Anton, pero entonces tuvo que enfrentarse a Sonya.

Sonya, la madre de Anton, bajita y canosa, se había interpuesto entre el hombretón y su hijo de veinticinco años. Los tres estaban de pie en el borde de tierra del césped, en la base de un porche delantero de medio metro de altura. Era un abrazo incómodo. El hombretón arrastraba a Anton desde la seguridad del muro del porche por el dobladillo de sus negros pantalones cortos de algodón; la pequeña Sonya patinaba sobre la tierra con los brazos alrededor de la cintura de su hijo, y Anton estaba atrapado en el tira y afloja, agitándose como una marioneta.

Alguien dijo basta, por favor, basta. Alguien gritó llamando a las autoridades. Alguien, una niña, alzó la voz en un prolongado grito. Sonya dio un tropezón. Se agarró con una mano a la cornisa del porche y mantuvo el otro brazo alrededor de Anton. Cuando la hermana mayor de Anton se lanzó a la refriega para proteger a su hermano, el hombre la apartó de un empujón y le clavó el puño cerrado en el cuello. Se mantuvo firme, incluso cuando el hombre le agarró la cabeza con el codo.

Solo cuando una pequeña mano tiró de su pelo soltó ella su presa. La mano pertenecía a la hija de doce años del hombretón. La niña había estado merodeando tranquilamente por los alrededores de la lucha cuando levantó la mano para agarrar un puñado de pelo. La hermana de Anton se dobló, casi de rodillas. Al caer, le tiró del pelo a la niña.

De repente, cinco personas estaban atrapadas en un amasijo de brazos y piernas en movimiento. La hija del hombretón gimió. El hombretón gritó. Agarró a Anton con la mano derecha. Con la izquierda sacó una pistola.

El vídeo se apagó.

Cuando empecé a escribir este libro, nunca había visto cometer un asesinato. Cada escena que escribía era una reconstrucción. Las investigaciones que publiqué para Rappler eran un mosaico de informes policiales, dictámenes de expertos y testimonios grabados que extraje con delicadeza de transeúntes aterrorizados. Los párrafos estaban salpicados de «según» y «de acuerdo con su versión». A veces llegaba al lugar del crimen media hora después de que se disparara el arma. En la mayoría de los casos llegaba días después, anotaba las pintadas y contaba las manchas de sangre.

Entrevisté a todos los que pude, completando el cuadro, reconociendo las contradicciones, determinando lo que había sido presenciado y lo que era un rumor de segunda mano. Dediqué gran parte de mi tiempo a descifrar la enrevesada gramática de los informes policiales oficiales. El ocasional vídeo ofrecía corroboración, no confirmación. Los asesinos iban enmascarados. Las grabaciones eran escasas. Los testigos estaban demasiado asustados para acordarse de sacar sus teléfonos, y las imágenes de las cámaras de seguridad, cuando las había, eran a menudo demasiado borrosas para la identificación.

Viví, durante el tiempo que fue necesario, dentro de las escenas del crimen que reconstruía en el interior de mi cabeza. Todo era importante. Una cita directa publicada por una cadena de televisión. Una declaración oficial en una noticia de agencia. Una foto publicada por la mujer de un policía. Gran parte de lo que sabía había pasado por el filtro de la memoria, el trauma, el interés propio y mi juicio en constante cambio. Lo escribí todo con letra de imprenta en hojas de papel de estraza marrón pegadas con cinta adhesiva a la pared de mi despacho. Ni siquiera las fechas de las muertes tenían la legitimidad automática de un dato simple. El informe oficial de la policía sobre una muerte, por ejemplo, se había mezclado con un asesinato de hacía dos semanas cuya única conexión era el hecho de que ambas víctimas habían sido salvadas en la ciudad de Manila. La imagen nunca estaba completa, pero era lo más cercano a la verdad que podía conseguir.

Esta historia, sin embargo, era completa. Y venía con vídeo.

CHAT DEL TURNO DE NOCHE

12.20 horas. Ezra Acayan [fotoperiodista]: [Enlace a vídeo de Facebook].

12.20 horas. Ezra Acayan [fotoperiodista]: «Un agente de policía de Paranaque mató a tiros a quemarropa a dos víctimas desarmadas en Purok 2, barangay. Cabayaoasan de Paniqui, Tarlac, sobre las 17.10 horas del domingo. (vídeo: fuente de la PNF) Oplan Kandado nivel 1 activado asunto Incidente tiroteo sucedió a las 17.10 horas hoy 20 dic 2020 en brgy Cabayaoasan, Paniqui, Tarlac en el que se identificaron las víctimas como madre e hijo Sonya Anthony y Rufino, 52 años, y Frank Anthony Gregorio y Rufino, 25 años, perpetrado por el sospechoso identificado como CBO. JUNEL NUESCA, oficial de escena del crimen [SOCO, por sus siglas en inglés], Paranaque, en scooter nmax color rojo, vestido con chaqueta negra, casco negro, camiseta negra y pantalones largos negros, huyó hacia la ciudad de Tarlac».

12.22 horas. Ezra Acayan [fotoperiodista]: Se dice que es del SOCO de Parañaque.

12.38 horas. Vincent Go: Maldita sea. Estuvimos en Tarlac ayer.

5.20 horas. Alyx Arumpac [cineasta]: Acabo de volver a ver el vídeo. Jesús, es realmente horrible. Les disparó porque la madre le gritó a su hija.

5.22 horas. Alyx Arumpac [cineasta]: Realmente, matar es así de fácil.

9.29 horas. Pat Evangelista: Me desperté tarde. No puedo encontrar el vídeo. ¿Lo han descolgado?

9.29 horas. Alyx Arumpac [cineasta]: Creo que está caído, pero lo vi en otro post por ahí.

9.35 horas. Vincent Go: Sabía que lo eliminarían.

9.35 horas. Vincent Go: [vídeo adjunto].

El clip de once segundos, que se hizo viral, se publicó por primera vez a las 21.52 horas del 20 de diciembre de 2020, casi un año después del inicio de la pandemia y casi cinco horas después de los asesinatos. Apareció en la cuenta de Facebook del periódico del área metropolitana *The Daily Tribune*. El periódico afirmaba que el vídeo procedía de una fuente de la PNF. Las caras aparecían borrosas, incluida la de la niña de doce años. Una versión ampliada del vídeo se compartió más de dos horas después en la cuenta personal de Ronjie Daquigan, concejal de una ciudad vecina. Daquigan, que en su perfil se describe a sí mismo como editor y redactor jefe, puso un pie de foto al clip.

> Madre e hijo de Paniqui tarlac [...] tiroteados y asesinados por policía de Parañaque cbo. Junel nuesca del Laboratorio de Criminalística de soco [...] un crimen brutal en el que la indefensa madre y su hijo fueron masacrados como pollos el pasado domingo sobre las 17.10.

Daquigan describió a las víctimas, Sonya Gregorio, de cincuenta y dos años, y su hijo Frank Anthony, de veinticinco, como residentes de Paniqui, en la provincia de Tarlac. Tarlac, en la Región 3, está a tres horas en coche de Manila. El vídeo se grabó poco después del incidente del tirón de pelo.

La grabación comienza con una explosión de sonido: un coro de voces que gritan, muchas de ellas jóvenes. La persona que graba el vídeo, identificada más tarde como el primo de Anton, de dieciséis años, está de pie en el porche, a unos metros de distancia, situado en una posición ligeramente elevada.

En el vídeo, Anton mira hacia el césped, en ángulo opuesto a la cámara. Sonya está detrás de él, de espaldas a la pared del porche y con los brazos rodeando el pecho de Anton. Un hombre corpulento con zapatillas de goma, pantalones cortos y camiseta azul oscuro merodea alrededor de la pareja. Se llama Jonel Nuezca, un policía fuera de servicio que vive a dos casas de los Gregorio. Nuezca pasa de agarrar el dobladillo de los pantalones cortos de Anton a sujetar el centro de su cinturón.

Un hombre con camisa gris, descrito más tarde como un familiar varón, trata de calmar la situación. Suplica a Nuezca. «Podemos hablarlo», dice el pariente. Le tapa la boca a Anton cuando este empieza a maldecir. Anton se calla. Nuezca deja de tirar de los pantalones de Anton, aunque los mantiene agarrados. Por un momento, parece que la paz se va a mantener.

El policía se vuelve para mirar a Anton.

–Si tú fueras el policía, también te darían un arma.

–¡Suelta a mi hijo! –responde Sonya.

–¿Que lo suelte? ¡Lo estoy arrestando!

–¡Él no se va de aquí!

Anton dice que quiere cambiarse de ropa.

–Me has roto el... ¡Deja de tirar de mí!

–Sí –añade Sonya–. Deja de arrastrarnos, no dejas de arrastrarnos. No pensamos irnos.

La hija de doce años del policía, que ha estado dando vueltas alrededor de su padre y de los Gregorio, empuja a Sonya con su delgado brazo.

–¡Suéltalo! –le exige.

Sonya se sacude.

Anton se ríe.

–¿Tu padre te educó para que te hayas vuelto así?

La niña responde con un aullido:

–¡Suéltame!

–Suéltame tú –replica Sonya–. ¡Nosotros no lo haremos! Estamos en nuestra casa.

La niña, con el rostro pequeño enmarcado por una cortina de

pelo, pronuncia a gritos la única frase que resonaría en el ciberespacio filipino:

–¡Mi padre es policía –hace una pausa para respirar–, joder!

Sonya responde con un sonsonete burlón.

–¡No me importa-ah-ah-ah-ah-ah!

La letra y la melodía están sacadas directamente de una alegre canción pop coreana del grupo 2NE1. Es el tipo de respuesta pensada para enfurecer a una niña de doce años.

En cambio, quien se enfurece es el policía.

–Hijo de puta, ¿quieres que acabe contigo ahora mismo?

La pistola ladra.

Bang, y Sonya cae. Todas las voces que gritaban se callan.

Bang, bang, y Anton cae.

Un movimiento nervioso de Sonya.

Bang.

Los gritos comienzan de nuevo.

La hija del policía mira. Ella no grita.

Vi el vídeo cuatro días antes de Navidad. Algún resorte se activó en el cerebro al ver las imágenes. Era como ver una película basada en un libro que ya había leído. La secuencia era correcta, pero faltaban elementos. Volví a reproducir el último minuto, luego otra vez, y solo comprendí lo que buscaba cuando traté de escribir lo que había visto. Estaba atenta para oír el trueno. Me parecía que algo tan definitivo como un disparo mortal exigiría más pompa y fanfarria. Debería haber habido una explosión, un hongo nuclear, algo, en algún lugar, que señalara el repentino paso de la vida a la muerte.

En cambio, fue rápido. Hubo cuatro disparos en menos de cinco segundos: un golpecito y bang, breves e inocuos. El sonido metálico de un martillo golpeando la cabeza de un clavo apenas se diferenciaba en la práctica del chasquido de una bala rompiendo un cerebro humano a corta distancia.

Descubrí que me había pasado un decenio viendo la muerte a cámara lenta. Había reconstruido momentos movimiento por movimiento: la cabeza girando, el brazo levantándose, el dedo apretando el gatillo. Empaquetaba en detalle cada muerte. Trazaba el recorrido de la bala a partir de los informes de las autopsias y los testimonios de los testigos. Enumeraba los testigos, anotaba las reacciones, integraba lo que alguien había pensado, visto y oído en bloques de texto, con la intención de reconstruir los últimos minutos de la vida de un hombre.

La verdad era más sencilla: se tarda más en teclear una frase que en matar a un hombre.

Para cuando lo vi, el vídeo ya había inundado el ciberespacio. Tenía millones de visitas. Se borró, se volvió a publicar, se compartió y se volvió a subir.

Aparecieron comentarios en mi timeline. «Espero que te resistas al arresto, hijo de puta». «¿Por qué –se lamentaba un famoso– se ha tenido que llegar a esto?».

Los hashtags fueron tendencia. #StoptheKillingsPH. #CopsareTerrorists. #MyFatherisaPoliceman. Fue «desgarrador». Fue «un momento de rabia». Fue «una cultura de la muerte».

«Di sus nombres», se imploraba en los comentarios. «Justicia para Sonya y Frank Anthony Gregorio».

Todos los que alguna vez cubrimos la guerra contra las drogas conocíamos esta historia. No podríamos decir todos los nombres aunque lo intentáramos. Era algo que ocurría tan a menudo que muchos de nosotros guardábamos carpetas en nuestros discos duros organizadas no por la fecha, sino por la hora de la muerte. Las estrellitas amarillas que mi amigo Vincent utilizaba para marcar la ubicación de los cadáveres en un mapa estaban tan amontonadas que era imposible distinguir un cuerpo de otro.

Según el joven de dieciséis años que grabó el vídeo, el policía y su hija se fueron andando. No se arrodillaron ni gritaron pidiendo ayuda. No corrieron. El policía apretó el gatillo con la misma firmeza con la que un hombre aprieta la rueda de la piedra de un mechero.

«Ocurre todos los días –publicó Ezra Acayan, de Getty Images, en Facebook–. Y todos os habéis hecho los ciegos y os habéis negado a ESCUCHAR porque no había VÍDEO. Despertad ya».

«Tu padre dijo que protegería a los policías –escribió el periodista televisivo Barnaby Lo–. Entonces ¿por qué no iban a matar con impunidad? Siempre le animabas. ¿Todo para sentirte seguro? ¿Te sientes seguro ahora?».

«Sí, una barbaridad –dijo la veterana editora Inday Espina-Varona–. Pero en Filipinas eso lleva ocurriendo desde hace un año. Veo a algunos animadores de la guerra contra las drogas gritando hoy. Vosotros hicisteis esto. Con vuestro padre».

No voy a decir que no estaba indignada, pero, como la mayoría de mis colegas, no lo estaba particularmente. Era algo constante, como el humo del cigarrillo, tan presente que apenas lo notaba. En cambio, estaba furiosa con todos los que anunciaban su indignación después de haber ignorado un desfile de ataúdes durante cuatro años. No pudo ser la sangre la responsable de tanta conmoción, porque la sangre se había acumulado en las calles durante años. Fue la forma descuidada de apretar el gatillo. No había espacio para un relato alternativo, no había tiempo entre el disparo y la caída de un cadáver para afirmar que el muerto había sacado una pistola, no había espacio para decir que él o ella se lo merecían, que todo esto no era más que propaganda. Eran los únicos hechos disponibles. La niña, segura de que su padre era policía, el policía preguntando a la madre y al hijo si querían morir, la pistola, el gatillo, uno, dos, otra vez, ambos muertos en un instante.

«Esto no es lo que somos», rezaba un último tuit.

Esto era exactamente lo que éramos.

Poco más de una hora después de los asesinatos, el sargento Jonel Nuezca, con veintitrés años de experiencia policial, se entregó a los agentes de la Policía Nacional de Filipinas.

Nuezca trabajaba en el Laboratorio de Criminalística de la ciudad de Parañaque, en Gran Manila. Tenía una casa en una urbanización cerrada, a un paseo de la casa de los Gregorio. La familia de su esposa aún vivía en Tarlac, pero Nuezca no era natural de Paniqui. Estaba en casa y fuera de servicio el 20 de diciembre, e igual que el resto del país trataba de celebrar algo parecido a unas Navidades tras nueve meses del confinamiento por pandemia más largo del mundo. El arma de fuego reglamentaria de Nuezca no llevaba silenciador, contrariamente a la tradición que seguían los anteriores gobiernos durante las fiestas. Dos semanas antes, el jefe de la PNF Debold Sinas había declarado a la prensa que poner silenciador a las armas hacía que los policías dudaran bajo el fuego. Sinas confiaba en que «la mayoría de nuestros policías tienen ahora autocontrol y son disciplinados».

A última hora de la tarde de ese domingo, varios de los jóvenes Gregorio estaban dispersos por la propiedad. La hija menor de Sonya Gregorio, dentro de la casa, se recuperaba de una reciente operación de apendicitis. Anton estaba en el patio con varios jóvenes más. Había conseguido disparar una «boga». La boga, un artefacto ruidoso improvisado con tubos de PVC o bambú, estaba en la lista de petardos prohibidos, en la que también figuraban otros con nombres más interesantes: Abuelo Trueno, Adiós Filipinas y Cinturón de Judas. Fue el petardazo que hizo que Nuezca, su mujer y su hija entraran a toda velocidad en la propiedad de los Gregorio sin ser invitados.

Se inició una acalorada discusión. Nuezca, según el relato de la familia, amenazó con detener a Anton, que estaba borracho. Nuezca empezó a arrastrarlo por el césped, pero Sonya abrazó a su hijo, usando el cuerpo como escudo. Alguien corrió al ayuntamiento en busca de ayuda. Alguien gritó que pararan todos, porque la hermana pequeña de Anton estaba aterrorizada y se le podían soltar los puntos. Una de las hermanas mayores de Anton se interpuso entre este y el policía, pero la apartaron de un empujón. Hubo tirones de pelo, súplicas y llantos. Varios vecinos y parientes intentaron actuar como árbitros.

Según un informe policial, se disparó contra Anton y Sonya a las cinco y diez de la tarde. A las veinticuatro horas de hacerse público el tiroteo, el jefe de policía de Tarlac, el ministro de Interior y el jefe de policía de Luzón Central habían hecho declaraciones públicas prometiendo justicia y ningún trato especial para Nuezca. El fiscal provincial presentó dos acusaciones de asesinato. El Senado pidió una investigación. El jefe de la PNF, Sinas, condenó «el acto criminal cometido por uno de nuestros policías» y aseguró al público que «la PNF no aprueba ni aprobará nunca ningún acto delictivo de nuestros agentes».

Un vídeo difundido por el exasesor de Duterte, el senador Bong Go, mostraba al presidente viendo el tiroteo en un teléfono móvil que sostenía Go. «El presidente está furioso», dijo Go a los periodistas.

En un raro momento de transparencia, la policía hizo público el expediente de Nuezca. Este había solicitado su admisión como recluta en la Oficina de Policía de la Región de la Capital Nacional. Había trabajado once años en Taguig, uno de los distritos de negocios más importantes del país, y tres años más en la policía de la ciudad de Parañaque. Más tarde fue destinado al laboratorio de criminalística de la policía de Parañaque. En diez años, acumuló al menos seis procedimientos administrativos. Los más leves incluían una negativa a someterse a un control de drogas en 2014 –fue suspendido durante un mes– y otro, posteriormente retirado, por no asistir a una vista judicial como testigo de la acusación.

Otros dos procedimientos tenían que ver con muertes. En 2016, el año en que el presidente Duterte declaró su guerra contra las drogas, el Servicio de Asuntos Internos (IAS) de la PNF investigó cargos de homicidio contra Jonel Nuezca por la muerte a tiros de dos sospechosos de tráfico de drogas durante una operación de compra. El caso contra Nuezca fue desestimado. Según el IAS, Nuezca, que formaba parte del equipo de apoyo, no estaba cerca del lugar de los hechos.

En 2018 se presentaron acusaciones similares, esta vez por la muerte de un único sospechoso de narcotráfico. La policía afirmaba que el fallecido se había enzarzado en un tiroteo con los agentes. Nuezca era uno de los tres policías implicados. El portavoz del IAS dijo a la prensa que no habían podido determinar «quién de los tres policías era responsable de la muerte del sospechoso». El caso fue sobreseído.

A última hora de la noche del 21 de diciembre, el presidente abordó en la televisión nacional los asesinatos de Sonya y Frank Anthony Gregorio.

«Este policía es un caso aislado –dijo el presidente Duterte sobre Nuezca–. Está mal de la cabeza. Loco».

La actuación del Gobierno en materia de rendición de cuentas continuó durante los días posteriores. La Oficina Regional 3 de la Policía, que supervisa la provincia de Tarlac, publicó un videoclip recortado y muy editado con el siguiente subtítulo: «Nunca toleramos: director de la Oficina Regional 3 de la Policía, general de brigada de la Policía Valeriano T. de Leon [dando] una paliza a Nuezca por su acto inaceptable para todos».

La «paliza» era un sermón a Nuezca sobre su incapacidad para controlar su temperamento. «¿No te enseñaron a practicar la respiración profunda?». El jefe de policía vestía uniforme de diario y estaba sentado con la espalda recta, frente a un Nuezca esposado y debidamente arrepentido.

«Señor, admito, señor, mi error –dijo Nuezca–. Me dejé llevar por un exceso de emociones. Me arrepiento de lo que hice, señor. Me arrepiento mucho. En primer lugar, por mi familia, señor».

El general de brigada De Leon informó a Nuezca de que iba a ser apartado del servicio. Había «arrastrado a toda la organización». Había matado «como un perro». Lo iban a procesar.

«A excepción de las bandas de narcotraficantes, todo el mundo está furioso contigo –pontificó De Leon–. Eso es lo que deberías lamentar. Nadie está de tu parte después de lo que hiciste. Por eso, vas a tener que rezar mucho. La gente está realmente enfadada contigo».

En general, el frente unido del Gobierno nacional y sus milicias armadas consiguió redibujar la larga línea azul. Al igual que en otros casos en los que los hechos y la opinión pública se inclinaban, vacilantes, a favor de las víctimas, el Gobierno no tardó en considerar al agente de policía que había actuado mal como la excepción en las filas de los hombres y mujeres cuyo deber era servir y proteger. Ciertamente, hubo fallos en el relato. Una patrullera escribió un post en Facebook defendiendo los asesinatos: «Puedes maltratarme, pero no te atrevas a gritarle a mi hijo». Un jefe de policía de Catanduanes, que enseguida fue reasignado, afirmó que incluso las mujeres mayores debían mostrar respeto a los agentes de policía. El portavoz de la PNF, en una rueda de prensa, dijo que, aunque la policía respetaba todas las acusaciones hechas contra Nuezca, esperaba que el público fuera «justo y equitativo y preste atención a los actos heroicos [de la policía], por encima de este caso particular de Nuezca».

El sargento Jonel Nuezca, veterano de la policía, que a lo largo de su carrera había sido investigado y absuelto de diversos cargos, fue despojado de su placa y rango. Según la versión del Gobierno, no era un policía, sino un loco.

«Policías cabronazos, os quiero a todos porque hacéis vuestro trabajo, habéis visto cuánto os quiero [...] pero vosotros, enfermos, lunáticos enloquecidos... Estoy seguro de que a estas alturas no se le debería permitir salir porque eso fue un doble asesinato –afirmó el presidente Duterte durante su discurso público semanal–. No creo que puedas librarte del rigor de la justicia porque fue captado por la televisión, incluso yo me quedé pasmado. Eres un inútil. Fue injusto y brutal. A la cárcel con él. No dejen ir a ese demonio».

Sería mejor, añadió, que cocieran vivo a Nuezca.

En Paniqui, Tarlac, Florentino Gregorio, marido de Sonya y padre de Frank Anthony, se puso ante una cámara de ABS-CBN.

«Es algo grande –respondió Florentino–. Sobre todo porque ha sido nuestro presidente. Agradezco al presidente Duterte su preocupación por nuestra familia. Significa mucho para nosotros».

Dos días antes de Navidad, fuimos a Tarlac. Fue un viaje de tres horas por la autopista de Luzón Norte, pasando por peajes y kilómetros de plantaciones de azúcar. La pandemia no había reducido el tráfico navideño. El aparcamiento del área de descanso estaba abarrotado de furgonetas atestadas y familias con mascarillas que entraban en Starbucks al son de «O Come, All Ye Faithful».

La difunta presidenta Corazón Aquino había nacido en el municipio de primera clase de Paniqui, en Tarlac, que también fue uno de los únicos que se opusieron a Duterte en las elecciones de 2016. Paniqui era, en gran medida, próspero. Sonya Gregorio, de soltera Rufino, era hija de un aparcero al que la ley de reforma agraria concedió tierras. Sonya, uno de los dos hermanos que terminaron la universidad, conoció a Florentino Gregorio a principios de los años noventa en Gran Manila. Ella era profesora en la Universidad Normal de Filipinas. Él trabajaba como repartidor de agua.

Era guapa, dijo, tanto que decidió no cobrarle por los repartos. «Me debes tanto que a lo mejor quieres pagar con una cita», decía riendo.

Se casaron en 1991. Ella le llamaba Pa cuando estaba contenta y Florentino cuando no. A él le gustaba que fuera inteligente, dura y que nunca se quejara cuando las cosas no salían como ella quería. Cuando él se fue a trabajar al extranjero, ella crio a sus hijos. Él quería una vida más tranquila fuera de la ciudad cuando volviera a casa. La familia se mudó a Paniqui, donde había sitio en la propiedad de los Rufino. Florentino conducía volquetes. Sonya enseñaba en la escuela. Criaron a siete hijos, y compraron una parcela después de que varios de ellos se mudaran y se casaran. La pandemia, y los estragos que causó en el trabajo diario, brindaron a la familia la oportunidad de empezar a construir un nuevo hogar.

Cuando llegamos, la casa, con su tejado de chapa a dos aguas, se alzaba alta e inacabada sobre una gran extensión de césped. En uno de los postes, alguien había pegado el logotipo redondo y azul de la Asociación de Conductores de Camiones de Tarlac. Había periodistas con cámaras. Los dolientes, muchos de ellos familiares y habitantes de la ciudad, se arremolinaban bajo las tiendas de lona que había prestado el gobierno local. Coronas fúnebres en altos soportes rodeaban el porche elevado, con brillantes cintas blancas con los nombres de los remitentes escritos en letra de imprenta con rotuladores negros y dorados. Muchas procedían del alto mando de la PNF. PÉSAME DEL GENERAL DE POLICÍA DEBOLD SINAS. PÉSAME DEL DIRECTOR REGIONAL DE POLICÍA DE LA REGIÓN 3 Y SU PERSONAL. PÉSAME DEL CORONEL DE POLICÍA RENANTE C. CABICO, DIRECTOR DE LA OFICINA PROVINCIAL DE POLICÍA DE TARLAC. PÉSAME DE LOS OFICIALES, HOMBRES Y MUJERES DE LA COMISARÍA DE POLICÍA MUNICIPAL DE PANIQUI. Había flores de senadores, de congresistas, del ministro del Interior, del gobernador de Tarlac, de miembros de la junta provincial y de unos cuantos concejales de la ciudad de Paniqui.

Estaba en el porche con un grupo de fotógrafos cuando Raffy Lerma me tocó en el hombro. Medio metro por debajo de nosotros, donde el césped daba paso a la tierra, un joven de unos veinte años estaba agachado sobre un par de velas que se habían agitado con la brisa.

–¿Me prestas el mechero? –me preguntó. Señaló el Bic azul brillante que sobresalía de mi bolsillo. Se lo entregué–. Mamá me matará si dejo que la vela se apague –dijo con una leve sonrisa. Una mancha de sangre oscura aún se veía en la base de la pared de cemento.

–¿Cómo te llamas? –le pregunté.

–Luis –dijo–. El hijo menor.

Sonaron media docena de obturadores.

La hilera de enormes coronas funerarias serpenteaba por los escalones de la entrada hasta llegar al salón, donde la mujer de Anton permanecía sentada, quieta y callada. Los ataúdes se alineaban en las paredes sin pintar. A pesar de las capas de maquillaje, todavía se veía la estrella blanca en la frente de Anton. Un extravagante arreglo floral del presidente Rodrigo Duterte ocupaba el lugar de honor entre los dos ataúdes. Cada uno estaba decorado con una gran pegatina de colores a la vista de todos los dolientes y de la media docena de cámaras que entraban y salían de la diminuta sala: PÉSAME DEL ALCALDE MAX ROXAS; VICEALCALDESA BIEN ROXAS.

La señalización política no es rara en Filipinas. Las felicitaciones de graduación y los saludos navideños en pancartas de lona son habituales en las fiestas. En las carpas de plástico –como las que se alquilan para velatorios, programas de alimentación y bodas multitudinarias– se imprimen habitualmente los rostros de los funcionarios de turno. En mi ciudad hay aceras embaldosadas con las iniciales del alcalde. Sin embargo, esta era la primera vez que alguno de nosotros veía la compasión del Gobierno anunciada en la tapa de un ataúd.

Era Florentino Gregorio, el marido de Sonya, quien recibía a los visitantes que venían a presentar sus respetos. Era el tipo de hombre, presente en todas las familias filipinas, que se contentaba con sentarse tranquilamente en las comidas familiares y ofrecer sonrisas alentadoras mientras su mujer era el centro de atención. Yo no era su primera entrevista. Ya estaba agotado cuando nos sentamos una frente al otro, a un metro de distancia, con el ataúd de su hijo a mi espalda y el de su mujer detrás.

Las entrevistas con personas traumatizadas son difíciles de por sí, pero durante la pandemia llegaron hasta lo macabro, sin la intimidad que a veces puede surgir entre un reportero y su entrevistado. «Créame», hubiera querido decirle, pero habría sido una rara garantía viniendo de una extraña enmascarada con una grabadora sujeta al extremo de un palo selfi prestado de un metro. Le pregunté por su mujer. Cómo se conocieron. Cómo se enamoraron. Cómo le despertaba todos los días antes del amanecer después de cargar la lavadora para la que la familia había ahorrado tanto. Cómo preparaba café –«siempre dos tazas, y nos íbamos a la terraza, sobre las tres de la madrugada, los dos solos»– y cómo hablaban, de la casa, de los niños, de las plantas que ella cultivaba en macetas de plástico.

«Cuando sabía que yo tenía un viaje fuera, me decía: "Pa,

tráeme plantas para casa" –me contó, con los ojos enrojecidos–. Así que le traía plantas. Guijarros para el jardín. Cualquier cosa que quisiera».

A veces era tierra de jardín lo que ella quería, y él traía sacos a Paniqui, desde Pangasinan.

–Muy bien –le decía ella. Era lo que decía cuando estaba contenta, un recuerdo de sus tiempos como maestra de escuela–. Has estado muy bien.

–¿Me dan un premio? –preguntaba él.

–Sí. –Su premio solía ser un beso.

Sus ojos mostraron arrugas sobre la mascarilla azul. Yo me reí. Él se rio. Entonces se oyeron gritos. Un policía, asignado a la familia, entró en el salón llevando en brazos a una niña.

Florentino se levantó de un salto.

–Es mi nieta. –Su voz se quebró de pánico–. ¿Qué ha pasado?

–Se desmayó fuera –dijo el policía.

La enemistad entre los Gregorio y los Nuezca había comenzado como una disputa en torno a una propiedad. La hermana de Sonya, Mary Rose, una anciana que vivía en otra ciudad, había convencido a su hermana menor para que vendiera un pequeño terreno en su nombre. Sonya se lo vendió a los Nuezca.

Hubo un intercambio de dinero, pero luego el trato se torció. Hubo una disputa sobre el derecho de paso. La contienda fue a más. Hubo problemas con el título de propiedad, acusaciones de mala fe, una afirmación, posteriormente desmentida, de que la propiedad estaba embargada, un caso de fraude presentado ante los tribunales y la decisión de un juez, según Mary Rose, en favor de los Gregorio. La relación entre las dos familias había llegado al punto de tener que llamar a la policía al menos una vez, debido, según los Gregorio, a la intimidación de Jonel Nuezca.

Cuando sonó el teléfono de Florentino el 20 de diciembre, todavía estaba en la carretera, en Binalonan, volviendo a Paniqui después de hacer una entrega. Había muy poca información. Solo le dijeron que habían disparado a Anton.

Nunca le dijeron que a Sonya también le habían disparado.

La noticia saltó a los titulares de todo el mundo. *The Washington Post* informó de que los asesinatos «arrojan una nueva y cruda luz sobre el desenfrenado abuso de autoridad por parte de la policía del presidente Rodrigo Duterte». *The New York Times* describió la «oleada de indignación dirigida contra el Gobierno y unas fuerzas policiales que, según muchos, actúan con impunidad». La senadora Leila de Lima, encarcelada por acusaciones espurias de tráfico de drogas, denunció el asesinato «estilo ejecución»: «¡Debido a las declaraciones asesinas de Duterte y a su incitación a matar, la policía mata a la más mínima provocación!». Las organizaciones de derechos humanos que el presidente denunciaba tan alegremente hicieron sus declaraciones: «Al igual que muchos incidentes de violencia política recientes, el asesinato por parte de Nuezca de Sonya Gregorio y su hijo Frank fue descarado y pone de relieve la impunidad que impera en Filipinas –declaró Phil Robertson, subdirector para Asia de Human Rights Watch–. Tuvo lugar en el contexto de un entorno propicio para la violencia policial que el propio presidente Duterte ha apoyado».

En el césped de la casa de los Gregorio hablé con Mark, el hijo mayor de Sonya. Ante el avance de un ejército de periodistas, la familia había designado portavoz a Mark, un cajero de una tienda de ultramarinos de veintinueve años. Para entonces, el Gobierno había enviado tropas para proteger la propiedad de los Gregorio. El Departamento de Bienestar Social ofrecía terapia a los aterrorizados jóvenes testigos. Tranquilizaron a Mark, que al presentar cargos no se sentía seguro rodeado de policías que llevaban el mismo uniforme que el hombre que había asesinado a su madre y hermano. Uno de los uniformados se había inclinado para hablar con él: «No te preocupes, no te defraudaremos», dijo el policía.

–Hay quien dice que esto es culpa del presidente –dije yo–. Dicen que hay muchos muertos, y que eso se debe a una cultura de impunidad.

–No, no –contestó Mark con rotundidad–. No, no podemos culpar a todo el mundo. Por muy grande que sea tu liderazgo, si tus miembros son malos, o lo son tus subordinados, entonces no importa. No depende de la gente de arriba, de las altas esferas. En todas partes, todas las organizaciones son así. No puedes culpar al jefe, al presidente o a quienquiera que dirija la empresa, porque todo depende de los subordinados.

Cuando Mark se fue a hablar con su padre, un joven fotógrafo sentado a mi lado puso los ojos en blanco.

–No me puedo creer que haya dicho eso.

–Silencio –espeté–. Aquí no.

Una semana después de los asesinatos, volví a Tarlac para asistir al funeral. Muchos de los medios de comunicación nacionales nos agrupábamos en el césped. Los hijos y nietos de los Gregorio estaban sentados a largas mesas de plástico. Un destacamento de protección vestido de camuflaje acampaba junto al porche de un vecino. Parientes lejanos, hasta entonces desconocidos para la familia, observaban desde la periferia. Conocí a tres: un policía jubilado, un funcionario del Gobierno y un conductor de triciclo, que habían descubierto la conexión familiar en un chat de grupo.

«Lo que nos pasó fue terrible», dijo uno, sacudiendo la cabeza. «A nosotros también nos hicieron fotos», dijo otro.

Decenas de hombres y mujeres abarrotaban el césped. Muchos de ellos sostenían teléfonos móviles para grabar vídeos y hacerse selfis. Todos iban vestidos de forma parecida al uniforme oficial de patrulla policial: radios portátiles enganchadas al cinturón, pantalones negros y camisas de manga corta de un vivo tono de azul con letras amarillas. De hecho, no eran policías, sino fuerzas de apoyo, voluntarios acreditados por la PNF. La mayoría habían conducido media hora desde la vecina Nueva Écija. El grupo se hacía llamar Movimiento de Línea Directa de Filipinas (PHMI, por sus siglas en inglés). «Línea directa» era quizá un término equivocado: «En realidad no tenemos una línea directa». Uno de los miembros, una mujer, dirigía al grupo en una oración en voz alta e imploraba a Dios que concediera sabiduría a su pueblo.

No estaba claro por qué los PHMI habían aparecido de repente en el húmedo césped de la casa de los Gregorio. Algunos dijeron que estaban allí para acompañar a la familia en su duelo. Otros afirmaron que el padre y el hijo de los Gregorio eran miembros. Unos terceros dijeron que un primo, una tía o una abuela formaba parte de la organización.

«Estamos asociados con la policía –me dijo su secretaria regional, Risa Ramos–. Nuestro lema principal es "Juntos podemos acabar con la delincuencia". Y nos unimos a la policía para vigilar y denunciar. Esa es nuestra labor principal en la Línea Directa de la Policía».

El convoy de dos kilómetros hasta el cementerio comenzó poco antes de las nueve de la mañana. Los PHMI formaban una línea en el camino embarrado que conducía a los coches fúnebres.

–Parecen idiotas –me dijo Vincent Go cuando le acompañaba en su coche al cementerio–. Es lo que pasa con los filipinos. Se ponen un uniforme y de repente se creen reyes. Incluso durante la pandemia, hasta en los pueblos, aunque solo sean guardias de seguridad. Están tan orgullosos de sus trajes, sus chalecos, que algo cambia dentro de ellos. Imbéciles despistados que creen que están haciendo cumplir la ley, pero en realidad no tienen ni puta idea de lo que están haciendo.

–No son polis –dije yo.

–Ya, solo son imbéciles.

Aparcamos frente al Jardín de los Ángeles de Paniqui. Era un recinto enorme. El cartel de lona de la entrada anunciaba un 20 por ciento de descuento en la parcela de sepultura para quien pagara en efectivo en el acto.

Le conté a Vincent lo de mi entrevista. La familia, le dije, no creía que el presidente fuera responsable en modo alguno.

–Son el ejemplo perfecto de gente que no ve el panorama completo –me respondió Vincent–. No tienen ni idea de cómo hemos llegado a esto. Son personas corrientes que no han visto lo que nosotros hemos visto estos últimos cuatro años, todos esos muertos, todas las historias, la angustia de todas las familias que han quedado atrás. Esta familia probablemente obtendrá justicia y quedarán satisfechos. ¿Y los más de treinta mil que siguen buscando la verdad? ¿Cuándo encontrarán ellos la paz?

A las puertas del cementerio, un puñado de policías con uniforme de faena custodiaban la entrada.

«¿De verdad necesitan chalecos antibalas y bandoleras? –murmuró un fotógrafo a mi lado–. ¿Hay una guerra?».

Los ataúdes se colocaron bajo un gran pabellón provisional. Una alfombra verde de hierba artificial rodeaba las dos tumbas abiertas. La carpa estaba abarrotada. La familia rodeaba los ataúdes, los periodistas rodeaban a la familia, los policías rodeaban a los periodistas, mientras que una multitud de curiosos, con sus teléfonos móviles en alto, rodeaban todo aquel tumulto. Una anciana se lamentaba, golpeando el aire con el puño, sobre el ataúd abierto de Sonya Gregorio. Los hijos de Sonya rompieron a sollozar, uno tras otro, mientras un Florentino Gregorio con los ojos enrojecidos, llevando aún una mascarilla, cogía a un niño, y luego a otro, entre sus grandes brazos. Los obturadores chasqueaban, las cámaras rodaban, la masa humana se apretujaba en torno a la familia Gregorio.

–Por favor –suplicó Mark entre lágrimas–. Por favor, echaos atrás.

En ese momento, yo estaba al margen, intentando mantener un par de metros de distancia del resto del grupo, incapaz de evitar adelantarme cada pocos minutos para sostener una grabadora en los huecos entre los hombros de los cámaras. Me aparté cuando Mark lo pidió, pero no puedo fingir ningún tipo de superioridad moral. Comprendí que estábamos allí sin invitación y que la familia tenía derecho a guardar luto en silencio, pero mi sentimiento de culpa al cubrir el tumultuoso duelo del 27 de diciembre era también el resultado del terror al coronavirus. En otras circunstancias, sin pandemia y con un documental que producir, yo misma podría haber estado en la aglomeración, manejando una Panasonic AF100 mientras la familia suplicaba a los medios que se retiraran.

«Ya tienen sus imágenes –dijo el comandante de la policía a los medios–. Por favor, retrocedan».

No volví a meterme. Había tantas cámaras grabando imágenes que, estaba segura, se publicarían en internet en cuestión de horas. Me podía permitir alejarme y anotar el hecho de que las coronas, dispuestas con tanto esmero en el exterior de la casa de Gregorio, habían sido arrojadas al césped del cementerio sin tener en cuenta la importancia de quien las envió.

Oí la voz de un hombre que gritaba: «¡Justicia para Sonya y Frank Anthony!».

«¡Justicia!», respondió un coro de voces.

En el césped del cementerio, justo detrás de los ataúdes, los hombres y mujeres del PHMI se habían reunido en semicírculo. Dos cámaras se separaron del grupo y se unieron a mí mientras cruzaba la hierba húmeda para observar.

El hombre que dirigía la animación llevaba la camiseta azul brillante del PHMI. Era un tipo pequeño, con un teléfono móvil en la mano, y hacía panorámicas de un lado a otro para grabar un vídeo que, según descubrí más tarde, se estaba emitiendo en directo a través de Facebook. Se volvió hacia nosotros, con nuestros objetivos y cámaras, sonrió y levantó un dedo en señal de pregunta: «¿Una vez más?».

Pareció haber obtenido la respuesta que quería. Se volvió hacia las personas que gritaban, y ahora esperaban, levantó un brazo como un director de orquesta y volvió a gritar.

«¡Justicia para Sonya y Frank Anthony!».

«¡Justicia!», rugieron los voluntarios.

Lo hizo dos o tres veces más, mientras algunos miembros de la familia Gregorio salían cojeando de la tienda para alejarse de las tumbas recientes.

Se presentó como Ronjie Daquigan, concejal de la localidad de Gerona, presidente de la Asociación de Medios de Comunicación de Tarlac, presidente de la editorial Prime Alliance, redactor jefe de Ronda News y «reportero de Filipinas». Era el mismo Ronjie Daquigan que había difundido el vídeo grabado con un teléfono móvil del asesinato de los Gregorio en su página de Facebook.

Daquigan era un orgulloso miembro del PHMI. Sus funciones, entre otras muchas, incluían la paz y el orden, la seguridad, la asistencia al tráfico, la vigilancia y las operaciones de rescate. Tenían grandes planes, entre ellos buscar justicia para Frank Anthony y Sonya Gregorio.

–Llamaremos al grupo «Justicia para Nanay Sonya, Justicia para Frank Anthony y Justicia para Todos» –me dijo–. No es solo por Nanay Sonya y Frank, sino por las muchas otras víctimas de crímenes brutales que están ocurriendo pero que no salen a la luz como este, que lo hizo gracias a un vídeo viral.

Le pregunté qué tenía que decir el PHMI sobre el hecho de que un policía hubiera matado a los Gregorio.

–En este incidente, por lo que yo sé, la culpa fue solo de un impulso rápido de este policía, que cometió un error –dijo una mujer que se presentó como directora regional del PHMI.

–¿Solo este policía?

–Sí, solo este policía.

–¿El Gobierno no tiene la culpa en este caso?

–No, ninguna, ninguna en absoluto.

Frank Anthony Gregorio cometió una infracción menor. Las órdenes que prohibían el uso de petardos autorizaban a la policía a efectuar detenciones, aunque la infracción de Anton era del tipo que suele resolverse con una advertencia y, a veces, una multa. Al fin y al cabo, se trataba de un petardo casero lanzado en medio de un descampado dentro de una propiedad privada días antes de Año Nuevo, pero Jonel Nuezca decidió que era un delito, y Jonel Nuezca tenía la ley de su parte. Anton estaba desafiante. Su madre también.

El 3 de diciembre de 2020, tres semanas antes de sus asesinatos, el presidente Rodrigo Duterte había pronunciado un discurso en el que se congratulaba de la labor de la policía. Ningún policía debería tener miedo de matar en defensa propia, dijo. «Pero si no estás seguro o sospechas que desenfundarán primero, mátalos y acaba de una vez. Un idiota menos en este mundo». Fue una nueva enumeración de los grandes éxitos del presidente: las drogas destruyen a la juventud, todo traficante está armado, los derechos humanos son para los débiles, los policías son el último baluarte contra el crimen.

«Se lo digo a las fuerzas del orden, al personal uniformado: cumplid con vuestro deber –ordenó el presidente Duterte–. Hacedlo de acuerdo con la ley, pero estad alerta y sed prudentes. Si cometen un error, disparadles».

El sargento Jonel Nuezca, al matar a ambos de un disparo, había seguido las órdenes de su comandante en jefe.

Esto es lo que creo que habría pasado si no hubiera habido grabación. Creo que Jonel Nuezca habría convocado a sus colegas de azul. Creo que habría afirmado que el joven Anton, probablemente borracho, posiblemente drogado, se había resistido al intentar detenerlo. Creo que Nuezca habría dicho que Sonya Gregorio se había interpuesto. Creo que en el césped de los Gregorio no habría habido los anturios blancos enviados por el alto mando de la Policía Nacional Filipina. Creo que cualquier investigación que se hubiera llevado a cabo, si es que se hubiese realizado alguna, habría exculpado a Jonel Nuezca, como ya se le había exculpado dos veces antes. No creo que Su Excelencia el Presidente Rodrigo Duterte hubiera hecho la misma promesa de justicia para la familia. Creo que los asesinatos en el césped de una casa inacabada en Paniqui habrían sido una historia más de la que se habrían hecho eco los medios de comunicación locales y, aunque probablemente yo habría dudado de la versión oficial, si es que me hubiera enterado de ella, no se me habría ocurrido dejar la relativa seguridad de mi estudio en la arbolada Ciudad Quezon para ponerme una mascarilla KN-95 y conducir tres horas hasta Tarlac dos días antes de Navidad para preguntarle a un hombre lloroso cómo le gustaba el café a su esposa muerta.

–Os odian, ¿sabes? –me dijo un periodista por cuenta propia más tarde, ese mismo día.

–¿Nos odian?

–Los otros medios. Odian a los del turno de noche. Piensan que sois unos imbéciles santurrones.

Me encogí de hombros. Estábamos fumando junto a un centro comercial a medio camino entre Manila y Tarlac. Un periodista echaba humo y arremetía contra el supuesto apoyo de la familia al Gobierno de Duterte. Circulaba el rumor, no verificado, de que los Gregorio habían levantado el puño en señal de saludo a Duterte.

Los que seguíamos a los muertos podíamos permitirnos lamentar, como hizo Vincent, la incapacidad de la familia para «ver la imagen global». Era fácil seguir el desfile de ataúdes e imaginar estas dos últimas muertes como inevitables, la consecuencia natural de la retórica violenta desde arriba y la impunidad al por mayor desde abajo. Pero si se eliminasen los micrófonos, los comentarios en Twitter y la hilera de voluntarios con camisas azules, lo único que quedaría sería una familia que, un domingo por la tarde, vio cómo le arrebataban a su madre y a su hermano. Si ampliamos un poco el marco, habría estado yo, sentada en una silla de plástico en el jardín de los Gregorio, preguntando a Mark Gregorio, a seis metros del ataúd de su madre, a quién había votado en las elecciones de 2016. La historia se habría convertido en lo siguiente: una familia de luto, con unos aguerridos medios de comunicación que buscan convertir en símbolo una tragedia personal. Podía quejarme, enfurecerme y lamentarme, pero en último término yo era la persona que miraba desde fuera, buscando apoyar el peso de la democracia sobre los hombros de una familia afligida. Ellos tenían a sus muertos. Yo tenía mi culpa.

En la primera semana de enero de 2021, Jonel Nuezca compareció ante el juez acusado de asesinato.

Se declaró inocente.

Volvió a la cárcel en espera del juicio, y fue condenado ocho meses después. El 30 de noviembre de 2021, casi un año después del incidente de Paniqui, Jonel Nuezca, expolicía, fue declarado muerto en el hospital de la prisión de New Bilibid a las 18.44. Según la Oficina Penitenciaria, estaba paseando con un compañero de celda cuando cayó al suelo inconsciente.

Aunque Nuezca no era el primer recluso de posición destacada durante el mandato de Duterte que moría en circunstancias supuestamente cuestionables, un informe preliminar de la Oficina Nacional de Investigación «indica que Nuezca murió de un paro cardiaco». El portavoz de la Oficina Penitenciaria señaló que no había signos de tortura o violencia. Nuezca, dijo, no tenía enemigos, y no se registraron incidentes sospechosos antes de su muerte.

«Pero para quienes se preguntan si hubo acciones ilegales, basándonos en nuestra investigación inicial y en el interrogatorio de sus compañeros de prisión, su muerte apunta a causas naturales», dijo el portavoz.

No puedo precisar con la mínima certeza el verdadero conteo de la guerra de Rodrigo Duterte contra las drogas. Las cifras no pueden describir el coste humano de esta guerra, ni medir adecuadamente lo que ocurre cuando la libertad individual deja paso a la brutalidad del Estado. Incluso la estimación más alta –más de treinta mil muertos– es probablemente insuficiente.

Cuando la intención es mentir, los números pueden ser extraordinarios mentirosos. Ni siquiera los organismos gubernamentales se ponen de acuerdo sobre el número de personas muertas por la policía en supuestas operaciones antidroga. El

Directorio de Operaciones de la PNF cifró esas muertes en 7.884 en agosto de 2020. La oficina de comunicación del Gobierno, rebajó el total a 6.252 en mayo de 2022, dos años después. La última de las cifras de MBI se publicó en 2019, pero el número no tiene sentido para determinar las muertes relacionadas con las drogas, ya que se confunde con todas las variantes posibles de homicidio.

La verdad es, casi con toda seguridad, mucho peor. Un estudio del Stabile Center for Investigative Journalism de la Universidad de Columbia estimó que las cifras del Gobierno «subestimaban de manera flagrante los asesinatos relacionados con las drogas en Filipinas». El Tribunal Supremo exigió todos los documentos sobre «el total de 20.322 muertes durante la guerra antidroga de la administración Duterte». El presidente de la Comisión de Derechos Humanos, Chito Gascon, dijo que el número de muertes relacionadas con las drogas podría llegar «a las 27.000». La fiscal del Tribunal Penal Internacional, Fatou Bensouda, afirmó que se cometieron «entre 12.000 y al menos 20.000 homicidios» en relación con la guerra contra las drogas.

«Infundados e hinchados», dijo el ministro de Interior. «Intentos de propaganda», dijo un portavoz de la PNF. Cuando el Gobierno lanzó su campaña «Cifras reales», su intención era «aclarar las cifras confusas y conflictivas». Un subsecretario se quejó de la información «obviamente falsa» difundida por la comunidad internacional. «Estamos aquí porque nos están haciendo tragar una determinada historia, ¿no?».

«Nuestro único llamamiento [a los medios de comunicación] es que sean justos –dijo el jefe de la PNF, Dela Rosa–. No inflen demasiado los datos. No describan nuestra guerra contra las drogas como algo malvado».

Cuando Dela Rosa se jubiló, le pregunté si creía que la guerra contra la droga que él había supervisado había tenido éxito. Me respondió que era la gratitud de la gente lo que le garantizaba que lo había sido. Le daban las gracias, dijo, le abrazaban, y a veces lloraban, de lo agradecidos que estaban. «Las masas filipinas han aprendido a querer a sus policías [...]. Quieren y respetan a su fuerza policial, confían en ella».

Los agentes de policía siempre utilizan una frase cuando se ponen a presumir de sus proezas sobre el terreno. También es una frase que aparece en cierto tipo de informe policial. En cada uno de ellos, el sospechoso es abatido por la policía en supuestos tiroteos o después de que se vuelva, supuestamente, una amenaza. El sospechoso es descubierto muerto, o casi muerto, pero ese descubrimiento solo se produce después de que «se disipe el humo de los disparos». En Binondo, por ejemplo, «cuando se disipó el humo del tiroteo» dos sospechosos fueron «vistos tendidos sin vida en el interior de las habitaciones de la pequeña casa». En Santa Cruz, «cuando se disipó el humo de los disparos», la policía informó de que el sujeto «yacía en el pavimento de cemento mortalmente herido». Lo mismo ocurrió con un hombre en Tondo, hallado muerto justo después de que «se disipara el humo del tiroteo», y también en Jose Abad Santos, donde se halló a otro sujeto tendido en otra acera de cemento, muerto por heridas de bala, «después de que se disipara el humo de los disparos».

Es una frase florida, más bien barroca, que difumina la línea entre los hechos reales y la hipérbole dramática. Al fin y al cabo, no sale ninguna nube de humo de un Colt del calibre 45 moderno después de un disparo, y menos aún para ocultar el cadáver de un hombre adulto. Aun así, las palabras se escriben y se archivan, se registran como entradas para el registro oficial, como fue el caso de diez informes policiales firmados por varios investigadores de homicidios de la Subdivisión de Investigación Criminal del Distrito Policial de Manila.

La matanza disfrazada de lenguaje burocrático embota los sentidos, y con el tiempo puede anestesiar a toda una población ante el horror que está ocurriendo en el mismo lugar donde vive. La realidad objetiva se desvanece con cada sucesivo informe gubernamental. Los muertos perecen, una vez más, en la no existencia.

«Solo» es un calificativo, y la forma en que lo utiliza el Gobierno de Duterte pretende ser una disminución. Tomemos, por ejemplo, la respuesta ofrecida por el portavoz de la PNF, Benigno Durana, Jr., en el foro Cifras Reales de 2018, cuando la policía admitía haber matado a 4.410 sospechosos de narcotráfico, una media de seis sospechosos muertos cada día por la policía. El problema, dijo, era que «los sospechosos de narcotráfico pueden estar fuertemente armados y locos por las drogas», y no se podía esperar que la policía «dé su vida por estos delincuentes».

«Pero somos muy sensibles –dijo Durana–, y escuchamos activamente las sugerencias, comentarios e incluso críticas de algunos sectores en nuestra campaña contra las drogas ilegales». Por eso, afirmó Durana, los asesinatos a manos de la policía descendieron ese año: de una media de 105 muertos a la semana se pasó a 69, hasta llegar a la media reciente de 23 muertes semanales, «solo veintitrés muertos de media».

Aplaudamos su sensibilidad. Ensalcemos su moderación. Solo seis mil o siete mil han muerto. Solo dos mil de treinta mil tienen que ver con las drogas. Solo 23 de 105 posibles han sido abatidos por la policía. Son números en una pizarra, logros en una lista de control, solo criminales, no del todo humanos. Es cuando un Gobierno puede añadir «solo» a cualquier número de muertes cuando es posible comprender lo que se ha perdido.

Para Normita Lopez, madre de nueve hijos, «solo» no es una reducción. Djastin no es su único hijo, pero el hijo que perdió era su único Djastin, el niño al que llevó a través de una inundación, el muchacho al que mató la policía, el muchacho al que describirá como su hijo más querido.

El 15 de septiembre de 2021, el Tribunal Penal Internacional autorizó el inicio de una investigación sobre la campaña contra las drogas ilegales, y llegó a la conclusión de que había base razonable para proceder, «en el sentido de que parece haberse cometido el crimen contra la humanidad de asesinato».

La decisión, firmada por el juez presidente Péter Kovács, la jueza Reine Alapini-Gansou y la jueza María del Socorro Flores Liera, señalaba que «el presidente Rodrigo Duterte ha alentado públicamente las ejecuciones extrajudiciales de un modo incompatible con una auténtica operación de aplicación de la ley».

«Me gustaría reiterar mi declaración –dijo Duterte en marzo de 2023–. Vosotros, hijos de puta del TPI, no me importáis. ¿Sabéis por qué? Al principio de mi presidencia, si es que estabais escuchando, [dije] que pondría en juego mi nombre, mi honor y la propia presidencia».

No sé cuántas vidas más habrán quedado sin vivir, como la de Djastin, pero Normita vive, y le recordará. La verdad de las cifras puede perderse en las mentiras oficiales, puede estar mal confirmada, mal certificada y mal impresa en los relatos históricos, pero esa verdad no es incognoscible, sino solo desconocida, ahora, hoy. No obstante, es la verdad. Y la verdad sobrevivirá a los asesinos. Será recordada y contada de nuevo. El humo de las armas de fuego se desvanecerá, y algún día, dentro de una generación, de dos generaciones, habrá una falange de hombres y mujeres que se levantarán para ser contados, que alzarán la mano, que dirán, para que conste: «Ellos también mataron a mi familia».

TERCERA PARTE

RÉQUIEM

13

ACTOS DE CONTRICIÓN

Jason Quizon había reservado un vuelo de Abu Dabi a Doha para votar a Rodrigo Duterte en la embajada de ese país. Era liberal y ateo, un ingeniero con valores progresistas y un defensor del pensamiento racional que había trabajado toda su vida para conseguir el bienestar del que ahora disfruta su familia. El lenguaje de Duterte no molestaba a Jason. Duterte hablaba como un borracho, como el padre de Jason después de una noche bebiendo cerveza Red Horse. Dejemos que Duterte amenace. Que parlotee. Todo eso no era más que forraje para las masas crédulas. Lo que le gustaba a Jason era que Rodrigo Duterte fuese un hombre de acción.

Jason no se arrepintió de su voto cuando empezaron a caer los cadáveres. No pasaba nada, se decía. Era una guerra contra las drogas.

Un día, al principio de esa guerra, Jason vio una foto. No pudo evitar verla, porque casi todo el mundo lo hizo. Era la imagen de una mujer descalza, con un tatuaje en el hombro derecho, sentada en un cruce de carreteras mientras acunaba el cadáver de un hombre entre las piernas. Un trozo de cartón con una sola palabra escrita a mano –CAMELLO– yacía olvidado sobre el asfalto.

El autor de la foto era Raffy Lerma. «Una llorosa Jennelyn Olaires abraza a su compañero, Michael Siaron, de treinta años, conductor de bicitaxi y presunto traficante de drogas, muerto a tiros por pistoleros en motocicleta cerca de la rotonda de Pásay, en Edsa. Fue uno de los seis asesinados ayer en incidentes relacionados con drogas en Pásay y Manila».

En los días, semanas y meses siguientes, la imagen se convirtió en un símbolo de la guerra contra las drogas de Duterte. Adquirió su propio título, *La Pietà*, porque recordaba a la escultura de mármol de Miguel Ángel de la Santísima Virgen María acunando el cuerpo inerte de Cristo. La foto llegó al timeline de Jason en las redes sociales: el hombre muerto, la familia llorando y la mujer gritando que su pareja no era culpable, en absoluto. Jason dice que es una foto impactante, pero no se creyó la historia. Los llamaba «esa clase de gente». La clase más pobre, los okupas, los irracionales e irreflexivos, «la clase de gente que uno piensa que se droga».

Un día, Jason vio otra historia. Tampoco pudo evitar ver el vídeo, porque casi todo el mundo lo vio. El chico muerto era un estudiante de diecisiete años de undécimo grado llamado Kian delos Santos. La policía afirmaba que Kian había fallecido en un tiroteo espontáneo, *nanlaban*. Las imágenes de circuito cerrado de televisión contradecían la historia y mostraban a los agentes arrastrando al adolescente más allá de una cancha de baloncesto.

Los testigos hablaron. Dijeron que los agentes entregaron a Kian una pistola antes de decirle que corriera. Dijeron que Kian intentó huir, y que entonces le dispararon, al menos dos veces en la cabeza. Esos mismos testigos señalaron cuáles fueron las últimas palabras de Kian.

«No», dijo Kian.

«Por favor, basta», dijo Kian.

«Tengo un examen mañana», dijo Kian.

«Es un chico joven, ¿sabes?», dice Jason. Un chico inocente que no parecía un adicto ni un okupa; un estudiante que podría haber sido hermano, o hermana o hijo de Jason. «Y fue entonces cuando tuve que mirar atrás. Tuve que preguntarme cuántos de los que habían muerto antes, como la *Pietà*, eran como Kian, aunque no se parecieran a Kian».

Ese día, Jason Quizon dejó de creer en Rodrigo Duterte.

Se lo contará a cualquiera que se lo pregunte. Admitirá su error; contará su historia; no le importa porque le importa una mierda que le juzguen por su honradez. Los filipinos son clasistas, dice, a veces racistas, solo que nadie quiere hablar de ello. Pero él lo hará, me dice. «Si estás en un centro comercial, con una camisa descuidada, ¿sabes cómo te mirará el guardia, cómo te tratará la dependienta? Está ahí; ocurre. No soy inmune a ese tipo de cosas».

He aquí la confesión de Jason Quizon, su acto de contrición. Fue estafado y se dejó estafar. Está decepcionado, no con Duterte, sino consigo mismo. Jason lamenta su voto. Lamenta el hecho de que tal vez diez personas más votaron por Duterte porque él les dijo que votaran por Duterte.

Para Jason, Rodrigo Duterte es un embustero y «la persona más cobarde que ha ocupado nunca ese cargo».

Cuando Jason Quizon volvió a votar, no lo hizo por la hija de Duterte, ni por el hijo de Marcos. Sigue decepcionado, no solo consigo mismo, sino también con su pueblo. Cuando se trata de elecciones, dice, los filipinos siguen siendo unos malditos imbéciles.

Dondon Chan votó a Rodrigo Duterte. Pero enseguida se volvió en contra de él, justo después de que el presidente permitiera el tan cuestionado entierro de Ferdinand Marcos en el Cementerio de los Héroes. Dondon había sido partidario de Duterte, había mentido a veces en defensa del presidente, pero nunca apoyaría la glorificación de un dictador. Así que Dondon fue a una protesta, y luego a la siguiente. Siguió las noticias. Observó como Duterte iba aislando a la oposición. Luego vio como el Congreso cerraba la red de radiodifusión ABS-CBN.

Está arrepentido, pero es un hombre práctico, un dentista educado por los jesuitas que admite haber llevado una vida de cómodos privilegios. Su oposición a Duterte no exigió emocionales golpes en el pecho, solo una concesión de que estaba equivocado. En el verano de 2020, Dondon Chan y un par de amigos crearon un grupo en las redes sociales. Lo llamaron Kwentong Ex-DDS –«Historias ex-EMD»–, un lugar donde podían confesarse las personas que habían votado por Duterte y se arrepentían de ello. El proyecto entero es una especie de confesionario del propio Dondon. «No se te ocurriría hacer esto si no hubieras pasado por ello».

Hay más de setenta mil miembros en un grupo que empezó con unos pocos cientos. Dondon los cuida, los protege cuando puede, porque no son solo los EMD los que atacan, sino también la gente que ha despreciado a Duterte desde el principio y culpa a los que alguna vez votaron por él. Os lo merecéis, dicen. Así es el karma.

Las personas que se arrepienten de haber votado a Duterte tienen muchas razones para alejarse. Les enfurece la profundización de las relaciones del país con China. Están descontentos con la pérdida de ABS-CBN, la red de medios de comunicación que había estado bloqueada bajo la dictadura de Marcos y que ahora, desprovista de licencia, lucha por sobrevivir. Les angustia el fracaso del Gobierno en la gestión de la pandemia de Covid-19. A algunos, fieles católicos, les perturba que el presidente llamara «estúpido» a Dios. Otros hablan de haber apoyado una guerra contra las drogas que no comprendían.

Hay una palabra que utilizan a menudo, dice Dondon. Se trata de *pagsisisi*, que puede significar muchas cosas. «Arrepentimiento», para algunos. «Culpa», para otros. En filipino, la traducción más completa de *pagsisisi* es «contrición». Estar contrito, del latín *contrītus* –«magullado, aplastado; desgastado o roto por el roce»– significa, en su sentido moderno y figurado, según el *OED*, estar «aplastado o roto en espíritu por un sentimiento de pecado, y llevado así a una penitencia completa».

He aquí la confesión de Dondon Chan, su acto de contrición. Se equivocó, y porque se equivocó es necesario actuar.

Ann Valdez votó a Rodrigo Duterte porque, en Duterte, había encontrado un padre. Ella nunca había tenido un padre, y el padre Digong fue el hombre a quien eligió. El día de su toma de posesión, se mudó a una casa nueva, en cuyos cimientos había puesto a Duterte al introducir seis monedas de cinco pesos en el cemento fresco del escalón de entrada. Treinta pesos por Du30, por el 30 de junio, el día de la mudanza, el día de la toma de posesión, el día en que Padre se convirtió en presidente porque Ann no le había defraudado.

Fue feliz cuando ganó. Fue feliz con su casa. También fue feliz cuando descubrió que estaba embarazada de su segundo hijo, antes de perderlo en un hospital público donde los médicos la ignoraban y las enfermeras se reían cuando no podía expulsar al bebé. Entonces se marchó, dejó la casa nueva, dejó el país, se fue a trabajar como empleada doméstica para poder pagar algún día el coste de un hospital privado.

Estaba en Macao cuando se desató la pandemia. Tenía tiempo libre, y lo dedicó a las redes sociales, en la página pública de su ciudad, Baler. Cuando atacaban a Duterte, ella lo defendía. Empezó a trolear a los críticos del hombre al que llamaba Padre. Se apropió de sus fotos, las publicó en su propio timeline, los nombró y los avergonzó hasta que sus esposas e hijos se vieron arrastrados al conflicto. «Los machaqué», dice. La cosa fue de mal en peor. Se creó una cuenta con otro nombre, algo que hacía por primera vez. Acosó a actores, a figuras públicas, a todos los que criticaban a Duterte. «Hijos de puta», decía. «Idiotas. Cretinos». Dijo cosas que nunca habría dicho como Ann Valdez.

Entonces, empezó a pensar que quizá estuviera equivocada. Empezó a leer las críticas y descubrió que era posible que los críticos tuvieran razón. Una vez, en un ataque de curiosidad, envió un mensaje a uno de ellos, un filipino que vivía en Estados Unidos. Le preguntó si le pagaban por ser hostil. Él respondió. Dijo que no, desde luego que no. Estaba cómodo, vivía bien y podía permitirse pagar a sus propios trols si quería. Era razonable, pensó ella. Entonces se sintió culpable. Intentó disculparse con la gente a la que había hostigado, pero descubrió que algunos la habían bloqueado.

A medida que se intensificaban los confinamientos por la pandemia en Filipinas, se preocupaba por su hijo y su marido. Vio como su gobierno local hacía excepciones con los poderosos –había permitido a funcionarios viajar a Baler sin ni siquiera someterse a una prueba rápida–, mientras que la mayor parte de la provincia soportaba largas cuarentenas fuera de las fronteras. Cada vez estaba más enfadada y, un día, abrió sus redes sociales y llamó «idiota» al gobernador. Entonces pensó: «¿Por qué solo el gobernador si el ministro de Sanidad también había fracasado? ¿Por qué solo el ministro de Sanidad si era el presidente quien estaba al mando?

Así que escribió; y siguió escribiendo.

Los ataques fueron rápidos, tanto que no tuvo tiempo de ocultar sus fotos personales. Se hicieron circular conversaciones falsas. Decían que le pagaban cinco mil dólares por criticar al Gobierno. Decían que engañaba a su marido. Decían cosas terribles, tan terribles que durante un tiempo hasta su propio marido las creyó.

«Pueden inventarse cualquier cosa sobre mí –me dice–, pero no conseguirán nada porque soy una persona real, una persona real que habla. Es por eso por lo que estoy luchando. Fue a mí a quien mintieron. Yo amaba a Duterte, pero me mintieron. Me lo creí todo, pero todo eran mentiras. Me dolió mucho porque yo le quería. De ahí saco mi fuerza ahora, de todas mis publicaciones, todo el mundo puede sentir mi rabia. Estoy furiosa. Porque mantuve la fe, pero mi fe fue destruida. Me utilizaron».

Siguió escribiendo. Siguió publicando. Se presentó en la embajada filipina en Macao, se registró para votar y publicó una foto con el dedo corazón levantado contra el presidente. Descubrió que su marido también se había vuelto contra Duterte y que, durante todo un mes, había estado defendiéndola ante todo el mundo en mensajes privados a sus detractores.

He aquí la confesión de Ann Valdez, su acto de contrición. Ella amaba a un padre, y él no la correspondió. Estaba furiosa, tanto que, en cuanto ahorró lo suficiente, envió dinero a su marido para que demoliera la casa que había construido, con su homenaje a Duterte en la entrada. «Le dije: "Haz que la destruyan. Que la demuelan. Que la arrasen hasta los cimientos. Construiremos una nueva"».

Joy Tan votó a Rodrigo Duterte porque creía en su guerra. Nació y creció en Mindanao. Había visitado Dávao. Tenía familia involucrada en las drogas ilegales. Cuando Duterte anunció su candidatura, fue como si Jesucristo hubiera hablado. Sabía quién era y lo que representaba, y aunque era católica se tragó las palabrotas, las amenazas y la sarta de chistes sobre violaciones porque Rodrigo Duterte era lo que el país necesitaba por el bien de la gente corriente como ella.

Los primeros meses, cuando Duterte pronunciaba un discurso tras otro, el marido de Joy le enviaba un mensaje de texto para que volviera a casa. Duterte está hablando, le decía. Así que ella se apresuraba a regresar, se sentaba frente al televisor y miraba. Escribía citas de lo que él decía en su página de Facebook. Hablaba de ello en internet. Había votado por él y estaba orgullosa.

Fue su marido quien primero se convirtió, el día en que el dictador fue enterrado como un héroe por orden de Duterte. «Hijo de puta –dijo su marido–. Lo sabía». El abuelo de su marido había muerto bajo la ley marcial, asesinado, creía la familia, porque era un rival político de la familia de Imelda Marcos. «¿Por qué –preguntaba su marido– están enterrando al traidor?».

Joy aún creía en Duterte, pero los golpes seguían llegando, uno tras otro. Se sintió atacada cuando Duterte llamó «estúpido» a Dios. Lloró cuando mataron a Kian, porque Kian era un chico que tenía un examen, como su hijo, al que daba clases en casa. Se sentía aterrorizada cuando Duterte no se tomaba suficientemente en serio el Covid-19. «A ese puto idiota de coronavirus –había dicho Duterte– lo estoy buscando para abofetearlo». Entonces, el presidente dio marcha atrás e impuso un confinamiento tan estricto en todo el país que Joy apenas podía adquirir medicamentos para el asma de su hijo, que jadeaba. Para ella, esa fue la gota que colmó el vaso.

Empezó a hablar. Escribió en internet. Habló de los muertos, los perdidos, las madres.

El impacto fue inmediato. Sus familiares le retiraron la amistad. Su abuela se desentendió de ella, al igual que sus hermanos. No podía volver a casa, a Mindanao, porque sus amigos le enviaron una advertencia: es posible que no salgas viva del aeropuerto. Un hermano la llamó «comunista» en público, una acusación que la convirtió en objetivo. Una tía llamó al padre de Joy durante las fiestas y le dijo que, si no mandaba callar a su hija, lo haría ella misma. Se acabaron las felicitaciones de cumpleaños, las llamadas navideñas y los saludos de familiares procedentes de todo el mundo. Y entonces surgieron las amenazas online, rápidas y contundentes, algunas anónimas, otras de personas que Joy conocía.

Te despellejaremos viva, le decían.

Cuando salgas de tu casa, te meteremos una bala en el cráneo.

Esperamos que Digong te viole.

Esperamos que Digong te meta el dedo en la vagina.

A Joy las palabras le dolieron, esos primeros meses, «porque no soy más que la típica ama de casa». Luego vio las protestas en las calles, y cómo los manifestantes eran detenidos y encarcelados. Sintió miedo.

Mañana, pensó, yo podría ser la próxima víctima. Podrían llamarme terrorista, drogadicta, cualquier cosa.

Vio como mataban a una madre, una activista que se dirigía a la tienda para comprar comida para sus hijos.

Y entonces pensó esto: Yo seré más valiente.

Se hizo voluntaria para la oposición. Se unió a programas de alimentación. Se quedaba despierta por la noche, discutiendo en foros. «Dije: "Si presentan a un lagarto contra Duterte, votaré al lagarto". Así es como pienso ahora. Y si alguien dice: "Mañana estarás muerta", yo digo: "Bueno, todo el mundo muere, pero al menos yo no moriré siendo EMD"».

Un día, mientras trabajaba en casa durante la pandemia, su hijo le preguntó si había votado a Rodrigo Duterte. Sí, le dijo.

«Todo esto es culpa tuya, mamá», la acusó él.

Ella estuvo de acuerdo. Le dijo que mamá a veces podía equivocarse.

Es madre de un niño y esposa de un hombre cariñoso, pero por su culpa, dice, hay madres sin hijos y esposas viudas. Hará lo que pueda, confesará sus pecados, alimentará a los hambrientos y se ofrecerá voluntaria para las víctimas, caminará lejos y hablará tan a menudo como pueda, soportará las amenazas y aceptará los riesgos, y quizá algún día su hijo, su niño, contará la historia de su madre, que pecó e hizo penitencia por sus agravios.

«Tengo un hijo –me cuenta–. No dejo siquiera que un mosquito se pose en él. Aunque ya sea mayorcito, le unto repelente de mosquitos en la piel, una y otra vez. Y entonces pienso que puede convertirse en una víctima de las muertes extrajudiciales, así de fácil. Eso es lo que temo ahora, porque sigo leyendo sobre las víctimas, y no puedo entender por qué dejé que todo eso sucediera. ¿Por qué tuvo que haber un Kian que solo quería hacer su examen?».

He aquí la confesión de Joy Tan, su acto de contrición. Creía en Rodrigo Duterte, y le votó porque creía en él. «Es un demonio –dice–, y yo se lo permití». Y, porque lo hizo, chicos como el suyo han muerto.

Los leales a Duterte podrían matarla, pero ni siquiera eso bastaría. «Nada expiará jamás lo que hice».

EPÍLOGO

SOMOS DUTERTE

Son las ocho y cuatro minutos de la mañana y se cumplen treinta y seis años de la Revolución Edsa. Un par de cañones de confeti explotan sobre mi cabeza. Recojo un puñado. El confeti es rojo, azul y blanco. No hay amarillo.

Estoy en la avenida Epifanio de los Santos, en Edsa, con un cuaderno y una pluma que gotea, registrando lo que el Gobierno llama «conmemoración» y los periódicos, «celebración». No es ni lo uno ni lo otro. Estoy cubriendo un velatorio, y los dolientes aún no han llegado. La prensa es el público. Nuestro público está en casa.

Aquí no hay presidentes, ni pasados ni presentes. El último que asistió a un aniversario en Edsa fue el hijo de Corazón Aquino, un año antes de que Rodrigo Duterte se desabrochara el cuello de la camisa y se convirtiera en comandante en jefe. Hoy es el ministro de Interior el invitado de honor. Está presente el alcalde de la ciudad, así como el presidente de la Comisión Histórica Nacional. También está el antiguo comandante de la 15.ª Ala de Ataque de la Fuerza Aérea filipina. Su nombre es Antonio Sotelo, y en 1986 desoyó las órdenes de atacar a los rebeldes que protestaban, una desafección a Ferdinand Marcos que llevó cohetes aire-tierra, un puñado de helicópteros y varias docenas de soldados a la causa civil. Hoy, su envejecida presencia se considera la prueba de que «el espíritu de Edsa seguía vivo y fuerte».

Se canta el himno nacional. Se iza la bandera. Se lee el juramento a la bandera. Se depositan coronas de flores y se reza por megafonía. No se menciona a Benigno Aquino Jr., el hombre al que llaman Ninoy, que bajó de un avión vestido de blanco y cayó de rojo, cuya esposa se puso un vestido amarillo y lideró la revuelta de millones de personas.

La conmemoración –o celebración– termina en menos de siete minutos. Una corona blanca, la más pequeña de las cuatro que cubren la base de baldosas amarillas del monumento, se alza en el centro de la alfombra roja provisional. No hay mensaje alguno en la cinta, solo un nombre. RODRIGO ROA DUTERTE, dice, el sello de oro brillando al sol de la mañana, que cuelga flácido sobre el círculo de crisantemos, con unas pocas bromelias de color mostaza encajadas bajo una escarapela de plástico. Rodrigo Roa Duterte, apodado Rody, a veces llamado Digong, otras veces Du30, cuyo Gobierno había permitido el entierro del dictador Ferdinand Marcos en el Cementerio de los Héroes con una salva de veintiún cañonazos.

El grupo de indiferentes policías, con porras al cinto, se apoya sobre sus escudos antidisturbios.

El primero de los Fernandos que pisó las arenosas playas de mi país fue Fernando de Magallanes. Fernando el explorador, Fernando el aventurero, Fernando, que llevó los barcos del rey español y los hombres del rey español a las islas donde la Corona española plantaría cruz, bandera y nombre como homenaje a Felipe II. Las Islas Filipinas pasaron de rey blanco a presidente blanco y a pardo, de Fernando a Ferdinand, de Magallanes a Marcos, de conquistador a dictador, Ferdinand Edralin Marcos del norte, cuyo reinado desangró a una nación y mató a los mejores de sus hijos. Aquí está Ferdinand II, con una palma en la Biblia y la otra levantada en señal de juramento: Yo, Ferdinand Romualdez Marcos, hijo, juro solemnemente. Aquí están los Ferdinands, el presidente Ferdinand I, enterrado como un héroe, seguido por el presidente Ferdinand II, hijo estimado, seguido por el diputado Ferdinand III, joven y sonriente, esperando entre bastidores.

Ya están los votos. Las multitudes jubilosas se han agolpado en la entrada de la sede de la campaña de Marcos-Duterte, extendiéndose hasta la misma avenida Epifanio de los Santos, donde los ciudadanos de la revolución marcharon en su momento para derrocar a Ferdinand Marcos, padre.

Soy producto de él, dijo el hijo de su padre.

Soy su hijo, dijo. Llevo su mismo nombre.

El día en que gana el nombre, en 2022, hay cánticos, risas, bailes y brazos levantados en señal de victoria. Los coches pasan traqueteando. Banderas diminutas ondean. Una voluntaria de la campaña llora, una joven estudiante de criminología que algún día será abogada. Dice que la misión de su vida será limpiar el nombre de Marcos. Un solo grito se eleva por encima de las bocinas: «Edsa es nuestra».

Piensa en la misma autopista, con cinco carriles por sentido, a primera hora de la mañana de un domingo de 1986. Imagínatela abarrotada, kilómetro tras kilómetro, con una masa en movimiento de hombres y mujeres, empapando de sudor camisetas blancas metidas dentro de vaqueros, llevando crucifijos y equipos de música portátiles y paraguas, con gorras de béisbol y náuticas de Christian Dior y coletas sudorosas y sombreros de paja mugrientos. Piensa en los tanques que avanzan por el asfalto, en los helicópteros que sobrevuelan sobre sus cabezas, en las fortificaciones construidas con sacos de arena, troncos de árboles, farolas y postes telefónicos, piensa en las masas que se agolpan como un cordón alrededor de los campamentos rebeldes: las monjas de rostro lúgubre, los abuelos inclinados sobre las radios, las matronas que reparten bocadillos y las muchachas de rostro fresco que agarran puñados de flores. Piensa, por último, en el sacerdote con vaqueros y botas en las primeras líneas, con el dobladillo de su sotana blanca en un puño mientras ruge desafiante a los soldados del dictador: «¿Vais a disparar a compatriotas filipinos?».

«Sí». La respuesta es sí.

Sí, dijo Rodrigo Duterte. Disparad a matar. No se le puede echar la culpa porque había dado una advertencia. Les dijo a los adictos lo que pasaría. Avisad a las comisarías, dijo, que lo sepa todo el mundo. Si Duterte te ve, te atrapará y se encargará de ti él mismo. Tiene una barcaza en el río Pásig, te cargará en ella y luego te echará al río. Mejor que para entonces ya estés muerto.

«Tienen que darse cuenta de que no tienen el monopolio del mal en esto. No es como si, por estar en el Gobierno, no pudiéramos hacer otra cosa que hacernos los buenos chicos. El enemigo es el mal, ¿cuál es ahora el mal menor? ¿Los que elaboraron la droga y se la dieron de comer a nuestros hijos o nosotros, que los mandamos matar?».

No hay sangre en la escena. El cuerpo había sido abandonado en el punto más alto del puente, a la sombra del parapeto de cemento. Es un hombre corpulento, con pies grandes y descalzos. Lleva pantalones cortos rojos de baloncesto y un jersey azul y blanco sin mangas. Los faros de un camión iluminan la cinta de plástico grueso que le envuelve la cabeza como un casco. Alguien ha garabateado en el cartel de cartón marrón que ha dejado a su lado: CAMELLO. NO IMITAR.

Los flashes de las cámaras lanzan destellos. Un reportero de radio vocifera un mensaje. Camiones de reparto de diez ruedas pasan junto a la multitud de curiosos. El muerto yace perfectamente simétrico, pegado a la pared, en el centro del circo que es una escena del crimen en Manila.

Estoy arrodillada justo en el exterior de la cinta amarilla cuando oigo el grito de ella. Es un grito ahogado, sin palabras. Primero veo su rostro, pálido en la distancia, con las luces azules y rojas de la policía reflejadas en el pelo. Viene corriendo desde la parte de abajo del puente antes de arrojarse a la acera, a mi lado.

«Por favor, déjenme tocarlo –suplica a los policías–. ¿Por qué no me dejan tocarlo?».

Se llama Ivy. Dice que el muerto es su marido. Su nombre es Rene. Ella lo reconoce por los pies.

El investigador trata de cortar la máscara de cinta de embalar. Las tijeras se rompen. Saca un cúter. La cuchilla corta desde el borde de una oreja y traza la línea de la mandíbula, la barbilla y la mejilla hasta curvarse bajo la otra oreja.

La cara que hay debajo está floja y húmeda. Una fina línea oscura recorre su cuello. Rene Desierto había sido apuñalado diecinueve veces. La causa de la muerte se registró como asfixia por ligadura. Había sido estrangulado. Su muerte es una ejecución.

Bienvenidos a Manila, dice la azafata. *Mabuhay.*

Mabuhay. «Vivir». Un saludo, según nuestros diccionarios. El *aloha* filipino, dicen las guías de viaje. Es el saludo de los servicios de turismo, la alegre bienvenida de todas las reinas de concursos de belleza, el letrero en cursiva de las salas de los aeropuertos, el menú del día en los restaurantes filipino-americanos. Ningún filipino nacido en Filipinas abre una puerta y dice *mabuhay.* Cogemos el teléfono y decimos hola, buenos días, cómo está, en qué puedo ayudarle, ¿sí? El *mabuhay* es una representación que se ofrece al mundo exterior como rostro público. Ninoy Aquino ya llevaba mucho tiempo muerto cuando el dueño de un restaurante lanzó una campaña en 1993 para sustituir la palabra «bienvenido» por la palabra «mabuhay», para demostrar «la calidez del carácter de nuestra gente» y «realzar nuestro nacionalismo». De haberlo sabido, Ninoy se habría reído, pero estaba muerto; sus últimas palabras fueron pronunciadas en el interior de un avión, a los corresponsales que escribirían sobre el hombre que les había advertido a todos de que tuvieran preparadas las cámaras.

Murió «de», murió «en»; las preposiciones importan, incluso en intransitivo. Ninoy Aquino murió de una herida de bala, de un único disparo en la nuca. Murió en el asfalto, el rojo de la sangre en la ropa blanca. Murió catorce minutos después de la una del mediodía, hora estándar filipina. Murió en el aeropuerto que llevaría su nombre, en el país que había esperado liderar. Las preposiciones son correctas, pero no suficientes, porque Aquino, antiguo periodista, comprendió que una historia requiere intención. Murió «por», dijo. Es una preposición que se convirtió en religión, con Aquino como Cristo sacrificado, clavado en la cruz de la revolución.

Mabuhay, dice la azafata mientras el avión recorre la pista. Mabuhay, bienvenido a Manila, siéntase como en casa. Escuche cómo se pronuncia con un movimiento de cabeza y una sonrisa, los hombros hacia atrás, la cabeza inclinada, una práctica tan personal como una puerta automática, en un país donde la única articulación adecuada para *mabuhay* es un grito. Aquí, en Manila, es sabiduría y advertencia. «Espero que vivas».

En Dávao, Rodrigo Duterte, apodado Rody, llamado a veces Digong, a veces Du30, habla por última vez como presidente de la República, en el escenario de la toma de posesión de su hijo menor, que acababa de ser elegido alcalde como antes lo había sido su padre, como acababa de serlo su hermana, antes de que esta misma hermana fuera elegida vicepresidenta del Gobierno del hijo de Marcos.

Qué extraña coincidencia, dijo el presidente, que por un momento el presidente y el vicepresidente electo de Filipinas sean ambos Duterte.

Olvida que su nombre es Marcos. Olvida que su nombre es Duterte. Olvida que su nombre es Aquino. Duterte Primero engendró a Duterte Segundo. Aquino Segundo engendró a Aquino Tercero. Marcos Primero engendró a Marcos Segundo, que engendró a Marcos Tercero, presidentes que engendran presidentes, que engendran vicepresidentes, rotando y girando y volviendo a rotar. Sus nombres viven en aeropuertos y anfiteatros, en billetes de banco y carteles en las calles, a lo largo de las carreteras donde aún se encuentran los cadáveres. Olvida los nombres de sus hijos e hijas y recuerda, en cambio, a sus muertos.

Recuerda a Djastin, Djastin con «D», no Justin o Justine, Djastin, con «D», la «D» elegida para hacerlo especial, Djastin con «D», cuya madre solía llevarlo al hospital avanzando por el agua de las inundaciones, que le llegaban hasta las rodillas, cada vez que temblaba y tenía un ataque, Djastin con «D», cuyo nombre la policía escribió mal en el informe, mintiendo sobre su muerte, Djastin con «D», la «D» muda, como Djastin siempre sería, siempre con veinticinco años, siempre allí en las vías del tren, tiroteado, luego abofeteado, luego tiroteado de nuevo, jadeando «mamá, ayúdame, mamá, por favor».

Recuerda a todos los niños a quienes no podemos nombrar. Recuerda al padre cuya última palabra fue Love.

«Somos Duterte», dijo el hombre de la pistola.

Recuerda estos nombres: Constantino de Juan, padre de Christine, muerto en un sofá azul con la bala enterrada en el cojín. Buwaya de Santa Ana, nacido Ryan Eder. Recuerda a Heart, Kian, Toyo, Joseph, JC, Antonio, Pinuno, Sitoy con sus granadas colgantes. Recuerda a Charlie Saladaga, sentado en un parque con la cara hacia el cielo, mirando los fuegos artificiales en Nochevieja, un día antes de desaparecer.

Recuerda este nombre: Mark Andy Ocdin, el último de los muertos de Duterte, fallecido el último domingo de la presidencia de Rodrigo Duterte, en las mismas vías de tren donde Djastin muere y vive y vuelve a morir cada vez que Normy Lopez cierra los ojos. Mark Andy Ocdin es el tercero de sus hermanos que muere en la guerra, encarcelado por narcotráfico y puesto en libertad antes de que unos hombres enmascarados le dispararan en las tripas. Andy corrió por un estrecho callejón, donde cayó en brazos de una mujer que abrió una puerta y lo arrastró hacia el interior. Cuando mataron a Andy de seis disparos, en la misma calle que la de la casa de su abuela, los Ocdin ya sabían qué hospital estaba equipado para tratar heridas de bala, aunque ninguno de los Ocdin hijos saliera vivo de urgencias. Sabían que no debían insistir cuando la policía se negaba a entregar un informe oficial, y sabían que debían jugársela para pedir el certificado de defunción porque la iglesia solo enviaba la ayuda para el entierro cuando se rellenaba la última página con la causa de la muerte. (Fue de múltiples heridas de bala en el caso de Andy, lo mismo que para JR, justo dos años después de que Anthony fuera hallado torturado, con las uñas arrancadas).

Los Ocdin sabían qué concejal del pueblo tenía una carpa que prestarles para el velatorio, y también sabían dónde comprar los globos, diez por cinco dólares, estampados con la inscripción TE QUEREMOS MARK ANDY en tinta azul descolorida. Sabían que la funeraria tenía un traje a la venta, talla única, dieciocho dólares, con camiseta interior y calcetines, sin necesidad de zapatos. Sabían qué vecinos se ofrecerían voluntarios para llevar el ataúd («A todos mis hijos los llevaron sus amigos», me dice Cristina). Aquí yace Mark Andy, el último de los hijos muertos, con el traqueteo del tren a través de la madera contrachapada pintada y los crisantemos blancos marchitos, mientras la voz del hijo del dictador crepita por la radio: «Cumpliré fiel y concienzudamente con mis obligaciones como presidente de Filipinas...».

Los Ocdin sabían que debían ir de blanco al funeral, no de negro, porque el blanco es sagrado, limpio y respetable, y querían que todo el mundo supiera que sus hijos muertos también lo eran. Sabían cuántas personas cabían en un jeep alquilado para el trayecto al cementerio, donde cien dólares costearían la reapertura del nicho de Anthony para hacerle sitio a Andy. Los Ocdin lo sabían todo; aunque Cristina olvidara a veces cuántos de sus hijos quedaban –cinco, no cuatro, como corrigió un vecino–, recordará a cuántos ha matado el Gobierno.

Vincent y yo estamos sentados a la mesa de mi cocina. Él enciende un cigarrillo. Yo me sirvo otro chupito de ginebra.

–¿Novecientos noventa? –le pregunto.

–Por lo menos –responde él.

Vincent se había quedado para documentar las muertes mucho después de que los periódicos dejaran de publicar fotos de la matanza diaria. A veces acudía solo a las escenas de los crímenes, el único periodista que aún seguía al camión de la morgue. Imprimía los nombres de los fallecidos y los pegaba con cinta adhesiva en la pared del comedor, una imagen tan morbosa que hasta Raffy se quejaba cuando venía a comer. Una vez, cuando le llamaron un domingo por la noche, se llevó a su hija pequeña y la dejó en el coche con su mujer el tiempo suficiente para hacer su trabajo. Marcaba cada escena del crimen en un mapa, una estrella amarilla por cada cadáver que veía. Cuando Ferdinand Marcos Jr. fue elegido, Vincent había recogido al menos 990 estrellas. Lo de «al menos» es importante, ya que Vincent no empezó a marcar ubicaciones hasta siete meses después de la primera oleada de cadáveres.

Vincent no votó a Rodrigo Duterte en 2016, porque no votó en absoluto. Si lo hubiera hecho, podría haber votado a Duterte, porque Duterte había prometido matar a los corruptos.

–Si realmente se hubiera concentrado en los corruptos, sí, le habría apoyado –comenta Vincent. Se echa hacia atrás en la silla–. Eso es lo que necesitan de verdad los filipinos, alguien como él que estuviera decidido a hacer ese tipo de cosas, las no convencionales, pero por hacer el bien. No solo por popularidad.

–Él dice que mató a adictos y traficantes por hacer el bien. Por el futuro de los niños. Por sus hijos.

–Mató a consumidores de drogas. Consumidores. También son víctimas... La drogadicción es una enfermedad. Pero nunca mató a la fuente de las drogas, y hasta el día de hoy el mercado está inundado. ¿Se detuvo el mercado? No.

–Pero si matara a los corruptos –aventuro–, ¿no tendrías ningún problema?

–Ninguno. –Hace una pausa–. Ni siquiera ahora. Y yo no me habría centrado tanto en los asesinatos. Solo le diría: «Buen trabajo».

–Ahí está mi epílogo –le digo.

Se ríe.

«Hay gente a la que hay que matar», me dijo una vez un justiciero.

Piensa en esta frase. Es una frase activa, no pasiva. Hay gente a la que hay que matar.

El sujeto es la gente. El objeto es matar. «Matar» no es el verbo aquí, es «hay que». Tenían que morir. Eligieron su propia muerte. Se ganaron su muerte, se la buscaron, negociaron el derecho a vivir. Algunas personas fueron asesinadas porque tenían que serlo. Es una presunción de regularidad, de causa a efecto. El lenguaje no permite la rendición de cuentas. La norma es arbitraria y generalmente aceptada. Algunas personas son adictas, traficantes, delincuentes. La ejecución de sus muertes es un cumplimiento del deber. Todo lo que se necesita es determinar quién merece vivir.

Pero «matar» es un verbo transitivo. El sujeto puede ser nombrado. La policía mató a Djastin Lopez. La guerra mató a Djastin Lopez. Rodrigo Duterte mató a Djastin Lopez. Pregúntale a Normy Lopez. Puede trazarse la línea directa de la orden al gatillo a la bala a la muerte, y trazarse en línea recta. El sujeto mató; el objeto murió.

Para juzgar la transitividad de un verbo, es necesario ver su entorno. Aunque la mayoría de los verbos pueden cambiar de transitivo a intransitivo, de una a otra frase, algunos verbos no pueden. Llegó, estornudó, cayó, se sentó, se rieron, te desmayaste. El sujeto es el objeto. «Tú moriste», intransitivo. Djastin Lopez murió. La oración termina con un punto. Todo terminó para Djastin Lopez en las vías de tren de Tondo.

«¿Vas a disparar a compatriotas filipinos?».

«Me he preguntado muchas veces –dijo una vez Ninoy Aquino– si merece la pena sufrir, o incluso morir, por el filipino. ¿No es acaso un cobarde, que cedería fácilmente ante cualquier colonizador, sea extranjero o nacional? ¿Se siente el filipino más cómodo bajo un líder autoritario porque no quiere tener que cargar con el peso de la libertad de elección? ¿No está preparado o, peor aún, no es apto para la democracia presidencial o parlamentaria?».

Cinco meses después de que yo naciera, hace treinta y siete años, mi pueblo dijo que ningún hombre debía morir porque un dictador lo dijera. Mi pueblo lo dijo frente a los tanques. Lo dijeron frente a las armas. Se arrodillaron, cantaron, rezaron y fueron valientes, y por eso yo nací libre.

«He sopesado cuidadosamente las virtudes y los defectos del filipino, y he llegado a la conclusión de que merece la pena morir por él», dijo Ninoy Aquino en un discurso pronunciado en 1980.

El filipino es valiente, explicó. El filipino valora la vida. El filipino es paciente, es digno, es bueno. El filipino es un buen seguidor, y con un buen líder un filipino puede alcanzar grandes metas. El filipino merece el sacrificio «porque es el mayor recurso no explotado de la nación».

Le veo en la penumbra. Ha sopesado a mi pueblo en su mente, ha imaginado sus virtudes, lo ha hallado meritorio. Merece la pena morir por el filipino, dice el hombre vestido de lino limpio y sangre.

Le hablo de los muertos. Sospechosos criminales, adictos, traficantes, ladrones, hombres que llevan granadas colgadas del cuello, hombres que han vendido metanfetamina a niños, hombres que, según la mayoría de las normas, no pueden considerarse un recurso desaprovechado de nadie. ¿Merece la pena morir por ellos? Le hablo de los vivos, que votaron a un asesino, aplaudieron al hijo del dictador y llamaron «cobarde» a su propio hijo. ¿Vale la pena morir por ellos?

Sopesa sus defectos. Calcula su valor. No tiene respuesta.

Frente a él hay otro hombre, repantigado en su silla, con la camisa de cuadros desabrochada, las piernas abiertas y una pistola en el cinturón. Hijo de puta, dice el alcalde. Estúpido hijo de puta. Vale la pena matar por el filipino. Los muertos no cuentan. No merecen vivir.

Mi abuelo me alborota el pelo. Sobrevive, dice. Enciende un Dunhill con una cerilla, deja que la ceniza caiga sobre la baldosa y me ofrece la cajetilla.

Morir no es lo importante, dice. Yo soy la mayoría superviviente.

Ponte a cubierto y vive.

«¿Vas a disparar a compatriotas filipinos?».

Somos Duterte, responde mi pueblo.

No preguntes por quién ululan las sirenas.

Ivy encontró a su marido, Rene, en lo alto de un puente, con la cabeza envuelta en cinta adhesiva. Le reconoció por los pies. Eran grandes y estaban descalzos, como habían lucido la mayor parte de su vida.

Han pasado muchas cosas desde que murió. Ivy perdió su trabajo. Intentó cortarse las venas dos veces. De vez en cuando se envolvía la cabeza con cinta de embalar, imitando a su marido muerto. Decía que quería saber cómo se sintió. Había días en que creía que la culpable de su muerte era ella. Tiene muchas razones. Si hubiera subido más rápido el puente, podría haberle bombeado el pecho a tiempo. Si no hubiera denunciado su desaparición, sus asesinos le habrían dejado vivir.

La última de las razones proviene de su hijo pequeño. Una vez, durante una discusión, Ivy le dijo a Rene que deseaba que estuviera muerto. Su hijo se lo recordó. «Es culpa tuya –le dijo su hijo–. Tú quisiste que papá muriera».

Estoy escribiendo un libro, le digo a Ivy.

Cuéntales nuestra historia, dice ella.

Veo a Ivy cada pocos meses. Llevo una caja de pollo para su hijo, a veces dónuts. Ella pone un cenicero sobre el mantel de plástico. Empujo mi paquete de cigarrillos por la mesa, junto con mi grabadora.

Nos encendemos un cigarrillo, antes de que pulse el botón.

«Estamos grabando», le digo.

AGRADECIMIENTOS

Este libro es un registro de la guerra contra las drogas librada en los seis años comprendidos entre 2016 y 2022 bajo la administración del presidente Rodrigo Duterte. Sin embargo, lo que he escrito se nutre de más de una década de periodismo de campo en Filipinas. Doy las gracias a los cientos de hombres y mujeres que han compartido generosamente sus historias. Gracias, en particular, a Ivy Desierto, Christine de Juan, Normy Lopez, Efren Morillo, Cristina Saladaga, Lady Love y las familias Daa y De Chavez. Todos han optado por dar testimonio después de un horror inimaginable. Estoy en deuda con ellos y admiro su valentía.

Mis reportajes sobre la guerra contra el narcotráfico aparecieron por primera vez en una serie titulada «Impunity» para la agencia de noticias online Rappler, donde trabajé como periodista de investigación. Partes de esos reportajes aparecen en este libro. El apoyo incondicional de Rappler, a pesar de las amenazas y los recursos limitados, fue crucial durante los primeros años de la guerra contra las drogas. Estoy especialmente agradecida a la directora de multimedia Beth Frondoso, por la cuidadosa perspicacia que me protegió sobre el terreno; a la jefa de investigación Chay Hofileña, por su dedicación en la documentación de esta historia; a la consejera delegada Maria Ressa, por fomentar el periodismo independiente a un gran coste personal, y a mi infatigable redactora jefa Glenda Gloria, *consigliera* de Rappler durante la guerra, que fue la brújula que siempre me guio hacia mi verdadero norte, tanto literal como imaginario.

No hay palabras suficientes para describir la dedicación de los muchos hombres y mujeres que han contribuido a documentar lo que he dado en llamar la «guerra de Duterte». Algunos han sido citados en este libro; muchos otros, por razones válidas y diversas, aún no pueden ser nombrados.

Tengo la suerte de haber trabajado en compañía de algunos de los mejores y más valientes periodistas filipinos. Estoy especialmente agradecida a los fotoperiodistas Ezra Acayan, Raffy Lerma y Vincent Go, así como a los cineastas Alyx Arumpac y Carsten Stormer, cuyo compromiso con las historias que cubrieron se mantuvo mucho tiempo después de que se llevasen los cuerpos.

También he sacado provecho de los reportajes de ABS-CBN News, CNN Filipinas, GMA Integrated News, *MindaNews*, el Philippine Center for Investigative Journalism, *The Philippine Daily Inquirer*, *The Philippine Star*, Reuters, TV5 y *VERA Files*. Su trabajo ha sido inestimable para la redacción de este libro, al igual que las investigaciones de Amnistía Internacional, Human Rights Watch y la Comisión de Derechos Humanos, cuyo difunto presidente, Chito Gascon, honró su cargo con la misma serena fortaleza que demostró durante toda una vida como luchador por la libertad. Muchas gracias también al misionero de los Misioneros del Verbo Divino Flaviano Villanueva, al sacerdote vicenciano Danny Pilario y al hermano Jun Santiago, de la Congregación del Santísimo Redentor, por la tenacidad que sostuvo a tantas de las familias que siguen lidiando con las secuelas de la guerra contra las drogas.

Muchos de los casos incluidos en este libro están aquí en parte gracias a la excepcional labor de abogados especializados en derechos humanos. Agradezco la confianza depositada en mí por el Center for International Law, el Free Legal Assistance Group (FLAG) y la National Union of Peoples' Lawyers (NUPL), con especial agradecimiento a Tin Antonio, Gil Anthony Aquino, Joel Butuyan, Kristina Conti y Chel Diokno. Agradezco especialmente la cordura y vigilancia de mi asesor jurídico, Theodore Te, que, independientemente de las circunstancias, siempre tuvo las cosas muy claras.

A lo largo de la redacción de este libro, he recibido muchas atenciones de numerosas personas. Agradezco la generosa orientación de Karina Bolasco, Gina Chua, Caloy Conde, Sheila Coronel, Kiri Dalena, John Molo, Vergel Santos, Miguel Syjuco, Alfred Yuson y los difuntos Luis Teodoro y Melvyn Calderon; las sagaces observaciones de los lectores avanzados Rupert Compston, Jon Morales, Raffy Tima, Mariz Umali y Hidde van der Wall; los ánimos de Erwin Romulo, mi antiguo director en *Esquire Philippines*; las contribuciones creativas de Ricci Chan, Geloy Concepcion, Mark Nicdao y Ellen Ramos, y por la compañía y los consejos de colegas escritores de todo el mundo: Susan Berfield, Andrew Sean Greer, Suzy Hansen, Sydney Jin Choi, Pardiss Kebriaei, Meg Kissinger, Amanda Oliver, Safiya Sinclair, Stobo Sniderman, Andrew Solomon y Tara Westover. Mi más sincero agradecimiento a Dondon Chan, Joy Tan, Jason Quizon y Ann Valdez por confiarme sus historias, a los parientes Boo Chanco, Louie Chanco, Ying Chanco, Maria Teresa Chanco-Goodrich y Maria Chanco-Turner por su cortesía y honestidad, y a Maria Pilar Davidson y Mark Evangelista por la hospitalidad que nos ofreció un muy necesario respiro. Kimberly dela Cruz, Alex Evangelista, Aiah Fernandez, Bianca Franco, Jodesz Gavilan, JC Gotinga, Monica Orillo y Nicole Revita fueron fundamentales para la investigación. Cecille Santos y Roque Angub proporcionaron un apoyo logístico que superó con creces la llamada del deber. Los historiadores Paulo Alcazaren, Macky Blanco, Brian Giron, Aaron Mallari y Roy Mendoza aportaron su buen juicio. Los verificadores de hechos Michelle Abad, Lian Buan, Krixia Subingsubing y Rambo Talabong llevaron a cabo una meticulosa revisión para corregir las inexactitudes y mis fallos de memoria. Agradezco especialmente la minuciosidad del periodista Mike Navallo, cuyo arduo trabajo y acertados consejos asentaron este libro sobre bases más firmes.

Estoy inmensamente agradecida a mi agente, David Granger, de Aevitas Creative Management. Fue él quien creyó que podía escribir un libro, no me creyó cuando le dije que no podía y siguió alentándome durante años de malos borradores y frenéticas llamadas telefónicas. También fue el infalible juicio de Granger el que me llevó a Random House.

Doy las gracias a mi editor, Andy Ward, al editor adjunto Tom Perry, a la editora adjunta Chayenne Skeete, al director de diseño Greg Mollica, al director de publicidad London King, al responsable de marketing Michael Hoak y a la asesora jurídica Carolyn Foley. Estoy especialmente agradecida al editor de producción Craig Adams y a la correctora Janet Biehl, cuya lectura atenta y paciencia infinita han hecho de este libro la mejor versión de sí mismo.

Estoy profundamente agradecida a la visión de mi editor, Mark Warren, que comprendió lo que este libro debía ser mucho antes que yo. Rechazó todas las evasivas fáciles, exigió lo que parecía imposible, demostró la infinita variedad del idioma inglés y, al final, se aseguró de que yo, en sus palabras, no la cagara. Trabajar con él fue un aprendizaje. También fue un honor.

Muchas gracias a la beca Logan Nonfiction Fellowship y al Headlands Center for the Arts, donde se escribieron partes de este libro; al Civitella Ranieri Residency Program y a la Corporation of Yaddo, por brindarme un refugio seguro en su comunidad de artistas; a las De La Salle Democracy Discourse Series, al New America Fellows Program y a la Whiting Creative Nonfiction Grant, por su apoyo esencial e inestimable; al Dart Center for Trauma and Journalism, por los recursos que contribuyeron a la cobertura ética de la guerra, y al Council on Southeast Asia Studies del Whitney and Betty MacMillan Center for International and Area Studies de la Universidad de Yale, por el privilegio de su acogida.

También me gustaría dar las gracias a las obras y autores que más han influido en la estructura y la narrativa de este libro: *The Womanly Face of War*, de Svetlana Alexievich [hay trad. cast.: *La guerra no tiene rostro de mujer*, Barcelona, Debate, 2015]; *We Tell Ourselves Stories in Order to Live*, de Joan Didion; *1919*, de John Dos Passos [hay trad. cast.: *1919*, Barcelona, Debolsillo, 2007]; *Billy Lynn's Long Halftime Walk*, de Ben Fountain [hay trad. cast.: *El eterno intermedio de Billy Lynn*, Barcelona, Contra, 2013], *The Face of War*, de Martha Gellhorn [hay trad. cast.: *El rostro de la guerra: Crónicas en primera línea 1937-1985*, Barcelona, Debate, 2018]; *We Wish to Inform You That Tomorrow We Will Be Killed with Our Families: Stories from Rwanda*, de Philip Gourevitch [hay trad. cast.: *Queremos informarle de que mañana seremos asesinados con nuestras familias: Historias de Ruanda*, Barcelona, Debate, 2019]; *The Things They Carried*, de Tim O'Brien [hay trad. cast.: *Las cosas que llevaban los hombres que lucharon*, Barcelona, Anagrama, 2011]; *Nineteen Eighty-Four*, de George Orwell [hay trad. cast.: *1984*, Barcelona, Debolsillo, 2024]; «Fatal Distraction», de Gene Weingarten para *The Washington Post*, y *The Right Stuff*, de Tom Wolfe [hay trad. cast.: *Lo que hay que tener: Elegidos para la gloria*, Barcelona, Anagrama, 2010].

Estoy en deuda con mi madre, Felicia, que me contaba historias, y con mi padre, Bobby, que escuchaba todas las mías.

Soy afortunada también por los amigos que son familia, además de vecinos de bloque de vivendas, en la comuna de Loyola: el poeta Mikael de Lara Co, que comprendió la equivalencia dinámica de la verdad; la fotoperiodista Eloisa Lopez, que caminó conmigo en la oscuridad de las calles y de su propia memoria; el escritor Pocholo Goitia, que respondió a todas las llamadas telefónicas en todos los husos horarios para desentrañar frases; el bajista Joko Maymay, que me dijo exactamente dónde encontrar mis *cojones*; el activista Voltaire Tupaz, que me ofreció alegría y puestas de sol a pesar de mi propia opinión, y la reportera Sofia Tomacruz, que buscó cada error, releyó cada palabra dos veces y añadió muchas más de veintitrés. Soy especialmente afortunada por mi amistad con Nicole Curato, la socióloga que me dibujó un mapa del mundo y me echó a empujones del aula hacia diecisiete años de periodismo, y con Paolo Villaluna, el cineasta que ha sido mi silencioso compañero de escritura durante más de un decenio, cuya percepción extraordinaria sigue siendo fuente tanto de exasperación como de inspiración.

Por encima de todo, estoy agradecida por la cordura y la compasión de Dominic Gabriel Go, que me sostuvo la mano durante la guerra y mucho después. Mi Dominic, que cree que soy más valiente de lo que soy y mejor de lo que puedo ser, sin cuya fe este libro nunca habría sido posible.

NOTAS

NOTA DE LA AUTORA

Siempre que ha sido posible, en este libro he tratado de trasladar literalmente las expresiones no inglesas. Reconozco que ciertos matices no siempre encuentran una formulación genuina en inglés, sobre todo los empleados en las conversaciones informales. En colaboración con Mikael de Lara Co, traductor filipino, hemos determinado que la fidelidad al significado original es el objetivo prioritario para explicar los hechos de la forma más veraz posible. En ocasiones nos hemos tenido que desviar de la traducción literal para hallar una equivalencia dinámica.

Esto se vuelve más evidente en la traducción del lenguaje malsonante. «Putang ina», por ejemplo, se traduce literalmente como «puta de una madre». En función del contexto, la frase puede significar «hijo de puta», «hijo de una puta», «malnacido», «joder», «mierda» o «maldita sea». En estos casos, hemos preferido utilizar la expresión que mejor se ajuste a las intenciones del momento.

Las citas directas extraídas de documentos oficiales, como informes policiales o expedientes judiciales, se han reproducido en su forma original en inglés.

NOTA SOBRE LA PRESENTE EDICIÓN

En la traducción al castellano de la obra, se ha procurado mantener el léxico del castellano filipino, la variedad del español hablada en la República de Filipinas. No obstante, a la hora de traducir ciertos términos específicos, se ha optado por emplear vocablos que se ajusten mejor al sentido original. Por ejemplo, el término *vigilante* (usado tanto en español filipino como en inglés) se ha traducido como «justiciero», refiriéndose a una especie de asesino por cuenta propia que mata en connivencia con la policía. Se ha adaptado también la palabra *salvage* (mencionada en el contexto de las ejecuciones extrajudiciales) como «salvar» y «salvamento», términos que en español están muy alejados de su significado original.

Asimismo, se han respetado algunos casos de grafía sin acentuar, característica del castellano filipino, en nombres, apellidos y topónimos de origen español.

NOTA SOBRE LAS CITAS DE RODRIGO DUTERTE

El expresidente acostumbra a hablar de forma extemporánea. En más de una ocasión ha expresado su rechazo a leer declaraciones preparadas de antemano. Sus discursos son con frecuencia divagatorios y enrevesados. Pueden durar horas y abarcar multitud de temas, y verse entreverados con anécdotas personales, acusaciones contra sus críticos y afirmaciones claramente ofensivas que sus partidarios describen a veces como humor o hipérbole. Aunque la autora ha intentado ser veraz respecto a los matices en los cambios de tono y de asunto del presidente, pueden existir interpretaciones contrapuestas en torno a las intenciones que albergaba este. Sin embargo, es importante recalcar que cada declaración llevada a cabo por Rodrigo Duterte en público es percibido como el lenguaje oficial de un jefe de Estado.

Las grabaciones de vídeo han constituido la fuente principal de la que la autora ha obtenido las declaraciones atribuidas a Rodrigo Duterte. Cada declaración publicada en este libro, ya haya sido reformulada por motivos narrativos o citada directamente, ha sido confirmada, de manera independiente, por los *fact-checkers* Michelle Abad, Lian Buan, Mike Navallo, Krixia Subingsubing y Sofia Tomacruz, tras contrastarla con las grabaciones facilitadas por los canales oficiales del Gobierno o los medios de comunicación.

La autora ha empleado una base de datos cronológica como guía para dar forma a este libro. El investigador Jodesz Gavilan extrajo transcripciones de comunicados de prensa enviados a los reporteros encargados de cubrir los asuntos de palacio o directamente descargó documentos de la Oficina de Operaciones de Comunicación de la Presidencia. Esta base de datos de la autora no recoge en modo alguno la totalidad de las declaraciones oficiales de Rodrigo Duterte. Arranca en 2014, cuando el por entonces alcalde Duterte se dirigió a los movimientos políticos locales que lo animaban a presentarse a presidente –«Ahora querría deciros que no tengo ambiciones presidenciales»–, y acaba el 27 de junio de 2022, en la ceremonia de investidura de varios cargos gubernamentales de la ciudad de Dávao. Limitada a los seis años de la administración de Duterte, la base de datos cubre 1.184 actos públicos, lo que supone más de cuatro millones de palabras en un documento de 19.204 páginas.

A las citas directas, traducidas o no, las precede en las notas «cita de». Las declaraciones reformuladas vienen precedidas de «extraído de». Discursos, entrevistas y ruedas de prensa sin transcripciones oficiales fueron transcritos uno a uno a partir de grabaciones disponibles. Cuando no ha contado con grabaciones o transcripciones, la autora ha citado noticias cubiertas por los medios de comunicación, artículos académicos, reportajes periodísticos de seguimiento del poder y notificaciones gubernamentales.

NOTA SOBRE LA DEBIDA DILIGENCIA

A menos que hubiera sido previamente entrevistado o citado en reportajes públicos, la autora ha contactado con todos los acusados de diferentes actividades en este libro. El 12 de mayo de 2023, se enviaron cartas a las direcciones oficiales de seis personas. A cada uno de los receptores, o a sus representantes, se les notificaron la existencia de este libro y su propósito general. La autora invitó a cada receptor a realizar una entrevista o a contestar preguntas a través del correo electrónico. A todos se les ofrecieron catorce días para responder, así como el derecho a acceder a las preguntas bajo petición. La lista incluía al expresidente Rodrigo Roa Duterte, el ex director general de la Policía Nacional, Ronald «Bato» dela Rosa, el teniente coronel de la policía Robert Domingo, el comandante de policía Emil Garcia, el comandante de policía Edwin Fuggan y el exdirector de la Región XI del Consejo de Derechos Humanos, Albert Sipaco Jr.

Dado que el expresidente Duterte no ostenta ningún cargo público ni cuenta con una dirección conocida desde el final de su mandato, se le envió una carta por mensajería urgente a través de la oficina de su antiguo ayudante especial, el senador Christopher Lawrence «Bong» T. Go, ubicada en el edificio del Senado de Filipinas. La autora posee un afidávit de servicio notarizado que certifica el envío de la carta. Una copia de la misiva también se envió a la oficina de relaciones con los medios de Go y a través de una cuenta de correo electrónico facilitada a la autora por el actual ayudante del expresidente, nombrado por la oficina del senador Go.

En la carta se invitaba al expresidente, o a su representante, a contestar unas preguntas relacionadas con el Escuadrón de la Muerte de Dávao y la puesta en práctica de la guerra contra las drogas de Filipinas. El 16 de mayo de 2023, el ayudante del presidente respondió vía correo electrónico solicitando las preguntas a la autora. Le fueron enviadas al día siguiente, el 17 de mayo.

Eran trece preguntas. Muchas constituían un intento de compaginar relatos contrapuestos o de verificar afirmaciones realizadas por el propio presidente. «Con frecuencia se ha referido a que ha matado a delincuentes, pero su cifra fluctúa. ¿Puede señalar de forma categórica el número de personas a las que ha matado personalmente?». ¿Cómo se recordaba el presidente de niño, cuando era pobre y su padre ejercía de gobernador? ¿Los disparos contra Octavio Goco fueron resultado de un accidente, un duelo o un acto deliberado? ¿A qué asesinos se refería cuando dijo que los delincuentes eran objetivos legítimos con vistas a su liquidación? ¿Qué le hizo al sospechoso de ser un adicto y que supuestamente violó a un bebé en Mandug? ¿De dónde salía la cifra de setenta y siete mil personas que el expresidente afirmaba que habían muerto a manos de drogadictos? Dada la presunción de regularidad, ¿creía que un agente de la ley podía asesinar de forma legal? Si al reguero de muertes durante la guerra contra las drogas no podía llamárseles «asesinatos extrajudiciales», ¿con qué término prefería calificarlo el presidente?

Otras preguntas buscaban respuestas a acusaciones públicas. ¿Qué tenía que decir el presidente sobre las afirmaciones de que subvencionaba al grupo de justicieros Alsa Masa, o sobre las acusaciones de que ordenaba ejecuciones a través del Escuadrón de la Muerte de Dávao, o sobre la historia de que su madre había amañado su desempeño como fiscal de Dávao?

La lista acababa con la pregunta de si el expresidente consideraba un éxito su lucha contra las drogas.

El 23 de mayo, y por medio de su representante, el expresidente se disculpó, alegando compromisos previos y problemas de agenda. La autora respondió reiterando que bastaría con recibir las respuestas por correo electrónico.

No se produjeron más contactos.

EPÍGRAFE

9 «es infundir miedo»: Rodrigo Duterte, cita de Jeffrey M. Tupaz, «Where Crime Suspects Live Dangerously», *Philippine Daily Inquirer*, 15 de febrero de 2009.

PRÓLOGO

13-15 «Lista de asesinatos»... «bajas en la guerra... por la administración de Duterte Malacañán»: A partir del 7 de julio de 2016, el *Philippine Daily Inquirer* publicó lo que llamó la «Lista de asesinatos». Esta se actualizaba dos veces a la semana. La última actualización se publicó el 16 de febrero de 2017, justo después de que a la Policía Nacional de Filipinas se le prohibiera por primera vez participar en la guerra contra las drogas. La lista incluye 2.127 nombres, con 104 muertos a manos de la policía y 1.022 a manos de sicarios desconocidos.

14 «individuos que amenazan con destruir mi país»: Rodrigo Duterte, extraído de un discurso en las Opening Ceremonies of Agrilink/Foodlink/Aqualink 2017, World Trade Center, Pásay, 5 de octubre de 2017.

14 silenciar a posibles confidentes: Bea Cupin, «Dela Rosa: Drug Syndicates "Killing Each Other"», Rappler, 14 de julio de 2016.

15 «aquellos que perecían»: ABS-CBN Investigative and Research Group, «Map, Charts: The Death Toll of the War on Drugs», *ABS-CBN News Digital*, 13 de julio de 2016.

15 «asesinatos sumarios»: Oficina de la senadora Leila de Lima, «De Lima Blames Duterte for Rash of Killings in PH» (nota de prensa), Senado de Filipinas, 12 de marzo de 2021.

15 «supuestos asesinatos al estilo justiciero»: Ministerio del Interior y del Gobierno Local, «Sueno to Bato: Do Quick Probe on Vigilante-Style Drug Killings» (nota de prensa), 8 de agosto de 2016.

15 «ejecuciones sumarias de criminales»: Resolución n.º 9, Senado de Filipinas, 17.º Congreso, 2016.

1. AFIRMATIVO

21-25 «Me llamo Lady Love... Todo empezó con un golpe fuerte... "Somos Duterte"»: El relato de Love-Love está extraído de entrevistas realizadas por la autora. La primera, en 2016, se produjo en presencia del tutor de Love-Love. Una segunda entrevista tuvo lugar en 2023, cuando Love-Love ya era mayor de edad. Ha dado su consentimiento para reproducir su nombre y su apodo en esta exposición de su historia.

23 Pueblos: Un «barangay» es «la unidad política más pequeña del país». Según el Centro de Estadística de Filipinas (<https://psa.gov.ph>), es más pequeño que un pueblo o un municipio. Si bien su traducción literal puede variar en función del uso, a lo largo del libro se emplea «pueblo» en lugar de «barangay». El capitán del pueblo («barangay kapitan») es un cargo electo con una duración fija de tres años.

23 los bebés eran embutidos en mochilas... bajo capas de un pastel compuesto de vehículos y cadáveres... Maizales en un país rebelde...: Este relato de las consecuencias del supertifón Haiyan, los enfrentamientos mortales entre los rebeldes y los agentes de policía de Mamasapano, y el asedio de Zamboanga se extrae de Patricia Evangelista, «The Baby in the Backpack», Rappler, 2 de febrero de 2014; *idem*, «The Mourners of Mamasapano», Rappler, 18 de febrero de 2015, e *idem*, «Blood from the Sky», Rappler, 17 de octubre de 2013.

23 1.254 veces: Esta cifra es un cómputo a partir de todas las ocasiones en que el presidente Rodrigo Duterte pronunció la palabra «matar», según la base de datos de transcripciones de la autora, entre el 1 de julio de 2016 y el 30 de junio de 2017. La cifra real probablemente sea más alta.

23 con la promesa de matar a personas: Rodrigo Duterte, extraído de un discurso pronunciado el día de Baden Powell (día del Fundador) de la World Scout Organization of the Scout Movement and Investiture Ceremony of the Boy Scouts of the Philippines, Malacañán, 3 de abril de 2017.

23 les esperaban trabajos matando: Rodrigo Duterte hizo esta declaración a trabajadores filipinos en el extranjero, repatriados desde Arabia Saudí, en el transcurso de un diálogo que fue cazado al vuelo por periodistas presentes en el lugar. Véase Christina Mendez, «Rody's Job Offer to OFWs: Kill Drug Addicts», *Philippine Star*, 17 de abril de 2017.

23 que se arrepintieran, que dimitieran o que murieran: Rodrigo Duterte, extraído de un discurso durante una multitudinaria ceremonia de jura del cargo por empleados del Gobierno recién electos, Malacañán, 9 de enero de 2017. Duterte también hizo esta declaración en el marco de una serie de reuniones con alcaldes, celebrada en Malacañán el 11 de enero de 2017. El *Philippine Daily Inquirer* informó de los comentarios de Duterte tras entrevistar a varios alcaldes presentes en estas reuniones. Véase Leila Salaverria, «Duterte Tells Mayors: Repent, Resign or Die», *Philippine Daily Inquirer*, 12 de enero de 2017.

23-24 Amenazó con matar a activistas en pro de los derechos humanos: Rodrigo Duterte, extraído de un discurso en la Inauguration and Ceremonial Switch-on of the 135-Megawatt Circulating Fluidized Bed Combustion of the Palm Concepcion Power Plant, Malacañán, 28 de noviembre de 2016.

24 medallas por matar: Rodrigo Duterte, extraído de un discurso en la fiesta de Acción de Gracias poselectoral, Dávao, 4 de junio de 2016.

24 A los periodistas les avisó de que podían convertirse en objetivos legítimos: Rodrigo Duterte, extraído de una entrevista durante una rueda de prensa, Dávao, 31 de mayo de 2016.

24 «encontrad a esa gente y matadla, y punto»: Rodrigo Duterte, extraído de un discurso en el Mitin de Proclamación, Tondo, Manila, 10 de febrero de 2016.

26 el reportero Wilfred Burchett... «de advertencia al mundo»: George Burchett y Nick Shimmin, eds., *Rebel Journalism: The Writings of Wilfred Burchett*, Cambridge (Reino Unido), Cambridge University Press, 2007.

26 Siete, doce, veintiséis: Estas cifras hacen referencia a los asesinatos registrados durante tres noches distintas, en el marco de la guerra contra las drogas. Para más detalles, véanse Non Alquitran, «7 More Drug Suspects Killed», *Philippine Star*, 22 de junio de 2016; Patricia Evangelista, «The Drug War: Monday», Rappler, 21 de octubre de 2016; Reuters, «Another 26 Killed Overnight as Philippine Drug War Gets Bloodier», *South China Morning Post*, 17 de agosto de 2017.

27 matad a los drogadictos: Rodrigo Duterte, extraído de un discurso en la Cena de Solidaridad con los Pobres, complejo deportivo Delpan, Tondo, Manila, 30 de junio de 2016.

27 matad a los alcaldes: 25.ª Convención Anual de la Liga de Vicealcaldes de Filipinas, Malacañán, 28 de junio de 2018.

27 matad a los abogados: Marlon Ramos, «Duterte Warns Drug Lords' Lawyers», *Philippine Daily Inquirer*, 9 de diciembre de 2016.

27 niños, pero igualmente los mataban: Rebecca Ratcliffe, «War on Drugs Blamed for Deaths of at Least 122 Children in Philippines», *The Guardian*, 30 de junio de 2020.

27 los calificaba de daños colaterales: Rodrigo Duterte, extraído de un discurso ofrecido en el Department of Agriculture Launch of the National Color-coded Agriculture Guide Map, Malacañán, 7 de marzo de 2017.

28 Se llamaba Maximo: Maximo Garcia, entrevistado por la autora, 30 de agosto de 2016. Para una investigación completa sobre la muerte de Danica Mae Garcia, véase Patricia Evangelista, «Danica, My Danica», Rappler, 6 de septiembre de 2016.

29 la democracia más longeva del Sudeste Asiático: Julio C. Teehankee y Cleo Anne A. Calimbahin, «Mapping the Philippines' Defective Democracy», *Asian Affairs: An American Review*, vol. 47, n.º 2 (2020), pp. 97-125.

29 del asesinato de treinta y dos periodistas... bombardeos de la ciudad de Zamboanga... la arrogancia del Gobierno enviara a cuarenta y cuatro policías incautos: Esta enumeración alude a la matanza de Maguindánao de 2009, en la que murieron 58 personas, incluidos 22 periodistas; al asedio de Zamboanga en 2013 por las fuerzas rebeldes, y al enfrentamiento en Mamasapano de 2015, en el que murieron 48 agentes de las Fuerzas Especiales de la Policía.

30 En el mundo imaginado por... Duterte te cubría las espaldas... quizá te diera un aviso...

acabará con las drogas: Nicole Curato y Patricia Evangelista, «The Punisher», Rappler, 19 de febrero 2016, publicado previamente en la serie «Imagined President».
30 «Hitler masacró a tres millones de judíos»: Aunque los historiadores cifran en seis millones la cantidad de muertos durante el Holocausto, Rodrigo Duterte, a su regreso de Vietnam, la rebajó en un discurso ofrecido en Dávao, Filipinas, el 30 de septiembre de 2016.
30 Se llamaba Christine: Christine, entrevistas de la autora. La primera entrevista se realizó en presencia del tutor de Christine en 2016. Una segunda entrevista tuvo lugar en 2023, cuando Christine ya era mayor de edad. Ha dado su consentimiento para que se use su nombre. Para una investigación completa sobre la muerte de Constantino de Juan, véase Patricia Evangelista, con trabajo periodístico suplementario de Lian Buan, Kimberly dela Cruz, Alex Evangelista y el fotógrafo Carlo Gabuco, «This Is Where They Do Not Die», Rappler, 25 de noviembre de 2017.
31 «rap» («discutir»): «Rappler's Mission Statement», Rappler, 22 de febrero de 2021.
32 a finales del verano de 2011: Este recuento se publicó previamente en Patricia Evangelista, «Rappler at 10: Employee No. 6», Rappler, 12 de diciembre de 2021.
34 *fake news*: Pia Ranada, «Duterte Calls Rappler "Fake News Outlet"», Rappler, 16 de enero de 2018.
34 gacetilleros a sueldo: Rodrigo Duterte, extraído de un discurso pronunciado en el Second State of the Nation Address, Batasang Pambansa, Ciudad Quezon, 24 de julio de 2017.
34 evasión de impuestos, difamación en línea: Para informarse sobre los casos contra Rappler, véase Lian Buan, «List: Cases vs. Maria Ressa, Rappler Directors, Staff Since 2018», Rappler, 25 de febrero de 2019.
34 La licencia de actividad de Rappler fue revocada: «Statement on Affirmation of Revocation of Rappler's Corporate Registration», Securities and Exchange Commission, 29 de junio de 2022.
34 A nuestros reporteros se les prohibió: «Duterte Himself Banned Rappler Reporter from Malacañang Coverage», Rappler, 22 de febrero de 2018.
34 su nuevo chubasquero de color rosa... Jhaylord era el ojito derecho de su madre... llevaba consigo una muñeca Barbie: Véanse Patricia Evangelista, «In the Name of the Father», Rappler, 15 de diciembre de 2016; Patricia Evangelista, «Execution at Cessna», Rappler, 21 de septiembre de 2016, y Patricia Evangelista, «Jerico's Angel», Rappler, 7 de noviembre de 2016.
34 «Querría ser franco»: Rodrigo Duterte, extraído de un discurso con motivo del décimo aniversario del Mando de Mindanao Oriental, Panacan, Dávao, 26 de agosto de 2016.

2. LA MAYORÍA SUPERVIVIENTE

35 los primeros hombres blancos... Era el año 1521: Este relato de ficción sobre la expedición de Fernando de Magallanes a Filipinas procede de «The Fredding of Ferdinand Magellan», en Mario P. Chanco, ed., *How to Become a Father: A Collection of Humorous Essays, Legends, and Sketches*, Manila, Philippine Book Co., 1951, e *idem*, «Filipinos Laugh Easy», *Sunday Times Magazine*, 13 de noviembre de 1949. El relato original de la expedición, que duró entre 1519 y 1522, es obra de Antonio Pigafetta, un estudioso y explorador italiano que se unió al viaje de Magallanes. Para una traducción de *Il primo viaggio intorno al globo*, de Pigafetta, véase Antonio Pigafetta, *The First Voyage Around the World, 1519-1522*, ed. de Theodore J. Cachey, Jr., Toronto, University of Toronto Press, 2007 [hay trad. cast.: *La primera vuelta al mundo*, trad. de Isabel de Riquer, Madrid, Alianza, 2019].
36-45 «se entregaba con excesiva frecuencia»... «engañosamente ligero»... «Siempre fue una persona jovial y entregada»: Carmen Guerrero Nakpil, prefacio a Chanco, *How to Become a Father*, *op. cit.*
37 Lapulapu de Mactán... Ruy López de Villalobos, acabó en fiasco: Jose S. Arcilla, S. J., *The Spanish Conquest*, vol. 3 de *Kasaysayan: The Story of the Filipino People*, ed. de Theresa Ma y Jose Y. Dalisay, Jr., Mandalúyong, Asia Publishing Co., 1998. Véase también Jose Amiel Angeles, «The Battle of Mactan and the Indigenous Discourse on War», *Philippine Studies*, vol. 55, n.º 1 (2007), pp. 3-52.
37 No fue hasta 1565: El proceso de colonización de la expedición de Legazpi combinó con cuidado pacificación y campañas agresivas, requiriendo de la implicación de las élites indígenas. También introdujo, con mayor fuerza y de maneras más organizadas, la religión cristiana de cara a convertir a la población nativa. La alianza entre la espada y el crucifijo prosiguió hasta 1571, cuando Manila cayó bajo el control de España y se erigió en capital de la nueva

colonia. Para una exposición de las tempanas campañas de pacificación, véase Abisai Perez Zamarripa, «The Principales of Philip II: Vassalage, Justice, and the Making of Indigenous Jurisdiction in the Early Colonial Philippines», en Manuel Bastias Saavedra, ed., *Norms Beyond Empire: Law Making and Local Normativities in Iberian Asia, 1500-1800*, Leiden, Brill, 2022. Para una exposición sobre la participación de milicias indígenas (particularmente de bisayos) en la conquista de Manila, véase Stephanie Mawson, «Philippine Indios in the Service of Empire: Indigenous Soldiers and Contingent Loyalty, 1600-1700», *Ethnohistory*, vol. 63, n.° 2 (2016).

37 A mi gente se le enseñó a postrarse: Para una exposición sobre las políticas y sermones durante el proceso de conversión, véase Carolyn Brewer, *Holy Confrontation: Religion, Gender, and Sexuality in the Philippines, 1521-1685*, Manila, Institute of Women's Studies, St. Scholastica's College, 2001.

37 Filipinas la que se había rebelado contra la madre patria: John Offner, «Why Did the United States Fight Spain in 1898?», *Organization of American Historians Magazine of History*, vol. 12, n.° 3 (1998).

37 En 1898 Estados Unidos declaró la guerra: Estados Unidos se vio forzado a lidiar con un mundo cuyas colonias empezaban a romper las cadenas del imperialismo. Al posicionarse como una potencia colonial a finales del siglo XIX, desplegó el discurso del excepcionalismo, presentándose como el verdadero agente de la misión civilizadora. Al contrario que imperios precedentes, Estados Unidos veía el colonialismo como una empresa tutelar, supuestamente encaminada a ayudar a sus colonias en su camino hacia el autogobierno. Véase Julian Go, «Introduction», en Julian Go y Anne L. Foster, eds., *The American Colonial State in the Philippines: Global Perspectives*, Durham (Carolina del Norte), Duke University Press, 2003; VV. AA., *The American-Spanish War: A History by the War Leaders*, Londres, Chas. C. Haskell & Son, 1899.

37 El concepto estadounidense de «destino manifiesto»: «The World of 1898: The Spanish-American War», Hispanic Division of the Library of Congress Online Resource, 22 de junio de 2011.

37 Un ejército de ciento veinticinco mil soldados voluntarios: VV. AA., *The American-Spanish War.*

38 La batalla de Cavite... De regreso de su exilio en Hong Kong, el general Emilio Aguinaldo... «por el bien de la humanidad»: Como consecuencia de la implicación de Filipinas –por entonces una colonia de España– en la guerra hispanoestadounidense de 1898, Estados Unidos intervino en la revolución filipina, ya en marcha, que pretendía liberarse del yugo colonial español. La potencia norteamericana negoció con las fuerzas españolas en Manila y acordaron escenificar «una batalla de broma» para garantizar la rendición «pacífica» de las fuerzas españolas. Esto ocurría en el contexto de las negociaciones para la rendición final de España a Estados Unidos, que señalaría el fin de la guerra. La «batalla en broma de Manila» tuvo lugar el 13 de agosto de 1898 y concluyó con la firma de los artículos de la capitulación, que a su vez abrieron el camino para que los norteamericanos instalaran un Gobierno militar en Filipinas. Teodoro Agoncillo, *History of the Filipino People*, 8.ª ed., Ciudad Quezon, Garotech, 1990. Véanse también Jely Galang, «Ang Pamahalaang Militar ng Mga Amerikano sa Pilipinas Bago ang Digmaang Pilipino-Amerikano», *Philippine Social Sciences Review*, vol. 62, n.° 1 (2010), pp. 197-229, y Moorfield Storey y Marcial P. Lichauco, *The Conquest of the Philippines by the United States, 1898-1925*, Nueva York, Knickerbocker Press, 1926.

38-39 Las tropas filipinas cercaron Manila... «hermanitos marrones»: Daniel Immerwahr, *How to Hide an Empire: A History of the Greater United States*, Nueva York, Farrar, Straus & Giroux, 2019.

38 El tratado, firmado en París: Después de firmarse el Tratado de París, Estados Unidos dio a conocer la Declaración de Asimilación Benevolente. Se convirtió en la plasmación de la retórica del excepcionalismo norteamericano que justificaría su dominio imperialista. Para una copia de la declaración, véase James Blount, *The American Occupation of the Philippines, 1898-1912*, Nueva York, G. P. Putnam & Sons, 1913.

39 «Go, bind your sons»: Rudyard Kipling, «The White Man's Burden», *McClure's*, febrero de 1899. Para un análisis del asunto, véase Mark van Ells, «Assuming the White Man's Burden: The Seizure of the Philippines, 1898-1902», *Philippine Studies*, vol. 43, n.° 4 (1995).

39 Estados Unidos respondió con mano de hierro: La guerra filipinoestadounidense continúa siendo una de las más sangrientas de la historia de Filipinas. Para una exposición más amplia, véase Milagros Guerrero y John Schumacher, *Reform and Revolution*, vol. 5 de *Ka-*

saysayan: The Story of the Filipino People, ed. de Theresa Ma y Jose Y. Dalisay, Jr., Hong Kong, Asia Publishing Co., 1998.

39 los soldados afroamericanos: Scott Brown, «White Backlash and the Aftermath of Fagen's Rebellion: The Fates of Three African-American Soldiers in the Philippines, 1901-1902», *Contributions in Black Studies*, vol. 13, n.º 5 (1995). Véase también Immerwahr, *How to Hide an Empire*.

39-54 Mi abuelo nació... Era el tataranieto de un comerciante chino... el apellido había evolucionado a Chanco... sexto de siete hermanos... Vivían en la calle San Antonio... Aprendían español en casa... se instaló en la capital... se ganó el apelativo de Mao... periódico local desde la primera planta... Fumaba cigarrillos Rothmans... sin privaciones... la Esposa Preciosa... trabado amistad con Ninoy... viejo Mercedes-Benz... mi abuelo fue uno de los muchos periodistas... más prosaica... *Lo que el viento se llevó*... Su apoyo a Marcos estaba lleno de cinismo... un periodista comprometido: Estos extractos de la vida de Mario Chanco están extraídos de entrevistas de la autora con miembros de la familia Chanco: Felicia Evangelista, la madre de la autora, el 9 de mayo de 2022; Louie Chanco, el tío de la autora, que facilitó registros genealógicos, el 12 de julio y el 25 de septiembre de 2020; Jose «Ying» Chanco y Pedro «Boo» Chanco III, ambos el 4 de julio de 2020; Maria Gugay Chanco-Turner, tía abuela de la autora, el 25 de septiembre de 2020, y Maria Teresa Chanco-Goodrich, el 3 de octubre de 2020.

40 el 73.º Congreso de Estados Unidos: Milagros Guerrero, *Under Stars and Stripes*, vol. 6 de *Kasaysayan: The Story of the Filipino People*, ed. de Theresa Ma y Jose Y. Dalisay, Jr., Hong Kong, Asia Publishing Co., 1998.

40 colonia a estado libre asociado: Patricio Abinales y Donna Amoroso, *State and Society in the Philippines*, Lanham (Maryland), Rowman & Littlefield, 2005.

40 un coronel del ejército formado en la academia de West Point... volar puentes: Este relato de Maria Gugay Chanco-Turner hace referencia a Antonio «Tony» Pabalan Chanco, que se graduó de la academia militar de West Point, promoción de 1937. Según lo que consta en el número de marzo-abril de 1998 de la publicación *The Assembly*, la revista de los antiguos alumnos de West Point, Chanco ingresó a los diecisiete años, en 1934. Durante la ocupación japonesa de la Segunda Guerra Mundial, sirvió como oficial al mando de un batallón de ingenieros de la 91.ª División del ejército de Filipinas. Lideró un batallón de «reclutas virtuales [...] cuyo objetivo era arrasar con todo. Cada puente, cada locomotora y cada sistema de comunicación debían ser destruidos». En *The Fall of the Philippines* (Washington D. C., Center of Military History, 1993), Louis Morton narra las hazañas de la división, entre ellas la detonación del puente de Ba taan's Layac para ayudar a ganar tiempo a las fuerzas estadounidenses que estaban en retirada. Tony Chanco se contó entre los capturados por los japoneses cuando Bataan cayó en abril de 1942. Escapó de la Marcha de la Muerte de Bataan, fue capturado de nuevo por un suboficial japonés y luego enviado de regreso a su hogar, a Manila, para que su familia lo cuidara y recuperase la salud. Se unió a las guerrillas de Ramsey, lideradas por el teniente coronel Edwin Ramsey, y sirvió en ellas hasta el final de la ocupación japonesa en 1945.

40 más de cien mil: Edward Drea *et al.*, *Researching Japanese War Crime Records*, Washington D. C., National Archives and Records Administration, Nazi War Crimes and Japanese Imperial Government Records Interagency Working Group, 2006.

40 «informe de atrocidades»: El informe que documenta una masacre en Manila de la que fue testimonio Mario Chanco es *Report on the Destruction of Manila and Japanese Atrocities*, Washington D. C., Office of the Resident Commissioner of the Philippines to the United States, 1945. De todos modos, la destrucción de Manila durante los últimos meses de la ocupación fue resultado de bombardeos realizados tanto por el ejército japonés como por el norteamericano. Tal y como ha indicado el historiador Ricardo Jose, «una orgía de violaciones y asesinatos». Véase Ricardo T. Jose, *The Japanese Occupation*, vol. 7 de *Kasaysayan: The Story of the Filipino People*, ed. de Theresa Ma y Jose Y. Dalisay, Jr., Hong Kong, Asia Publishing Co., 1998.

41 pusieron fin de inmediato a su «misión prioritaria»: Maria Serena I. Diokno, *Up from the Ashes*, vol. 8 de Ma y Dalisay, eds., *Kasaysayan*.

41 «una copia fiel de la Constitución de Estados Unidos»: Raul Pangalangan, *Law and Newly Restored Democracies: The Philippines Experience in Restoring Political Participation and Accountability*, n.º 13 de IDE Asian Law Series, Japón, Institute of Developing Economies, 2002.

41 «automóviles nunca vistos»: Mario P. Chanco, «U.S. Shipping "Gets Thur Fustest"», *American Chamber of Commerce Journal*, vol. 12, n.º 12 (1945).

42 miembros fundadores del Club Nacional de Prensa: «Veteran Newsman Passes Away», *Manila Bulletin*, 19 de julio de 2001.

42 «jocosas observaciones al margen»: «Chanco, Veteran Scribe; 79», *Philippine Daily Inquirer*, 19 de julio de 2001.

42 un joven emprendedor: Felix Bautista, «11. The Most Outstanding Young Man in Journalism», *Sunday Times Magazine*, 4 de diciembre de 1955.

42 una beca Fulbright: «U.S. Foreign Service to Mario Chanco», 26 de noviembre de 1962.

42 un compendio titulado *The Orient:* El compendio fue publicado por la editorial Manor Press de Chanco, ubicada en la calle Evangelista. «Manor» es una palabra compuesta a partir de los nombres de Mario y Leonor Chanco.

43 «el más condecorado héroe de guerra»: La falsedad del heroísmo que se arrogaba Marcos durante la ocupación japonesa ha sido documentada por la National Historical Commission of the Philippines, *Why Ferdinand E. Marcos Should Not Be Buried at the Libingan ng mga Bayani*, Manila, National Historical Commission of the Philippines, 2016.

44 declararse la ley marcial: *Proclaiming a State of Martial Law in the Philippines*, Proclamación n.º 1.081, s. 1971, firmada el 21 de septiembre de 1972.

44 La dictadura conyugal: El término «dictadura conyugal» empezó a circular después de que el exsecretario de prensa y mano derecha de Primitivo Mijares lo utilizara como título de unas memorias, publicadas por primera vez en 1976. El libro de Mijares y su testimonio ante el Congreso de Estados Unidos condujeron a su muerte, así como a la de su hijo menor, Boyet Mijares. Primitivo Mijares, *The Conjugal Dictatorship of Ferdinand and Imelda Marcos*, 1976 (reedición: Ciudad Quezon, Bughaw, 2017).

44-47 Imelda bailó con el presidente Ronald Reagan... corresponsal de guerra... primera oleada de arrestos... por ambos bandos: Raymond Bonner, *Waltzing with a Dictator*, Nueva York, Random House, 1988.

44 miles de pares de zapatos de tacón de la talla treinta y nueve: John Lyons y Karl Wilson, *Marcos and Beyond*, New South Wales, Kangaroo Press, 1987.

44 todos los artículos ofertados en una subasta de Sotheby's: El 22 de marzo de 1986, un exempleado de Sotheby's reveló al diario *Los Angeles Times* que la por entonces primera dama Imelda Marcos había comprado todo el contenido de un apartamento del filántropo Leslie R. Samuel justo antes de ser subastado. El lote incluía una colección rara de pintura, muebles y cerámicas ingleses de los siglos XVII y XVIII, valorada en cinco millones de dólares. Bob Drogin, «Imelda Marcos' Shopping Gave "Spree" New Meaning», *Los Angeles Times*, 22 de marzo de 1986.

44 fecundo en corrupción... entre cinco mil y diez mil millones de dólares: Jovito Salonga, *Presidential Plunder*, Ciudad Quezon, University of the Philippines, 2000; Belinda Aquino, *The Politics of Plunder: The Philippines Under Marcos*, Ciudad Quezon, University of the Philippines, National College Public Administration and Governance, 1999.

44 el encarcelamiento de setenta mil personas, la tortura de treinta y cuatro mil, y el asesinato extrajudicial de tres mil doscientos cuarenta activistas: Alfred W. McCoy, «Dark Legacy: Human Rights Under the Marcos Regime», en *Memory, Truth-telling and the Pursuit of Justice: A Conference on the Legacy of the Marcos Dictatorship*, Ciudad Quezon, Ateneo de Manila University Press, 1999. Véase también *Report of an Amnesty International Mission to the Republic of the Philippines 22 November-5 December 1975*, Amnistía Internacional, septiembre de 1976, y *Report of an Amnesty International Mission to the Republic of the Philippines 11-28 November 1981*, Amnistía Internacional, septiembre de 1982.

44 La ley marcial terminó en 1981, al menos sobre el papel: *Proclaiming the Termination of the State of Martial Law Throughout the Philippines*, Proclamación n.º 2.045, s. 1981, firmado el 26 de enero de 1981.

44 Adoramos su lealtad: Raul S. Manglapus, «Buttery Toast in Manila», *The New York Times*, 10 de julio de 1981.

44 esta lealtad volvió a hacer aguas: Para una exposición de la carrera política de Benigno Aquino, Jr., sus negocios con la dictadura de Marcos y su tiempo en el exilio, véase Walden Bello, «Benigno Aquino: Between Dictatorship and Revolution in the Philippines», *Third World Quarterly*, vol. 6, n.º 2 (1984), pp. 283-309.

44-45 En 1980 se le autorizó... tres años a impartir conferencias en Harvard: Este relato de las actividades de Benigno Aquino Jr. en Estados Unidos se basa en Ninoy and Cory Aquino Foundation, «Exile Begins», Ninoy

Aquino, s. f., <https://www.ninoyaquino.ph/exile-begins.html>; Mary Humes, «The Scholarly Life of a Leader», *Crimson*, 21 de septiembre de 1983, y Benigno Aquino, Jr., discurso en la Asia Society, Nueva York, 4 de agosto de 1980. Para obtener una copia completa del discurso de Aquino, véase «The Filipino Is Worth Dying For», *The Manila Times*, 22 de agosto de 2010.

45 el mismo traje blanco… «Debéis tener vuestras cámaras preparadas»… comitiva de bienvenida formada por militares… la pista en dirección a la terminal… Sonaron unos disparos: Uno de los relatos más perdurables sobre el último vuelo de Aquino fue escrito por su cuñado, un corresponsal de la ABC que viajaba en el mismo avión que el senador fallecido. Véase Ken Kashiwahara, «Aquino's Final Journey», *The New York Times*, 16 de octubre de 1983. Véase también *Puso at Diwani Ninoy* (vídeo), 31 de enero de 2013, RTVMalacanang, YouTube.

45 «Un centenar de lazos amarillos»: Tony Orlando y Dawn, *Tie a Yellow Ribbon Round the Ole Oak Tree*, Arista Records, 1973.

45 «un soldado el que disparó contra Ninoy»: Jeannette L. Andrade, «"Crying Lady": It's Destiny That I Saw Ninoy Killing 33 Years Ago», *Philippine Daily Inquirer*, 21 de agosto de 2016.

46 «Regreso del exilio»: «Undelivered Speech of Sen. Benigno Aquino, Jr., upon His Return from the U.S.», *Official Gazette*, 21 de agosto de 1983.

46-49 La campaña presidencial… La revolución acabó: Alexander Magno, *A Nation Reborn*, vol. 9 de *Kasaysayan: The Story of the Filipino People*, ed. de Theresa Ma y Jose Y. Dalisay, Jr., Mandalúyong, Asia Publishing Co., 1998.

46 Al menos ochenta personas: Ruben Alabastro, «The Other Philippine Election Tally: The Dead and Wounded», Associated Press, 13 de febrero de 1986.

46-50 voluntarios fueron apaleados… Hombres armados irrumpieron… jefe de campaña de Aquino, Evelio Javier… gorras de béisbol… fortificaciones improvisadas… «¿Vais a disparar?»… seis tanques, ocho jeeps… No salió corriendo… con los brazos extendidos… Algunos lloraban… No cedieron terreno… MARCOS HUYE… «momento digno de la antigua Grecia»… Juana de Arco… la toma de la Bastilla… «el próximo país en seguir su ejemplo»… señalado el camino: Monina Allarey Mercado, ed., *An Eyewitness History: People Power, the Philippine Revolution of 1986*, Manila, James B. Reuters S. J. Foundation, 1986.

46 MARCOS ADMITE TU DERROTA: Mark Fineman, «Killed by Sniper After Rally: "Foot Soldier" Archie Dies as He Lived–for Aquino», *Los Angeles Times*, 12 de febrero de 1986.

46 Un recuento independiente concedió la victoria a Cory Aquino: Reynaldo Santos, Jr., «1986 Comelec Walkout Not About Cory or Marcos,», Rappler, 25 de febrero de 2013.

46 treinta jóvenes informáticos: Esta cifra se cita en Seth Mydans, «Observers of Vote Cite Wide Fraud by Marcos Party», *The New York Times*, 10 de febrero de 1986. De todos modos, la mayoría de las fuentes contemporáneas indican que treinta y cinco programadores abandonaron el Centro de Convenciones Internacional de Filipinas, en la ciudad de Pásay. A partir de ese momento, se les llamó los «Comelec 35» y los «Marvelous 35». Véase Nancy Carvajal, «1986 Comelec Tabulators Fear Marcos Return», *Philippine Daily Inquirer*, 24 de febrero de 2016.

47 denunciando el carácter fraudulento de las elecciones: Conferencia de Obispos Católicos en Filipinas, Anexo X, International Observer Mission, *Report to the President of the United States of America on the February 7, 1986, Presidential Election in the Philippines*, National Democratic Institute for International Affairs and the National Republican Institute for International Affairs, 1986.

47 «un fraude generalizado y actos de violencia»: Ronald Reagan, «Statement on the Presidential Election in the Philippines», 15 de febrero de 1986.

47 Ramos, desertaron: Jack Reed, «Enrile and Ramos: Former Loyalists Turn on Marcos», United Press International, 22 de febrero de 1986.

47 «La luna llena»: Phil Bronstein, «Lessons of Philippines "People Power" Revolution, 30 Years Later», *San Francisco Chronicle*, 29 de febrero de 2016.

47 una de las seis planeadas… autopista 54… A finales de la década de los cincuenta: John Paul Olivares, «Epifanio de los Santos Avenue, Quezon City: The History of Landmarks along Edsa», *Lakbay ng Lakan*, 14 de septiembre de 2019; Paulo Alcazaren, «The Road from Highway 54 Toward a More Inclusive and Safe EDSA», *Philippine Star Life*, 24 de febrero de 2022; Ambeth Ocampo, «Who Was Epifanio de los Santos», *Philippine Daily Inquirer*, 29 de junio de 2018.

50 Poco después de la Revolución Edsa: Mark Thompson, «Philippine "People Power" Thirty Years On», *Diplomat*, 9 de febrero de 2016.

50 caravanas de vehículos de simpatizantes de Marcos tomaron las calles: Human Rights Violations Victims Memorial Commission, «The Events Surrounding the 1986 Snap Elections», 12 de febrero de 2021.
50-51 un anuncio a toda página... programa cultural de once puntos... Manifiesto COWARD: Fotografía en el manifiesto expresando apoyo para el tándem Marcos-Tolentino, *Bulletin Today* (hoy *Manila Bulletin*), 28 de enero de 1986. Reuel Aguila (expresidente de GAT) documentó los hechos que rodearon a la publicación del manifiesto y su recepción consiguiente en «Kabilaan: Pagtatala ng Kasaysayan Hinggil sa Pag-endorsong Ilang Kasapi ng Galian sa Arte at Tula sa Kandidaturang Marcos Tolentino», *Talababa*, vol. 1, n.º 3 (2006).
51 «traidores», «cobardes» o «colaboradores»: E. San Juan, «What Shall We Do with All of Marcos' Hacks?», *Philippine News*, 22-28 de octubre de 1986.
52 Firmarlo, me contaron, fue estrictamente voluntario: Ernesto Hilario (periodista), entrevista de la autora, 25 de septiembre de 2020, y Luis Teodoro (periodista), entrevista de la autora, 8 de julio de 2020.
54 «uniéndose a las hordas»: La columna en que se describe la reacción de Mario Chanco a la Revolución del Poder del Pueblo, «Some of Our Panaderos Are Missing», es una copia enmarcada de la familia, que se presume que fue publicada por el *Evening Post*.

3. MASCOTA DE LA ESPERANZA

57-59 La economía atravesó un bache... fue investida como decimocuarto presidente: Patricio Abinales y Donna Amoroso, *State and Society in the Philippines*, Lanham, Rowman & Littlefiel, 2005.
58-60 experimentó una secuela en el año 2001... un escándalo relacionado con sobornos en el ámbito de las apuestas ilegales... élite política ligada a la Iglesia... Fue a juicio por expolio... Los fiscales del Estado presentaron su dimisión... «ha perdido la autoridad moral para seguir gobernando»... «fuertes y muy serias»... abandonó en barco el Palacio de Malacañán... calificar los hechos de golpe mafioso: Carl H. Landé, «The Return of "People Power" in the Philippines», *Journal of Democracy*, vol. 12, n.º 2 (2001), pp. 88-102; Yvonne Chua, Sheila Coronel y Vinia Datinguinoo, «Can Estrada Explain His Wealth?», Philippine Center for Investigative Journalism, 24 de julio de 2000; Jody C. Baumgartner y Naoko Kada, *Checking Executive Power: Presidential Impeachment in Comparative Perspective*, Westport (Conn.), Praeger, 2003; Paul A. Rodell, «The Philippines: Gloria "in Excelsis"», *Southeast Asian Affairs* (2002); «Philippine Leader Resigns, Beset by Scandal», Associated Press, 20 de enero de 2001; *Estrada v. Desierto*, G. R. No. 146710-15, 2 de marzo de 2001; «Erap's Last Stand: Revisiting President Joseph Estrada's Final Days in the Malacañang Palace», *Tatler Philippines*, 28 de julio de 2020, y Seth Mydans, «People Power 2 Doesn't Give Filipinos the Same Glow», *The New York Times*, 5 de febrero de 2001.
60 campus principal, en Diliman: Patricio Abinales, «Fragments of History, Silhouettes of Resurgence: Student Radicalism in the Early Years of the Marcos Dictatorship», *Southeast Asian Studies*, vol. 46, n.º 2 (2008), pp. 175-199, y Arnel de Guzman, «U.P. After the "Storm"», en Ferdinand C. Llanes, ed., *Tibak Rising: Activism in the Days of Martial Law*, Mandalúyong, Anvil, 2012.
62 «recibió una bandeja»: Alfred Yuson, «Pinay Wins It Big in London», *Philippine Star*, 16 de mayo de 2004.
63 «construir una república fuerte»: Gloria Macapagal Arroyo, «Second State of the Nation Address», *Official Gazette*, 22 de julio de 2002.
63 antisubversivas de la Guerra Fría: *An Act Repealing RA No. 1700, as Amended, Otherwise Known as the Anti-Subversion Act*, Republic Act No. 7636, 24 de septiembre de 1992.
63 Años de purgas internas: Mark Thompson, «The Decline of Philippine Communism», *Southeast Asia Research*, vol. 6, n.º 2 (1998), pp. 105-129.
64 organización terrorista internacional: Declaración del secretario de Defensa Colin L. Powell, «On the Designation of a Foreign Terrorist Organization», 9 de agosto de 2002.
66 En los años setenta del siglo pasado, la palabra española «desaparecer»: Gail Holst-Warhaft, *The Cue for Passion: Grief and Its Political Uses*, Cambridge (Mass.), Harvard University Press, 2000, pp. 104-105.
66 disidentes políticos durante la junta militar: Emilio Crenzel, «Toward a History of the Memory of Political Violence and the Disappeared in Argentina», en Eugenia Allier-Montaño y Emilio Crenzel, eds., *The Struggle for Memory in Latin America: Recent History and Political Violence*, Nueva York, Palgrave Macmillan, 2015.

66 secuestro sistemático de niños: Francisco Peregil, «Videla condenado por robo de bebés», *El País*, 12 de julio de 2012.
66 «desaparecidos»: *Philippines: Not Forgotten, the Fate of the «Disappeared»*, Amnistía Internacional, 1996.
66 «Desaparecer», transitivo: *Oxford English Dictionary*, Oxford, Oxford University Press, 2023, actualizado constantemente en <http://www.oed.com/>.
66-67 Sherlyn Cadapan... un adolescente... detenido que había conseguido escaparse... maniataron, les vendaron los ojos... embarazada... trozos de madera... su propia orina: Este relato de la desaparición de Sherlyn Cadapan y Karen Empeño está extraído de los reportajes de la autora sobre las acusaciones de violaciones de los derechos humanos vertidas contra el general de división Jovito Palparan. Palparan fue condenado en 2018 por secuestro y detención ilegal grave. Véanse Patricia Evangelista, «Rage», *Philippine Daily Inquirer*, 23 de noviembre de 2008; *idem*, «The Rape of Raymond Manalo», *UNO Magazine*, septiembre de 2008, e *idem*, «The Darkness of Fear», *Esquire Philippines*, mayo de 2012. Véanse también Kiri Dalena y Patricia Evangelista, «People of the Philippines vs. Jovito Palparan», Rappler, 29 de marzo de 2012, y Paolo Villaluna y Patricia Evangelista, «Storyline: Stolen», ABS-CBN News Channel, 27 de junio de 2008.
67 agricultores que habían pedido reformas sobre la propiedad de la tierra habían acabado masacrados: Lisandro E. Claudio, *Taming People's Power: The EDSA Revolutions and Their Contradictions*, Ciudad Quezon, Ateneo de Manila University Press, 2013.
68 últimas regiones en doblegarse al yugo colonial: Donna Amoroso, «Inheriting the "Moro Problem": Muslim Authority and Colonial Rule in British Malaya and the Philippine», en Julian Go y Anne L. Foster, eds., *The American Colonial State in the Philippines: Global Perspectives*, Durham (Carolina del Norte), Duke University Press, 2003.
68 «el pueblo de la llanura inundada»: Gwyn Campbell, eds., *Bondage and the Environment in the Indian Ocean World*, Londres, Palgrave Macmillan, 2018.
69 el bastión de los Ampatuan: Jocelyn R. Uy, «Ampatuan Aide Says Arroyo Ordered Governor to Rig 2007 Senatorial Polls», *Philippine Daily Inquirer*, 4 de octubre de 2011.
69 El 23 de noviembre: *People of the Philippines v. Ampatuan et al.*, casos penales n.° Q-09-162148-72/Q-09-162216-31/Q-10-162652-66/Q-10-163766/GL-Q-12-178638; Human Rights Watch, *«They Own the People»: The Ampatuans, State-Backed Militias, and Killings in the Southern Philippines*, Human Rights Watch, 16 de noviembre de 2020; Center for Media Freedom and Responsibility, «The Ampatuan Massacre: Summary of Case Trial», Philippine Center for Investigative Journalism, 18 de diciembre de 2019; Patricia Evangelista, «Carnage», *Philippine Daily Inquirer*, 29 de noviembre de 2009; Patricia Evangelista, «Killing Bebot Momay», *Philippine Daily Inquirer*, 29 de septiembre de 2012; Patricia Evangelista, «These Are Their Names», *UNO Magazine*, diciembre de 2010, y Kiri Dalena y Patricia Evangelista, «58», ABS-CBN News Channel, 23 de noviembre de 2010.
72 «mirar a los ojos a mis padres»: Benigno S. Aquino III, «Inaugural Address of President Benigno S. Aquino III», pronunciado en la Tribuna de Quirino, Manila, 30 de junio de 2010; traducción inglesa en *Official Gazette*, 30 de junio de 2010.
72 agente de policía expulsado: Sobre la toma de rehenes en Manila y la consiguiente reacción de Benigno Aquino Jr., véanse «Hong Kong Hostages Killed in Manila Bus Siege», BBC, 23 de agosto de 2010; Raissa Robles, «"I Smile When I'm Fed Up": Benigno Aquino III Defends "Inappropriate" Grins That Sparked International Outrage», *South China Morning Post*, 21 de abril de 2015; Cris Larano, «Philippine President: No Apology over Hong Kong Hostages», *The Wall Street Journal*, 23 de octubre de 2013; Samuel Chan, «Smiling Aquino "Ridiculous" and "Lacking Empathy", Manila Hostage Crisis Survivors Say», *South China Morning Post*, 21 de abril de 2015.
74 escudos humanos... llovió sangre... Trece de los muertos: Sobre el asedio de Zamboanga, véanse «Philippine Rebels Use "Human Shields" in Standoff with Troops», Agence France-Presse, 10 de septiembre de 2013; Richard Falcatan, «Zamboanga City Remembers Infamous 2013 Siege, Honors 38 Heroes», Rappler, 9 de septiembre de 2022; «What Went Before: The MNLF siege of Zamboanga City», *Philippine Daily Inquirer*, 8 de septiembre de 2014; Patricia Evangelista, «Blood from the Sky», Rappler, 7 de octubre de 2013; Patricia Evangelista, «Zamboanga Still Under Siege», Rappler, 17 de enero de 2015; Paolo Villaluna y Patricia Evangelista, «The Children of Sta. Barbara», Rappler, 26

de septiembre de 2013, y «Santa Catalina», Rappler, 12 de octubre de 2013.

74 «¿Acaso nuestros soldados no mostraron pericia?»: Benigno Aquino III, discurso en el marco del Agenda-Setting Dialogue with Partners in Malacañang, 12 de septiembre de 2014.

75 «¿Cómo debería haber reaccionado?»: Katerina Francisco, «Aquino Turns Defensive over Criticism He Lacks Empathy», Rappler, 26 de mayo de 2016.

75 supertifón Haiyan: Sobre la devastación causada por el supertifón Haiyan, véanse UN Office for the Coordination of Humanitarian Affairs, «Philippines: Concern growing for people cut off by Super Typhoon Haiyan», UNOCHA.org, 10 de noviembre de 2013; «Philippines: Typhoon Haiyan Emergency Appeal Final Report», *ReliefWeb*, 5 de octubre de 2017; Patricia Evangelista, «Land of the Mourning», *Esquire Philippines*, diciembre-enero de 2014, y Patricia Evangelista, «Are You Still Alive? The Rhetoric of Benigno Aquino III», Rappler, 25 de junio de 2016. Véase también *Men of Village 88* (vídeo), dirigido por Gym Lumbera y escrito por Patricia Evangelista, YouTube.

77 alzó la mano: Lalaine Jimenea, «Man Who Did Not Abandon Tacloban Passes Away», *Philippine Star*, 4 de agosto de 2015.

77 «Sigue con vida»: Willard Cheng, «PNP Didn't Rebuff Businessman: Palace», *ABS-CBN News Digital*, 6 de agosto de 2015.

77 «No finjo ser presidente»: «Me, Lack Empathy? Pnoy Reacts», *ABS-CBN News Digital*, 27 de mayo de 2016.

78 «No suelo asistir a velatorios»: Aries Joseph Hegina, «Aquino on Attending Laude Wake: "I Don't Attend Wakes of People I Don't Know"», *Inquirer.net*, 22 de octubre de 2014.

78 elogiando a la filial de Mitsubishi en Filipinas: «PNoy Goes to Car Plant Opening as Fallen SAF Men Arrive», *ABS-CBN News Digital*, 4 de febrero de 2015.

78 «Mi padre también está muerto»: Anthony Taberna, «PNoy Leaves Some Families Hurt», ABS-CBN, 21 de febrero de 2015.

78 el recto camino: La segunda administración de Aquino empleó esta expresión por primera vez en el discurso a la nación del 26 de julio de 2010. «El camino recto», o «Tuwid na Daan», se refiere al contrato social de Aquino con el pueblo filipino, por el que prometía priorizar la transparencia, la responsabilidad ante la ley y la gobernanza participativa.

78 los seis años de Aquino... Su política de relaciones internacionales... La economía había crecido un billón de dólares... Se aprobó la largamente combatida Ley de Salud Reproductiva... Se duplicó el presupuesto de educación... Un ingente programa de ayudas públicas: Sobre el legado de Benigno Aquino III, véanse Camille Elemia, «Did Aquino Deliver on His Promises?», Rappler, parte 1, 22 de julio de 2015, y parte 2, 24 de julio de 2015; Antonio T. Carpio, «Aquino and the Arbitration Against China», *Inquirer.net*, 1 de julio de 2021; Patricia Mirasol, «A Look Back at the PNoy Administration», *BusinessWorld*, 24 de junio de 2021; «President Aquino Signs RH Bill into Law», Rappler, 28 de diciembre de 2012; Ding Cervantes, «P271.6B 2011 Education Budget Biggest in Phl History–P-Noy», *Philippine Star*, 9 de diciembre de 2010; Tricia Aquino, «PNoy: 7.7 Million Filipinos Lifted from Poverty Through Conditional Cash Transfer Program», Philippine Institute for Development Studies, 15 de enero de 2016.

79 «Vosotros sois mis jefes»: «Speeches of Benigno "Noynoy" Aquino During His Presidency», ABS-CBN News Channel, 24 de junio de 2021.

4. EL ALZAMIENTO DEL CASTIGADOR

80 Soling, era una española mestiza... su padre tenía ascendencia china: Rodrigo Duterte, extraído de un discurso pronunciado en el Mitin de Proclamación, Tondo, Manila, 10 de febrero de 2016.

80 su abuela era del sur de Maranao: Rodrigo Duterte, extraído de un discurso pronunciado en un mitin de campaña, Lipá, 14 de abril de 2016.

80 «No soy más que el hijo de un inmigrante que fue a Mindanao»: Rodrigo Duterte, extraído de un discurso pronunciado en un encuentro con tropas de la 4.ª División de Infantería del ejército filipino, campamento Edilberto Evangelista, barangay Patag, Cagayán de Oro, 9 de agosto de 2016.

80 «Nací en el seno de una familia pobre»: Rodrigo Duterte, extraído de un discurso con motivo del lanzamiento de la Pilipinong May Puso Foundation, Dávao, 11 de noviembre de 2016. Véase también «Duterte Flip-Flops on Family's Wealth», *VERA Files*, 18 de febrero de 2017.

80 burlándose de los diplomas de latín: Germelina Lacorte, «Duterte Hits Back at Roxas, Says Wharton Red Is a Myth», *Inquirer.net*, 13 de diciembre de 2015.

80 «Soy un chico de pueblo»: Rodrigo Duterte, extraído de un discurso en el Consejo Parroquial para el Voto Responsable de la Junta de Consejeros, Directivos y Delegados, Malacañán, 3 de agosto de 2016.
80 «Soy un filipino normal»: Rodrigo Duterte, extraído de un discurso en el Plenario de la 42.ª Conferencia Filipina de Negocios y Presentación de la Cámara de Comercio e Industria de Filipinas, hotel Manila Marriott, Pásay, 13 de octubre de 2016.
80 «Sé cómo se siente el filipino corriente»: Rodrigo Duterte, extraído de un discurso en el concierto Locos por el Cambio, Taguig, 29 de noviembre de 2015.
81-90 Era un chaval alocado... pedía paninis... bares donde corría la cerveza... se unió a una banda de delincuentes... compró armas... recibió navajazos... cambió de colegio, fue expulsado... Tenía cinco hermanos... hijo de un gobernador que ejerció durante dos mandatos... prósperas tierras de Mindanao... «delgaducho, bajito y nada agraciado»... «un estudiante corriente y en absoluto brillante»... dieciocho años cuando su padre fue reelegido... perder unas elecciones al Congreso... regresó a casa, lloró sobre su féretro... frecuentara campos de tiro... Octavio como una suerte de abusón... jugueteando con unas pistolas en el vestíbulo de la facultad... empujones, un forcejeo... lo retó a un tiroteo... Octavio disponía de un revólver... a Octavio le falló el arma... Octavio Goco sobrevivió... Los miembros de la hermandad Lex Talionis brindaron su apoyo... Un prefecto escolar quiso expulsarlo... recompensado por sus molestias con un Volkswagen Escarabajo... «Soling Duterte sabía que su hijo»... Su gente la llamaba Soling... Movimiento Viernes Amarillo... «Nanay Soling renunció al puesto»... El presidente Aquino aprobó la sustitución... asistente de la fiscalía, de cuarenta y un años... «de la verdad y la justicia»... asesinatos de ladrones comunes, delincuentes: Sobre la infancia de Duterte y sus primeros pasos en la política, véase Earl G. Parreño, *Beyond Will and Power: A Biography of President Rodrigo Roa Duterte*, Lapulapu, Optima Typographics, 2019, y Jonathan Miller, *Duterte Harry: Fire and Fury in the Philippines*, Melbourne, Scribe, 2018. La autora también ha solicitado y recibido permiso de Parreño para citar diversos extractos en este libro. Véase también Sheila Coronel, «The Vigilante President», *Foreign Affairs*, 12 de agosto de 2019.
81-83 su madre lo azotó... un conflictivo niño bien... poderosos clanes políticos... cocinera, chófer... meses saltándose las clases... ataque al corazón... Octavio había estado mofándose de Rody... Octavio comenzó una pelea... Rody le gritó... le golpeó en la nariz... Rody se apresuró a subirse a una embarcación... Rody había apretado el gatillo...: Detalles y caracterización de la vida de Duterte extraídos de Miller, *Duterte Harry*.
82 secretario del Departamento de Asuntos Generales: Miguel Paolo P. Reyes, «The Duterte-Marcos Connection», *VERA Files*, 29 de septiembre de 2019.
82 no temía la cárcel ni la violencia: Rodrigo Duterte, extraído de un discurso en el marco de la Semana Solidaria con los Pobres de la Ciudad, Hardin ng Pag-Asa, Baran-gay Addition Hills, Mandalúyong, 7 de diciembre de 2016.
82-83 «acostumbrado a disparar»... disparar contra *personas*... «licenciarme de San Beda cuando le disparé a un hombre»... «lo iba a poner en su sitio... ¡bang!»: Rodrigo Duterte, extraído de discursos de campaña en La Paz Plaza, Iloilo, 21 de abril de 2016.
82 A Octavio Gogo le dispararon: Fe Zamora, «Law Student Duterte Shot Frat Brod on Campus in '72», *Philippine Daily Inquirer*, 22 de abril de 2016.
84-85 liderados por otra viuda de amarillo... Rodrigo Duterte despertó a sus hijos... «Recordad esta noche»... la ciudad de Dávao se le ofreció a Soling... setenta años: Pia Ranada, «Meet Davao's Foremost "Yellow" Activist: Soledad Duterte», Rappler, 4 de marzo de 2017; Allan Nawal y Nico Alconaba, «Sara Duterte Fires Back: My Father Understood Spirit of Edsa», *Philippine Daily Inquirer*, 25 de febrero de 2017.
85 designación de administradores interinos... durante veintidós años: Ninoy and Cory Aquino Foundation, «Essential Cory Aquino: The Unpaved Road to the Presidency», CoryAquino.ph, 2010.
85 «Soy un hijo del destino»... «Nunca pretendí ser alcalde»... «Yo estaba del lado del pueblo»: Carolyn O. Arguillas, «People Power 1986 and Duterte's Destiny», *MindaNews*, 26 de febrero de 2017.
86 «suburbios urbanos que han sido diezmados por la pobreza, la violencia»: Louise Williams, Paul Grigson y agencias, «In Rambo Town, Jackie Didn't Have a Chance», *The Sydney Morning Herald*, 17 de agosto de 1989.
86 «ciudad de asesinatos»... «capital del crimen»: Varias publicaciones describieron la ciudad de Dávao como «capital del crimen» o

«ciudad de asesinatos». Véase *Asiaweek*, vol. 2, n.º 37 (13 de septiembre de 1985), pp. 6-18, encontrado en Barbara LePoer y William Shaw, «A Selective, Annotated Bibliography on Philippine Insurgencies», Federal Research Division, Library of Congress; William Branigin, «Davao Known as Philippines "Murder Capital"», *The Washington Post*, 8 de agosto de 1985, y Michael Peel, «Drugs and Death in Davao: The Making of Rodrigo Duterte», *Financial Times*, 1 de febrero de 2017.
86-90 «concentra todos los problemas de Filipinas»... se rodeó de un grupo paramilitar... nueve mil miembros, solo en la ciudad de Dávao... «eliminación de sospechosos de rebeldía»... al menos dos centenares de organizaciones de justicieros... la Tadtad, literalmente «chop chop», en Dávao... cabeza decapitada de un guerrillero comunista... se extinguió a finales de los años ochenta: Richard Hastings, de *The Sydney Morning Herald*, citado en Ronald J. May, «Vigilantes in the Philippines: From Fanatical Cults to Citizens' Organizations», Philippine Studies Occasional Paper N.º 12, Center for Philippine Studies, School of Hawaiian, Asian and Pacific Studies, University of Hawaii at Manoa, 1992.
86 en ningún otro sitio como Agdao era más visible: Coronel Franco Calida, testimonio, 13 de enero de 1988, citado en *Report on Vigilantes*, Senado de Filipinas, Comité de Justicia y Derechos Humanos, 8.º Congreso, 1988.
86 «el Partido Comunista, y no el Gobierno»: Paul Quinn-Judge, «In Agdao, Not Even "Baby" Aquino Can Keep the Communists at Bay», *Christian Science Monitor*, 26 de marzo de 1985.
87 acabaría siendo asesinado a sangre fría... mataron a tiros a un sospechoso de ser comunista... «¡Mag-alsa na ta!»: Enriquez Delacruz, Arda Jordan y Jorge Emmanuel, *Death Squads in the Philippines*, San Francisco, Alliance for Philippine Concerns, 1987.
87 pasó a ser conocido como Alsa Masa: Sobre la fundación del grupo, véase Brennan Weiss, «Duterte's Death Squads Were Born in America's Cold War», *Foreign Policy*, 10 de julio de 2017.
87 Comando del Distrito Metropolitano (Metrodiscom): El Metrodiscom era una unidad de la Policía de Filipinas, predecesora de la Policía Nacional de Filipinas. Durante los años de la ley marcial, la Policía de Filipinas agrupaba a las fuerzas policiales tanto urbanas como municipales, bomberos y servicios penitenciarios, como una rama de las fuerzas armadas filipinas. En 1991, la Policía de Filipinas fue reemplazada por la Policía Nacional de Filipinas, de nuevo cuño y carácter civil.
87 «En la lucha entre la democracia y el comunismo»... «sistema de controles de carretera, patrullas armadas, impuestos»: Seth Mydans, «Right-wing Vigilantes Spreading in Philippines», *The New York Times*, 4 de abril de 1987.
87-89 Cagay reunió listas... «mañana estén muertos»... «Estoy encantada de unirme a ustedes aquí»... «No hablamos de grupos de justicieros que van a su aire»... escuadrones de la muerte empezaron a vestir también de color amarillo: Los detalles relativos a Alsa Masa y las declaraciones registradas de la expresidenta Corazón Aquino y del por entonces secretario de Estado de Estados Unidos, George Schultz, se han extraído de *A Rustling of Leaves: Inside the Philippine Revolution* (documental), dirigido por Nettie Wild, Vancouver, Canada Wild Productions, 1988.
87 «pruebas sólidas» de que miembros de Alsa Masa: *Philippines: Unlawful Killings by Military and Paramilitary Forces*, Amnistía Internacional, 1988.
88-92 asesinato, acoso, reclutamiento forzoso y amenazas... «Ninguno de los implicados se cubre el rostro»: *Right Wing Vigilantes and U.S. Involvement: Report of a U.S.-Philippine Fact-Finding Mission to the Philippines*, Ciudad Quezon, Philippine Alliance of Human Rights Advocates, 20-30 de mayo de 1987.
88 «discutíamos las iniciativas de paz»... La respuesta al terrorismo: Peter Tarr, «Philippine Vigilantes Reflect U.S. Strategy for "Low Intensity Conflict"», *Los Angeles Times*, 11 de octubre de 1987.
89 Un boletín informativo del Institute... algunos abusos, pero se trataba de «incidentes aislados»... «Sin la ayuda del Gobierno»... «Alsa Masa se derrumbaría»: Erik Guyot fue miembro del Institute of Current World Affairs entre 1987 y 1989, y enviaba comunicados desde Tailandia y Filipinas. Este boletín ha sido citado en diversas publicaciones y puede consultarse en la web del Institute of Current World Affairs: Erik Guyot, «Alsa Masa: "Freedom Fighters" or "Death Squads"?», icwa.org, 6 de agosto de 1988.
90-100 purgas implacables dentro del Partido Comunista... ladrones, delincuentes y sospechosos de consumir drogas... «Christopher había sido apuñalado, me sentí conmocionada»... Primero mataron a Richard... A Bobby le llegó su turno al cabo de tres años... El

último fue Fernando... «escuadrones de la muerte de Dávao se dividen en dos grupos principales»... hombres jóvenes... «si estás llevando a cabo actividades ilegales»: *«You Can Die Any Time»: Death Squad Killings in Mindanao*, Human Rights Watch, 2009.

90-91 «matar a drogadictos»... El objetivo era un conocido narcotraficante... asesinatos al Nuevo Ejército del Pueblo... «No seáis como la escoria de la sociedad»... el alcalde, inmerso en largas negociaciones con los insurgentes... La nota se arrugó... Fueron el líder del escuadrón y el jefe... Nadie respondió al fuego... No se recuperó ningún arma... No se confiscaron drogas... La firmaba el Escuadrón de la Muerte de Dávao...: Arturo «Arthur» Lascañas (agente jubilado de la policía de Dávao y miembro del Escuadrón de la Muerte de Dávao), afidávit firmado ante notario, 19 de febrero de 2017.

91 «antiguos simpatizantes del Nuevo Ejército del Pueblo»: Carlos Conde, «A Season of Death», *Newsbreak*, *ABS-CBN News Digital*, 5 de diciembre de 2001.

91 «repertorio de combate»... «revelan un cese de los asesinatos»: Coronel, «The Forever War», en Leia Castañeda Anastacio y Patricio N. Abinales, eds., *The Marcos Era: A Reader*, Ciudad Quezon, Bughaw/Ateneo de Manila University Press, 2022.

91 ochenta y cuatro asesinatos de perfil justiciero: Basado en el proceso de documentación llevado a cabo en los archivos del *Mindanao Daily Mirror* durante los tres primeros meses de 2005. Véase el reportaje «Gunmen Kill Victims 82, 83, 84», *Mindanao Daily Mirror*, 13 de abril de 2005.

91 «un grupo de justicieros vinculado al alcalde de Dávao, Rodrigo Duterte»: Detalles basados en un presunto documento de la U.S. Mission, firmado por Andrew McClearn (agente de política exterior), «More Vigilante-Style Killings Reported in Davao City», 20 de enero de 2005, facilitado por WikiLeaks. La autenticidad de este documento, marcado como confidencial, es incierta. Su contenido fue citado en «Philippines: Probe Mayor's Alleged "Death Squad" Links» (nota de prensa), Human Rights Watch, 19 de mayo de 2015, y en Karlos Manlupig, «Duterte Calls U.S. Rights Groups Hypocrite», *Inquirer Mindanao*, 20 de mayo de 2015.

91-92 hasta quinientas muertes... «en público y con una indiferencia metódica»... negaba con indiferencia la existencia de un escuadrón de la muerte»... «complacer al público y que no tendrían efecto alguno»: *Report of the Special Rapporteur on Extrajudicial, Summary or Arbitrary Executions, Philip Alston, on his Mission to Philippines*, 12-21 de febrero de 2007, Ginebra, Consejo de Derechos Humanos de la ONU, 16 de abril de 2008.

92 «No me importa que nos llamen la capital filipina de los asesinatos»... «muy muy peligrosa para los delincuentes»... «un lugar en el que pueden encontrar la muerte en cualquier momento»: Rodrigo Duterte, citado en Alan Sipress, «In Philippine City, Public Safety Has a Dark Side», *The Washington Post*, 27 de noviembre de 2003.

93 abandonar la ciudad o, de lo contrario, morirían: Rodrigo Duterte, citado en *ibid*.

94 «Los escuadrones de la muerte de Dávao no existen»: Rodrigo Duterte, entrevista de Erwin Romulo para Atom Araullo, «How to Be a Man: The Passions of Rodrigo Duterte», *Esquire Philippines*, marzo de 2015.

94 anunció una investigación pública: Comisión de Derechos Humanos (CDH) (IV), resolution n.° A 2009-015, 12 de febrero 2009.

94 órgano independiente del Gobierno: Orden ejecutiva n.° 163, s. 1987, 5 de mayo de 1987, Biblioteca del Personal de Gerencia Presidencial, Malacañán.

95-96 «iba a hacer de la ciudad de Dávao el lugar más peligroso»... «soy el responsable de levantar a esta comunidad»... «los disturbios y las represalias»... «No voy detrás de los delitos menores»... «lo hacía por su cuenta y riesgo»... afirmó que creía en los procedimientos legales... disparaban en defensa propia... «No, señora, no existe ninguno»... asesinatos «sin explicación, por resolver»... «no existe ninguno porque no los he visto»... «ya he dicho que no estaba ahí»... «fuera del alcance de la ley»... «La verdad es que no sabría decirle. Podría tratarse de una venganza»: Rodrigo Duterte, declaración en respuesta a las preguntas formuladas por la directora de la CDH, Leila de Lima, *Hearing on Extrajudicial Killings Attributed or Attributable to the Davao Death Squad, Before the CHR*, Dávao, 30-31 de marzo de 2009.

96 El alcalde Duterte aseguró que había pedido al director regional del Consejo de Derechos Humanos, Alberto Sipaco Jr.... El otro cofundador había sido Rodrigo Duterte: *Ibid*.

96 «ley del talión»: *Merriam-Webster.com Dictionary*, s. v. «lextalionis», consultado el 9 de junio de 2023; *A Dictionary of Law*, 7.ª ed., Oxford, Oxford University Press, 2009; Fe Zamora, «Bond of Brothers: Lex Talionis Frat Members Get Key Gov't Posts», *Inquirer.net*, 21 de mayo de 2017.

96 uno de los fundadores de una de las secciones de la hermandad: Alberto Sipaco, *curriculum vitae*, web oficial de la Philippine Mining Development Corporation (PMDC), consultado el 17 de abril de 2023. Sipaco ocupa el cargo de presidente, director y CEO de la PMDC.

96 «Alberto Sipaco (proteger rigurosamente)»: Kristie Kenney (exembajadora de Estados Unidos en Filipinas), telegrama confidencial al secretario de Estado, 8 de mayo de 2009, obtenido a través de WikiLeaks. En septiembre de 2016, la embajada de Estados Unidos en Filipinas declinó responder a la pregunta de Rappler acerca de la autenticidad o no del documento. Molly Koscina, enlace de prensa en la embajada, declaró: «No hacemos comentarios acerca del contenido o autenticidad de materiales, incluidos presuntos documentos clasificados que pueden haber sido filtrados». Para más detalles, véase Paterno Esmaquel II, «Duterte "Admitted Complicity" in Davao Killings–WikiLeaks», Rappler, 25 de septiembre de 2016. El 12 de mayo de 2023, antes de la publicación de este libro, la autora contactó con Sipaco en busca de declaraciones por medio de una carta que fue enviada por mensajero a su despacho en la Philippine Mining Development Corporation (PMDC), situada en Pásig, así como a través de su correo electrónico personal. Sipaco, que en el momento de la publicación era director, presidente y CEO de la PMDC, no respondió.

97-99 «asesinadas en su presencia y luego enterradas por usted»... «vendaron los ojos, antes de ser asesinados»... Jose trabajaba en una oficina... la oficina pertenecía al cuerpo de policía de Dávao... misión consistía en traer la paz y el orden... Isuzu Fuego que había pertenecido al alcalde Rodrigo Duterte... ayudante de la Unidad Antidelincuencia de la policía... su trabajo consistía en enterrar los cuerpos... jamás empuñó un cuchillo... se lo llevaron a la fuerza de un mercado... le vendaron los ojos... Un policía lo apuñaló... recogiera el cuerpo y se largase... entraban en domicilios y mataban... significaba eliminar también a los testigos... Hubo trece y a todos los vio... Estuvo Jovani... Alex y Dondon... Tony, Bobong, Toto, Peping y Alvin, y luego Jay... apenas sabía nada de ellos... pasó muchas noches sin poder dormir... alguien también se encargara de cerrarle la boca: Jose Basilio (testigo bajo pseudónimo), declaración jurada, y Jose Basilio, afidávit firmado pero no ante notario, junio de 2009. Basilio firmó el afidávit con el pulgar en vez de hacerlo por escrito. Pese a que hay elementos que indican que se suscribió en la sede central de la CDH en Ciudad Quezon, el 30 de mayo de 2009, hay detalles relevantes que han sido censurados. Tanto el afidávit como la declaración forman parte de una colección de documentos obtenidos por Rappler de la CDH. Rappler ha autorizado el uso de estos documentos para este libro.

98 Bienvenido Laud: *Laud v. People of the Philippines*, G.R. No. 199032, 19 de noviembre de 2014; Rappler Investigative Team, «Why the Laud Quarry, "Mass Grave" for DDS Victims, Haunts Lascañas», Rappler, 13 de noviembre de 2021.

99-100 «Me senté junto al objetivo»... «Kulot lo hacía de frente»... Ramon era un confidente a sueldo... La mayoría la conformaban drogadictos y ladrones... un ladrón llamado Marlon... Fue «triste», dijo Ramon: Ramon Evangelista (testigo bajo pseudónimo), afidávit ante notario, Dávao, 4 de julio de 2009, incluido en documentos obtenidos por Rappler de la CDH.

100 «serás un objetivo legítimo de asesinato»: Rodrigo Duterte, citado en Human Rights Watch, *«You Can Die Any Time»*.

100-102 «empecé mi nuevo trabajo»... «una lista con los hombres en busca y captura a los que debía matar»... Crispin, un exrebelde del Nuevo Ejército del Pueblo, llegó a la casa del alcalde... ¿Estaría Crispin dispuesto a matar?, le preguntó el alcalde... otras por el propio alcalde Duterte... El alcalde le dio a Crispin un revólver del calibre 375... La primera víctima de Crispín fue un chaval de diecinueve años... Cada asesinato le reportaba quince mil pesos... el nombre del alcalde en la parte delantera y su firma en la trasera... un total de cuarenta asesinatos... El alcalde fue tras él en persona... los policías aprendieron que debían temer al alcalde: Crispin Salazar (testigo bajo pseudónimo), afidávit firmado con el pulgar, 24 de junio de 2009. Aunque hay elementos que indican que fue suscrito en la sede central de la CDH, en Ciudad Quezon, el 30 de mayo de 2009, hay detalles relevantes que han sido censurados. El afidávit forma parte de una colección de documentos obtenidos por Rappler de la CDH.

102-103 «Ayudé a acarrear los cuerpos, señor»... Ernesto era un empleado... Ayudó a enterrar seis cuerpos... Uno se llamaba Pedro... Apuñalados, no tiroteados... dos en cada una... Quería contarles lo que había visto... por el que asomaba un único hueso:

Ernesto Avasola (testigo bajo pseudónimo), afidávit firmado ante notario, 10 de julio de 2005, y audiencia ante el juez William Simon P. Peralta (transcripción taquigráfica), Rama 40, Tribunal Regional de Primera Instancia de Manila, 10 de julio de 2009. Ambos documentos forman parte de la colección obtenida por Rappler de la CDH.

103 Un tribunal de Manila emitió una segunda orden de registro: «More Human Bones Found at the Site Covered by the Search Warrants: New Video Clips and Photos Released», CDH, 14 de julio de 2009.

103 Los investigadores hallaron restos humanos: Informe Médico-Legal de la Policía Nacional de Filipinas No. A09-506, firmado por el teniente de policía Ruby Grace D. Sabino Diangson, M.D., L.L.B. (jefe de la División Médico-Legal), Coronel de policía Salome Delos Reyes Jose, MPA (jefe del Personal de Dirección), Police Maj. Joseph C. Palermo, M.D. (agente médico-legal), Laboratorio de Criminología, Sede Central de la Policía Nacional de Filipinas, 27 de julio de 2009.

103 Los abogados de Laud recurrieron la búsqueda: Informe de Progresos en la Reimplantación de la Orden de Registro en el Campo de Tiro Copa Dorada de la Ciudad de Dávao por las Fuerzas Especiales Cooperativas del Consejo de Derechos Humanos, firmado por el coronel de la policía Roberto B. Fajardo, 23 de julio de 2019.

103-104 El juez de Manila retiró la orden de registro... dando tumbos de juez en juez... motivos fundados para examinar la zona: Malou Mangahas, «SC on Davao Death Squad Case: PNP Can Search Quarry for Bodies», Philippine Center for Investigative Journalism, 23 de septiembre de 2016.

103-104 «escasez de pruebas que respalden la complicidad directa»... «puede interpretarse como permisividad»... «Escuadrón de la Muerte de Dávao y su responsabilidad en los asesinatos»... «Se produjo una práctica sistemática de asesinatos extrajudiciales»: Resolución del Consejo de Derechos Humanos: Asesinatos Extrajudiciales Atribuidos o Atribuibles al Referido como Escuadrón de la Muerte de Dávao, Dávao, 28 de junio de 2012.

104 concluyó en 2014 sin resultados concluyentes... Sipaco, su oficina no había hallado pruebas... «la rumorología y otros cotilleos»: Disposición de la Oficina de Investigaciones Sobre el Terreno de la Oficina del Ombudsman Field, 15 de enero de 2016; carta de transmisión del ayudante del Defensor del Pueblo a la CDH, 3 de octubre de 2016; Oficina de Investigaciones Sobre el Terreno del Ombudsman, Informe de Hallazgos, 5 de mayo de 2014.

104 sin estar claro si la Policía Nacional de Filipinas efectuó una búsqueda: En una audiencia, celebrada el 3 de octubre de 2016, la entonces senadora De Lima dijo que no poseía información sobre el fallo del Tribunal Supremo en 2014 y que no había tenido la oportunidad de hacer un seguimiento del tema durante su etapa como secretaria de Justicia. «Lo desconozco e imagino que solo se trata de especulaciones». *Hearing to Investigate the Recent Rampant Extrajudicial Killings and Summary Executions of Suspected Criminals, Before the Senate Committee on Justice and Human Rights and Committee on Public Order and Dangerous Drugs* (grabación en vídeo y transcripción), Senado de Filipinas, 17.º Congreso.

104 ha fijado el número de asesinatos atribuibles al Escuadrón de la Muerte de Dávao, entre 1998 y 2015, en mil cuatrocientas veinticuatro personas: Carolyn Arguillas, «2011 to 2016 Killings in Davao City Among Those to Be Probed by International Criminal Court», *MindaNews*, 16 de septiembre de 2021.

105-108 «El Escuadrón de la Muerte de Dávao»... «El alcalde Duterte creó el EMD»... el testigo permanecía sentado, canoso y sin llamar la atención... nacido en el extrarradio de Dávao... «traficantes de drogas, violadores y ladrones»... miembro de la Unidad de Seguridad Ciudadana... el alcalde Duterte se dejaba caer de tanto en tanto... Era un grupo reducido hasta que en 1993... Asesinar no era algo que Matobato disfrutara especialmente... Las órdenes procedían de policías... desnudado, descuartizado y enterrado... No existían tribunales ni jueces... Las investigaciones eran pura fachada... se encargaba de las piezas menores... Matobato era un veterano... objetivos eran piezas de caza mayor... actuaban a plena luz del día... una furgoneta negra preparada para realizar los secuestros... Ametrallaban mezquitas... secuestrar a un hombre... Cada policía del escuadrón de la muerte llevaba dos pistolas... Una para cometer el asesinato... la segunda para dejarla como prueba... «Todo muerto acababa con una pistola a su lado»... dejaba la tarea de plantar pruebas a los policías... para entonces disparar... cortados en trocitos para acabar enterrados... arrojaba un hombre que sangraba a un pantano... al menos un millar de personas, solo en la ciudad de Dávao... «sí cuántos hubo desde que empecé»... Charlie Mike era quien daba las órdenes... aprobaba los objetivos... lo trataba como si fuera un hermano... el jefe de operaciones del escuadrón de la muerte... Matobato lo era de Lascañas... Lascañas era quien estrangulaba... Aquel reloj había sido un regalo... «Todo el mundo rendía cuentas a Arturo Lascañas»... «Incluso los generales le hacían reverencias a Arturo Lascañas»... «De no estar tú por aquí, Tur»... Charlie Mike era un nombre en clave... «Correspondía al general Duterte»: *Hearing to Investigate the Recent Rampant Extrajudicial Killings...*, 15 de septiembre de 2016; Edgardo Matobato, afidávit firmado, no ante notario, y sin fechar; Edgardo Matobato, afidávit firmado ante notario y con el pulgar, 4 de septiembre de 2014.

105 «Quizá –dijo la senadora De Lima– podamos vincular lo que ocurre ahora»: Leila de Lima, una exsenadora detenida, fue secretaria de Justicia bajo la administración de Arroyo y la segunda administración de Aquino, y directora de la CDH. Mientras desempeñaba este último cargo, encabezó las investigaciones del Escuadrón de la Muerte de Dávao. Tras conseguir un escaño como senadora en 2009, investigó las alegaciones de asesinatos extrajudiciales cometidos bajo la administración Duterte. Fue encarcelada en 2017, acusada de tres cargos que la relacionaban con las drogas, presentados tras ser señalada públicamente por el presidente Rodrigo Duterte. Fue exonerada de uno y pidió fianza para los otros dos después de que algunos testigos clave se retractaran de sus testimonios. En febrero de 2023, se cumplieron seis años de su detención. Véanse Carmela Fonbuena, «CHR to Probe "Davao Death Squad"», *Newsbreak*, *ABS-CBN News Digital*, 14 de febrero de 2009; Julie McCarthy, «Jailed Under Duterte, Philippine Politician Sends Dire Warnings on Democracy», *NPR*, 5 de octubre de 2022, y *Philippines: Six Years On, Arbitrary Detention of Former Senator Leila de Lima Continues*, Amnistía Internacional, 23 de febrero de 2023. Véase también *Hearing to Investigate the Recent Rampant Extrajudicial Killings...*, 15 de septiembre de 2016.

109 Sargento jefe de policía: En febrero de 2019, una nueva ley, la Ley de la República 11200, enmendó la Ley de la República 6975, o Ley de 1990 del Departamento del Interior y del Gobierno Local, cambió las jerarquías relativas a los agentes de policía. Un *police officer I* pasó a llamarse *patrolman* o *patrolwoman*; un *police officer II*, *police corporal*; un *police officer III*, *police staff sergeant*; un *senior police officer I*, *police master sergeant*; un *senior police officer II*, *police senior master sergeant*; un *senior police officer III*, *police chief master sergeant*; un *senior police officer IV*, *police executive master sergeant*; un *inspector*, *police lieutenant*; un *senior inspector*, *police captain*; un *chief inspector*, *police major*; un *superintendent*, *police lieutenant colonel*; un *senior superintendent*, *police colonel*; un *chief superintendent*, *police brigadier general*; un *director*, *police major general*; un *deputy director-general*, *police lieutenant general*, y un *director-general*, *police general*. Para evitar confusiones, en este libro todas las referencias a las jerarquías policiales se han actualizado conforme a la ley de 2019.

109-110 «Suele ser CM, su señoría»... «Por lo general se refieren a él como alcalde Rody»... Edgar Matobato era un mentiroso... «No existe ningún Escuadrón de la Muerte de Dávao»... trabajaba con Matobato de forma ocasional... hubiera dormido en casa de Lascañas... llevara un reloj... buen hombre al que en su día llamara «alcalde»: Arturo Lascañas (antiguo sargento jefe de policía), en *Hearing to Investigate the Recent Rampant Extrajudicial Killings and Summary Executions of Suspected Criminals, Before the Senate Committee on Justice and Human Rights and Committee on Public Order and Dangerous Drugs* (transcripción), Senado de Filipinas, 17.º Congreso, 3 de octubre de 2016.

110-112 «El Escuadrón de la Muerte de Dávao es real»... Todo empezó con sus problemas de riñón... «como zombis»... Una pesadilla... «abracé el nombre de Jesucristo»... Enumeró un asesinato tras otro... Nombró a los asesinos y al hombre que había ordenado los asesinatos... «Fue el alcalde de la ciudad, dijo Lascañas»... ordenado que se bombardearan mezquitas... el asesinato de un periodista... ordenado la muerte de unos narcotraficantes chinos... toda la familia debía ser «eliminada»... «Adelante, pero sed discretos»... excepción con el niño de cuatro años... los disparos que acabaron con la vida de seis personas... enterradas en una sola fosa, bien profunda, de la cantera... se repartió la recompensa... rociar aceite sobre la tierra fresca... «Como muestra de mi absoluta lealtad»... «hice que mataran a mis dos hermanos»... «Me pongo en manos de Dios»: Arturo Lascañas en *Hearing Conducted by the Senate Committee on Public Order and Dangerous Drugs* (transcripción), Senado de Filipinas, Pásay, 17 de marzo de 2017; Arturo Lascañas, confesión manuscrita, 10 de julio de 2005; Arturo Lascañas, afidávit archivado, 19 de febrero de 2017; rueda de prensa organizada por el entonces senador Antonio Trillañes IV y el Grupo de Asistencia Legal Gratuita en el Senado de las Filipinas, Pásay, 20 de febrero de 2017.

111 «No creé el Escuadrón de la Muerte de Dávao»: Rodrigo Duterte, rueda de prensa, Salón Rizal, Malacañán, 7 de marzo de 2017.

112 «¿Que si yo soy el escuadrón de la muerte?»: Rodrigo Duterte, en el programa de televisión *Gikan sa Masa, Para sa Masa*, ABS-CBN News, 24 de mayo de 2015. Según Carolyn Arguillas, de *MindaNews*, *Gikan sa Masa, Para sa Masa* se lanzó en 1998, cuando Duterte era el portavoz de Dávao. Ha seguido emitiéndose desde entonces, desapareciendo cuando Duterte no está en el poder o le es imposible comprometerse con apariciones regulares. Tras ser elegido presidente, el programa se reformuló como *Mula sa Masa, Para sa Masa* (una traducción al tagalo del original en cebuano) y fue emitido por la People's Television Network, que es propiedad del Gobierno.

5. DEFENDER AL ALCALDE

113-114 y 141 «la mayoría de la gente era de Duterte»... ser Duterte significaba pertenecer... leyó una noticia sobre el alcalde... un viejo catre, rodeado de una mosquitera... fácil simpatizar con Duterte... Lo llamaba Padre... Entusiastas Movilizados por Duterte... convertir a todos sus conocidos... el hombre al que llamaba Padre... Treinta pesos, por Du30: Ann Valdez (simpatizante de Duterte), entrevistada por la autora, 1 de agosto de 2021.

114 investigaciones relativas al escuadrón de la muerte: *«You Can Die Any Time»: Death Squad Killings in Mindanao*, Human Rights Watch, 6 de abril de 2009.

114-117 alcaldesa electa golpeando a un alguacil... comenzó con unos disturbios... alguacil se presentó; los hombros encorvados... «Acérquese aquí, señor»... El primer puñetazo... en directo, vía telefónica... hizo una peineta... «Os dispararé»... consternación cundió entre los grupos defensores de los derechos humanos: «Duterte Punches Court Sheriff Amid Demolition Ops in Davao City», ABS-CBN News Channel, 1 de julio de 2011; Jeffrey M. Tupas, «Davao Mayor Duterte Punches Sheriff Over Demolition of Shanties», *Philippine Daily Inquirer*, 1 de julio de 2011; Juan L. Mercado, «Dirty Finger Drill», *Philippine Daily Inquirer*, 15 de julio de 2011; David Dizon, «Rudy Duterte: Punch Me and I'll Shoot You», ABS-CBN News, 5 de julio de 2011; David Dizon, «CHR: Duterte Abuse of Sheriff Inexcusable», ABS-CBN News, 4 de julio de 2011; Sara Duterte, entrevista de la autora en *The Mayors Duterte* (documental), de Kiri Dalena, Patricia Evangelista y Karlos Manlupig, Rappler, 4 de abril de 2012.

114-115 tres los mandatos consecutivos: Constitución de 1987, artículo VI, sección 5 (2).

115 los mismos apellidos en las siguientes elecciones: Steven Rood, «Families, Not Political Parties, Still Reign in the Philippines», Asia Foundation, 22 de mayo de 2013.

115 de su madre, Soledad Duterte... sesiones eran tan tediosas... volver a hacer campaña por la alcaldía... alcalde se hacía llamar «teniente de alcalde»: Miguel Paolo P. Reyes, «The Duterte-Marcos Connection», *VERA Files*, 29 de septiembre de 2019; K. D. Suarez, «How Did Rodrigo Duterte Fare as Congressman?», Rappler, 28 de mayo de 2016; «Duterte-De Guzman Battle Looms in Davao City in 2001 Elections», *Philippine Star*, 21 de noviembre de 2000, y Cheryll D. Fiel, «2010 Elections: Dutertes Proclaimed as Winners in Davao Polls», Bulatlat.com, 13 de mayo de 2010.

116 «Fui fiscal»: Rodrigo Duterte, extraído de un discurso en el Convención Regional del Colegio de Abogados Integrado de las Filipinas, hotel Manila, 4 de noviembre de 2016.

118 «defender a nuestro alcalde»: Duterte Defense Squad, «We Defend Our Mayor Because They Defend Us», Facebook, 5 de julio de 2011.

119 Diehard Duterte Supporters: La autora verificó la existencia y el contenido de cada uno de los grupos de Facebook creados en 2020 que se muestran. Véase también Allan Nawal, «Facebook Groups Add Meaning to DDS», *Philippine Daily Inquirer*, 27 de mayo de 2015.

119-120, 126 y 141 Pasaban quince minutos... «el señor Rody Duterte»... «de rechupete»... «¿Ya ha anunciado?»... «Pero, si no se presenta»... «Todos rezamos»... «El alcalde es listo»... Marruecos y Tanzania... Su patriotismo no era fanático... papa Francisco en el parque Luneta... una cara nueva... los males de la ley marcial... «si vivía o moría»... no entraba en contradicción... Jamás se había drogado... necesaria para su preservación... eliminaría un agujero en materia de recursos... el país será como Dávao... jamás hubiera puesto un pie en Dávao: Dondon Chan, posts e interacciones en Facebook; Dondon Chan, entrevistas de la autora, 23 de julio de 2021, 8 de agosto de 2021 y 11 de marzo de 2023.

120 «Preséntate, Duterte, Preséntate»: «Libo-libo, Sumali sa "Run, Duterte, Run"», ABS-CBN News, 23 de mayo de 2015.

121 «Va a ser sangriento»: Maria Ressa, «Duterte, His 6 Contradictions and Planned Dictatorship», Rappler, 6 de octubre de 2015.

121 no quería ser presidente: Rodrigo Duterte, «Open Letter to the Public», 12 de octubre de 2015.

121 ser demasiado viejo...: Rodrigo Duterte, extraído de un discurso en el 37.º Festival Masskara, Bacolod, 2 de octubre de 2016.

121 carecer de dinero, de maquinaria... su única ambición era jubilarse: Rodrigo Duterte, extraído de una entrevista de Jessica Soho (periodista), *State of the Nation*, GMA Integrated News, 26 de mayo de 2015.

121 ambición pura... que se acabaran los carteles... no quería ser un hipócrita... «improvisaciones» con la gente: Rodrigo Duterte, extraído de una rueda de prensa, Dávao, 11 de noviembre de 2014.

121 aboliría el Congreso: «How to Be a Man: The Passions of Rodrigo Duterte», *Esquire Philippines*, marzo de 2015.

121 dirigiría el país como un dictador... a menos que fuera la voluntad de Dios: Rodrigo Duterte, extraído de un discurso en el Foro Presidencial #TheLeaderIWant, organizado por Rappler, Universidad de La Salle, Manila, 20 de enero de 2016.

121 restituiría la pena de muerte: Rodrigo Duterte, entrevista de Martin Andanar (secretario de la Oficina Presidencial de Comunicaciones de las Filipinas), 15 de marzo de 2015.

121 más funerarias: Rodrigo Duterte, extraído de un discurso en Cumbre del Federalismo, Baguio, 19 de febrero de 2015.

121 gira de escuchas: Rodrigo Duterte, extraído de un discurso en Cumbre del Federalismo, Butuan, 22 de enero de 2015.

121 que no una, dos, trece veces: Rodrigo Duterte, extraído de una rueda de prensa, Dávao, 1 de diciembre de 2014.

121-122 cada negativa reproducida por los periódicos: «Duterte: I Won't Run for National Post in 2016», *ABS-CBN News Digital*, 23 de mayo de 2015; Yuji Vincent Gonzalez, «Duterte's Final Answer: I Won't Run for President», *Inquirer.net*, 7 de septiembre de 2015; «Duterte Insists: I'm Not Running», *Philippine Star*, 12 de octubre de 2015; «Duterte: I'm Not Running but if I Were the President...», *Philippine Daily Inquirer*, 4 de julio de 2015.

122 secretario general, Martin Diño: «VACC Chair Martin Diño Files COC for President», GMA News Online, 16 de octubre de 2015; Allan Nawal y Tina Santos, «Door Still Open for Duterte Run», *Philippine Daily Inquirer*, 30 de octubre de 2015; Paterno Esmaquel II, «Duterte Placeholder Diño Withdraws Presidential Bid», Rappler, 29 de octubre d 2015, y Pia Ranada, «Explainer: Can Rodrigo Duterte Run for President?», Rappler, 24 de noviembre de 2015.

122 «Ignacio para presidente»: «Ignacio Files COC for President», Rappler, 12 de octubre de 2015; «Archangel Lucifer, Other "Nuisance" Candidates Soar on Twitter», Rappler, 13 de octubre de 2015; Michael Sullivan, «In Philippines' Presidential Race, a Chaotic Cast of Characters», NPR, 7 de noviembre de 2015; «Man Who "Talks to Aliens" Wants to Be President», *ABS-CBN News Digital*, 14 de octubre de 2015.

122-124 La norteamericana en cuestión... casado con un estadounidense de origen filipino... arraigada en Virginia... solicitó la doble nacionalidad... Quién habría pensado... Era cortejada por el partido en el poder... Era la candidata preferida... de los altavoces salía... lideraba una partida de tres... petición de descalificación... «Dicen que no soy filipina porque soy una expósita»... en su favor por cinco votos a cuatro: «Timeline: Grace Poe's Citizenship, Residency,», Rappler, 4 de septiembre de 2015; Miriam Grace A. Go, «What We Know About Grace Poe's Former House in Virginia», Rappler, 8 de marzo de 2016; Patricia Evangelista, «The Independence of Grace Poe», Rappler, 15 de noviembre de 2012; «State Media: Philippines Charges Arroyo with Election Fraud», *CNN World*, 18 de noviembre de 2011; «Fernando Poe Jr., 65, Philippine Actor-Politician, Dies», Associated Press, 14 de diciembre de 2004; Ramon Farolan, «Amazing Grace», *Philippine Daily Inquirer*, 8 de diciembre de 2014; «When Grace Poe Found Out She Was Number One», Rappler, 17 de mayo de 2013; Camille Elemia, «Grace Poe: I Offer Myself as Your President», Rappler, 16 de septiembre de 2015; K. D. Suarez, «Grace Poe Could Propel NPC as PH's Biggest Political Party», Rappler, 10 de agosto de 2015; Miriam Grace A. Go, «Grace Poe Overtakes Binay in Latest Presidential Survey», Rappler, 18 de junio de 2015; «A Second

Chance: Grace Poe Urges Comelec to Reconsider DQ Case», *Politiko*, 7 de diciembre de 2015; «New Philippine Senator Poe Widens Lead in Presidential Opinion Polls», Reuters, 21 de septiembre de 2015; Tina G. Santos, «Comelec Disqualifies Grace Poe», *Philippine Daily Inquirer*, 2 de diciembre de 2015; «SET Votes 5-4 in Favor of Grace Poe», *ABS-CBN News Digital*, 17 de noviembre de 2015, y Grace Poe, discurso ante trabajadores filipinos en el extranjero, Hong Kong, 26 de diciembre de 2015.

124 «Esto no va de política»... «la posibilidad de que me presente»: Rodrigo Duterte, extraído de un discurso en el Foro de los Médicos, Iloilo, 21 de noviembre de 2015.

124 «una presidenta norteamericana»... cubriría la vacante... «Me presento»: Pia Ranada, «Rodrigo Duterte: I Am Running for President», Rappler, 21 de noviembre de 2015.

124 «La suerte está echada»: Rodrigo Duterte, extraído de una rueda de prensa, San Juan, 23 de noviembre de 2015.

124-126 el jodido Gobierno, el jodido aeropuerto, las jodidas bebidas... jode con sus dos novias... Niega haber matado a hombres... lo cierto es que tampoco ha matado tanto... Las drogas han destrozado... Aviso de cortesía... tendrás que morir... Que vengan los activistas en pro de los derechos humanos... Aceptará la responsabilidad... maten hasta el último drogadicto del país... Él mismo deberá matar... Que los activistas vayan tras él... Que el Congreso lo investigue... enviará los tanques... disparen contra esos idiotas... Ponedlo a prueba... encantado de pudrirse en la cárcel... ha matado a dos policías... No puede proteger a la gente sin matar a gente... cazar a esos hijos de perra... No aceptará que se rindan... Ordenará a sus policías que disparen... pongan pistolas en ambas... los hijos de perra abrieron fuego para defenderse... Dávao es segura... las tetas, las bragas o las carteras... Quédate en la cárcel. Ahí estarás más seguro... El resto no tiene nada que temer... no tenéis motivo alguno para sentir miedo: Rodrigo Duterte, extraído de un discurso en Concierto Locos por el Cambio, Taguig, 29 de noviembre de 2015.

126 el Carnicero o el Castigador: «Duterte on Drug War: "I Might Go Down in History as the Butcher"», *Sunstar*, 9 de enero de 2017; véase también Charlie Campbell, «The Next President of the Philippines Could Be "The Punisher"», *Time*, 7 de abril de 2016.

126-127 Alertado por la situación, un exgobernador, Manny Piñol... «una persona inestable, irrespetuosa, irreverente»... «Dutertesados»... «siguen indecisos respecto a su voto»: Piñol (exsecretario de Agricultura), «To Duterte's Supporters Let's Promote Our Candidate Not Intimidate Non Believers», Facebook, 2 de enero de 2016.

127-140 Jason Quizon había nacido en Pampanga... de madrugada para cazar ranas... una erupción volcánica de órdago... el mejor de los hombres a ojos de Jason... «Iba adonde me llevaba el dinero»... «no hasta el punto de ser un *libtard*»... la adicción a las drogas era una enfermedad... reducirse a una bala... «Vas al Aeropuerto Internacional Ninoy Aquino»... con lo que perderá su vuelo... plastificar sus maletas... «Este es el problema con Aquino y su equipo de relaciones públicas»... «fue algo muy gordo»... un hombre de acción... filipinos como personas ingenuas... Idiotas todos... dirigirse a sus conciudadanos simplones... el alcalde bromeaba... reservó un vuelo de Abu Dabi a Doha... «políticamente blandos»: Jason Quizon (trabajador filipino en el extranjero), posts de Facebook e interacciones online; Jason Quizon, entrevista de la autora, 30 de julio de 2021 y 11 de marzo de 2023.

128-131 Lane Michael White... un delito la posesión ilegal de munición... Al timo se le llamaba *laglag-bala*... «¡en ella sostenía balas!»... El coste de la desaparición era de quinientos pesos... Un adolescente que volaba a Seúl... bala envuelta en un trapo rojo... fianza de ochenta mil pesos... cerrado su equipaje con candado... solo hubiera trascendido el nombre de siete víctimas... acabó desestimándolas bajo el argumento de que pecaban en buena medida de sensacionalismo... Alcalde, se lo ruego, sea nuestro abogado... «cuestión de extorsión»... «cinco días para hacerlo»... «hacer algo drástico»: «After Long Ordeal, U.S. Missionary "Tanim-Bala" Victim Leaves PH», *ABS-CBN News Digital*, 15 de diciembre de 2015; *An Act Providing for a Comprehensive Law on Firearms and Ammunition and Providing Penalties for Violations Thereof*, Ley de la República n.° 10591, 15.° Congreso; Resolución n.° 1644, Senado de Filipinas, 16.° Congreso, 3 de noviembre de 2015; Rhed Austria de Guzman, «Nakakaloka Talaga ang NAIA!!! I Just Got Off a Flight from Manila to LAX at Talaga Namang ang Pangongotong sa Pilipinas e Hindi Natatapos!!!», Facebook, 19 de septiembre de 2015;

«"Tanim-Bala" Victim Files Raps vs 4 OTS Men», ABS-CBN News, 24 de noviembre de 2015; «Timeline: Recent Cases of Alleged Bullet Scam at NAIA», Rappler, 2 de noviembre de 2015; Jeannette I. Andrade, «Japanese Carrying 2 Bullets in Bag Arrested at NAIA», *Philippine Daily Inquirer*, 27 de octubre de 2015; «Tanim-Bala? 68-Yr-Old Woman in Trouble for Bullet in Bag», ABS-CBN News, 1 de noviembre de 2015; Aie Balagtas *et al.*, «PAO Gets 12 "Tanim-Bala" Suspects Freed», *Philippine Daily Inquirer*, 10 de noviembre de 2015; Patricia Lourdes Viray, «PNoy Says "Laglag-Bala" Issue Sensationalized», *Philstar.com*, 23 de noviembre de 2015; Editha Caluya, «Duterte Vows to Lawyer for Laglag-Bala Victims», Rappler, 2 de noviembre de 2015; Germelina Lacorte, «Duterte Urges Aquino to "Take Drastic Step" in Stopping "Tanim-Bala"», *Philippine Daily Inquirer*, 3 de noviembre de 2015.

132 «El alcalde tendría que haber sido el primero»: Rodrigo Duterte, extraído de un discurso durante un mitin de campaña, Amoranto Sports Complex, Ciudad Quezon, 12 de abril de 2016; «Duterte Says Sorry to Filipinos; "Rape Remarks Not a Joke"», ABS-CBN News, 17 de abril de 2016.

132-133 «voy a contaros una historia»... «La embajada australiana no dejaba de llamar»... «¿Porque la hubieran violado?»... «El alcalde tendría que haber sido el primero»... «Menudo desperdicio»: Rodrigo Duterte, extraído de un discurso durante un mitin de campaña, Amoranto Sports Complex, Ciudad Quezon, 12 de abril de 2016. Esta no fue la única ocasión en que Duterte explicó la historia de Jacquiline Hamill durante su candidatura y presidencia. Véase Lindsay Murdoch, «Philippines: Rodrigo Duterte Condemned for Comments on Rape of Australian Missionary», *Sydney Morning Herald*, 17 de abril de 2016; Patricia Lourdes Viray, «Australia: Rape Should Never Be Joked About», *Philstar.com*, 17 de abril de 2016; Charlie Campbell, «Philippine Presidential Candidate Defends Remarks on Rape: "This Is How Men Talk"», *Time*, 18 de abril de 2016.

133-140 Joy Tan creía en Dios... no creía en la violación y el asesinato... lo creía capaz de matar... había hecho dos horas de trayecto hasta Dávao... acostumbraba a fumar marihuana... en algún que otro atraco a mano armada... «Decirte lo siguiente, amigo»... la culpa era de su primo... llevaran de vuelta a casa... tan aterrorizado como para actuar con discreción... tuvo por banda sonora los estallidos de los cañones... era el MNLF... Lo perdieron todo, pero sobrevivieron... Furiosa con la negligencia del Gobierno de Aquino... comenzó a enviarle cartas... arrestara a los chavales... Fue como si se le hubiera aparecido Jesús... Asus K424... lo empeñó por cinco mil pesos: Joy Tan (esposa y madre de Cotabato del Norte), interacciones online; Joy Tan, entrevistas de la autora, 29 de julio de 2021 y 11 de marzo de 2023.

136 eliminaría todo acuerdo militar con Estados Unidos: Rodrigo Duterte, extraído de un discurso en el 37.º Festival Masskara, Bacolod, Negros Occidental, 2 de octubre de 2016.

136 Barack Obama era un hijo de puta: Rodrigo Duterte, extraído de una entrevista con los medios de comunicación antes de su partida a Indonesia y Laos con motivo del 28.ª y 29.ª Cumbres del ASEAN, Dávao, 5 de septiembre de 2016.

136 dispuesto a lanzarse a mar abierto en una moto de agua: Rodrigo Duterte, extraído de un discurso en el marco de los Debates PiliPinas 2016, Lingayén, Pangasinán, 24 de abril de 2016.

136 era un asesino: Rodrigo Duterte, extraído de un discurso en la Cena en el Foro de Negocios Wallace, Malacañán, 12 de diciembre de 2016.

136 bromeaba cuando decía serlo: Rodrigo Duterte, extraído de un discurso en el marco de Hablando con la Gente sobre la COVID-19, Malacañán, 5 de octubre de 2016.

136 espectro de un narcoestado: Rodrigo Duterte, extraído de un discurso durante una visita a la comisaría de policía de Ozamiz, Misamis Occidental, 17 de agosto de 2017.

136 solo se la estaba jugando a la multitud: Rodrigo Duterte, extraído de un discurso en el marco de la Talk to the People on COVID-19, Dávao, 10 de mayo de 2021.

136 la adicción a las drogas era un delito: Rodrigo Duterte, extraído de un discurso durante la jura de cargo de los Nuevos Agentes de la Liga de las Ciudades de las Filipinas y Liga de las Provincias de las Filipinas, Malacañán, 27 de julio de 2016.

136 los drogadictos no eran seres humanos: Rodrigo Duterte, extraído de un discurso durante el décimo aniversario del Mando de Mindanao Oriental, Dávao, 26 de agosto de 2016.

136 su aniquilación podría considerarse una medida pública aceptable: Rodrigo Duterte, extraído de un discurso en la Reunión Conjunta de las Fuerzas Especiales Nacionales – Fuerzas Especiales Regionales para Acabar con el Conflicto Armado Comunista en la Región IV-A, Lucena, Quezon, 21 de octubre de 2021.

136 periodo de entre tres y seis meses: Rodrigo Duterte, extraído de un discurso durante los Debates PiliPinas 2016, Cagayán de Oro, 21 de febrero de 2016.

136 ordenar a los indeseables que se marchasen de su ciudad: Rodrigo Duterte, discurso durante una cena con V. Luna y Cotabato, soldados heridos en combate, Malacañán, 29 de agosto de 2016.

137-140 francotiradores un tiro limpio... mejor que lo mate ahí... Le da un beso a la bandera... No ambiciona grandeza alguna... No tiene otra especialidad que la muerte... él se la habría dado con gusto... Alguien debería rendir cuentas... ni un solo buque de guerra... la gente que va todos los días de casa al trabajo en tren tenga que hacer colas... no se cumple ninguna de las promesas... hambrientos, tristes y de rodillas... gobierno de hijos de puta... Miradme... abofeteará a un hombre... matará a un hombre... un hombre sencillo, votadle... alguien que os alimente... protegerá de los terratenientes... hombres se sienten ahora atemorizados... hijos de puta corruptos... destacaron en latín en la escuela... Somos muchos... justicia eterna de Dios... en la vastedad del cielo... suministrar drogas... de dieciocho meses... tirarle de la jodida cola a Satanás... Empezará el primer día... te matará... me matáis, o seré yo el que os mate... protegen a los idiotas de los delincuentes... puede matar a los delincuentes... Lo hará... Grábatelas en el culo, en las pelotas: Rodrigo Duterte, extraído de un discurso en el mitin de Avance, 7 de mayo de 2016, complementado con trabajo de campo de la autora.

142 «El presidente que imaginamos»... «En el caso de que Rodrigo Duterte gane»... «Las calles se teñirán de sangre»... «ten en cuenta que tú podrías ser el siguiente»: Nicole Curato y Patricia Evangelista, «The Rapture of Rodrigo Duterte», Rappler, 2 de mayo de 2016.

6. SALVACIÓN

145 carrera electoral con cinco contendientes... dieciséis millones de votos... El aliado de Aquino, Leni Robredo: «Rodrigo Duterte Officially Wins Philippines Presidency», *Al Jazeera*, 27 de mayo de 2016.

145 apeló para exigir un recuento. Los tribunales no le dieron la razón: «Supreme Court Unanimously Junks Marcos'VP Poll Protest vs Robredo», CNN Philippines, 16 de febrero de 2021.

145 Agradeció la labor de sus predecesores... citó a Abraham Lincoln... «meros síntomas»: Rodrigo Duterte, discurso durante su investidura como decimosexto presidente de la República de Filipinas, Malacañang, 30 de junio de 2016.

146 CENA DE SOLIDARIDAD CON LOS POBRES... un gimnasio amplio y de paredes naranjas: PTV, «Heads Up: President Rody Duterte to Hold Solidarity Dinner with the Poor at Del Pan Sports Complex, Tondo, Manila Tonight», Facebook, 30 de junio de 2016; «Duterte Holds Solidarity Dinner in Tondo», ABS-CBN News, 1 de julio de 2016.

146 Con una población de 630.363 habitantes, Tondo: Tablas Estadísticas de la Ciudad de Manila, Autoridad Estadística de Filipinas, 2015.

146 «tour del arrabal»: «Smokey Tours», TripAdvisor.com.

146-147 Los hijos de puta iban a morir... él te matará... «ha habido advertencias de sobra»... «Ellos se lo buscaron»... «matadlo vosotros mismos»: Rodrigo Duterte, extraído de un discurso en la Cena Solidaria con los Pobres, Delpan Sports Complex, Tondo, Manila, 30 de junio de 2016.

147 el primero de los muertos... SOY UN CAPO DE LA DROGA CHINO... «un varón que ha sido presuntamente víctima»: Informe: Asesinato (por disparo de bala) firmado por el cabo de la policía Dennis N. Turla (investigador asignado al caso), Servicio de Investigaciones de Crímenes Contra las Personas (CAPIS), Distrito Policial de Manila, 1 de julio de 2016.

147 Asesinato extrajudicial: Naciones Unidas define los asesinatos extrajudiciales como «asesinatos cometidos, por ejemplo, por grupos de justicieros o agentes secretos estatales, fuera de los marcos legales y judiciales, esto es, contraviniendo, o simplemente sin el concurso, de los procesos jurídicos pertinentes». Para una exposición más detallada sobre la similitud entre los diversos términos empleados en el contexto filipino, véase Peter Bouckaert, «License to Kill», Human Rights Watch, 2 de marzo de 2017; Solita Collas-Monsod, «Amnesty International Received Nobel Peace

Prize in '77», *Philippine Daily Inquirer*, 4 de febrero de 2017.

148-150 La entrada de la palabra «salvar»... introducido por los conquistadores... «El modo en que se emplea en filipino es diferente»... «Salbahe» se anglificó... «similitud visual»... «las garantías judiciales para los delincuentes comunes»... «no "mataban" sino que "salvaban"»... «otros 303 activistas políticos»: Acerca de la palaba «salvar», véase el *Oxford English Dictionary*, Oxford, Oxford University Press, 2023, actualizado de forma continua en <http://www.oed.com/>. Acerca de la evolución histórica de la palabra, véanse Ambeth Ocampo (historiador), conversación con la autora, 23 de septiembre de 2021; Jose F. Lacaba, «Carabeef Lengua», *The Manila Times*, 3 de agosto de 1995. Las publicaciones internacionales suscriben la misma definición; véase William Branigin, «Graft, Abuse of Power Corroding Philippine Institutions», *The Washington Post*, 30 de enero de 1994; Iain Guest, *Behind the Disappearances: Argentina's Dirty War Against Human Rights and the United Nations*, Filadelfia, University of Pennsylvania Press, 1990; *Globe and Mail*, 2 de julio de 1980, tal y como cita la OED.

149 «ejecución llevada a cabo por un agente estatal»... 1.217 salvamentos... elevó la cifra a 3.240... McCoy contabilizó 3.257... Comisión Internacional de Juristas: Nathan Ela, «On Salvaging», *Task Force Detainees of the Philippines*, 2016; Task Force Detainees of the Philippines, *Task Force Detainees' Glossary of Human Rights Terms*, 1991; ABS-CBN Investigative & Research Group, «By the Numbers: Human Rights Violations During Marcos' Rule», *ABS-CBN News Digital*, 21 de septiembre de 2018; Thomas Maresca, «Marcos Victory Opens Old Wounds for Martial Law Victims in Philippines», UPI, 13 de mayo de 2022; Alfred W. McCoy, «Dark Legacy: Human Rights Under the Marcos Regime», en *Memory, Truth-telling and the Pursuit of Justice: A Conference on the Legacy of the Marcos Dictatorship*, Ciudad Quezon, Ateneo de Manila University Press, 1999; Virginia Leary, A. A. Ellis y Kurt Madlener, *The Philippines: Human Rights After Martial Law*, Ginebra, International Commission of Jurists, 1984.

150 no aparece en la mayoría de los diccionarios filipinos: Los diccionarios locales no ofrecen una definición de «salvar» en el sentido de «asesinato»; véanse *Vicassan's Pilipino-English Dictionary*, ed. abreviada, Pásig, Anvil, 2006; *Filipino-English English-Filipino Dictionary*, ed. como consultor de Luis S. Santos, Manila, Merriam & Webster Bookstore, 2020; *Diksyunaryong Filipino*, ed. de Aurea Jimenez Santiago y Manuel Franco, Manila, Merriam & Webster Bookstore, 2008; *The Official Webster's English-Filipino Dictionary with Thesaurus*, Manila, W. S. Pacific Publications, 2017. Una excepción es el *UP Diksyonaryong Pilipino*, 2.ª ed., Manila, Sentro ng Wikang Filipino, 2010, que define «salvar» en Filipinas como «asesinato cometido por agentes del Estado en violación de los procesos establecidos por la ley a la hora de tratar a los delincuentes y prisioneros», comparándolo con las ejecuciones sumarias.

151 «Nightcrawlers de Manila»... «una noche en primera línea de fuego»... «suburbio lluvioso»... «espeluznante»... «la Imagen»: Jonathan Kaiman, «Meet the Nightcrawlers of Manila», *Los Angeles Times*, 26 de agosto de 2016.

151-163 «tipo de etiqueta»... «fotógrafo sin escrúpulos»... justamente lo opuesto... turno de noche... se fue con su cámara a la sede central de la policía de Manila... «Y ahí empezó todo»... «hijos de puta»... brotó un nuevo mensaje... TÚ SERÁS EL SIGUIENTE... «¿Acaso no tenéis corazón?»: Raffy Lerma (fotoperiodista), entrevista de la autora, 23 de noviembre de 2020.

151 «despiadado y peligroso terreno»: sinopsis de *Nightcrawler*, Open Road Films, 2014.

152-153 «es solo una estupidez»... arrancó a las 5.03... maltrecho Mitsubishi Lancer de 1997... jefes de las agencias... inmigrante chino... culata de una pistola... no había cuerpo: Vincent Go (fotoperiodista), entrevista de la autora, 27 de agosto de 2022.

154 «Manila, 6 de julio de 2016»: Vincent Go, «Manila July 6, 2016, A Body Bound with Duct Tape Was Dumped at Dawn on Top of Delpan Bridge», Facebook, 6 de julio de 2016.

154 «La voz muestra»: *Chicago Manual of Style*, 17.ª ed., Chicago, University of Chicago Press, 2017.

154 «Jamás uses la voz pasiva»: George Orwell, *Politics and the English Language*, 1946 (reimp.: Londres, Penguin Modern Classics, 2013).

154 «escritura contundente»... «Emplea la voz activa»: William Strunk, *The Elements of Style*, 4.ª ed., New Jersey, Pearson, 1999.

154 «La voz pasiva»: John Bremner, *Words on Words: A Dictionary for Writers and Others Who Care About Words*, Nueva York, Columbia University Press, 1980.

156 dieciocho sospechosos de mantener vínculos con las drogas... solo en el distrito

de Tondo... Cuatro habían recibido disparos... Catorce habían muerto: «The Kill List», *Philippine Daily Inquirer*, 7 de julio de 2016.
156-157 cuatro carriles que desemboca en la Terminal Internacional de Contenedores de Manila... Jerome Roa, de veintisiete años... Puerta 64... Un pie desnudo... pantalones de camuflaje... cinta amarilla... Se llamaba Josephine... Vivía en la calle... para una dosis... «reza por nosotros»... «¿Es peligroso vivir aquí?»... «Si te comportas»: Josephine (abuela de Jerome) y testigos presentes en la escena del crimen, entrevistas de la autora, 20 de agosto de 2016; Informe: Asesinato (por tiroteo) firmado por el cabo de la policía Dennis N. Turla (investigador asignado al caso), CAPIS, distrito Policial de Manila, 20 de agosto de 2016.
157-159 empezó con cinco cadáveres... palas con cintas colgando... turno de noche... «víctima era un traficante de drogas»... desnudo, ensangrentado... «Lo negó todo»... «yo también quería verlo muerto»: Eloisa Lopez (fotoperiodista), entrevista de la autora, 26 de febrero de 2022.
159-160 guerra civil de El Salvador... socialistas chilenos... linchamiento de afroamericanos emancipados: Véanse *El Salvador: The Spectre of Death Squads*, Amnistía Internacional, 1 de diciembre de 1996; *When Tyrants Tremble*, Human Rights Watch, 1999, y «Lynching in America: Confronting the Legacy of Racial Terror», Equal Justice Initiative, 2017.
160 «cuidadosamente seleccionadas e intencionadamente buscadas»: *Report of the Special Rapporteur on Extrajudicial, Summary or Arbitrary Executions, Philip Alston: Addendum: Mission to Philippines*, Consejo de Derechos Humanos de la ONU, 16 de abril de 2008.
160 «la oleada actual de ejecuciones extrajudiciales»: «UN Experts Urge the Philippines to Stop Unlawful Killings of People Suspected of Drug-Related Offences», Oficina del Alto Comisionado, 18 de agosto de 2016.
160 899 personas fueron asesinadas... «flotando en los canales»: Bea Cupin, «Dela Rosa: PNP Investigating 899 Drug-Related Deaths», Rappler, 18 de agosto de 2016.
160 «homicidios bajo investigación»: Maila Ager, «Deaths "Under Investigation" Now at 899–Dela Rosa», *Inquirer.net*, 18 de agosto de 2016.
161 «Los consideramos simples homicidios»: Cecile Suerte Felipe, «Bato: Drug Deaths Homicide, Not EJK», *Philippine Star*, 27 de marzo de 2017.
161 La vicepresidenta Gwendolyn Garcia: Yuji Gonzales, «House Body Drops Use of "Extrajudicial Killing"», *Inquirer.net*, 18 de septiembre de 2016.
161 Había tres víctimas: Kevin Manalo, «3 Patay sa Buy-Bust Operation sa Pandacan», *ABS-CBN News Digital*, 16 de julio de 2016.

7. CÓMO IDENTIFICAR A UN DROGADICTO

164 jamás hizo un llamamiento a asesinar: Rodrigo Duterte nunca alentó explícitamente a asesinar a delincuentes. De todos modos, solicitó un tiempo para poder ser él quien cometiera asesinatos. «Si no puedo controlar las drogas, si no puedo vencer al terrorismo, tendréis mi dimisión –dijo en 2017–. Creedme. Os seré franco. Pero dadme la oportunidad de matarlos uno a uno. No es fácil cometer asesinatos». Duterte, discurso en el Foro para el Desarrollo de Filipinas: Sulong Pilipinas 2017, hotel DSA Shangri-La, Mandalúyong, 9 de agosto de 2017.
164 Tendrían que «perecer»: Rodrigo Duterte, extraído de un discurso en la inauguración del puente Governor Miranda II, Dávao del Norte, 18 de mayo de 2017.
164 «borrados de la faz de la Tierra»: Rodrigo Duterte, extraído de un discurso en el 116.° Aniversario del Servicio Policial de la Policía Nacional de Filipinas, Ciudad Quezon, 9 de agosto de 2017.
164 «masacraría a esos»... «Incrementemos con generosidad»: Rodrigo Duterte, citas del Discurso sobre el Estado de la Nación, Batasang Pambansa, Ciudad Quezon, 25 de julio de 2016.
164 bote en medio del Pacífico: Rodrigo Duterte, extraído de una entrevista con *ANC Headstart*, ABS-CBN, 24 de junio de 2015.
164 Arrojarlos desde helicópteros: Rodrigo Duterte, extraído de un discurso en el Festival Kaamulan, Malaybalay, 25 de marzo de 2017.
164 «no de cuerdas»: Rodrigo Duterte, citado de una entrevista con Martin Andanar (presentador de informativos), TV5, 7 de abril de 2015.
164 hombre atado y que suplicara por su vida: Rodrigo Duterte, extraído de un discurso en Diálogo con las Comunidades Asociadas de la Autoridad Nacional sobre la Vivienda, Ciudad Quezon, 9 de febrero de 2017.
164-166 «Yo declaré la guerra»... «¿acaso es un crimen?»... «Jamás dije hacedlo por la espalda»... «Ahora soy el presidente»: Rodrigo

Duterte, extraído de una entrevista con los medios de comunicación, Cagayán de Oro, 3 de marzo de 2017.
164 no era un asesino: Rodrigo Duterte, extraído de una entrevista con Maria Ressa (CEO de Rappler y periodista) para «#TheLeaderIWant», Dávao, 29 de octubre de 2015.
164 «un matador corriente»: Rodrigo Duterte, extraído de un discurso durante la Cumbre del Federalismo, Baguio, 19 de febrero de 2015.
165-166 Él solo bromeaba... enviados al purgatorio: Rodrigo Duterte, extraído de un discurso en la Cena de Solidaridad con los Pobres, Tondo, Manila, 30 de junio de 2016.
165 Él se perdonaría a sí mismo: Rodrigo Duterte, extraído de un discurso en el Makati Business Club, Makati, 27 de abril de 2016.
165 «Acusadme una vez que abandone el cargo»: Rodrigo Duterte, extraído de un discurso durante una cena con los Asociación de Alumnos de los Militares Filipinos, Malacañán, 4 de octubre de 2018.
165 artículo 248 del Código Penal Revisado de Filipinas: Código Penal Revisado, artículo 248.
165 reducido a un homicidio... penados con entre doce y veinte años: Código Penal Revisado, artículo 249.
165 no conllevaba una autorización para asesinar: Rodrigo Duterte, discurso durante la destrucción de drogas peligrosas en la ciudad de Trece Mártires, 3 de diciembre de 2020. Este discurso ilustra bien el modo en que Duterte distingue entre asesinato y homicidio. Advirtió a los policías de que «no matéis de forma deliberada, eso sería un asesinato. Pero si porta un arma, consigue sacarla o la tiene a la altura de la cintura, disparadle porque de verdad que la va a sacar y vais a morir».
165 un solo día entre rejas: Rodrigo Duterte, extraído de un discurso en la jura de cargo de los recién elegidos Punong Barangays de la Región IX, Zamboanga del Sur, 26 de junio de 2018.
165 «la labor de matar»: Rodrigo Duterte, extraído de un discurso durante el 115.º aniversario de la Oficina de Aduanas, Centro Deportivo BOC, Port Area, Manila, 8 de febrero de 2017.
165-166 El artículo 11 del Código Penal... «a cualquiera que actúe en defensa»... «el ejercicio legítimo de un derecho»... «actúe en obediencia a una orden»: Código Penal Revisado, artículos 11, 11.1, 11.5 y 11.6.
166 y 177 El presidente ofrecería recompensas... «contáis con mi respaldo»... «ya no es una opción viable»... Disparadles si plantan cara: Rodrigo Duterte, extraído de un discurso en la fiesta de Acción de Gracias, Dávao, 4 de junio de 2016.
166-169 «que los cace y luego los mate»... setenta y siete mil personas... «robos con violación y homicidio»... muertos en tres o cuatro años: Rodrigo Duterte, extraído de un discurso en la Inauguración del Centro de Control y Gestión de Crisis de Metro Manila, Makati, 5 de abril de 2017.
166 Serían ahogados, acuchillados... arrojados a la bahía de Manila... convertidos en alimento para los peces: Rodrigo Duterte, extraído de un discurso en el Lanzamiento Corporativo de Golden Topper, Parañaque, 25 de septiembre de 2019.
166 acuchillados, tiroteados: Rodrigo Duterte, extraído de un discurso en la Cima de la Paz y el Orden para Agentes Barangay, Legazpi, Albay, 8 de febrero de 2019.
166 enterrados: Rodrigo Duterte, extraído de un discurso en la cena de Acción de Gracias en honor del senador Bong Go, Dávao, 27 de mayo de 2019.
166 «Simple justicia –dijo–. No asesinato-asesinato»: Rodrigo Duterte, extraído de un discurso a las víctimas de los atentados contra la catedral de Jolo, en Sulu (transcripción oficial), el 29 de enero de 2019. Esta transcripción fue publicada online por la Oficina Presidencial de Operaciones de Comunicación y accedió a ella el investigador Jodesz Gavilan en 2019. Desde marzo de 2023, la transcripción ya no es accesible, pero puede encontrarse en una página web alojada en Archive.org. En la copia de la autora se lee, en traducción: «Ahora bien, en Dávao, cuando yo era alcalde, dije: "Largaos de Dávao. No destrocéis mi ciudad u os mataré". Fijaos ahora en Dávao. Les dije que no les dieran drogas a mis niños. Si destruís a mis niños, os mataré. Simple justicia. No asesinato-asesinato. Os ordené que destruyerais la organización». Un vídeo de treinta minutos subido al canal de YouTube de Radio Television Malacañang (RTVM) no incluye fragmentos de esta frase. Alrededor de una cuarta parte de la transcripción oficial se ha eliminado del metraje, incluido lo de «Simple justicia. No asesinato-asesinato». Véanse también las ideas de Duterte sobre la muerte como castigo: «De hecho, no es una medida disuasoria. A mi modo de ver, es pagar por un delito. La verdad es que no me importa si te disuade o no. Pero, si te pillan, ese es el castigo. De hecho, conseguirá aplacar la conciencia

social». «How to Be a Man: The Passions of Rodrigo Duterte», *Esquire Philippines*, marzo de 2015.
166-167 «Aquí se os viene una historia muy cruda»... este drogadicto se apuntó... «así que esta es mi sobrina»... Muerta, con el vientre desgarrado: Rodrigo Duterte, extraído de un discurso en la Consejo Parroquial para el Voto Responsable de la Junta de Consejeros, Directivos y Delegados, Malacañán, 3 de agosto de 2016. El presidente ha contado otra versión de esta historia en al menos seis ocasiones, cambiando algunos detalles.
166-168 «la gente se reunió»... un revólver Ruger de cañón corto... «ocurrió ahí, en la comisaría»: Rodrigo Duterte, extraído de un discurso a las Agila Troopers, campo General Manuel T. Yan, Sr., 10.ª División de Infantería, ejército de Filipinas, barangay Tuboran, Mawab, Compostela Valley, 20 de septiembre de 2016.
167 La sobrina tenía dieciocho meses... «Vosotros, si vosotros fuerais el alcalde»: Rodrigo Duterte, extraído de un discurso en la celebración del 120.° aniversario del Departamento de Justicia, Centro Internacional de Convenciones de Filipinas, Pásay, 26 de septiembre de 2017.
167 La policía detuvo al tío... «acabo follándome a las cabras»... «Si a uno le responden así»... «Algo hice»... «los medios de comunicación están aquí»: Rodrigo Duterte, extraído de un discurso en la 29.ª Convención Nacional Anual de la Liga de Fiscales de las Filipinas, Ángeles, Pampanga, 6 de abril de 2017.
167 los periodistas que estuvieron presentes jamás pudieron olvidarlo: Esta historia la obtuvo un *fact-checker* de Dávao a partir del testimonio de varios periodistas que cubrieron la violación de un bebé en Mandug. Estos solo expusieron sus recuerdos y se negaron a ser nombrados.
167-168 «Imaginaos lo que hice yo»... «no una, dos, tres»... «a diario por todo el país»: Rodrigo Duterte, extraído de un discurso en el Mitin de Proclamación, Tondo, Manila, 10 de febrero de 2016.
168 «si a mí también me empujan a la locura»: Rodrigo Duterte, extraído de un discurso durante el día del Medioambiente del Estado de Mindanao, Universidad Ateneo de Dávao, Dávao, 4 de agosto de 2016.
168 «Huele mal»: Rodrigo Duterte, extraído de un discurso en la Plenario de la 43.ª Conferencia Filipina de Negocios y Presentación de la Cámara de Comercio e Industria de Filipinas, Manila, 19 de octubre de 2017.
169 «consumidor de drogas problemático»: «Drug Statistics and Trends», Oficina de las Naciones Unidas contra la Drogadicción y el Crimen, 2010.
169 Todos eran unos delincuentes, sin excepción... rehabilitación posible para los adictos a las metanfetaminas: Rodrigo Duterte, extraído de un discurso en Sulong Pilipinas: Serie sobre la Gobernanza, Dávao, 20 de septiembre de 2016.
169 cerebro humano se apagara: Rodrigo Duterte, extraído de un discurso en la Recepción a la Asociación de Alumnos de Derecho de San Beda, San Juan, 14 de julio de 2016.
169 «están violando a niños»: Rodrigo Duterte, extraído de un discurso en la jura de cargos de los agentes de la Liga de Ciudades de las Filipinas y la Liga de Provincias de las Filipinas, Malacañán, 27 de julio de 2016.
169 Se trataba de una «pandemia»: Rodrigo Duterte, extraído de una rueda de prensa en la Casa Presidencial para Invitados, Departamento de Obras Públicas y Autopistas, Panacan, Dávao, 21 de agosto de 2016.
169 una pandemia responsable de la muerte: Rodrigo Duterte, extraído de un discurso en el Año Nuevo Judío en la sinagoga Beit Yaacov, Makati, 4 de octubre de 2016.
169 setenta y siete mil... sacó a colación en once discursos: Rodrigo Duterte dio esta cifra de setenta y siete mil muertos a manos de drogadictos en al menos trece ocasiones entre marzo y julio de 2017; el 23 de marzo, el 24 de marzo, un día indeterminado de marzo, el 30 de marzo, el 4 de abril, el 5 de abril, el 6 de abril, el 12 de abril, el 19 de abril, el 23 de abril, el 18 de mayo, el 19 de mayo y el 24 de julio. Este recuento se basa exclusivamente en los discursos recopilados por la autora. La cifra real puede ser mayor.
169 «el virus de la droga ha dejado»: Rodrigo Duterte, extraído de un discurso en la 29.ª Convención Nacional Anual de la Liga de Fiscales de Filipinas, Ángeles, Pampanga, 6 de abril de 2017.
169 37.039 asesinatos: El número total de asesinatos y homicidios entre 2012 y 2015 es el resultado de sumar las cifras anuales de todos los muertos y homicidios facilitadas oficialmente por la Philippine Statistics Authority, *Philippine Statistical Yearbook*, Ciudad Quezon, 2012, 2013, 2014 y 2015.
170 «locos de remate»... «perdido el juicio por completo»... No poseían «valor cognitivo»... «ya no es una opción viable»: Rodrigo Duterte, extraído de un discurso en la celebra-

ción del 115.° aniversario del Servicio de Policía, Ciudad Quezon, 17 de agosto de 2016.

170 «más allá de la redención»: Rodrigo Duterte, extraído de un discurso durante un encuentro con la Comunidad Filipina, Laos y Vietnam, 5 de septiembre de 2016.

170 más abonados al suicidio que a recibir compasión: Rodrigo Duterte, extraído de un discurso en el Comunicado de Prensa sobre la Jerarquía en el Tráfico Ilegal de Drogas en Filipinas, Salón del Presidente, Malacañán, 7 de julio de 2016.

170 Asaltan a los hijos y las hijas: Rodrigo Duterte, extraído de un discurso a los miembros de la 4.ª División de Infantería del ejército de Filipinas, campo Edilberto Evangelista, Cagayán de Oro, 9 de agosto de 2016.

170 pedófilos y lunáticos: Esta es una afirmación reiterada del presidente, quien con frecuencia se refiere a los drogadictos como violadores sin un «cerebro viable» que se dedican a violar a niños.

170 salvajes y grotescos: Rodrigo Duterte, extraído de un discurso en el 18.° aniversario de los Voluntarios Contra el Crimen y la Corrupción, Malacañán, 29 de agosto de 2016.

170 cuando les entra el mono no dudan un segundo: Rodrigo Duterte, extraído de un discurso en el 80.° aniversario de la fundación de la Oficina Nacional de Investigación (NBI), centro deportivo NBI, Manila, 14 de noviembre de 2016.

171 «Dios mío, odio las drogas»: Rodrigo Duterte, extraído de una declaración al Foro Presidencial #TheLeaderIWant, organizado por Rappler, Universidad de La Salle, Manila, 20 de enero de 2016.

171-172 clasificados como «actual consumidor de drogas»... El número estimado de consumidores de drogas ilegales... 1,7 millones... 1,3 millones... 1,8 millones... Menos de la mitad eran consumidores de metanfetaminas: Esta definición del consumidor de drogas y las estimaciones correspondientes del Gobierno se han extraído del *Nationwide Survey on the Nature and Extent of Drug Abuse in the Philippines* de la Junta contra las Drogas Peligrosas para los años 2008, 2012 y 2015.

171 El estudio de 2015 se completó... tres meses al mando: Jodesz Gavilan, «DDB: Philippines Has 1.8 Million Current Drug Users», Rappler, 19 de septiembre de 2016.

171 funcionario de carrera: Sobre la carrera de Benjamin Reyes en el Gobierno, véase «His Excellency Dr. Benjamin P. Reyes, Secretary-General of the Colombo Plan», Colombo Plan.

172 «Personalmente, no sé»: Benjamin Reyes, declaración en el foro «Asuntos de Drogas, Perspectivas Diferentes: La Situación de las Drogas en Filipinas», Universidad de Filipinas, Ciudad Quezon, 6 de mayo de 2017.

172-173 atrapado entre sus principios y su jefe... Reyes fue despedido: Benjamin Reyes, entrevista de Christian Esguerra (periodista), *Early Edition*, ABS-CBN News Channel, 24 de mayo de 2017.

173 «Uno no se dedica a contradecir a su propio Gobierno»... La Junta para las Drogas Peligrosas se equivocaba: Rodrigo Duterte, extraído de una rueda de prensa tras llegar de Rusia, aeropuerto internacional Ninoy Aquino, Pásay, 24 de mayo de 2017.

173 Santiago se había presentado para un escaño en el Senado: Pia Ranada, «Duterte "Offended" by Santiago's Criticism of Drug Rehab Approach», Rappler, 8 de noviembre de 2017.

173 señalaba a Santiago en busca de confirmación: Pia Ranada, «Is Duterte's "4 Million Drug Addicts" a Real Number?», Rappler, 6 de mayo de 2017.

173 «una aproximación»: Regine Cabato, «Dangerous Drugs Board: 3 Million Figure for Drug Users "a Guesstimate"» CNN Philippines, 13 de julio de 2017.

173 estimaciones procedían de unas estadísticas: Jonathan de Santos, «Duterte Fires Drug Board Chair for "Contradicting Government"» *Philstar.com*, 24 de mayo de 2017.

174 65,1 millones multiplicado: Camille Diola, «Duterte Hikes Drug Use Figure Anew Despite Little Evidence», *Philstar.com*, 23 de septiembre de 2016.

174 los tres y los ocho millones: Daryl John Esguerra, «Palace: Duterte's 7-8 Million Drug Users Estimate Refers to "National Figure"», *Inquirer.net*, 1 de marzo de 2019.

174 «La estimación mundial de la prevalencia de las drogas»: Jose Ramon Albert (antiguo jefe de estadística de Filipinas), entrevistas de Lian Buan (periodista), octubre de 2022 y febrero de 2023.

174 «estimaciones conservadoras»: Rodrigo Duterte, extraído de discursos en el encuentro y confraternización de las Promociones de Badian '71 y '72 con coordinadores jurídicos de ámbito nacional, Salón de los Héroes, Malacañán, 17 de julio de 2016; ceremonia de inauguración de un centro para el tratamiento y la rehabilitación de drogadictos, Malaybalay, Bukidnon, 25 de marzo de 2017; mitin de campaña del Partido Demokratiko Pilipino-Lakas ng Bayan Zamboanga, Coliseo Alcalde Vitaliano D. Agan, Don Alfaro St. Tetuan, Zamboanga, 3 de marzo de 2019.

174 «tres millones más un millón»: Rodrigo Duterte, extraído de un discurso en la PNP-Oficina de la Policía Regional X (PNP-PRO X), campo 1 Teniente Vicente G. Alagar, Cagayán de Oro City, 22 de septiembre de 2016.

175 Una investigación de Reuters concluyó... «El presidente solo exagera»: Clare Baldwin y Andrew R. C. Marshall, «As Death Toll Rises, Duterte Deploys Dubious Data in "War on Drugs"», Reuters, 18 de octubre de 2016.

175-176 11.321 de los 42.065 pueblos del país... «victimizado mayoritariamente a los sectores de la sociedad más desamparados»... «una probada existencia de consumidores de drogas»... La palabra «probada» también caía en la indefinición... «durante los primeros seis meses»: Circular de Memorando de Actuación n.º 16-2016, PNP, Gran Manila, 1 de julio de 2016. Este es el documento oficial con el que la policía lanzaba la Operación Doble Cañón en el marco de la guerra contra las drogas del Gobierno de Duterte.

176 «un soldado leal»: Ronald «Bato» dela Rosa (director general del Bureau of Corrections), entrevista de la autora en el Bureau of Corrections (BuCor), en la Prisión New Bilibid, Muntinlupa, 3 de septiembre de 2018. Entre 2012 y 2013, Dela Rosa ocupó la jefatura de policía de Dávao con Duterte como alcalde. Tras ganar las elecciones en 2016, Duterte nombró a Dela Rosa jefe de la Policía Nacional de Filipinas. En 2018 Duterte lo puso a dirigir el BuCor. Fue elegido senador en 2019, en las elecciones de mitad de mandato. Para saber más acerca de la carrera en el Gobierno de Ronald «Bato» dela Rosa, véase «Senator Ronald "Bato" dela Rosa, Senate of the Philippines, 19th Congress».

176 «Con un toque de cañón»: Bea Cupin, «Warning to Drug Dealers: PNP Has "Double Barrel" Plan», Rappler, 29 de junio de 2016.

176 «Tokhang» no era una palabra extraída: «The True Spirit of TokHang», *Philippine Daily Inquirer*, 24 de junio de 2018.

177 Tokhang fue una invención de Dela Rosa: Hana Bordey, «Bato to Continue "Oplan Tokhang" If Elected as President in Eleksyon 2022», *GMA News Online*, 11 de octubre de 2021.

177 erradicado en un periodo de entre tres y seis meses: Rodrigo Duterte, declaración en el marco de los Debates PiliPinas 2016, debate presidencial organizado por el *Philippine Daily Inquirer* y GMA Integrated News, Universidad Capitol, Cagayán de Oro, 21 de febrero de 2016.

177 De fracasar, renunciaría al cargo o moriría... «sensibleros defensores de los derechos humanos»: Rodrigo Duterte, extraído de un discurso en el 67.º aniversario de la fundación del First Scout Ranger Regiment (FSRR), Bulacan, 24 de noviembre de 2017.

177 Matadlos si oponen resistencia: Rodrigo Duterte, discurso en el mitin de campaña del PDP, Isabela, 13 de marzo de 2019.

177 Cogedlos antes de que ellos os cojan a vosotros: Rodrigo Duterte, extraído de una entrevista con Erwin Tulfo (reportero de televisión) en *Sa Totoo Lang*, People's Television Network, 29 de septiembre de 2017.

177 el Gobierno de Marcos convocó las primeras elecciones parlamentarias... «¡lucharemos!»: «The Fall of the Dictatorship», *Official Gazette*, 25 de febrero de 2016. Véase también «From Senator to Prisoner: The Story of Ninoy Aquino», Martial Law Museum, proyecto de la Universidad Ateneo de Manila, Ciudad Quezon.

177-178 Partido Laban perdió casi todos los escaños: *The Philippine Electoral Almanac, Revised and Expanded Edition*, Manila, Presidential Communications Development and Strategic Planning Office, 2015.

8. CÓMO MATAR A UN DROGADICTO

182 Sangre espesa... Cinta en la boca... Policía usa camisa propia... Hoja de papel bond dentro de cartera... Shorts. Camisa hawaiana: Notas tomadas por la autora mientras trabajaba sobre el terreno, 26 de octubre, 21 de noviembre y 1 de diciembre de 2016.

183 «Después de consumarse la transacción»: Informe de la Policía Nacional de Filipinas sobre el asesinato de «Alias Macoy», firmado por el teniente de policía Raniel M. Valones, comisaría de policía de Santa Maria, 15 de agosto de 2017.

184 veinticuatro horas para embolsar otros treinta cadáveres: Informes de la Policía Nacional de Filipinas sobre las muertes de Jimmy Gongon y Bartolome Mari, comisaría de policía de Marilao; «un tal Alvin», firmado por el jefe de policía comandante Napoleon D. Cruz, comisaría de policía de Balagtas; Cristopher Tecson, firmado por el teniente de policía Isagani V. Enriquez, comisaría de policía de San Miguel; Wilfredo Alapide, firmado por el teniente de policía Heryl L. Bruno, comisaría de policía de Malolos; Jessie Andales, firmado por el teniente de policía Fitz A. Macariola, comisaría de policía de San Juan del Monte; Jefry Miranda, firmado por el teniente de policía Heryl Liwanag Bruno, comisaría de policía de Malolos; «Alias Macoy», firmado por el teniente de policía Raniel M. Valones, comisaría de policía de Santa María. Todos los informes reunidos en esta historia de la matanza de Bulacan fueron archivados el 15 de agosto de 2017, con la excepción de un informe de seguimiento, archivado por la comisaría de policía de Obando el 15 de agosto de 2017, en el que se identificaba a Bernard Lizardo y Justine Bucacao como los hombres a los que con anterioridad se habían hecho referencia únicamente como «Enan» y «Justine» en un informe firmado por el comandante de la policía Arnulfo S. Tanggol.

186 Los treinta y dos que murieron… sesenta y siete operaciones: Andrew R. C. Marshall y Manuel Mogato, «Duterte's War on Drugs: Death of a Schoolboy», Reuters, 25 de agosto de 2017.

186 «Asesinados traficantes de drogas»… «ya no están en su sano juicio»… un centenar de sospechosos que «se rindieron»: Emil Gamos, «11 Drug Dealers Killed, 45 Others Nabbed in Bulacan», Philippine News Agency, 16 de agosto de 2017.

186 coronel Romeo Caramat Jr.… veinticinco intercambios de disparos, todos ellos independientes: Rambo Talabong, «32 Dead, 107 Arrested in Bulacan "One-Time, Big-Time Operation"», Rappler, 16 de agosto de 2017.

186 97 por ciento: Clare Baldwin, Andrew R. C. Marshall y Damir Sagolj, «Police Rack Up an Almost Perfectly Deadly Record in Philippine Drug War», Reuters, 5 de diciembre de 2016.

186 tiroteos llevados a cabo por la policía de Río de Janeiro: *«Good Cops Are Afraid»: The Toll of Unchecked Police Violence in Rio de Janeiro*, Human Rights Watch, 7 de julio de 2016.

186 «no hubo bajas en el bando de la Policía Nacional de Filipinas»: Informe policial de la muerte de «Alias Macoy», firmado por el teniente de policía Raniel M. Valones, comisaría de policía de Santa María, 15 de agosto de 2017.

187-191 Muy bien, dijo el presidente… deseo de que hubiera más muertos… La alfombra era roja… «Maganda yun»… «Si somos capaces de matar a otros treinta y dos»… ciudadanos con disciplina… se parecía muy poco a la ciudad de Dávao… organismos eran corruptos… carecía de unidad… alcaldes municipales estaban a sueldo de los capos de la droga… «crucificando»… «hace demasiado ruido»… incapaces de solucionar el problema de la droga… «Creo que se producirá otro revuelo»… «un certificado de defunción»: Rodrigo Duterte, extraído de un discurso en el 19.º aniversario de la fundación de los Voluntarios Contra el Crimen y la Corrupción, Malacañán, 16 de agosto de 2017.

187 *maganda* significa «hermoso»: *Vicassan's Pilipino-English Dictionary*, ed. abreviada, Pásig, Anvil, 2006.

188 «con seriedad, pero no literalmente»: «Understanding Duterte 101? "Take Him Seriously but Not Literally"», Rappler, 17 de diciembre de 2016.

188 «imaginación creativa»: Patricia Lourdes Viray, «Palace: Use "Creative Imagination" to Interpret Duterte Remarks», *Philstar.com*, 5 de octubre de 2016.

188 «bravuconería exacerbada»: D. J. Yap, «Duterte "Rape Joke" Just "Heightened Bravado"–Palace», *Philippine Daily Inquirer*, 27 de mayo de 2017.

188 Un lector me dejó un comentario: «Para que conste en acta, no dijo que treinta y dos muertos fuera algo bueno». Comentario en la cuenta pública de Facebook de la autora, 19 de agosto de 2017.

189 Los pijamas eran hermosos… La novia del presidente… También las hijas de la ciudad de Dávao: Rodrigo Duterte, extraído de un discurso en el Concierto Locos por el Cambio, Taguig, 29 de noviembre de 2015.

189-190 Las carreteras eran hermosas… El puente Miranda: Rodrigo Duterte, extraído de un discurso en la inauguración del puente Governor Miranda, Tágum, Dávao del Norte, 18 de mayo de 2017.

189 El federalismo: Rodrigo Duterte, extraído de un discurso durante la jura de cargos de funcionarios gubernamentales recién elegidos, Malacañán, 28 de octubre de 2019.

189 las casas de los Scout Rangers: Rodrigo Duterte, extraído de un discurso en la inauguración de la carretera de circunvalación de la Ciudad de Candon, Candon, Ilocos Sur, 25 de julio de 2019.

189 madre del rey de Camboya: Rodrigo Duterte, extraído de un discurso al abandonar Camboya, aeropuerto internacional Ninoy Aquino, Pásay, 13 de diciembre de 2016.

189 Una actriz que fue violada: Rodrigo Duterte, extraído de un discurso en el mitin de campaña PDP-Laban, Don Faustino L. Dy

Memorial Coliseum, Cauayan, Isabela, 13 de marzo de 2019.
189 Una misionera de raza blanca que fue asesinada: Rodrigo Duterte, extraído de un discurso en *The Manila Times* Quinto Foro de Negocios, Dávao, 10 de febrero de 2017.
189 La isla de Mindanao... sus propias hijas... una canción escrita sobre él: Rodrigo Duterte, extraído de un discurso en el mitin de Avance, Manila, 7 de mayo de 2016.
189 «incluso si todos estuvieran muertos»: Rodrigo Duterte, extraído de un discurso durante una cena con V. Luna y Cotabato, soldados heridos en combate, Malacañán, 29 de agosto de 2016.
189 folleto dedicado a la Junta Internacional de Fiscalización de Estupefacientes: Rodrigo Duterte, extraído de un discurso en el Kapampangan Food Festival, Centro de Convenciones de la ASEAN, Clark Freeport Zone, Pampanga, 7 de diciembre de 2017.
189 su exmujer alemana: Rodrigo Duterte, extraído de un discurso en el Segundo Trimestre de Agentes del Ejecutivo Nacional del PCL y Quinto Programa Consecutivo de Formación en Legislatura Local, Mandurriao, Iloilo, 20 de junio de 2018.
189 que se le dirijan como «alcalde» en vez de como «presidente»: Rodrigo Duterte, extraído de un discurso durante la jura de cargos de agentes de la Liga de Ciudades de las Filipinas y de la Liga de Provincias de las Filipinas, Malacañán, 27 de julio de 2016.
189 su sintonía con el ejército y la policía: Rodrigo Duterte, extraído de un discurso durante la Cena de Acción de Gracias para el Grupo de Seguridad Presidencial, Malacañán, 31 de julio de 2016.
189 Las mujeres filipinas eran hermosas: Rodrigo Duterte, extraído de un discurso durante el encuentro con las Familias de los Caídos de la Fuerza de Acción Especial 44, Salón de los Héroes, Malacañán, 24 de enero de 2017.
189 Su arma corta era hermosa: Rodrigo Duterte, extraído de un discurso a la 2.ª Brigada de la marina, Jolo, Sulu, 12 de agosto de 2016.
189 La Iglesia de Duterte: Rodrigo Duterte, extraído de un discurso durante un encuentro con la Comunidad Filipina, Vientián, Laos, 5 de septiembre de 2016.
189 acabado con la corrupción, la criminalidad y las drogas: Rodrigo Duterte, extraído de una rueda de prensa, hotel Grand Hyatt, Pekín (China), 9 de octubre de 2016.
189 presidente de Estados Unidos, Barack Obama: Rodrigo Duterte, extraído de un discurso en la 42.° Exposición y Conferencia de los Negocios en Filipinas, Gran Salón de Baile del Marriott, Newport City Complex, Pásay, 13 de octubre de 2016.
189 La alcaldesa de la ciudad de Taguig: Rodrigo Duterte, extraído de un discurso durante un encuentro con la Comunidad Filipina, Estadio Cubierto, Complejo Deportivo Nacional Hassanal Bolkiah, Brunéi Darussalam, 16 de octubre de 2016.
189 Melania Trump era hermosa: Rodrigo Duterte, extraído de un discurso en la Conferencia del Clúster Filipinas- Bisayas de la Liga de Municipalidades, hotel Radisson Blu, Cebú, 21 de agosto de 2018.
189 También las motos... Harley Davidson Sportster: Rodrigo Duterte, extraído de un discurso en la Ceremonia de Graduación de la Clase 06-2016 del Curso de Conducción de Motocicletas, Feliz Beach Resort, Matina Aplaya, Dávao, 2 de diciembre de 2016.
189 Y la economía: Rodrigo Duterte, extraído de un discurso en la Búsqueda de Trabajadores Gubernamentales Excepcionales 2016, Salón de los Héroes, Malacañán, 19 de diciembre de 2016.
189 «con un solo agujero de bala en la cabeza»: Rodrigo Duterte, extraído de un discurso en el Encuentro de Voluntarios de Nanay como Comunidad de Vigilantes del Tráfico de Drogas, Parade Grounds, Clarkfield, Ángeles, Pampanga, 22 de diciembre de 2016.
189 Las playas de las Bisayas: Rodrigo Duterte, extraído de un discurso en la 69.ª Araw ng Ipil, Zamboanga Sibugay, 26 de julio de 2018.
189 los auditorios de Iloilo: Rodrigo Duterte, extraído de un discurso en acto de entrega de premios a agentes de Barangay, Dávao, 27 de diciembre de 2016.
189 Las candidatas a Miss Universo de la 65.ª edición del concurso: Rodrigo Duterte, extraído de un discurso en la Presentación de las Concursantes del 65.° Concurso de Miss Universo y de la Organización Miss Universo, Malacañán, 23 de enero de 2017.
190 Su pene circuncidado: Rodrigo Duterte, extraído de un discurso en la Cima de la Autoridad Nacional de la Vivienda: Diálogo con Comunidades Asociadas, Pista Cubierta Multifuncional de la NHA, Elliptical Road, Diliman, Ciudad Quezon, 8 de febrero de 2017.
190 Las mujeres filipinas que se casan con rusos: Rodrigo Duterte, extraído de un discurso durante un encuentro con la Comunidad Filipina, Moscú (Rusia), 5 de octubre de 2019.

190 Las «mujeres blancas y flexibles» de Cagayán de Oro: Rodrigo Duterte, extraído de un discurso en el Plenario de Cierre de la 26.ª Conferencia de Negocios de Mindanao, Centro de Convenciones, Xavier Sports and Country Club Xavier Estates, Masterson's Road, Uptown, Cagayán de Oro, 9 de septiembre de 2017.
190 El cielo al atardecer: Rodrigo Duterte, extraído de un discurso durante la inspección de recursos aéreos recién entregados y en una charla con las tropas, base aérea de Clark, Air Force City, Clark Field en Pampanga, 1 de febrero de 2021.
190 El pelo de la secretaria de Defensa: Rodrigo Duterte, extraído de un discurso en el marco de los Intercambio de Acuerdos de Negocios Firmados, Grand Hyatt Beijing, China, 26 de abril de 2019.
190 Su enfermera: Rodrigo Duterte, extraído de un discurso durante un encuentro con la Comunidad Filipina, Vestíbulo de la sede central de la Marina Real Tailandesa, Bangkok (Tailandia), 22 de mayo de 2017.
190 Su relación con China: Rodrigo Duterte, extraído de una rueda de prensa con motivo de su partida a el Foro Boao para la Conferencia Anual Asiática 2018 en China, aeropuerto internacional de Dávao, Dávao, 9 de abril de 2018.
190 La pistola Nighthawk del calibre 45: Rodrigo Duterte, extraído de una rueda de prensa, Pásay, 23 de marzo de 2017.
190 La ropa blanca del hotel Península: Rodrigo Duterte, extraído de un discurso en la 16.ª Convención Nacional de Abogados del Colegio de Abogados Integrado de las Filipinas, hotel Marriott, Pásay, 23 de marzo de 2017.
190 La vicepresidenta, sobre cuyas rodillas: Rodrigo Duterte, extraído de un discurso en el marco de la Conmemoración del Tercer Año del Supertifón Yolanda, Fosa Común de Tacloban, barangay Basper, Tacloban, 8 de noviembre de 2016.
190 zapatos rojos lucidos por una reportera: Rodrigo Duterte, extraído de un discurso tras su llegada de Camboya, Hong Kong y China, aeropuerto internacional F. Bangoy, Dávao, 16 de mayo de 2017.
190 La ciudad de Marawi: Rodrigo Duterte, extraído de un discurso durante una visita a la Primera Infantería Mecanizada (Maasahan) División de la Brigada Mecanizada de Infantería del Ejército de Filipinas, Camp Leono, barangay Kalandagan, Tacurong, 7 de junio de 2017.
190 La gente de Oriente Medio... «hermosa raza de los musulmanes»: Rodrigo Duterte, extraído de un discurso en la celebración del Eid'l Fitr, Salón Rizal, Malacañán, 27 de junio de 2017.
190 Los fusiles de francotirador fabricados en China... fusiles Barrett fabricados en Estados Unidos: Rodrigo Duterte, extraído de un discurso durante una visita a la Oficina de la Policía Regional XI de la Policía Nacional de Filipinas, campo Quintin M. Merecido, Catitipan, Buhangin, Dávao, 29 de junio de 2017.
190 pistolas Jericho: Rodrigo Duterte, extraído de un discurso a la 103.ª Infantería (Haribon) Brigada, Primera División de Infantería del Ejército de Filipinas, Kampo Ranao, Marawi, 20 de julio de 2017.
190 pistola Glock: Rodrigo Duterte, extraído de un discurso con motivo del 26.° aniversario de la Oficina de Protección Contra Incendios, teatro AFP, campó Aguinaldo, Ciudad Quezon, 2 de agosto de 2017.
190 Una conocida de nombre Lia: Rodrigo Duterte, extraído de un discurso en el 50.° aniversario de la fundación de Dávao del Norte, Coliseo de Dávao del Sur, Barangay Matti, Digos, Dávao del Sur, 1 de julio de 2017.
190 «No es caro ser hermosa»: *Imelda* (documental), dir. Ramona Diaz, Maryland, CineDiaz Inc., 2003.
190-191 «Cero excusas»: Rodrigo Duterte, extraído de un discurso en las Ceremonia de Galardones a Diez Jóvenes Excepcionales, Salón Rizal, Malacañán, 12 de diciembre de 2016.
191-192 Para matar a un drogadicto... Si se lleva la mano al bolsillo... no puedes controlar dónde acaban las balas: Rodrigo Duterte, extraído de un discurso durante una visita a la Oficina Regional 12 de la Policía Nacional de Filipinas, barangay Tambler, General Santos, 23 de septiembre de 2016.
191-192 Debes tener una orden judicial ... proclamar tu autoridad... Haz saber que estás ahí para practicar una detención... Exige que el drogadicto deje lo que está haciendo, se rinda... te siga hasta la comisaría... tu deber es imponerte... Tu único objetivo es la supervivencia: Rodrigo Duterte, extraído de un discurso en el 17.° Araw ng Digos, City Gymnasium, Digos, Dávao del Sur, 8 de septiembre de 2017.
191-193 ver metanfetaminas cambiando de manos... «emplea violencia al resistirse a su detención»: Rodrigo Duterte, extraído de un

discurso en la Ceremonia de Encendido del Árbol de Navidad en la Oficina del Presidente, Kalayaan Grounds, Malacañán, 3 de diciembre de 2018.

191-192 debes desenfundar tu pistola... los rescoldos de una tarde de borrachera: Rodrigo Duterte, extraído de un discurso mientras asistía a un velatorio por unos soldados muertos en acto de servicio, fuerzas navales de Mindanao Oriental, Panacan, Dávao, 7 de agosto de 2016.

191-192 Si el arma del drogadicto es letal... «Les das a las cinco personas que tenía detrás»... «si aprietas [el gatillo de tu] M-16»: Rodrigo Duterte, extraído de un discurso en la Novena Cima Nacional Bianual de Mujeres de la Policía, hotel Apo View, Dávao, 30 de septiembre de 2016.

192 todos los drogadictos van armados: Rodrigo Duterte, extraído de una rueda de prensa, presentación del Grand Hyatt Manila Marker, Grand Hyatt Manila, BGC, Taguig, 5 de septiembre de 2017.

192 Para matar a un drogadicto es necesario sentir miedo: Rodrigo Duterte, extraído de un discurso en Hablando con el Pueblo sobre la COVID-19, Malacañán, 3 de abril de 2020.

192 No actúas impelido por la rabia: Rodrigo Duterte, extraído de un discurso durante una cena con V. Luna y Cotabato, soldados heridos en acto de servicio, Malacañán, 29 de agosto de 2016.

192 dejar viuda a tu esposa... huérfanos a tus hijos: Rodrigo Duterte, extraído de un discurso en Hablando con el Pueblo sobre la COVID-19, Malacañán, 3 de abril de 2020.

192 a una pistola en vez de a un revólver: Rodrigo Duterte, extraído de un discurso en el Galardón a las Unidades Residenciales de Madayaw, Kadayawan Homes, Dávao, 2 de junio de 2022.

192 Le das al drogadicto... a las cinco personas que tenía detrás... Mueren las cinco personas... Mueren diez personas, cien: Rodrigo Duterte, extraído de un discurso en Hablando con las Tropas, barangay Kilala, Marawi, 24 de agosto de 2017.

192 Las balas rebotan: Rodrigo Duterte, extraído de un discurso durante un encuentro con SP02 George Canete Rupinta, exprisionero de guerra del Nuevo Ejército del Pueblo, Matina Enclaves, Dávao, 16 de septiembre de 2017.

192 «Tu deber es matar»: Rodrigo Duterte, extraído de un discurso en el 115.° aniversario de la Agencia de Aduanas, BOC Gymnasium, Port Area, Manila, 8 de febrero de 2017.

192 Esto era legal: Rodrigo Duterte, extraído de un discurso durante un encuentro con la Comunidad Filipina, hotel Intercontinental, Vietnam, 28 de septiembre de 2016.

192 «La presunción de regularidad»: Rambo Talabong, «PNP to SC: Presumption of Regularity Is on Our Side», Rappler, 12 de abril de 2018.

193-198 «lo que de verdad ocurría sobre el terreno»... los enfrentamientos letales solo representaban el 6 por ciento: Guillermo Eleazar (jefe de policía de Ciudad Quezon), entrevista de la autora, 7 de noviembre de 2017.

193 «satisfactoria si no es contradicha»: Reglamento de Procedimiento del Tribunal de Justicia, sección 3, reglamento 131.

193 «en el cumplimiento de su deber»: Código Penal Revisado, artículo 11, sección 5.

193 muy pocos de los miles: Lian Buan, «In Nearly 2,000 Deaths in Police Drug Operations, Only 10 Reached Courts», Rappler, 16 de enero de 2021.

194 «Le dije a la policía»: Rodrigo Duterte, extraído de un discurso en la Ceremonia de Encendido del Árbol de Navidad de la Oficina del Presidente, Malacañán, 4 de diciembre de 2018.

194 al menos 6.252 veces: Zacarian Sarao, «6,252 Drug Suspects Killed as of May 31–PDEA», *Inquirer.net*, 22 de junio de 2022.

194 delante de su primo de veinte años: Patricia Evangelista con trabajo de investigación adicional de Kimberly dela Cruz, «Where the Drug War Began», Rappler, 24 de abril de 2017.

194 treinta y un agentes de policía: Patricia Evangelista *et al.*, «This Is Where They Do Not Die», Rappler, 25 de noviembre de 2017.

194-198 llevaba diecisiete años... «Así son los drogadictos»: Allan Formilleza (sargento de policía, CP-6, Ciudad Quezon, PNF), entrevista de la autora, 10 de octubre de 2017. La denuncia presentada por Efren Morillo no supuso el primer encontronazo de Formilleza con acusaciones penales. En 2013, Formilleza y otro agente de policía fueron acusados de asesinar a un vendedor callejero de treinta y cuatro años, el cual había presentado con anterioridad una denuncia contra ellos por robo, arresto ilegal, amenazas graves y daños físicos. Más adelante, a Formilleza se lo trasladó a la CP-6, donde estaba destinado cuando ocurrió la fatídica operación Tokhang en la que murieron cuatro personas y Efren Morillo fue herido. Formilleza fue destinado a la Unidad Administrativa y Holding Policial Regional de la Oficina Regional Policial de la Capital Nacional. En 2017 recibió una nueva acusación de asesinato, esta vez por acabar con la vida de un vigilante de seguridad de treinta y nueve años de Payatas, en Ciudad Quezon. El jefe de policía de Ciudad Quezon, Guillermo Eleazar, les contó a los periodistas que Formilleza estaba «en paradero desconocido» y que se le consideraba ausente sin justificación. A pesar de esto, Formilleza se presentó hasta en tres ocasiones en los tribunales. Lucía el uniforme de la Policía del Distrito Oriental cuando habló con la autora al término de una de las audiencias. Al ser preguntado por su desaparición, declaró: «Es normal que un ser humano se tome unas vacaciones, que se marche, como cualquier individuo, incluso un civil». No está claro si Formilleza fue suspendido del servicio. En 2020 fue detenido por un caso completamente distinto, por secuestrar y robar a un funcionario de la Oficina de Rentas Internas. La PNF describió a Formilleza como un sicario reconocido y miembro de una organización criminal. Véase «2 Cops Charged with Vendor's Killing Relieved», *Philippine Daily Inquirer*, 15 de septiembre de 2013; Reiner Padua, «2 Cops Charged with Vendor's Murder», *Philippine Star*, 15 de septiembre de 2023; Jhesset Ennano, «QC Cop in "Tokhang" Case Faces New Murder Charge», *Philippine Daily Inquirer*, 11 de julio de 2017; Daphne Galvez, «Ex-Cop Linked to Kidnap Gang Nabbed in Bulacan», *Inquirer.net*, 16 de junio de 2020, y Doris Franche-Borja, «Ex-Police Dawit sa Kidnapping ng BIR Officials, Timbog», *Pilipino Star Ngayon*, 17 de junio de 2020.

194-196 Formilleza no estaba solo... Todos *nanlaban*... cinco pistolas... «Se recomiendan condecoraciones y menciones»: Informe de la PNF, «Re-Encounter Between Operatives of Batasan Police Station PS-6, QCPD Resulting in the Death of Four (4) Male Drug Personalities and One (1) Male Injured», firmado por el teniente de policía Rodelio B. Marcelo, Unidad de Detección de Investigaciones Criminales, Distrito Policial de Ciudad Quezon, 22 de agosto de 2016; «Joint Affidavit of Arrest», firmado por el capitán de policía Emil de Los Santos Garcia, el sargento de policía Allan Formilleza, el patrullero James Aggarao y el patrullero Melchor Navisaga, Ciudad Quezon, 28 de agosto de 2016; Informe, «Re-encounter Between Elements of this Station Resulted to the Death of Four (4) Male Suspects for Violation of R.A. 9165 (Re-Oplan Tokhang) and Direct Assault», firmado por el teniente de policía Lito Engkig Patay, comisaría de policía 6 de Batasan, Distrito Policial de Ciudad Quezon, 21 de agosto de 2016; informe tras la operación, «Encounter between PCP 4 Personnel of Batasan Police PS-6, QCPD and Five (5) Male Persons Resulting to the Death of Four (4) Male Persons and One (1) Injured», firmado por el teniente de policía Lito Engkig Patay, Estación de las Fuerzas Especiales Contra las Drogas Ilegales, comisaría de policía 6 de Batasan, Distrito Policial de Ciudad Quezon, 23 de agosto de 2016.

195 Emil Garcia, entrevistado... «de repente comenzaron a dispararnos»: Kevin Manalo, noticiario televisivo en *Umagang Kay Ganda*, ABS-CBN News, 22 de agosto de 2016; Tek Ocampo, noticiario televisivo en *Balita Pilipinas*, GMA Integrated News, 22 de agosto de 2016.

196 La teoría de la regularidad... requiere de una conexión regular: Helen Beebee, Christopher Hitchcock y Peter Menzies, eds., *Stathis Psillos: The Oxford Handbook of Causation*, Oxford, Oxford University Press, 2009.

196 «Veamos, si desenfundas tu arma»... «imponerte a su resistencia por todos los medios posibles»: Rodrigo Duterte, extraído de una entrevista con Erwin Tulfo para el programa televisivo *Sa Totoo Lang*, People's Television Network, 15 de septiembre de 2017.

197 «enfermos de paranoia»... «comportamiento habitual»: Rodrigo Duterte, extraído de una rueda de prensa, Dávao, 21 de agosto de 2016.

197 «Es cierto que contraatacan»: Rodrigo Duterte, extraído de una declaración, Foro Presidencial #TheLeaderIWant, organizado por Rappler, Universidad de La Salle, Manila, 20 de enero 2016.

197-198 Millones que podrían haber muerto... «lógicamente eliminaría la posibilidad de asesinatos extrajudiciales»: Jhoanna Ballaran, «PNP Dispels Insinuations That Drug Deaths Are Gov't Sanctioned», *Inquirer.net*, 12 de abril de 2018.

198-207 Aquel día eran cinco... Marcelo, Jessie y Efren jugaban al billar... Había siete personas en el exterior... Ninguna de ellas llevaba uniforme... «Todos quietos»... cinco jóvenes levantaron las manos... atados, esposados y golpeados... La policía no traía esposas suficientes... un trozo de cable eléctrico del tejado del cobertizo... Los policías registraron la casa... un teléfono móvil, una tableta, un encendedor... Condujeron a los cinco jóvenes al patio trasero... una chabola, levantada de cualquier manera y cubierta por una lona... levantó la pistola y la amartilló... Dijo no saber nada... Dijo estar limpio... Dijo ser un vendedor, de fruta... Dijo no estar implicado en nada... «¿En serio?»... contra el pecho de Efren, justo por debajo del corazón... una, dos, tres veces, en rápida sucesión... Llegaron más disparos desde el patio trasero... «Decid que todos opusieron resistencia»... El hombre al que tenía sentado delante... Efren lo quería de vuelta... su ropa interior comenzó a empaparse de sangre... Se quedó tirado en el suelo, inmóvil y en silencio... rezó mientras duraron los disparos... mientras duraron los gritos... sus dos hijos... Efren esperó... se puso de pie con dificultad... «Ayudadme»... salió escopeteado barranco abajo... No se le ocurrió que podía morir... de las colinas y desembocó en la autopista... más de las cuatro de la tarde cuando Efren Morillo llegó a la autopista... No se atrevió a ir a ningún hospital de Ciudad Quezon... lo encontraran y acabaran con él... Se encontró a un viejo amigo... lo acercara a una clínica... parte trasera de su todoterreno... no había ningún médico... vendarle las heridas... Efren no perdió la conciencia... avisar a su madre... las diez y media de la noche... le dijeron que su hijo había muerto... Los policías de Rizal no tardaron en hacerle una visita... le prometieron a Efren que lo ayudarían... La ambulancia partió... «Monté un poco de drama»... «sigue con vida»... La ambulancia permaneció aparcada... Ya era medianoche cuando Efren fue llevado... la de Ciudad Quezon lo esposó... acusado de asalto... la muñeca izquierda atada a la cama... Los Morillo vendieron su casa... Pagaron la fianza: Efren Morillo (superviviente del tiroteo), afidávit de demanda presentado en la Oficina del Defensor del Pueblo, 2 de marzo de 2017; Efren Morillo, Sinumpaang Salaysay, 26 de agosto de 2016; Petición Conjunta de Emisión de una Orden de Amparo, presentada en el Tribunal Supremo, 26 de enero de 2017; Efren Morillo, testimonio ante la Tom Lantos Human Rights Commission, Congreso de Estados Unidos, 5 de mayo de 2017; Efren Morillo, entrevista de la autora, 1 de agosto de 2017.

199-202 ayudante de un camionero... en la que su madre lo había traído al mundo... La madre de Marcelo se había encontrado a su marido... su hijo estaba en apuros... el tamarindo que su madre había plantado el año en que nació... La pierna derecha cruzada por encima de la izquierda... El orificio de entrada de la bala era una estrella negra... Le brotaba sangre de la boca... «¿Para qué íbamos a marcharnos?»: Maria Belen Daa (madre de Marcelo Daa), entrevista con la autora, 21 de agosto de 2017.

199-200 miraban la televisión... Los niños perseguían arañas... «Se llevaron mi audífono»... «No encontramos nada»: Francesca Cordero (tía de Marcelo Daa), entrevista con la autora, 21 de agosto de 2017.

200-202 El padre de Marcelo, de sesenta y nueve años... Mucha gente se había reunido en el patio... intentó agarrarlo del brazo... acusó al padre de Marcelo de ser el cerebro de la banda... «Me dijeron que eran policías»... «Yo me encargo de esto»... desearía no haberlo hecho... sus padres durmieron en casa: Marcelo Daa, Sr. (padre de Marcelo Daa), entrevista con la autora, 21 de agosto de 2017.

200-209 testigos identificarían como Allan Formilleza... «cinematográfico, dramático, teatral e histriónico»... se retractó de todo lo dicho... siete los sospechosos, no cinco... Tres, no uno... Garcia no había estado presente: Teniente de policía Emil Garcia, informe de situación presentado en la Oficina del Defensor del Pueblo, 14 de septiembre de 2017.

201 A las mujeres las retuvieron en el interior de la casa... oyó el alboroto y se acercó hasta los árboles... Raffy y Anthony tirados en el suelo... Jessie Cule, de rodillas... quizá fuese un policía... dar gritos y alaridos hasta que el hombre... red metálica reciclada... «hay uno que todavía respira»... Se produjeron otros dos disparos: Rowena Cordero, afidávit, 13 de enero de 2017, presentado como anexo al afidávit de demanda de Efren Morillo, Oficina del Defensor del Pueblo, 2 de marzo de 2017.

201 vio los disparos desde arriba... Jessie fue el último en morir... Jessie había rodeado con los brazos... «Eso es lo que no puedo aceptar»: Marilyn Malimban (novia de Jessie Cule), entrevista con la autora, 21 de agosto de 2017.

201 La pareja de Marcelo salió corriendo: Maribeth Bartolay (esposa de Marcelo Daa), afidávit, 13 de enero de 2017, presentado como anexo al afidávit de demanda de Efren Morillo, Oficina del Defensor del Pueblo, 2 de marzo de 2017.

202-203 La regla n.º 7 empieza... «proteja las vidas y propiedades en el transcurso de un enfrentamiento armado»... El término «razonable» se repite con tanta frecuencia... Un agente debe ejercer un «criterio sólido»... El objetivo del agente de policía es meramente «contener»... «manifiesto, inminente y real»... prevenir, repeler e inmovilizar... «con la mayor celeridad posible»: PNF, *Revised Philippine National Police Handbook*, Directorio de Operaciones de la Policía Nacional de Filipinas, 2013.

203-205 «Disparadle»... «pues mala suerte»... Matadlos si hacen cualquier movimiento: Rodrigo Duterte, discurso durante el velatorio de unos soldados caídos, fuerzas navales de Mindanao Oriental, Panacan, Dávao, 7 de agosto de 2016.

203-205 «Si existe un arma»... «no te queda otra que matarlo»... Matadlos si se niegan a rendirse: Rodrigo Duterte, extraído de un discurso en la Novena Cima Nacional de Mujeres de la Policía Comunitaria, hotel Apo View, Dávao, 30 de septiembre de 2016.

203-204 «Si te enfrentas a una resistencia»... «Esta es la orden que os doy»: Rodrigo Duterte, extraído de un discurso en la 29.º Convención Anual de la Liga de Fiscales de las Filipinas, hotel y casino Royce, Zona del Puerto Franco Clark, Ángeles, Pampanga, 5 de abril de 2017.

204 «No tenéis responsabilidad alguna»... «morirán»: Rodrigo Duterte, extraído de un encuentro con soldados, Base de operaciones en el campo de batalla, barangay Kilala, Marawi, 24 de agosto de 2017.

204 «A ver, si contraataca»... «como se dice»: Rodrigo Duterte, extraído de un discurso pronunciado durante la celebración del undécimo aniversario del Mando de Mindanao Oriental, Pabellón Cubierto de las Fuerzas navales de Mindabao Priental, Estación Naval, Felix Apolinario, Panacan, Dávao, 1 de septiembre de 2017.

204 Él les creería: Rodrigo Duterte, extraído de un discurso en la Ceremonia de Relevo de Mandos y en honor del saliente jefe de personal de la AFP Ricardo Visaya, campo Gen. Emilio Aguinaldo, Ciudad Quezon, 7 de diciembre de 2016.

204 «No tengáis miedo»... «Pssst, policía»: Rodrigo Duterte, extraído de un discurso durante una multitudinaria jura de cargos por parte de funcionarios recién elegidos de la Liga de las Ciudades de las Filipinas, y Liga ng mga Barangay, Malacañán, 6 de agosto de 2019.

205 dos cicatrices negras en su torso estrecho: Patricia Evangelista, con trabajo de investigación adicional de Lian Buan, Kimberly dela Cruz y Alex Evangelista, «The Fifth Man», Rappler, 5 de diciembre de 2017.

205-213 Disparadles a la cabeza... «Pero yo siempre os he dicho»... «conseguir a los mejores abogados»: Rodrigo Duterte, extraído de un discurso en el 116.º aniversario de la Policía de Servicio, cuartel general de la PNF, Camp Crame, Ciudad Quezon, 9 de agosto de 2017.

207 Presentó demandas administrativas... Presentó demandas penales... La lista era larga... Centro en pro de la Ley Internacional: Efren Morillo, afidávit de demanda presentado en las Oficinas Militares y de Otras Fuerzas de la Ley, Oficina del Defensor del Pueblo, 2 de marzo de 2017. En 2023 la Oficina del Defensor del Pueblo, el organismo responsable de investigar y perseguir los delitos cometidos por funcionarios públicos, emitió una resolución rechazando todas las demandas que Murillo había presentado contra la policía de Payatas. El defensor del pueblo sostuvo que, si bien las muertes eran «desafortunadas», los policías actuaron en cumplimiento del deber, una circunstancia justificativa en el transcurso de una «operación policial legítima». Afirmaron también que las declaraciones de Morillo, único testigo del caso, «resultan sospechosas teniendo en cuenta que era uno de los sujetos de la misma operación policial que precedió al incidente». Para la resolución conjunta, véase «Morillo, et al. v. P/SInsp. Garcia, et al.», Oficina del Defensor del Pueblo, 28 de noviembre de 2022, aprobada por el defensor del pueblo Samuel R. Martires, el 5 de junio de 2023.

207 Médicos por los Derechos Humanos... más de un centenar de testimonios: Doctor Homer Venters (director de programas, Médicos por los Derechos Humanos), a Gil Anthony Aquino (abogado de CenterLaw), 8 de noviembre de 2017.

207 Médicos por los Derechos Humanos, que recibió: Los detalles se basan en la información obtenida de la web de Médicos por los Derechos Humanos. Véase también *Istanbul Protocol: Manual on the Effective Investigation and Documentation of Torture and Other Cruel, Inhuman or Degrading Treatment or Punishment*, Nueva York y Ginebra, Office of the United Nations High Commissioner for Human Rights, 29 de junio de 2022.

208 el Departamento de Policía de Ciudad Quezon «fue incapaz de presentar pruebas empíricas»... informe exhaustivo de Médicos por los Derechos Humanos señaló errores... «muy inusual» falta de... trayectoria de una serie de balas... «los resultados de la autopsia son congruentes con el relato facilitado por el testigo»: Doctor Nizam Peerwani (asesor forense de Médicos por los Derechos Humanos) al doctor Homer Venters, 31 de octubre de 2017.

208 hubo tres policías en la escena: Allan Formilleza, testimonio en la Rama 42, Tribunal de Justicia Metropolitano de Ciudad Quezon, Región Judicial de la Capital Nacional, 10 de octubre de 2017; Allan Formilleza, James Aggarao y Melchor Navisaga, informe de situación conjunto presentado a la Oficina del Defensor del Pueblo, 14 de septiembre de 2017. El 12 de mayo de 2023, antes de la publicación de este libro, la autora contactó con Garcia buscando declaraciones, por medio de una carta de solicitud enviada por correo exprés a la oficina de Garcia en la comisaría de policía de Pásig, donde este ostenta el cargo de jefe del Grupo de Patrulla Móvil. Se hizo llegar una copia de la carta a la sede central de la policía de Pásig. La autora posee un afidávit de servicio, firmado ante notario ese mismo día en Pásig, en el que consta que los receptores en ambas direcciones rechazaron el servicio. La autora contactó por correo electrónico. Garcia respondió y se negó a realizar comentarios, aduciendo que solo estaba dispuesto a hablar «en el foro pertinente para cumplir el proceso debido». Como referencia, ofreció enviar una copia de su demanda contra Efren Morillo. La autora aceptó la oferta. No se envió ninguna copia de demanda.

209 informado erróneamente de su participación: Teniente de policía Emil Garcia, entrevista de la autora, 10 de octubre de 2017.

209 No se había producido robo alguno... le había pedido a uno de sus hombres... uno de los vasos de la familia... ni por asomo había tocado ninguno de sus cubiertos: Allan Formilleza, afidávit judicial presentado al Tribunal de Apelaciones, 7 de febrero de 2017.

209 No habían cogido la comida de la familia Dee... a Formilleza no le había dado tiempo de comer: Melchor Navisaga, afidávit judicial presentado al Tribunal de Apelaciones, 7 de febrero de 2017.

209 Solo había habido un tirador... Los novatos no habían sacado sus armas... Solo Allan Formilleza: Allan Formilleza, James Aggarao y Melchor Navisaga, informe de situación conjunto presentado a la Oficina del Defensor del Pueblo, 14 de septiembre de 2017.

209 catorce balas... en la cabeza y el torso: El doctor Nizam Peerwani (asesor principal, Médicos por los Derechos Humanos) enumeró trece series de heridas de bala en los cuatro hombres que murieron. Doctor Nizam Peerwani al doctor Homer Venters, 31 de octubre de 2017. Doce balas atravesaron por completo los cuerpos, cada una con un orificio de entrada y de salida. Se extrajo una sola bala del alveolo pulmonar inferior izquierdo en la zona escapular de Anthony Comendo. Peerwani también señaló la localización de las heridas de entrada y salida. Dos penetraron la extremidad izquierda superior de Rhaffy Gabo –el brazo izquierdo proximal y la tercera distal del antebrazo izquierdo–. El número total de balas perforantes se lo confirmó a la autora Colene Arcaina (abogada de CenterLaw), que también le confirmó la localización de la bala que acabó en el torso de Efren Morillo, lo que arrojó un total de catorce balas perforadoras, doce de ellas disparadas a las cabezas y a los torsos. Datos facilitados por Colene Arcaina a la autora y al *fact-checker* Mike Navallo, 4 de marzo de 2023.

209-212 le preguntó el fiscal a Formilleza... «¿correcto?»... «Sí, señor»... Morillo tenía un compañero... «¿Qué le ocurrió a su compañero?»: Allan Formilleza, testimonio judicial (grabación), Rama 42, Tribunal de Justicia Metropolitano de Ciudad Quezon, Región Judicial de la Capital Nacional, 10 de octubre de 2017.

210 Proyecto Doble Cañón: Circular de Memorándum de Orden n.º 16-2016, PNF, Gran Manila, 1 de julio de 2016.

210-211 neutralizar solo significaba «vencer la resistencia»: Los detalles sobre los individuos que fueron «neutralizados» proceden de informes oficiales de la policía. Véanse informes de las muertes de Raymond Yumul, firmado por el teniente de policía Ariel Rebancos Red, comisaría de Capas, 22 de octubre de 2016; Jeffrey Cruz, firmado por el detective Jonathan L. Bautista (investigador del caso) y el capitán de la policía Rommel S. Anicete, Distrito Policial de Manila, 26 de noviembre de 2016; Wilfredo Chavenia, firmado por los tenientes de policía Rodelio B. Marcelo y Rene T. Balmaceda, Distrito Policial de Ciudad Quezon, 14 de junio de 2017; John Ryan Baluyot, comisaría de policía de Olongapo, 14 de julio de 2016; dos varones sospechosos sin identificar que llevaban camisas grises y blancas, firmado por los tenientes de policía Rodelio B. Marcelo y Rene T.

Balmaceda, Distrito Policial de Ciudad Quezon, 2 de agosto de 2017; Fernando Gunio, firmado por el teniente de policía Rodelio B. Marcelo, Distrito Policial de Ciudad Quezon, 14 de noviembre de 2016; Arnel Cruz y Oliver Reganit, firmado por el teniente de policía Franklin Palaci Estoro, comisaría de policía de Gerona, 27 de julio de 2017; Renato dela Rosa, firmado por el teniente de policía Rodelio B. Marcelo, Distrito Policial de Ciudad Quezon, 2 de septiembre de 2016; Justine Bucacao y Bernard Lizardo, comisaría de policía de Obando, 17 de agosto de 2017.

211 «notó la presencia»: Para una muestra de la frase, véanse «sintió la presencia de operativos», en Jimmy Gongon y Bartolome Mari, comisaría de Marilao, 15 de agosto de 2017; «sintió la presencia de la policía», en informe de operaciones antidroga que resultaron en la muerte de Gerardo Tumang y Lugo, comisaría de la Policía Provincial de Zambales, 16 de septiembre de 2016, y «sintió la presencia de policías», en informe de violación de la RA 91655 (muerte del sospechoso Artemas Baylon Jr. y Reyes, y de un varón sin identificar), sin firmar, en nombre del comandante de policía Generico M. Binan, comisaría de la Policía Municipal de Botolan, 28 de marzo de 2017.

211 no había «metido mano alguna en los asesinatos extrajudiciales»... «Podrán ver quiénes han muerto»... «"neutralizado", y esos son los muertos»: Rodrigo Duterte, extraído de una rueda de prensa, Malacañán, 19 de noviembre de 2019.

212-213 Rama 133 del Tribunal Metropolitano de Justicia de Ciudad Quezon exoneró a Efren Morillo... la presunción de inocencia prevalecía sobre la presunción de regularidad... una sola irregularidad en las circunstancias que definían a diario: *People of the Philippines v. Efren Morillo*, Rama 133, Tribunal de Justicia Metropolitano de Ciudad Quezon, Región Judicial de la Capital Nacional, 3 de marzo de 2023.

9. MI AMIGO DOMINGO

214-231 bajo, ancho de espaldas... «tolerancia cero»... «la primera línea de defensa»... Los días gloriosos... Todos estaban involucrados en drogas ilegales... tenía asignada una cuota... El coronel Domingo salió dando grandes zancadas... «Es mona, ¿verdad?»: A menos que se indique lo contrario, este retrato del teniente coronel de policía Robert Domingo (comandante de la comisaría CP-6, Santa Ana, Manila) se nutre de entrevistas, conversaciones y encuentros con la autora entre 2012 y 2016. Ello incluye entrevistas grabadas que tuvieron lugar en la CP-6 de Santa Ana, el 6 de septiembre y el 4 de octubre de 2016; un encuentro en la CP-1, de la calle Raxabago, el 23 de noviembre de 2016; una charla grabada, también en la CP-1, el 26 de enero de 2017, y una serie de conversaciones por medio de mensajes de texto en 2018. Fragmentos de estos textos aparecieron con anterioridad en Patricia Evangelista, «Legendary», Rappler, 10 de octubre de 2016; Patricia Evangelista, «Welcome to the End of the War», Rappler, 7 de febrero de 2017; Patricia Evangelista, «Murder in Manila», Rappler, 5 de octubre de 2018. El 12 de mayo de 2023, antes de la publicación de este libro, la autora contactó con Domingo en busca de declaraciones suyas a través de una carta de solicitud enviada por mensajero a la oficina de Domingo en el Distrito Policial Este, en Pásig, donde ostentaba el cargo de jefe de la División de Investigaciones del Distrito y de Gestión de los Investigadores. La carta fue entregada y su oficina notificó su recepción. La autora también envió la carta vía correo electrónico y mandó una serie de mensajes de texto al móvil de Domingo. Este respondió. Se disculpó por negarse a hacer comentarios –«Lo lamento, querida amiga»–, aduciendo los procesos judiciales en marcha. La autora informó a Domingo de que su figura aparecería en numerosos capítulos y lo animó a realizar comentarios. La oferta volvió a ser rechazada, con disculpas sinceras. La conversación finalizó con el coronel enviándome sus mejores deseos. «Amigos para siempre –firmaba al pie–. Que Dios siempre bendiga tu corazón y no dejes de cuidarte, ¿ok?».

214 Manila se divide en catorce: En 2016, mientras Domingo ocupaba el puesto de comandante en la CP-6 de Santa Ana, la ciudad de Manila se dividió en once distritos policiales. En 2019 y 2020, tres precintos fueron convertidos en comisarías.

214 Cada comisaría de policía: La jerarquía de las comisarías de policía se expone en la Comisión de la Policía Nacional (Napolcom) Circular de memorándum Circular (MC) n.º 2004-2007, Gran Manila, 3 de septiembre de 2004.

214 población de alrededor de 195.000 personas... asentamiento de curas franciscanos... a la pétrea sombra... cuyas campanas repicaron: Esta descripción de la CP-6 de Santa Ana y de sus alrededores se nutre del trabajo de campo de la autora en 2016, cuando Domingo estimó la población de Santa Ana en 185.000 habitantes. El Censo de Población y Viviendas, sin embargo, estableció una población de 195.155. En 2021 la comisaría se trasladó a una nueva ubicación, junto a la Estación de Autobuses y Trenes Río Santa Ana. Véanse *Built Heritage Tradition of the Sta. Ana Church*, Museo Nacional de Filipinas, consultado el 6 de marzo de 2023, <https://www.nationalmuseum.gov.ph>; Jaime C. Laya, *Santa Ana Church of Manila: Parish of Our Lady of the Abandoned: A Historical Guide*, Manila, Cofradía de la Inmaculada Concepción Foundation, 2008.

215-218 Según la leyenda, Buwaya... «lo encontramos»... La mañana del 28 de agosto... petición al Tribunal Supremo, elevada por CenterLaw... Uno de ellos era Valerie: El relato público de Ryan Eder, alias Buwaya, se basa en entrevistas grabadas por varios policías y funcionarios locales. Robert Domingo presentó a la autora el caso de Eder como un ejemplo de la eficacia de las políticas comunitarias. Más adelante, el capitán de policía Dave Abarra y el capitán local Aly Pitaylan, así como otras fuentes que deseaban permanecer en el anonimato, ampliaron el relato durante entrevistas con la autora, el 4 de octubre de 2016, en el marco de un tour nocturno por Santa Ana. Véase también informe, operación de compraventa con tiroteo, autentificado por el capitán de policía Apolonio N. Balubal (administrador jefe), comisaría de policía de Santa Ana (CP-6), Distrito Policial de Manila, 28 de agosto de 2016. El relato opuesto de Valerie Aguilan sobre la muerte de Eder procede del «Anexo-T» de *CenterLaw v. PNP*, Tribunal Supremo de Filipinas, Manila, 18 de octubre de 2017.

215 Buwaya era un apodo: La palabra *buwaya* también puede significar «persona excesivamente codiciosa». *Vicassan's Pilipino-English Dictionary*, ed. abreviada, Pásig, Anvil, 2006.

216 La palabra «encuentro»: *Oxford English Dictionary*, Oxford, Oxford University Press, 2023, constantemente actualizado en <http://www.oed.com/>.

220 Se le promocionó a portavoz... prohibición de llevar gorras de béisbol: Jaymee T. Gamil, «9,000 New Metro Cops Wanted», *Philippine Daily Inquirer*, 22 de mayo de 2014; Kristine Angeli Sabillo, «Caps, Cops in Uniform Banned in Metro Malls», *Philippine Daily Inquirer*, 23 de diciembre de 2013.

220-229 informó a una corresponsal alemana... colaborador externo de *National Geographic*... «Nos tomamos muy en serio»... «iremos a detenerlo»: Algunas de las impresiones y declaraciones de Domingo se extrajeron de una entrevista grabada por Carsten Stormer (corresponsal extranjero), CP-6 de Santa Ana, Manila, 28 de julio de 2016.

220 La historia se había viralizado: Kaibigan Ermita Outreach Foundation, «Kaibigan Foundation Condemns the Killing of Jefferson Bunuan, a 20-Year-Old Student Beneficiary», Facebook, 19 de julio de 2016.

221-224 al coche patrulla de Domingo... El metraje permaneció inédito: Un vídeo grabado por Stormer, sin editar, le fue mostrado a la autora y sirvió de base para el relato de lo ocurrido a Domingo el 28 de julio de 2016, durante la Operación Tokhang.

225 Yo había visto una fotografía: La foto de la escena del crimen que muestra los resultados de los asesinatos de Jefferson Bunuan, Mark Anthony Bunuan y Tutong Manaois se la envió a la autora la fotoperiodista por cuenta propia Ezra Acayan y se publicó en Paalam.org.

226 El presidente tenía una: Rodrigo Duterte, extraído de un discurso durante una visita a la Policía Nacional de Filipinas (Oficina de la Policía Regional 13, Camp Rafael C. Rodriguez Grandstand, Libertad, Butuan, 6 de octubre de 2016); Rodrigo Duterte, discurso en la Ceremonia de Premios de la Policía Nacional de Filipinas y Torneo de Golf de las Fuerzas Armadas de las Filipinas, cuartel general de las fuerzas armadas de Filipinas, campo Emilio Aguinaldo, Ciudad Quezon, 20 de diciembre de 2016.

226 arrepintieran, dimitieran o murieran: Rodrigo Duterte, extraído de un discurso en una multitudinaria jura de cargos por parte de funcionarios gubernamentales recién elegidos, Malacañán, 9 de enero de 2017.

226 Luego acudió a la televisión y leyó sus nombres... jueces, agentes de policía, congresistas, generales y alcaldes... involucrados en el negocio de los narcóticos: Rodrigo Duterte, extraído de un discurso mientras asistía a un velatorio por soldados muertos en acto de servicio, Dávao, 7 de agosto de 2016.

226 El presidente aseguró disponer de «información reservada»: Rodrigo Duterte, extraído de un discurso en una multitudinaria jura de cargos.

226 su propio equipo reconoció no estar al corriente: Bea Cupin, «PDEA, NBI, PNP Quizzed: Where Did Duterte Get Drug List Info?», Rappler, 2 de septiembre de 2016.

226 seguramente llevara razón, pues se trataba del presidente: A lo largo de los años, muchos de los partidarios de Rodrigo Duterte han defendido la veracidad de las acusaciones vertidas por el presidente contra presuntos narcotraficantes y presuntos disidentes, así como su visión del problema de las drogas. «No tengo que verificar lo que me ha contado el presidente porque es el presidente. Él no miente acerca de esas cosas», dijo el portavoz Salvador Panelo en referencia a una supuesta conjura de conspiradores golpistas, de la que presuntamente informaron a la Oficina Presidencial sus aliados internacionales. «El presidente no miente sobre nada, sobre asuntos serios. Es un hombre muy sincero». Véanse Ranada, «"The President Does Not Lie"–Panelo», Rappler, 2 de mayo de 2019; Salvador S. Panelo (portavoz del presidente y secretario del consejo jurídico del presidente), rueda de prensa, 29 de marzo de 2019; Rambo Talabong, «Duterte Narco List Now 6,000 Names Long and Counting–Panelo», Rappler, 13 de diciembre de 2017; Kyle Aristophere T. Atienza, «Duterte Claim vs Narco-Politician Based on Intel», *BusinessWorld*, 19 de noviembre de 2021, y «Duterte Says He Deliberately Read Old List of "Narco Officials"», *Philstar.com*, 10 de agosto de 2016.
227 Algunos de la lista sí que murieron: Jodesz Gavilan, «Mayors, Vice Mayors Killed Under Duterte», Rappler, 12 de julio de 2018.
227 «¿Te han tendido dos emboscadas?»: Rodrigo Duterte, extraído de un discurso en el mitin de campaña del PDP-Laban, Coliseo Puerto Princesa, Puerto Princesa, 4 de abril de 2019.
227 «Si tu nombre está ahí»: Rodrigo Duterte, extraído de un discurso en una multitudinaria jura de cargos de funcionarios gubernamentales recién elegidos, Salón Rizal, Malacañán, 9 de enero de 2017.
228 los denominados Consejos Anticonsumo de Drogas del Barangay: Departamento de Interior y Gobierno Local MC N.º 2015-6, 16 de junio de 2015.
228 «Puedo verlo en sus ojos»: Capitán del barangay de Payatas Juliet Peña, entrevista de la autora. Véase Patricia Evangelista, «The Red Mark», Rappler, 30 de noviembre de 2017.
229 al menos 144.202 nombres: General de policía Ronald Dela Rosa (jefe de la PNF), declaración, *Hearing to Investigate the Recent Rampant Extrajudicial Killings and Summary Executions of Suspected Criminals, Before the Senate Committee on Justice and Human Rights and Committee on Public Order and Dangerous Drugs*, Senado de Filipinas, 17.º Congreso, 23 de agosto de 2016.
233-243 casi siete meses... Había escogido el nombre Heart... Se la incluyó en una lista de seguimiento... El 10 de enero de 2017... una pistola con ambas manos... «el cadáver de un hombre»... Esta negó toda responsabilidad... «No llegó hasta aquí»... «¡Dígalo también delante de una cámara!»... llamó a Heart un sujeto «sospechoso»... «¡es rematadamente pobre!»... «no sé nada sobre nadie»: La historia sobre las circunstancias de la muerte de Heart de Chavez se basa en informes oficiales de la policía, entrevistas con agentes de policía, familiares de De Chavez y testigos anónimos. Véanse Informe: Hallado cuerpo de un varón, firmado por el coronel de policía Dante Pesa Novicio (jefe de policía), comisaría de Navotas, 11 de enero de 2017; Arriane de Chavez (hermana de Heart de Chavez) y Elena de Chavez (madre de Heart de Chavez), entrevistas con la autora, 21 y 30 de enero de 2017; coronel de policía Dante Novicio (jefe de policía, Navotas), comisaría de policía de Navotas, Gran Manila, entrevista de la autora, 26 de enero de 2017; Adonis Sugie (agente de guardia), CP-1, Tondo, Manila, entrevista de la autora, 26 de enero de 2017; Domingo y capitán de policía Edwin Fuggan (comandante del cuartelillo de la Policía Comunitaria de Pritil), en una discusión con Elena, CP-1, Tondo, Manila, 26 de enero de 2017. Esta discusión tuvo lugar en presencia de la autora y del cineasta Paolo Villaluna. Véase también capitán de policía Edwin Fuggan, entrevista de la autora, CP-1, Tondo, Manila, 4 de febrero de 2017. La investigación completa de la muerte de Heart de Chavez se publicó previamente como «Impunity: Welcome to the End of the War», Rappler, 7 de febrero de 2017. El 12 de mayo de 2023, antes de la publicación de este libro, la autora contactó con Fuggan en busca de declaraciones por medio de una carta de solicitud enviada por mensajero a su despacho en la CP-6 de Santa Ana, donde Fuggan ostentaba el cargo de jefe de la Sección de Órdenes y Citaciones. La comisaría recibió la carta. Un investigador que trabajaba para la autora también se puso en contacto con Fuggan con el objetivo de obtener su correo electrónico oficial, con vistas a enviarle una invitación formal. El investigador, en notas facilitadas a la autora, informó de que Fuggan había preguntado por la naturaleza de la entrevista y había advertido de que se negaría a

hablar si esta versaba sobre la guerra contra las drogas. «Es un tema cerrado –dijo Fuggan por teléfono, en filipino–. No quiero ser entrevistado sobre el tema. Porque el caso está ahora en los tribunales, todos los documentos que entregamos están en manos del tribunal». La autora envió un mensaje de texto al alcalde tras el envío de la carta de solicitud. Fuggan todavía no ha respondido.

243 una serie de ejecuciones: Las presuntas ejecuciones se basan en una investigación de la CP-2 de Moriones, que fue previamente publicada. Patricia Evangelista, con una investigación de Kimberly dela Cruz, «Where the Drug War Began», Rappler, 24 de abril de 2017.

244 Chito Gascon, un exactivista en sus años de estudiante:Véase Gavilan, «In Fight vs. Rights Abuses Under Duterte, Chair Chito Never Backed Down», Rappler, 9 de octubre de 2021; K. D. Suarez, «Aquino Names LP Official as New CHR Chair», Rappler, 18 de junio de 2015.

244-246 unas instalaciones secretas para la práctica de detenciones... «no nos dejen aquí»... placa de hierro galvanizado... los policías los habían mantenido secuestrados... hasta ocho días... de hasta cien mil pesos... cardenales de resultas de una paliza... «Nos dijeron que nos matarían»... la celda era una construcción reciente... ZONA TEMPORAL DE ESPERA... Domingo fue relevado de sus funciones por un tiempo... La Comisión de Derechos Humanos elevó quejas... Las quejas fueron desestimadas: Esta historia sobre el descubrimiento de la celda secreta en la CP-1 se nutre de entrevistas con periodistas que estuvieron presentes durante su búsqueda, entre ellos los fotoperiodistas Raffy Lerma y Vincent Go. El relato se complementa con reportajes publicados: «Secret Jail Nadiskubre sa Manila Police District», ABS-CBN News, 27 de abril de 2017; «Hidden "Jail" Discovered in Manila», CNN Philippines, 28 de abril de 2017; Alyx Ayn Arumpac, *Aswang*, Cinematografica Films, 2019; Jenny Dongon, «12 Preso, Sisiksikan at Itinago Daw sa Likod ng Aparador sa Isang Kulungan sa Maynila», TV5, 28 de abril de 2017; Eloisa Lopez, «CHR Team Finds Detainees in "Secret" Police Cell», Rappler, 27 de abril de 2017; Dindo Flora, «"Secret Jail" Umano sa Manila Police District Station 1, Nadiskubre Sa Inspeksyon ng CHR», TV5, 28 de abril de 2017; Bea Cupin, «Police Station Chief Relieved over Secret Jail Cell», Rappler, 28 de abril de 2017. Para el veredicto, véase *CHR v. PSupt. Domingo et al.*, Oficina del Defensor del Pueblo, 28 de julio de 2020.

10. QUE ALGUIEN LOS MATE

247-250 empresario surcoreano... hombres armados habían introducido... los implicados eran policías... policías que sacaron a Jee Ick Joo... embajada de Corea del Sur exigió... tirara las cenizas... «se centraría en la limpieza interna»... preferiría matar a los policías implicados... «se derretiría de pura vergüenza»... de humillante... rechazó la oferta de dimisión de Dela Rosa... con su uniforme blanco de gala: Este relato de la muerte de Jee Ick Joo se ha extraído de Tarra Quismundo, «Is Sokor Businessman Victim of "Tokhang for Ransom"?», *Philippine Daily Inquirer*, 8 de enero de 2017; AJ Bolando, «De Lima: CCTV Footage Fail to Show Sta. Isabel in Jee Kidnapping», *Philstar.com*, 26 de enero de 2017; Maila Ager, «Maid Relates Last Moments She Saw Jee Ick-Joo Alive», Inquirer.net, 26 de enero de 2017; «Kidnapped South Korean Was Killed By Filipino Cops», *ABS-CBN News Digital*, 18 de enero de 2017; Evelyn Macairan, «Kidnapped Korean Killed at Crame», *Philippine Star*, 20 de enero de 2017; embajada de la República de Corea en Filipinas, «Statement of the Embassy of the Republic of Korea to the Republic of the Philippines on the Memorial Service of Korean Businessman Jee Ick-joo», nota de prensa, Ministerio de Asuntos Exteriores, República de Corea, 6 de febrero de 2017; Nancy Carvajal y Davinci Maru, «Korean Cremated as "Jose Ruamar Salvador, Filipino"», Philippine Center for Investigative Journalism, 24 de enero de 2017; Kristine Angeli Sabillo, «I Want to Melt in Shame–Bato», *Inquirer.net*, 19 de enero de 2017; «A Slap on the Face: Panelo Admits Duterte Embarrassed by Jee's Killing», *Politiko*, 2 de febrero de 2017; Gerg Cahiles, «Duterte Turns Down Dela Rosa's Offer to Resign», CNN Philippines, 23 de enero de 2017.

248 suspendió [...] de la institución policial: Tricia Macas, «Duterte Slams PNP as "'Corrupt to the Core"», GMA News Online, 30 de enero de 2017.

248 «la más corrupta, corrupta hasta la médula»: Rodrigo Duterte, citado en rueda de prensa, Malacañán, 30 de enero de 2017.

248: «no se sumaron más nombres»: observaciones de la autora sobre el terreno; Clarissa

David *et al.*, «Building a Dataset of Publicly Available Information on Killings Associated with the Antidrug Campaign», The Drug Archive Philippines, señaló que el 25 de diciembre de 2016 y el 30 de enero de 2017 fueron los dos primeros días sin muertes por la guerra contra las drogas reportadas por los medios de comunicación durante el mandato de Duterte.

249 «el número de muertos se detuvo»: *License to Kill: Philippine Police Killings in Duterte's «War on Drugs»*, Human Rights Watch, 2 de marzo de 2017.

249 «decir mentiras deliberadas»: George Orwell, *Nineteen Eighty-four*, Londres, Penguin Classics, 1949 [hay trad. cast.: *1984*, Barcelona, Debolsillo, 2024].

250 pseudoacontecimiento: Daniel J. Boorstin, *The Image: A Guide to Pseudo-events in America*, Nueva York, Harper Colophon, 1964.

250 «sufrirán»: Rodrigo Duterte, cita del discurso pronunciado en el encendido ceremonial de la Sección 1 y la ceremonia de puesta en marcha de la Sección 2 de la central eléctrica de la Sarangani Energy Corporation de Maasim, Sarangani, 26 de enero de 2017.

250 la policía había estado falsificando pruebas: *Philippines: «If You Are Poor You Are Killed»: Extrajudicial Killings in the Philippines' «War on Drugs»*, Amnistía Internacional, enero de 2017.

251-253 «Los altos mandos de la PNF lucían sus estrellas doradas»... «Ellos lo mataron»... el CSG había amenazado a la familia Saladaga... los agentes de la ley confiscaron varios artículos... «Este es su uniforme»... «Dijeron que era un ladrón»... «atribuyendo a la policía»: PNF, rueda de prensa, CNN Philippines, 9 de febrero de 2017.

252 «de mensajes de móvil y de interrogatorios tácticos»: la afirmación de la PNF de que los miembros del CSG detenidos reconocieron su responsabilidad la confirmó el comandante de policía Rosalino Ibay, que era jefe de la Unidad de Inteligencia y Operaciones del Distrito Policial de Manila. En una entrevista con la autora, el comandante Ibay dijo que los sospechosos habían confesado. Sin embargo, fue solo «para nuestro consumo propio», ya que no hubo declaraciones juradas firmadas después de que los sospechosos recibieran asistencia letrada. Ibay también confirmó que los teléfonos móviles confiscados contenían mensajes incriminatorios que nombraban objetivos, «incluido a quién más iban a matar y su próximo objetivo». Una parte de esa confesión también está documentada en un vídeo exclusivo de la redada del CSG, publicado por *The Philippine Star*, que mostraba a uno de los sospechosos esposados confesando que eran justicieros y que el grupo había matado a «muchos, señor». Para visionar el vídeo completo, véase *The Philippine Star*, «Exclusive: Three Suspected Members ofVigilante Group Responsible for Conducting "Tokhang" Operations in Tondo Were Arrested», Facebook, 9 de febrero de 2017.

253 respaldada por el propio presidente: Rodrigo Duterte, extraído del discurso en la 120.ª celebración del día de la Independencia de Filipinas, Cavite, 12 de junio de 2018.

254-267 «como si la policía estuviera montando un espectáculo»... «si estuvieran jactándose»... «nuestro trabajo era hacer limpieza»... Había una reunión... «íbamos a matar»... «yo no estaba preparado»... «contaba con entre veinte y cuarenta miembros»... soldados en la guerra de Rodrigo Duterte... «la zona se complica»... dos hombres de Payatas... el de Caloocan. El último fue en Blumentritt... el comandante Maning fijaba la recompensa... «pagaban si lo matábamos»... «La policía lo sabía»... «Si Maning dice que mates a alguien»... «Yo termino el trabajo»... «íbamos a morir todos»... «Era Domingo»... «recogerlo del jefe»... «Eso significaba dinero»... «Domingo era muy conocido»... «Los del CSG alardeaban»... «pagaron dos, quizá tres mil pesos»: este relato sobre las operaciones de los justicieros se extrajo de la entrevista de la autora con Angel, un justiciero –según se denominaba a sí mismo– y miembro del CSG Tondo Sección 2, que admitió haber ejecutado a objetivos en Manila, Caloocan y Ciudad Quezon. La entrevista, realizada el 24 de julio de 2018, se grabó con la condición de que no se publicaran datos identificativos. La autora está en posesión de las credenciales de Angel y está satisfecha de su veracidad. Muchos de los detalles que Angel ofreció los han corroborado otras fuentes, muchas de las cuales no se nombran. Partes de esta entrevista, así como más detalles sobre el CSG, se publicaron originalmente en una serie de siete partes: Patricia Evangelista, con la colaboración adicional de Lian Buan y Rambo Talabong, «Murder in Manila», Rappler, 4-11 de octubre de 2018.

255 El Confederate Sentinels Incorporated Group... «en el ámbito del bienestar social y el desarrollo»: documentos de registro presentados ante la Comisión de Bolsa y Valores en

2009 y 2014. El grupo oficial de Facebook del CSG ha cambiado de nombre desde entonces y se llama ahora Confederate Sentinels of God.

255-256 «protector de los débiles y necesitados»... «nuestra ofrenda a Dios»... «no promueve el asesinato por parte de justicieros»: Alvin Constantino (fundador del grupo nacional de CSG), entrevista realizada por la autora, 30 de agosto de 2018.

256 «lista para la orientación»: Constantino no reivindicó responsabilidad alguna por el reclutamiento de los miembros de la Sección 2 del CSG Tondo. Nombró a otro policía, el teniente Jonar Cardozo, excomandante del cuartelillo de Smokey Mountain, como el hombre que había presentado y reclutado personalmente a Ricardo Villamonte, también conocido como comandante Maning, para el CSG. El cuartelillo de Smokey Mountain supervisa el Poblado 105 y está bajo la responsabilidad de la CP-1 de Domingo. Cardozo rechazó una entrevista con la autora, pero respondió a una serie de mensajes de texto el 2 de septiembre de 2018. «Nuestro papel era organizar a los diferentes sectores de la comunidad con vistas a formar un frente unido contra la delincuencia, el terrorismo y otras formas de ilegalidad», lo que incluía la formación de «multiplicadores de la fuerza a través del empoderamiento de las personas hacia la participación de la comunidad». Cardozo no negó que hubiera reclutado a los miembros de la Sección 2 del CSG Tondo. «Todos los que estén dispuestos a servir a la comunidad y la seguridad pública son bienvenidos e invitados». Admitió que podían surgir problemas con los multiplicadores de la fuerza «cuando se les deja solos y no se les orienta, sobre todo si ya no están activos o no hay miembros de la PNF presentes. Cuando se le preguntó si estaba de acuerdo con la caracterización del CSG Tondo Sección 2 por parte de la PNF como un grupo de justicieros, Cardozo respondió el 3 de octubre con un «sin comentarios» y un «que Dios la bendiga». El comandante Maning, por su parte, le dijo a la autora que en el pasado consideraba a Cardozo «un buen amigo».

256-257 «Eran el brazo ejecutor»... «Son los CSG»... «Incluso los vigilantes del poblado les tenían miedo»... «Disparan como vaqueros»... «mataban»: la autora entrevistó al menos a cinco personas con conocimiento de las actividades de la Sección 2 del CSG de Tondo durante un periodo de cuatro meses en 2018. Los datos de identificación de estas fuentes no se han revelado para su protección.

257 un hombre llamado Ernesto Sabado: «Sputnik Man Slain», *Tempo Online*, 16 de noviembre de 2016; «Sputnik Member, Pinatay sa Harap ng Nagmamakaawang Ina», *Abante Tonite*, 16 de noviembre de 2016.

258-269 «Al principio me asustaba».... «vuelven loca a la gente»... «somos lo que ustedes llaman "justicieros"»... «las muertes eran automáticas, una tras otra»... «Realmente no soy un mal tipo»... «Hay gente a la que hay que matar»... «Nos confiábamos»... «a la que los vecinos llamaban Mommy»... «Tumbad al objetivo de forma segura, y sin meteduras de pata»... Cometieron errores por el camino... «Así cazamos a Sitoy»... Sitoy era tan peligroso... «por orden de la policía»... «Le disparamos en el culo».... «me sentí mal por él»... «Éramos nosotros los que matábamos»... «Deberían haberle pedido que se entregara antes»... «porque aunque se dijera que era un alborotador»... «Lo pillamos una y otra vez»... «muertos las que tengan que huir»: Simon, autodenominado justiciero y miembro de la Sección 2 del CSG Tondo, entrevista realizada por la autora, 29 de julio de 2018. Confesó su participación en la ejecución de presuntos sospechosos de narcotráfico. La entrevista se grabó con la condición de que no se publicaran datos de identificación. Muchos de los detalles que aquí se citan fueron corroborados con otras fuentes. Partes de esta entrevista, así como otros detalles sobre los CSG, se publicaron originalmente en una serie de siete partes: Patricia Evangelista, con la colaboración adicional de Lian Buan y Rambo Talabong, «Murder in Manila», Rappler, 4-11 de octubre de 2018.

262 Sitoy, «que está decidido a matar»: «Spot Report Re: Follow-up Police Operation Resulting to Gun Shooting Incident (DOS)», firmado por el sargento mayor jefe de policía Milbert Balinggan (investigador del caso), CAPIS, Distrito Policial de Manila, 1 de febrero de 2017.

264 «el de la granada»: Robert Domingo (comandante de la comisaría de Manila CP-1, de Raxabago), entrevista realizada por Vonne Aquino, en «Umano'y Holdupper, Patay sa Operasyon ng Pulis», *Unang Balita*, GMA Integrated News, 1 de febrero de 2017.

264 Acusó recibo: la autora envió una carta a Domingo el 1 de octubre de 2018, a través de una dirección de correo electrónico proporcionada por él mismo, en la que solicitaba «una entrevista para pedirle comentarios con vistas a una historia que hemos estado investigando en relación con las denuncias de violaciones de derechos humanos cometidas durante su mandato como jefe de la comisaría del distrito 1 de la policía de Manila en Raxabago, en Tondo». La autora también envió mensajes a Domingo a un número de teléfono móvil el mismo día, en el que acusaba recibo del correo electrónico.

265-266 «Estaban muy equivocados»... «Sin comentarios»: Ricardo Villamonte (también conocido como Kumander Maning), entrevista realizada por la autora en el Poblado 105, 3 de octubre de 2018.

268-269 «Por eso damos las gracias al presidente»... «sí, había asesinos»... «A veces es la madre la negligente»: Leny Reyes (jefe electo del Poblado 105), entrevista realizada por la autora, 28 de agosto de 2018.

269-272 la última vez que Cristina vio a su hijo... «los que nos matan»... Y luego huyeron... se retractó de su declaración jurada... fruto de «un malentendido»: Cristina Saladaga, entrevistas de la autora, 15 de agosto y 1 de noviembre de 2019. La hija de Cristina, Exmila, estuvo presente durante la entrevista. Lian Buan (reportera de justicia de Rappler) tuvo acceso a la declaración jurada de desistimiento de Cristina Saladaga, fechada el 15 de febrero de 2017, en la Fiscalía Municipal de Manila en julio de 2018, en el curso de la investigación para Patricia Evangelista *et al.*, «Some People Need Killing», Rappler, octubre de 2018.

271 la escuchó: el comandante de policía Rosalino Ibay confirmó haber ayudado a la familia Saladaga. Confirmó a la autora la afirmación de Cristina de que puso dinero de su bolsillo para prestarles apoyo y dejó que la familia durmiera en su despacho del Distrito Policial de Manila cuando estaban amenazados. Habló en general de la necesidad de apoyar a los posibles testigos.

272 «Eso les habría implicado»: Dela Rosa (director general de la Oficina Penitenciaria), entrevista realizada por la autora en la Oficina Penitenciaria (BuCor) de la reserva de la cárcel de New Bilibid, Muntinlupa, 3 de septiembre de 2018.

11. DJASTIN CON «D»

274-280 «Le disparaban, luego lo abofeteaban»... «Tres policías se turnaban»... estaba de pie a unos metros... Vio a un joven corriendo... Vio la pistola levantada... no se dio cuenta de que era su sobrino el que había caído... ese alguien no gritó... «Le dispararon después de abofetearle»... volvió a disparar a Djastin... lo pateó y le disparó de nuevo: Nestor Lopez (tío de Djastin), entrevista realizada por la autora en Tondo, Manila, 28 de mayo de 2017. La entrevista corrobora los datos de la declaración jurada firmada, sin certificar ante notario y sin fecha, de Nestor, facilitada por los abogados de los Lopez.

274-299 Primero JR, luego Djastin... Lito empezó a contar de nuevo... Djastin, le dijo, estaba muerto... una habitación de una sola planta, de forma irregular... un hogar con dieciséis personas... una sola cuenta de prepago de electricidad... los hombres recogían chatarra... veintiocho miembros... «así que le puse una "D" muda»... su primer ataque a los cuatro años... atravesando una inundación en Manila... fenobarbital... Abandonó la escuela... Lo detuvieron una vez... no estaban especialmente asustados... no era traficante... un día desde la última convulsión... «estamos comiendo»... «No es nadie»... camiseta Nike amarilla... la novia de Djastin salió de la casa... Gloria, la abuela de Djastin, envió a su hijo Nestor... le habría frotado con una toallita húmeda... albóndigas de pescado... veinticinco años... teléfono estaba estropeado... «Tirek ya no está»... Llevaba una camiseta Nike amarilla... «No puedes pasar»... «Mamá, es él»... «malnacidos desalmados»... «Ojalá mi hermano también tuviera un arma»... coste del entierro... la funeraria Archangel... «Él era el enfermo»... «Mamá, vienen a matarte»... rostros se apretaban en la abertura... «Siempre empiezo por los pasatiempos»... «noticias sobre un epiléptico»... se desplazaron al cementerio del Norte... Intervino en protestas... Me encontré con Normita en una protesta callejera... «Geñalope fue encarcelado»... «había una orden»... «¿no hay más acuerdo de conciliación?»... «Puede que sí»... cincuenta mil pesos como pago inicial... «¿qué podía hacer?»... con la promesa de que la familia retiraría... El dinero ayudó... «No debería haberlo hecho»: Normita «Normy» Lopez (madre de Djastin), entrevistas de la autora, 28 de mayo de 2017; 7, 15 y 22 de julio de 2019; 13 de agosto de 2019; 7, 8 y 13 de abril de 2020, y 25 y 28 de febrero de 2023.

275-287 En algún momento de la década de los ochenta... alquiler de habitaciones... la mismísima Miss Universo... cambio en la fortuna de la familia... haciendo recados para el negocio de la chatarra... Había seguido a Djastin, como le había pedido su madre... No

os podéis llevar a mi chico… Le dio un codazo en el pecho… «Ni un búfalo habría sobrevivido a eso»… quería retar a duelo al asesino: Cornelio Lopez (abuelo de Djastin), entrevista realizada por la autora, 28 de mayo de 2017.
277-278 un médico enseñó a Normy… ya tenía dos hijos… no votaron al alcalde… cancha de baloncesto cercana para amenazar: Lito Lopez (padre de Djastin), entrevista realizada por la autora, 28 de mayo de 2017.
279 apuntar a Djastin con una pistola… Por favor, no dispares: Mary Rose dela Cruz (testigo), declaración jurada, 14 de septiembre de 2017.
280 del tamaño de la uña del pulgar de un niño pequeño… pesados proyectiles rasgando pulmones: informe médico-jurídico n.º M-2017-243, firmado por la comandante de policía Mesalyn Milagros Ripa Probadora (oficial médico-jurídica), Jefatura de la Oficina del Laboratorio de Criminalística, Distrito Policial de Manila, 19 de mayo de 2017.
280 se archivó una anotación: se adjunta copia de la anotación a las 18.40 horas del 18 de mayo de 2017 a la contradeclaración jurada de Normita Lopez, 15 de diciembre de 2017.
284 «enfrentamiento armado»… «vio a un varón que actuaba de forma sospechosa»… «abordara al sospechoso»… «disparó dos veces a los policías, pero falló»… «[para] defenderse»… «Lista de vigilancia de personas relacionadas con las drogas»: «Spot Report Re: Armed Encounter», firmado por el teniente coronel de la policía Alex Daniel (comandante de la comisaría), comisaría Jose Abad Santos (CP-7), Distrito Policial de Manila, 18 de mayo de 2017.
284-286 Michael Turla… «cubierta de su propia sangre»… «operación contra la delincuencia y de seguimiento»… «podido eludir la detención»… «efectuó otro disparo»… «murió en el acto»… «Justin Cacay Lopez»… El informe enumeraba todas las pruebas: «Spot Report Re: Police Operation (Anti-Criminality Campaign and Follow-up Operation) Resulting in the Neutralization of an Alleged Drug Suspect (DOS)», firmado por el sargento de policía Aldeen Cruz Legaspi (investigador del caso), CAPIS, Distrito Policial de Manila, 18 de mayo de 2017.
286-288 «sospechoso de delitos relacionados con las drogas»… «operación de compra de drogas»… «intención de rectificar el nombre»: informe de situación 1, firmado por el sargento de policía Aldeen Cruz Legaspi (investigador del caso), CAPIS, Distrito Policial de Manila, 9 de junio de 2017.
288 denuncia por asesinato: la denuncia es del 27 de septiembre de 2017, una copia de la cual fue recibida en la Oficina del Defensor del Pueblo el 28 de septiembre de 2017.
290 «Pensé que tal vez podría salvar a mamá»: Luinor Lopez (hija menor de Normy Lopez), entrevista realizada por la autora, 13 de agosto de 2019.
290 «Nueva victoria contra Tokhang»: Lian Buan, «New Win vs. Tokhang: Ombudsman Orders Murder Charges vs. Manila Cop», Rappler, 4 de abril de 2019.
290 «afligida madre poeta»: Inday Espina-Varona, «Grieving Poet-Mother Gets Sliver of Victory as Ombudsman Orders Dismissal of "Tokhang Cop"», ABS-CBN News Digital, 3 de abril de 2019.
290 «Policía expulsado por matar a un epiléptico en una "redada antidroga"»: «Lo acogemos con satisfacción»: «Cop Axed for Killing Epileptic in "Drug Raid"», *Philippine Daily Inquirer*, 5 de abril de 2019.
291 «se PRESENTE una denuncia por asesinato»… culpable de falta grave: Resolución conjunta del defensor del pueblo, 13 de agosto de 2018.
292-296 primer intento de ofrecer una conciliación… Por supuesto que no… «la vida a mi hijo»… segunda oferta de acuerdo… Normy le siguió… Caminaron juntos a casa…. «Me enfadé con Lito»… La tercera y última oferta… nunca habría acuerdo… «¿Por qué has dicho eso?»… «No necesito dinero»… «Así que envié un mensaje a los abogados»… «Lo que ella quiera yo también lo quiero»… «No voy a cambiar de opinión»… «si uno de nosotros es asesinado»… «Ahora tengo miedo»… «Nos enfrentamos a policías»… «Ese maldito dinero nos está separando»… «lo que piensan los demás»… «no solo tres años»… «Solo quiero luchar»: Normita, Lito y Eray Lopez (hija), discusión familiar presenciada y grabada por la autora, 15 de julio de 2019.
298 coger el dinero: aunque se basa en una entrevista con Normita Lopez, este relato está verificado mediante una carta mostrada a la autora por el abogado de Normita. La misiva, del abogado de Gerry Geñalope, solicita una reunión para comentar el acuerdo y confirma la aceptación de un anticipo en efectivo por parte de la familia Lopez.
299 sobreseído provisionalmente: orden del Tribunal Regional de Primera Instancia n.º 7 de Manila, 15 de febrero de 2022.
299 comentarios. Ambos sin respuesta. Fue su mujer, Edna, quien habló conmigo: la autora

envió una carta al abogado de Gerry Geñalope, Rolando B. Aquino, el 21 de febrero, por medio de una dirección de correo electrónico que, según él, figuraba como activa el 7 de enero de 2021, en la que solicitaba «una entrevista con su cliente, el exsargento de policía Gerry Geñalope (o sus representantes), para pedirle información sobre su proceso por asesinato sobreseído, así como su versión del tiroteo en el que murió Djastin Lopez». La autora también envió mensajes a Aquino a dos números de móvil el 23 de febrero de 2022, y se puso directamente en contacto con la esposa de Geñalope, Edna, que accedió a una entrevista telefónica, grabada por la autora el 24 de febrero de 2023, y que prometió transmitir la solicitud de la autora de entrevistar al propio Geñalope. Ni Gerry ni Edna Geñalope han respondido desde entonces.

12. MI PADRE ES POLICÍA

302-308 Se llamaba Anton... delgaducho y sin camisa... «si no tuvieras esa pistola»... «Te voy a arrestar»... El hombretón arrastraba a Anton... basta, por favor, basta... pequeña mano tiró de su pelo... sacó una pistola... El clip de once segundos que se hizo viral... versión ampliada... «masacrados como pollos»... coro de voces que gritan... «Podemos hablarlo»... «Si tú fueras el policía, también te darían un arma»... «Suelta a mi hijo»... «Deja de tirar»... «Suéltalo»... «Suéltame»... «Mi padre es policía»... «No me importa-ah-ah-ah-ah-ah»... «¿quieres que acabe contigo ahora mismo?»... La pistola ladra... Todas las voces que gritaban se callan... el policía y su hija se fueron andando: Este relato del tiroteo de Tarlac se basa en un total de cuatro vídeos. Se trata de dos vídeos sin editar de los que se ha servido la autora, cuyos detalles confirman dos vídeos publicados en Facebook; véanse *Daily Tribune*, «EXCLUSIVE: (WARNING: Graphic content) A Paranaque City police officer shot dead two unarmed victims at point-blank range», Facebook, 20 de diciembre de 2020, y Ronjie Daquigan, «Mother and son from Paniqui Tarlac», Facebook, 21 de diciembre de 2020. Se ha confirmado que estos vídeos fueron grabados por un primo menor de Frank Anthony Gregorio, TeleRadyo, ABS-CBN News, 21 de diciembre de 2020.
304 informe oficial de la policía sobre una muerte: «Spot Report Re: Found Dead Body», firmado por el cabo de policía Leo C. Afable (investigador del turno de noche), comisaría de Moriones Tondo (CP-2), Distrito Policial de Manila, 22 de noviembre de 2016.
304-305 CHAT DEL TURNO DE NOCHE: La conversación tuvo lugar en un grupo de mensajería de periodistas de la guerra contra las drogas el 21 de diciembre de 2020. La autora obtuvo permiso para publicarla.
308 «¿Por qué? —se lamentaba un famoso—»... hashtags... «Ocurre todos los días»... «Tu padre dijo»... «una barbaridad»: Maine Mendoza (@mainedcm), «BAKIT KAILANGANG UMABOT DOON? Hindi ko kaya, grabe», Twitter, 21 de diciembre de 2020, 7.33; Ezra Acayan (fotoperiodista), «Ang tagal na nangyayari pero ngayon lang uli kayo galit dahil may video?», Facebook, 1 de diciembre de 2020; Barnaby Lo (periodista), «Kung walang video, hinid mananagot yung pulis na mamamatay-tao», Facebook, 21 de diciembre de 2020; Inday Espina Varona (@indayevarona), «A child calling for blood», Twitter, 21 de diciembre de 2020, 8.15. En Iya Gozum, «Rage and Fury Over Cop's Killing of Mother and Son: "No License to Kill"», Rappler, 1 de diciembre de 2020, figura una captura de pantalla de los hashtags de Twitter que fueron tendencia al día siguiente del tiroteo de Tarlac.
309-311 se entregó a los agentes... Laboratorio de Criminalística de la ciudad de Parañaque... expediente de Nuezca... al menos seis procedimientos administrativos... Otros dos procedimientos tenían que ver con muertes... de los tres policías: véanse Austria, «Cop in Viral Shooting Video Surrenders to Rosales Police», Philippine News Agency, 21 de diciembre de 2020; JC Gotinga, «Cop in Tarlac Shooting Faced Two Cases Involving Homicide in 2019», Rappler, 21 de diciembre de 2020; Cathrine Gonzales, «Cop Who Shot Mother and Son in Tarlac Had Previous Administrative Cases», *Inquirer.net*, 21 de diciembre de 2020; Jeannette Andrade, «How Killer Cop Got Cleared in 2 Earlier Homicide Cases», *Philippine Daily Inquirer*, 26 de diciembre de 2020.
310-311 «nuestros policías tienen ahora autocontrol»... ministro del Interior... dos cargos de asesinato... El Senado pidió una investigación... «cometido por uno de nuestros policías»... «El presidente está furioso»: véase Christopher Lloyd Caliwan, «No Need to Muzzle Cops' Gun for Holidays: Sinas», Philippines News Agency, 15 de diciembre de 2020; Pia Ranada, «Año Condemnns Tarlac Shoo-

ting but Calls It "Isolated" Incident», Rappler, 21 de diciembre de 2020; Lian Buan, «Cop in Tarlac Shooting Charged with 2 Counts of Murder», Rappler, 21 de diciembre de 2020; Resolución P. S. n.º 605, Senado de Filipinas, 18.º Congreso, 7 de enero de 2021, y Christopher Lloyd Caliwan, «PNP Assures Justice for Victims of Cop in Tarlac Shooting», Philippine News Agency, 21 de diciembre de 2020.

310 acalorada discusión: Rosario Rufina Gundran (hermana de Sonya Gregorio), entrevista realizada por la autora, 23 de diciembre de 2020.

312-313 «Este policía es un caso aislado»... «habéis visto cuánto os quiero»... que cocieran vivo a Nuezca...: Rodrigo Duterte, extraído de un discurso en Talk to the People, Dávao, 21 de diciembre de 2020.

312 «Nunca toleramos»... «respiración profunda»... «Señor, admito, señor, mi error»... que iba a ser apartado del servicio... «Nadie está de tu parte»: Oficina Regional de Policía 3, «PRO3 RD PBGENVALT DE LEON to PSSg Nuezca», Facebook, 23 de diciembre de 2020.

313 «no te atrevas a gritarle»... las mujeres mayores debían mostrar respeto a los agentes de policía... «actos heroicos [de la policía]»: este relato de las reacciones de la policía al tiroteo de Tarlac procede de un mensaje eliminado de Tres Mj, «I I care eh eh eh! Malamang ganun din ginawa ko tao lang ako», Facebook, 21 de diciembre de 2020, consultado a través de Ogie Diaz, «Wag kang OA, I. Sinigawan lang ang anak mo, papatay ka na?», Facebook, 22 de diciembre de 2020; una publicación eliminada de Ariel Ruego Buraga, «My Father is a Policeeeee Mannnnn ha!!!», 21 de diciembre de 2020, consultado por la autora el 10 de enero de 2021. Véase también Alexis Romero, «Duterte on "Crazy" Killer Cop: Feed Him COVID-19», *Philippine Star*, 23 de diciembre de 2020.

313 «Agradezco al presidente Duterte»: Adrian Ayalin, «Gregorio Widower Thanks Duterte as Rights Groups Blame Him for Alleged Culture of "Impunity"», ABS-CBN News Digital, 22 de diciembre de 2020.

314 municipio de primera clase de Paniqui... uno de los únicos que se opusieron a Duterte: véanse Kallie Szczepanski, «Biography of Corazon Aquino, First Female President of the Philippines», ThoughtCo.com, 3 de julio de 2019; Camille Elemia, «Roxas, Robredo Win by Slim Margin in Aquino Hometown», Rappler, 25 de mayo de 2016.

314-317 aparcero al que la ley de reforma agraria concedió tierras... conoció a Florentino Gregorio... «pagar con una cita»... Se casaron en 1991... conducía volquetes... preparaba café —«siempre dos tazas»—... «Pa, tráeme plantas para casa»... disputa en torno a una propiedad... a Sonya también le habían disparado: Rosario Rufino Gundra (hermana de Sonya Gregorio) y Florentino Gregorio (marido de Sonya Gregorio), entrevistas de la autora, 23 de diciembre de 2020.

314-319 Criaron a siete hijos... no se sentía seguro rodeado de policías... «no podemos culpar a todo el mundo»: Mark Gregorio (hijo de Sonya Gregorio), entrevista realizada por la autora, 23 de diciembre de 2020.

315-321 PÉSAME DEL GENERAL DE POLICÍA DEBOLD SINAS... Los ataúdes se alineaban en las paredes sin pintar... La señalización política... «Por favor, echaos atrás»: estas impresiones se basan en la cobertura por parte de la autora del velatorio de Sonya y Frank Gregorio, el 23 de diciembre de 2020, y de su funeral, el 27 de diciembre de 2020.

318 «desenfrenado abuso de autoridad»: Regine Cabato, «Philippine Police Office Fatally Shoots Mother and Son on Camera, Reigniting Nation's Debate over Police Impunity», *The Washington Post*, 21 de diciembre de 2020.

318 «oleada de indignación»: Jason Gutierrez, «A Brazen Police Shooting Caught on Video Sparks Anger in the Philippines», *The New York Times*, 21 de diciembre de 2020.

318 asesinato «estilo ejecución»: Oficina de la senadora Leila de Lima, «De Lima Deplores Cop's Killing of 2 Unarmed Citizens», nota de prensa, Senado de Filipinas, 21 de diciembre de 2020.

318 «entorno propicio para la violencia policial»: «Rights Watchdog on Tarlac Murder: Many PH Cops "Simply Out of Control"», *Inquirer.net*, 21 de diciembre de 2020.

320-323 «En realidad no tenemos una línea directa»... «Estamos asociados con la policía»... «Justicia para Sonya y Frank Anthony»... «¡Justicia!»... «Reportero de Filipinas»... la paz y el orden, la seguridad, la asistencia al tráfico, la vigilancia y las operaciones de rescate... «Justicia para Nanay Sonya, justicia para Frank Anthony y justicia para todos»... «impulso rápido de este policía»... «solo este policía»... «ninguna, ninguna en absoluto»: esta caracterización se ha extraído de la retransmisión en directo de Ronjie Daquigan, de su perfil en las redes sociales y de una entrevista con la autora, 27 de diciembre de 2020.

320-321 «Parecen idiotas»... «Solo son imbéciles»... «gente que no ve el panorama completo»:Vincent Go (fotoperiodista), entrevista realizada por la autora, 27 de diciembre de 2020.
324 se congratulaba de la labor de la policía... Ningún policía debe tener miedo de matar en defensa propia... «mátalos y acaba de una vez»... «Un idiota menos en este mundo»... «Cumplid con vuestro deber»... «estad alerta y sed prudentes. Si cometen un error, disparadles»: Rodrigo Duterte, extraído del discurso pronunciado en Destrucción de Drogas Peligrosas, Integrated Waste Management, Inc., Trece Mártires, Cavite, 3 de diciembre de 2020.
326 Jonel Nuezca compareció ante el juez... Se declaró inocente... fue condenado... «murió de un paro cardiaco»: este relato de la condena y posterior muerte de Jonel Nuezca se ha extraído de Kristine Joy Patag, «Court Convicts Ex-Cop Nuezca of Murder in Killing of Mother, Son in Tarlac», *Philstar.com*, 26 de agosto de 2021; Lian Buan, «Killer Ex-Cop Jonel Nuezca Dies Inside Bilibid; Foul Play Probed», Rappler, 1 de diciembre de 2021, y Benjamin Pulta, «Initial NBI Probe Shows Nuezca Died of Heart Attack: DOJ», Philippine News Agency, 9 de diciembre de 2021.
327 cifró esas muertes en 7.884: Rambo Talabong, «Unreal Numbers: Around 2,000 Drug War Deaths Missing in Duterte Gov't Tally», Rappler, 11 de septiembre de 2020.
327 rebajó el total a 6.252: Realnumbersph, «#RealNumbersPH Year 6 Toward a Drug-Cleared Philippines from July 1, 2016, to May 31, 2022», Facebook, 21 de junio de 2022.
327 La última de las cifras de MBI se publicó: Emmanuel Tupas, «29,000 Deaths Probed Since Drug War Launched», *Philippine Star*, 6 de marzo de 2019.
327 «se subestimaban de manera flagrante»: Sheila Coronel, Mariel Padilla y David Mora, «The Uncounted Dead of Duterte's Drug War», *The Atlantic*, 19 de agosto de 2019.
327 «total de 20.322 muertes»: Lian Buan, «Supreme Court Rules to Release Drug War Documents», Rappler, 2 de abril de 2019.
327 «a las 27.000»: Davinci Maru, «CHR Chief: Drug War Deaths Could Be as High as 27,000», ABS-CBN News Digital, 5 de diciembre de 2018.
327 «entre 12.000 y al menos 20.000»: «Situation in the Republic of the Philippines Decision on the Prosecutor's request for authorization of an investigation pursuant to Article 15(3) of the Statute», Tribunal Penal Internacional, ICC-01/21, 15 de septiembre de 2021.
327 «Infundados e hinchados»: Department of the Interior and Local Government, «DILG: Crime Down by 46.66% Amid COVID-19 Pandemic, Urges Leftists and Critics to Stop Spreading Fake News», nota de prensa, 22 de septiembre de 2020.
327 «Intentos de propaganda»: Benigno Durana, exportavoz del PNF, rueda de prensa de Real Numbers, 27 de noviembre de 2018.
327 «aclarar las cifras confusas»... «nos están haciendo tragar una determinada historia»: «PH Gov't Moves to Counter "False" Narrative on Drug War», Rappler, 4 de mayo de 2017.
327 «No inflen demasiado los datos»: Julliane Love de Jesus, «"Bato" urges media: Be Fair in Reporting Drug War», *Inquirer.net*, 23 de marzo de 2017.
327-328 Cuando Dela Rosa se jubiló... la gratitud de la gente... le daban las gracias, decía, y le abrazaban... «Quieren, confían y respetan a su fuerza policial»: Dela Rosa, entrevista realizada por la autora en la Oficina Correccional de la reserva de la cárcel de New Bilibid, Muntinlupa, 3 de septiembre de 2018. El 12 de mayo de 2023, antes de la publicación de este libro, la autora solicitó comentarios al senador Dela Rosa mediante una carta enviada por mensajería rápida a su despacho y por correo electrónico a sus direcciones de secretaría y de relaciones con los medios de comunicación. No ha habido respuesta.
328 «cuando se disipó el humo de los disparos»... «yacía en el pavimento cementado»... «se disipara el humo del tiroteo»... otra acera de cemento: este análisis es fruto de un examen de diez informes policiales presentados en Manila en los que se utilizan distintas variantes de la frase «el humo del tiroteo se disipa». Véanse, en particular, «Spot Report Re: Buy-Bust Operation Resulting in a Gun Shooting Incident», firmado por el sargento de policía Ryan Jay D. Balagtas (investigador del caso), CAPIS, 8 de enero de 2017; «Spot Report Re: Police Operation (Follow-up Operation)», firmado por el sargento de policía Jorlan O. Taluban (investigador), CAPIS, 1 de octubre de 2016; «Spot Report Re: Gun Shooting Incident», firmado por el jefe de policía, sargento mayor Milbert Balinggan (investigador del caso), CAPIS, 16 de agosto de 2016; «Spot Report Re: Follow-up Operation Resulting to a Gun Shooting Incident»,

elaborado por el sargento mayor Milbert Balinggan, CAPIS, 14 de diciembre de 2016, y «Spot Report Re: Gun Shooting Incident», firmado por el sargento mayor Balinggan, CAPIS, 19 de septiembre de 2016.

329 media de seis sospechosos muertos… «los sospechosos de tráfico de drogas pueden estar fuertemente armados»… «diera su vida»… «Somos muy sensibles»… «105 muertos a la semana se pasó a 69»… «solo veintitrés muertos de media»: Durana, rueda de prensa de Real Numbers, 17 de agosto de 2018.

329-330 El 15 de septiembre de 2021… «crimen contra la humanidad de asesinato»… «ha alentado públicamente las ejecuciones extrajudiciales»: Situación en la República de Filipinas, procedimiento n.º ICC-01/21, Decisión pública sobre la solicitud del fiscal de que se autorice una investigación de conformidad con el párrafo 3 del artículo 15 del Estatuto, 15 de septiembre de 2021.

330 «hijos de puta del TPI»: Rodrigo Duterte, extraído del discurso pronunciado en la 32.ª Convención Nacional de la Liga de Fiscales de Filipinas, Dávao, 29 de marzo de 2023.

13. ACTOS DE CONTRICIÓN

333-335 Jason Quizon había reservado un vuelo… no se arrepintió de su voto… «esa clase de gente»… «Es un chico joven»… «como la *Pietà*»… Los filipinos son clasistas… «con una camisa descuidada»…. «la persona más cobarde»… Los filipinos siguen siendo unos malditos imbéciles: Jason Quizon (ingeniero, trabajador en el extranjero), entrevista realizada por la autora, 30 de julio de 2021.

333 «Olaires abraza a su compañero, Michael»: Raffy Lerma, «Lamentation», *Philippine Daily Inquirer*, 24 de julio de 2016.

334 Kian había fallecido en un tiroteo espontáneo… los agentes entregaron a Kian una pistola… Tengo un examen: Rambo Talabong, «How Kian delos Santos Was Killed, According to Police», Rappler, 20 de agosto de 2017; Dominic Almelor, «Binatilyo, Patay Nang "Manlaban" sa Pulis; Pero Iba Ang Kuha sa CCTV», *TV Patrol*, ABS-CBN News, 17 de agosto de 2017, y Marc Jayson Cayabyab, «Witness Bares Kian's Ordeal Before Court», *Philippine Star*, 20 de marzo de 2018.

335-336 Dondon Chan votó a Rodrigo… Está arrepentido… Kwentong Ex-DDS… «No se te ocurriría hacer esto»: Dondon Chan, entrevista realizada por la autora, 23 de julio de 2021.

335 entierro de Ferdinand Marcos: «Duterte Firm on Marcos Burial: "The Law Is the Law"», *Philippine Daily Inquirer*, 13 de noviembre de 2016.

335 iba aislando a la oposición: Ina Andolong y Xave Gregorio, «Duterte Fires Robredo from Anti-Drug Czar Post», CNN, 24 de noviembre de 2019.

335 cerraba la red de radiodifusión ABS-CBN: «Duterte Admits Using Presidential Powers vs ABS-CBN», CNN Philippines, 27 de junio de 2022.

336 más de setenta mil miembros: el 17 de febrero de 2022, antes de las elecciones generales de mayo, el grupo de Facebook pasó a llamarse «Kwentong exDDS (Ex BBM na rin)», en referencia a Ferdinand «Bongbong» Marcos.

336 bloqueada bajo la dictadura de Marcos: Millard Lim, «ABS-CBN Shutdown: 1972 and 2020», *BusinessWorld*, 13 de julio de 2020.

336 la gestión de la pandemia de Covid-19: Zy-sa Suzara *et al.*, «In This Pandemic, Duterte Has His Priorities All Wrong», *Al Jazeera*, 6 de junio de 2021.

336 llamara «estúpido» a Dios: Rodrigo Duterte, discurso en la Cumbre Nacional de Tecnologías de la Información y las Comunicaciones 2018, Centro de Convenciones SMX, Dávao, 22 de junio de 2018.

337-339 Ann Valdez votó a Rodrigo… padre Digong… los médicos la ignoraban… «Les machaqué»… «Idiotas. Cretinos»… pagaban por ser hostil… gente a la que había hostigado… «Pueden inventarse cualquier cosa»… «Yo amaba a Duterte»… «"Que la arrasen"»: Ann Valdez, entrevista realizada por la autora, 1 de agosto de 2021.

339-341 Joy Tan votó a Rodrigo… Nació y creció en Mindanao… por el bien de la gente corriente… «enterrando al traidor»… Sus familiares le retiraron la amistad… la llamó «comunista»… Te despellejaremos viva… bala en el cráneo… dedo en la vagina… «No soy más que la típica ama de casa»… «al menos yo no moriré siendo EMD»… «Es un demonio»: Joy Tan, entrevista realizada por la autora, 29 de julio de 2021.

340 «A ese puto idiota de coronavirus»: Rodrigo Duterte, discurso en una reunión con jefes ejecutivos locales, Centro de Convenciones SMX, Pásay, 10 de febrero de 2020.

340 impuso un confinamiento tan estricto en todo el país: Aie Balagtas See, «Inside One of the World's Strictest Lockdowns», *Time*, 15 de marzo de 2021.

EPÍLOGO: SOMOS DUTERTE

343-344 las ocho y cuatro minutos… lo que el Gobierno llama «conmemoración» y los periódicos, «celebración»… Antonio Sotelo… «el espíritu de Edsa seguía fuerte y vivo»… termina en menos de siete minutos… la más pequeña de las cuatro: todas las impresiones y detalles proceden de la cobertura de la autora del 36.º aniversario de la Revolución del Poder Popular de Edsa de 1986, celebrado en el Monumento al Poder Popular de Edsa, Ciudad Quezon, 25 de febrero de 2022. Véanse también «Celebrating the 36th Anniversary of the 1986 Edsa People Power Revolution», Comisión Histórica Nacional de Filipinas, 24 de febrero de 2022; Dempsey Reyes y Jeannette I. Andrare, «Low-key Official Celebration and Dancing to Mark 36 Years After Edsa Revolt», *Philippine Daily Inquirer*, 25 de febrero de 2022; Ben Cal, «Turning Point of Historic 1986 People Power Revolution Recalled», Philippine News Agency, 24 de febrero de 2019.

344 había permitido el entierro del dictador Ferdinand Marcos… salva de veintiún cañonazos: los detalles del entierro de Ferdinand E. Marcos se han extraído de la propia cobertura de la autora, así como de Pia Ranada, «Duterte Gives Go Signal for Marcos Hero's Burial», Rappler, 9 de noviembre de 2016, y «Outrage as Marcos Gets Hero Burial in the Philippines», *Al Jazeera*, 18 de noviembre de 2016.

345 diputado Ferdinand III: en las elecciones de 2022, Ferdinand Alexander A. Marcos obtuvo el escaño en el Congreso por el primer distrito de Ilocos Norte, derrotando a su titular, Ria Fariñas. Véase John Michael Mugas, «Neophyte Sandro Marcos Defeats Fariñas in Ilocos Norte 1st District», Rappler, 10 de mayo de 2022.

345 multitudes jubilosas se han agolpado en… Una voluntaria de la campaña llora… «Edsa es nuestra»: cobertura de la autora de las horas posteriores a la victoria de Ferdinand Marcos, Jr. en el Monumento al Poder Popular de Edsa, Ciudad Quezon, 9 de mayo de 2022.

345 Soy producto de él… Llevo su mismo nombre: Bongbong Marcos, «BBM vlog #9: Marcos Back in Malacañang», YouTube, 7 de abril de 2018.

346 Avisad a las comisarías: Rodrigo Duterte, extraído del discurso pronunciado en la ceremonia de colocación de la primera piedra de la autopista de enlace Cebú-Córdova, en el mercado público de Virlo, barangay Dapitan, Córdova, Cebú, 2 de marzo de 2017.

346 se encargará de ti él mismo… una barcaza en el río Pásig… «monopolio del mal»: Rodrigo Duterte, extraído del discurso pronunciado en la celebración del 55.º cumpleaños del director general de la PNF, Ronald M. «Bato» Dela Rosa, en la sede de la PNF, Camp Crame, Ciudad Quezon, 22 de enero de 2017.

346-347 No hay sangre en la escena… pantalones cortos rojos de baloncesto… Alguien ha garabateado… Saca un cúter: cobertura de la autora de la escena del crimen de Desierto, 22 de noviembre de 2016; Ivy Desierto, entrevista realizada por la autora, 22 de octubre de 2018. Véanse también Anotación de registro n.º 16-23089 3:35 AM, firmada por el capitán de policía Edison Ouano (jefe de la SIB), 22 de noviembre de 2016; informe médico-jurídico n.º 2016-631, firmado por el comandante de policía Jesille Cui Baluyot (oficial médico-jurídico), sede de la Oficina del Laboratorio de Criminología, Distrito Policial de Manila; «Spot Report Re: Found Dead Body», firmado por el cabo de policía Leo C. Afable (investigador del turno de noche), comisaría de policía de Moriones Tondo (CP-2), Distrito Policial de Manila, 22 de noviembre de 2016.

347 Un saludo… *aloha* filipino… el dueño de un restaurante lanzó una campaña: sobre el uso de la palabra *mabuhay*, véanse *Vicassan's Pilipino-English Dictionary*, ed. abreviada, Pásig, Anvil, 2006; *Southeast Asian Diaspora in the United States: Memories and Visions Yesterday, Today, and Tomorrow*, ed. de Jonathan H. X. Lee, Newcastle (Reino Unido), Cambridge Scholars, 2015, y Luis Luna, «Welcome Rotonda to Have New Name», *Manila Standard*, 5 de mayo de 1995.

347 en la nuca… Murió catorce minutos después de la una del mediodía: Gerard N. Hill y Kathleen Thompson Hill, *The True Story and Analysis of the Aquino Assassination*, Sonoma (California), Hilltop, 1983.

348 Qué extraña coincidencia: Rodrigo Duterte, extraído del discurso pronunciado en la ceremonia de investidura del alcalde electo de Dávao, Sebastian «Baste» Z. Duterte, Ayuntamiento de Dávao, 27 de junio de 2022.

349 jadeando «mamá»: Normita Lopez, extraído de una entrevista realizada por la autora, 1 de marzo de 2023. En esta entrevista de comprobación de los hechos, Lopez habló de un testigo anónimo que afirmaba haber visto los últimos momentos de la vida de Djastin Lopez, describiendo el intento jadeante de Djastin de decir «mamá», a pesar de la sangre que le brotaba de la boca.

349-350 fallecido el último domingo... en las mismas vías de tren... tercero de sus hermanos... encarcelado por narcotráfico... en las tripas... mataron a Andy de seis disparos... en la misma calle que la de la casa de su abuela... equipado para tratar heridas de bala... insistir cuando la policía se negaba... sabían que debían jugársela... lo mismo que para JR... torturado, con las uñas arrancadas... diez por cinco dólares... traje a la venta... voluntarios para llevar el ataúd... crisantemos blancos marchitos... de blanco al funeral... cien dólares costearían la reapertura... Cristina olvidara a veces... a cuántos ha matado el Gobierno: todos los detalles sobre el asesinato de Mark Andy Ocdin y sus hermanos proceden de la cobertura que la autora hizo del velatorio de Mark Andy Ocdin y de las entrevistas que mantuvo con Cristina Omolan (madre de Mark Andy), Criselda (hermana de Mark Andy) y Hazel Nabua (prima de Mark Andy) el 30 de junio y el 10 de julio de 2022.

350-351 Vincent se había quedado para documentar las muertes... estrella amarilla por cada cadáver... podría haber votado a Duterte: Vincent Go (fotoperiodista), entrevista realizada por la autora, 31 de marzo de 2023.

352 Pregúntale a Normy Lopez: Normita Lopez, entrevista realizada por la autora, 23 de abril de 2020.

352 «Me he preguntado muchas veces»... «merece la pena morir por el filipino»... «el mayor recurso no explotado de la nación»: Benigno Aquino, Jr., citado de un discurso en la Asia Society, Nueva York, 4 de agosto de 1980. El discurso completo está disponible en «The Filipino Is Worth Dying For», *The Manila Times*, 22 de agosto de 2010.

354 Ivy perdió su trabajo... subido más rápido el puente... le habrían dejado vivir... «Tú quisiste que papá muriera»: Ivy Desierto (viuda de Rene Desierto), entrevistas de la autora, 2016, 2018 y 2020.

Papel certificado por el Forest Stewardship Council®

Título original: *Some people need killing: A Memoir of Murder in My Country*

Primera edición: mayo de 2025

Printed in Spain – Impreso en España

ISBN: 978-84-10352-84-1
Depósito legal: B-4.628-2025

Compuesto en La Nueva Edimac, S. L.

Impreso en Liberdúplex
Sant Llorenç d'Hortons (Barcelona)

RK52841